近世京都の都市と民衆

鎌田道隆著

思文閣史学叢書

思文閣出版

まえがき

学生時代に近世日本の農政思想に関心をよせていた私が、都市史への問題意識にもめざめたのは、京都市史編さん所に勤務するようになってからである。『京都の歴史4　桃山の開花』（昭和四十四年、學藝書林）の第一章第一節「自由都市」の冒頭は、次のように書き出されている。

「京都は不思議な町である。アジア的な古代国家の首都として出発しながら、その古代国家の崩壊後も不死身で生きながらえて、中世の商業と手工業の中心都市となり、その商業と手工業を軸としながら、全国にさきがけて近世的世界を切り拓いた。そうしていま、十六世紀の後半にいたって、織田信長から豊臣秀吉へと受けつがれる近世統一権力の最大の拠点になろうとしているのだ。そのような粘り強さをもつ都市は、日本にはもちろん、世界にもその例をみない。しかし、京都の長い歴史をふりかえってみたとき、われわれはまさに近世統一権力の拠点となって未曾有の繁栄をとげた時期に、京都が一つの大きな難問をかかえこんだことを認めないわけにはいかない。中世の末に全国にさきがけて切り拓いた近世的世界と、それにひきつづいて近世統一権力の拠点になろうとしていることとは、言葉の上の類似性にもかかわらず、必ずしも同一の発展系列上には整序しがたいのである。都市自治の萌芽と、新しい統一権力による自治の抑圧という問題が、その間にはさまっている。そうして、ここで京都が直面した運命は、その後の日本の都市全体の性格を左右するほどの意味をもっていた。そのような京都をめぐる都市問題を、世界史的な都市発展の動向にかかわらせながら論じてみるのが、「自由都市」と題した本節の課題である。」

この節の執筆分担は、高尾一彦氏・林屋辰三郎氏・松浦玲氏の三氏による共同執筆ということになっているが、じつは松浦玲氏を中心とする京都市史編さん所内外の、若手研究者による多くの討論と研究の成果が、きわめて色濃く反映されたものであった。都市民による地子銭不払い闘争の歴史と、豊臣政権や洛中地子銭の永代免除の評価をめぐる議論などを身近で聞いていたことが、私の近世都市史への入門となった。

また、『京都の歴史5　近世の展開』(昭和四十七年、學藝書林)の「序説」において、林屋辰三郎氏は「地方史の発見」という見出しをたてて、次のように書いた。

「京都の歴史は、しばしば日本の歴史だといわれてきた。それは地方史に対する中央史の発想である。少なくとも平安京が始まってから、鎌倉幕府の時期を除いて桃山時代まで、ながく首都の位置を保ってきた京都には、そのような発想が許されるかもしれない。その中央史ということから、権力の側に立った歴史が考えられるとしたら、それは大きな誤りである。残念ながら史料の存在状況は、貴族や社寺など権力に近い側に偏っており、民衆の側に立った中央史の叙述を、たいへん困難にしていたことは確かである。しかし、第五巻を迎えた『京都の歴史』は、政治的に首都の位置を江戸にゆずった時期に入ることになった。いわば京都の歴史が一地方の歴史として叙述される時期に達したのである。朝廷という権威は残っていても、京都にはもはや権力は存在しなくなっている。そのような都市ではじめて、自治という課題も本格的に考えることができる。」

今日風にいえば、地域史としての京都史、市民的自治の歴史という視点の提言である。事実、林屋先生を責任編集者とする『京都の歴史』の第五巻以降すなわち江戸時代以後の京都市史では、「地方史の発見」という姿勢が貫かれた。すなわち、中央史的史料で京都の歴史をつづるのではなく、新たに民間にねむっている史料を発掘し、その民間の史料を基本として京都の歴史を叙述するという態度である。

昭和四十年代の京都市史編さん所には、京都市内各大学の学生・大学院生・卒業生などが、アルバイトのかたちで多数勤務していたが、その主たる仕事は史料の調査と、現文書または写真史料の整理であった。京都市内全域の旧家や会所また小社寺をたずね歩いて、発見された古文書をマイクロフィルムに撮影する史料調査では、京都の町や村の生きた姿を肌で感じるとともに、その庶民生活の証となる膨大な新史料の発見に魂がゆさぶられた。また収集された史料は歴史的叙述に生かされなければならない。紙焼きにされた写真史料を一点ずつ整理し、文書名を付し、分類して一覧表にまで仕上げる史料整理は、民間の史料から歴史を再構築する地域史の重みを、若い学徒たちに教えた。

こうした史料の調査と整理の成果を踏えて、『京都の歴史』の第五巻以降は当初の章節編成から何度も組み変えられ、検討しなおされて、何とか地域史としての京都史の体裁を整えていったと思う。そして京都市史編さん所内の近世京都史の編集方針として、都市論・町組・庶民生活を三本柱として堅持しようという認識の共有も、そうした情況のなかから形成されていったものであった。

このような近世京都史への共通認識の背景には、先行する偉大なる業績として、秋山國三氏の『公同沿革史』があったことを忘れてはならない。『公同沿革史』は昭和十五年に皇紀二千六百年記念事業として、編纂が計画され、秋山國三氏が担当した上巻は、町組の成立から公同組合の設置までの歴史を、市内各町に保存されてきた古文書を基本史料としてまとめられ、昭和十九年に発刊されたものである。

『公同沿革史』上巻の第一章は「近世京都の黎明」の章名をかかげており、第二章は「町組制度の発達」となっている。『公同沿革史』は、まさに近世京都の市民自治の歴史を町組という自治連合組織を中心にすえて、在地史料から説き起こした歴史書であり、近世都市史の先駆的な業績であった。ちなみに、秋山國三氏の『公同沿革史』は、『近世京都町組発達史』と改題して、一九八〇年に法政大学出版局から再刊されている。

『京都の歴史』の第五巻から第七巻は、秋山氏の仕事をもっと大規模にして、市民の自治や町組の問題を中核に据えながら、庶民生活の実相から芸能・文化、商工業や政治の動きまで総合的に京都の近世史を解明しようとしたものであった。しかし、京都市編の市史として刊行のスケジュールに規制されたこともあり、収集した史料を分析・研究して歴史叙述へと充分に反映させられなかったことも少なくない。ことに、都市民自治のシンボルとして町組を評価しようとした視点などは、史料研究の不足と、近代的な自治理解の再検討の必要があったことではないかという反省がある。

ともかく、都市の歴史を支配者の歴史としてではなく、都市住民の町づくりの歴史として、『京都の歴史』が取り組んだ意義は大きい。しかも、地域史の編纂という事業のなかで、地域から膨大な量の近世文書が発見され、写真撮影されて多くの研究者に公開されるシステムをつくったのも、京都市史編さん所の功績であった。史料の公開は、多様な都市史研究への関心をよびおこした。

本書も、『京都の歴史』と多くの民間史料に導かれた都市史研究のひとつである。もっとも古い歴史都市でありながら、いちはやく近世都市となり、もっとも都市化度のすすんだ市民都市となった京都は、もっとも人間的なレベルでの都市問題について、現代の私たちへ多くのことを語りかけている。本書の各論稿は、いずれも『京都の歴史』執筆終了後に問題関心に従って個別に書いてきたものであるが、近世京都の都市史という視点で貫かれている。便宜上三篇に分けたが、各篇には時代毎の都市論を配し、都市民の動向を中心に論じた構成とした。網羅的な市民史でないことはいうまでもないが、諸学兄のご叱正をいただければ幸いである。

一九九九年八月

鎌田道隆

近世京都の都市と民衆※目次

第三篇　政治・都市・市民

第一篇　近世統一権力と民衆

第一章　戦国期における市民的自治について
——上下京・町組・町をめぐって——

はじめに

近代日本における地方自治の出発点は、明治二十二年（一八八九）の市町村制実施であった。この市町村制は、市町村段階における自治を保証したことによって、近代日本の発展に大きく寄与したが、いっぽうではその内部において培われてきていた町共同体や村共同体の自治を骨抜きにしてしまったことで、内からわきあがる自生的な町づくり村づくりのエネルギー再生産の途を閉ざした。現代日本における都市中心部の過疎化や農村部における過疎の村、廃村の出現などの諸問題の遠因の一つは、そうした共同体の自治を、すなわち町づくり村づくりの精神をくみあげてこなかった近代の歴史にあると考えられる。

近世都市においては、封建領主の強力な一元的支配が貫徹し、都市の自治というものは許されなかった。都市の自治は存在しなかったけれども、近世においてこそ都市は急激に成長し、近代日本を支える土台を形成した。都市によってリードされる近代社会を準備した近世都市は、もっと注目される必要がある。

近世都市の発展をになったのは、近世都市を構成する基本的な単位となった町共同体であり、その特異な町自治であったのではないだろうか。封建領主による都市支配の末端機構としての自治組織であるとともに、町構成員の福利をめざす町づくりの自治機能を調和させた町共同体の分析は、近世都市を解明する大きな手がかりである。

市民的な自治については、歴史学の分野でも戦前・戦後を通じて注目され、中世から近世への移行期に、町自治および町組自治の動きがみられることが明らかにされてきた。秋山國三氏は、すでに早く戦前の昭和十九年に刊行された『公同沿革史』のなかで、応仁の大乱以後、京都のあちこちに聚落をなして居住した市民が、生活全般の安全保障のために、近隣相寄って相互扶助の地域団体としての町を結成、しかもこれらの内部統制力をそなえた町は、地理的その他の事情に応じた近隣数カ町からなる組町を結成し、さらに組町の連合機関である上京・下京の連合体まで成立させたと述べられた(1)。

また林屋辰三郎氏は、昭和二十五年六月『思想』三一二号上に「町衆の成立」を発表され、応仁以来の長い戦乱を経過するなかで、集団生活の地域的単位としての町に依拠し、自らの責任と負担で町の自衛と治安の維持にあたり、自治的性格を高めて京都の主人公として活躍する町衆が登場することを明らかにされた(2)。

昭和四十年代に入って編纂に着手された京都市編『京都の歴史』も、基本的には秋山氏や林屋氏の研究成果に依拠しており、町自治から町組の自治へと発展したことを高く評価し、その町組の自治が上京中・下京中としての統一を可能にして、都市的規模の自治を実現したという共通認識のうえに立っていた(3)。

これらの研究は、後学の者に都市史への関心をよびおこし、市民的自治の伝統について啓蒙的役割をになった。しかし、その後京都市編『史料　京都の歴史』の刊行がすすみ、また個別的な研究も発表されてくるに従い、近世都市の成立過程における町自治の理解に疑問が生じるようになった。

問題は二点ある。まずその第一点は、町自治から町組そして上下京中の都市自治へと、自治が積みあげられていくということについてである。このような自治の積みあげという理解は、きわめて常識的な理解にもとづいているらしく、どの研究にも実証的あるいは論理的な説明がみられない。もちろん町自治のなかに、都市自治への発展の志向性が確認されるという分析も見出されない。

第二の点は、永禄十一年(一五六八)の織田信長入京すなわち近世統一権力の出現によって、戦国期に花開いた自治は坐折し、変質させられるという点についてである。[4] 近世統一権力による治安の確保と社会的秩序の形成は、自衛武装の市民組織の存立を許さず、自治組織は他動的な支配のための末端機構に堕したというのであるが、このような評価の背景には、町自治と都市的自治との混同、町自治は何に依拠しているのかという点に関する問題などがあるように思われる。

応仁の乱以降における市民的自治の成立は、たしかに治安の悪さに伴う都市民の自衛武装を主たる要因にしているように考えられるが、この自衛武装が町自治誕生の内的要因になるとは認めがたい。町自治と都市的な自治を等質に考えることは、町を見ていけば都市が見えてくるという誤った分析視角を導き出すだけでなく、都市とは何か、町共同体とは何か、自治とは何かという基本的問題意識を、煙幕のかなたに押しやってしまうことになりかねないのではないだろうか。

近世都市における町共同体の自治は、家屋敷の共同体的所有を基盤としている。[5] 京都における共同体的土地所有は、豊臣秀吉による天正十九年(一五九一)の地子銭永代免除令で名実ともに実現したと考えられるから、本格的な町自治の形成も、これから以降であろう。もちろん、特定の町における自治的なものの萌芽や共同体的土地所有への傾斜が、戦国期の上下京による都市的自治の時代に育まれつつあったことを否定するものではない。

本稿では、上下京、町組、町について、あらためてそれぞれの機能や構造を考察し、近世都市成立期の自治の問題を再検討してみようと思う。筆者の関心は、近世都市の基本的な構成単位であるところの町共同体の成立にある。町自治が戦国期に成立していたとするならば、町自治と都市自治はいかなる連関をもつのか、町自治は何に依拠して成りたっているのか、なぜ為政者たちは町を政治的に活用しないのか等々、町自治に関する否定的な疑問が、本稿を書く動機となっている。戦国期における町自治の成立を否定する視角から、自治構造の再検討をすすめていく。

一　上京中・下京中

南北路である朱雀大路を中心として、東京と西京（左京と右京ともいう）から成っていた平安京は、西京（右京）の荒廃が進んで解体し、残された東京（左京）が中世京都の祖型となる。しかし、その中世京都は、平安京中で朱雀大路につぐ大路であった東西路の二条大路で南北に分断されていく。

中世京都を、北と南すなわち上と下とに分けて見たり、あるいは京都が上と下とから成っているとする考え方が、いつごろから一般化するかはわからないが、『京都の歴史』第三巻によれば、早くも『思円上人一期形像記』の建治元年（一二七五）の条に、「重病の非人ら、京都の習いとして他の方便なきにより、上下町中を乞食致すの時」と「上下町中」の語があらわれるという。そして、十四世紀から十五世紀になると、公家や寺社の日記類に「上辺」「下辺」の表記が頻出し、十五世紀以降はしだいに「上京」「下京」の表現が一般化してくるという。(6)

だが、十五世紀までの「上辺」「下辺」または「上京」「下京」という範疇は、京都という都市における地形的な相違や町場の雰囲気などの差違を含めた地域空間を意味していると考えられ、当面本稿において問題としたい上京・下京とは区別しておきたい。ここでは、都市の支配や運営をめぐって登場する都市内部の組織集団としての上京・下京に限定して考えてみることにする。

上京・下京あるいは上京中・下京中といった呼称で京都の市民集団を表現することが、一五三〇年代の天文法華一揆のころからたびたびみられるようになる。(7)法華一揆とは、戦国争乱で安定的な秩序を保障してくれる支配者を失っていた京都の町で、土一揆や一向一揆や諸大名の襲撃に対し、日蓮衆、法華衆、日蓮党ともよばれる京都の町衆門徒たちが法華信仰を基盤として自衛武装して団結し、法華一揆の力で京都の町を守ろうとしたものであった。

武装して各地に転戦したこの町衆門徒は、また上京衆、下京衆あるいは京衆ともよばれ、数千から数万の動員規模をもっていたという。(8)これらの動員がどのようにして組織されたものであるか詳細は不明であるが、軍勢や暴徒の京都進入が予想されると、上京では革堂（行願寺）、下京では六角堂（頂法寺）の鐘がつき鳴らされ、町衆が結集したといわれる。

天文法華一揆の段階で、日蓮党としての上・下京衆や京衆と、一般市民集団としてのそれらとに区別があったのか、あるいは渾然一体となっていたのかは判断できない。ただ『座中天文物語』が「其比、京中に法花宗執権柄ヲ事在。（中略）洛中洛外之政道は一向法花宗のまま也」とか「法花宗之諸旦方ニ集会之衆とて、別而権柄を取輩在之」と伝えているのは注目すべきで、法華宗の主導下ではあるが、京都の市民的な自治が成立していたことを示している。

天文五年（一五三六）に法華一揆は坐折するが、上下京の市民的自治は継承された。それは、法華一揆の高揚時における集会の衆による自治も、決して法華宗という宗教のみに依拠したものではなく、市民の都市生活に裏づけられたものであったことをものがたっているのではないだろうか。ともかく、そうした自治の内実からみてみることにしよう。

有名な『鹿王院文書』の「公方様桑実御座以来、日蓮宗時、洛中地子銭依不致沙汰、有名無実」の文は、天文初年の数年間、法華門徒の京都支配の結果、地子銭が領主である公家や寺社などに支払われない事態があったことを伝えている。(9)地子銭の不払いは、この前後の時期を通じて大きな問題となるが、ことは特定の領主と百姓(町衆)間の出来事といったことではなく、上京・下京全体として地子銭不払いの空気が深く浸透していたことであろう。

天文九年七月の『賦引付』によれば、先年下京中が地子銭を催促してもなかなか支払わないので、諸本所が連署して幕府に訴えたという。本来は、各領主と百姓の間で解決されるべきことが、「下京中地子銭」として政治問題化していることに注目したい。

つぎに『室町頭町文書』をみてみよう。

洛中洛外屋地野畠地子銭事、至当知行之諸本主、如先々可致其沙汰、若有難渋之輩者、以江州人数可被加催促之条、更不可有遅怠之由、所被仰出状、如件

天文十
十二月十三日　　長俊（花押）
　　　　　　　　尭連（花押）

上下京中

これは、室町幕府が上京中・下京中に対して各領主への地子銭納付を命じたものである。地子銭の納付を、上下京中に宛てて幕府が令しているということは、地子銭不払いの動きが上京・下京という都市集団の共通課題となっていたか、都市民の地子銭不払いの動きに対して圧力を行使し指導する力を上下京中が掌握していたかのいずれかを示している。ともかく上京中・下京中が地子銭問題にまで深く関与できる質をもっていたことを確認しておこう。

さらにつぎの史料にも注目してもらいたい。

納銭方事、上下京地下人廿人捧連判致加増依望申、被仰付之訖、

洛中洛外酒屋土倉納銭執沙汰事、捧弐十人連判、任申請員数之旨、被仰付候訖、於御公用者、毎月対御倉正実可相渡之旨、可被成御下知□、恐々

十二月卅日　　親俊

松田丹後守殿

この『親俊日記』天文八年十二月三十日条に収められた一文は、洛中洛外の酒屋土倉役銭の執沙汰について、上下京地下二〇人の代表が、連判状をもって幕府と交渉したことを伝えている。これから判明することは、上下京は、さきの集会の衆に相当するかと思われる二〇人の代表者をもっていたこと、そしてかれらは上下京を代表して幕府と掛合い交渉する力をもっていたという事実である。

このように、対外的には個別領主をこえたかたちで地子銭問題をかかえ、幕府との間で役銭について交渉する権能を保持していた上京・下京は、対内的にはどのような機能をもっていたのであろうか。結論からいえば、対外的な交渉権に対し、対内的な調停権とでもいうべき役割である。

天文十九年から翌二十年にかけての『言継卿記』には、京都の町や近郊における喧嘩や騒動を、上下京の宿老たちが仲裁したことが数度記録されている。天文十九年閏五月二日に二条室町で午の刻から申刻まで喧嘩があり双方一〇〇人ほどの怪我人がでたが、「上下京宿老地下人口入」しておさまったという。同年七月十五日・十六日の両日、上京の一条殿門前の町と誓願寺門前町が喧嘩をおこして死者まで出したが、「上京中百廿町」として仲裁された。天文二十年一月二十四日、町と室町との間で喧嘩があり、町の者一名と仲に入った人の両名が死亡したが、「上京中宿老共中分」によって解決した。また、『言継卿記』同二十三年五月二十一日条には、北白川郷と吉田郷の芝草争論を、上京衆が五〇〇人ばかりの実力を背景に調停したことを記している。

それでは、こうした機能をもつ上京・下京という都市集団が、なぜこの時期に形成されたのかについて考えて

みよう。

上京衆・下京衆という武装集団が結成されたのは、都市の治安を維持する為政者が出現しなかったこと、都市生活の危機が土一揆や一向一揆などの具体的なかたちをとって迫ってきたことからであろう。上京・下京とは、自然発生的に形成されてきた一種の共通性をもつ地域の呼称であるが、その一種の共通性に、生活共同圏的な要素を認めることができると思う。

上京・下京が、それぞれ一個の独立した都市のような運命共同体としての機能と構造をもっていたからこそ、都市生活の危機に際して、上京衆・下京衆として運命共同体の防衛のために、市民たちは利害をのりこえ武装し団結したのである。都市生活を保障する単位として、上京・下京は都市的な発展をとげていたわけである。

たしかに、この時期の上下京には、すでにかなりの明確さをもって、町という集団が存在した。たとえば、早くも長享三年（一四八九）二月、北野社境内での博奕について、神社から博奕参加者を町々の老に処罰させるという命令が出たり、また天文十四年の『伺事記録裏文書』によれば、一町内に重科人がでたときは、その科人の隣三軒に成敗を加え、惣町一同が狼藉したときには、一町すべてを咎に処すことが定められたりしている。(10)しかし、この時期の町が行政的な単位として充分機能できる構造をもっていたとは考えられないし、また共同体として結集する共通の権利もいまだ確保してはいなかった。京都の町々には、公家、寺社をはじめ諸領主が地子徴収権を主張して、複雑に利権が錯綜していた。領主権が錯綜しているということは、町の側でも利害の対立が起きやすく、連帯や協同が容易ではないことを推定させよう。町が自治的な共同体へと成長し、都市行政のなかで意味をもつようになるのは、地子銭不払い運動を通して中世の領主的土地所有を否定し、その共同体的所有をかちとっていく過程においてである。

十六世紀において、上京・下京という集団が、都市行政のうえでもっとも大きな役割を演じていたことは、室町幕府から織田信長にいたるまで、当代、為政者たちの発給した文書が、多く上京中・下京中に宛てられていることからもわかる。さきにみた天文十年の室町幕府の地子銭納付令もそうであったし、天文十九年七月十日布達の三好長慶の掟条々も「上京洛中洛外惣御中」に宛てられている。(11)織田信長が、永禄十一年（一五六八）九月の入京に際して下京に宛て発した、市民の動揺を鎮める禁制も残されている。(12)

元亀四年（一五七三）四月の信長による上京焼打ち事件も、上下京の意味を理解するうえで、示唆を与えてくれる。足利義昭と信長との不和対立のなかで、義昭の居館のあった上京が焼き払われたわけであるが、『耶蘇会士日本通信』によれば、上京と下京の信長への対応の相違が、上京が焼かれ、下京は残るという結果をもたらしたという。(13)元来、上京は禁裏御所や将軍御所などの存在する政治的意味の強い街区であり、下京は商工業の発達した街区であったから、戦略的な観点から上京だけを焼打ちにしたことは充分考えられるが、『耶蘇会士日本通信』のいう上京の反信長的空気と下京の親信長的行動という点も見のがせない。権力に対して上京と下京が異なる態度をとったということは、都市支配、都市行政、都市運営のなかで、上京・下京という単位が基本であったことを示している。

それではここで、上京・下京という市民集団が、なぜ都市支配や都市運営のうえで意味をもちえるのか、どのような意味をもつのかについて考えてみよう。

まず支配者の側からみてみると、都市の一元的な支配がいかにして可能かという問題がある。為政者にとって、都市支配の魅力が地子銭の徴収のみにあったわけではないが、相当の経済的意味をもつものであったことは、早くに指摘されている。(14)蓄積されつつある都市商工業者の財貨は、すでに年貢、地子というかたちで地主・領主に収奪されており、地主・領主によって京都市中は分割支配されているといった状態であった。(15)こうした京都の新しい支配者になり、京中の地子を掌握しようとすれば、これらの地主・領主を排斥するか、その上前をはねるか、あるいは都市民に二重三重の課税をするほかはない。都市の生産力に着目し、都市の一元的支配をめざす支配者にとって、都市を分割している地主・領主たちを統合支配するよりも、都市民の統一組織である上京・下京を直接的に掌握する方が有利であることは理解できよう。

一方、都市民の側からの問題を考えてみよう。都市民の営業や日常生活を保障する都市規模というものが、具体的にどのようなものかを示すことは難しいが、日用生活品また生産物を交換・換金する市や店舗の分布、都市生活を充足させる人口の集中、都市的な職種の混在、道路の発達、飲料水の確保や排水路の整備など、これには多様な要素があろう。

ともかく、こうした都市としてのまとまりをもった生活共同圏として、十五世紀から十六世紀の上京・下京はそれぞれ成立していたのではないだろうか。都市における市民生活が、上京や下京という単位で成り立っているという点が、市民にとっての上京・下京の第一の意味であったと考えられる。

つぎに、都市民、とりわけ地主・領主に対して地子を払わなければならない立場にあった百姓（町人）にとって、細分化された支配権をふりまわす地主・領主の存在はどうであったかを考えてみよう。すでに、発展途上の商工業者と後退しつつある地主・領主の力関係のなかで、地子銭の減免や延納はては免除といった事態まで出現しつつあり、都市民の地子銭不払い闘争は、十六世紀には相当激化していた。このことは、地子を基軸に分割支配してくる地主・領主の中世的な都市支配のあり方が、上京・下京の規模で都市生活を充足させつつある都市民の行動に桎梏となっていることのあらわれである。

上京・下京という市民集団の形成は、都市民にとって、中世的な個別細分化された地主・領主の都市支配を拒否し、生活共同圏に合わせた都市運営、都市行政をめざす営みであったといえよう。

二　町組の性格

上京・下京が都市行政の単位として登場するのと相応じるように、上京・下京よりはもうすこし規模の小さな単位として、町組もその姿を見せる。文献上の初見は、天文六年（一五三七）で、下京の中組、西組、七町半組、艮組、巽組の五組が確認されている。(16) 上京町組の初見はやや遅れて、天文十八年ごろに立売組の名が見え、のち一条組、中筋組、小川組、川より西組も姿をみせる。また、上京にありながら上京の町組からは独立し、のちに禁裏六丁町組を名乗る六丁町は、下京の町組初見より早く文献の上にその姿を見せている。そして、しかも、それらは初見年代にはすでに町組として機能している。これらのことから、京都における町組の形成はそれぞれの初見年代よりもかなりさかのぼると推定されている。

ところで、この町組とはいったいどういう組織なのか、上京・下京とはいかなる関係にあるのかを考えてみようというのが、本節のねらいである。しかし、こうした点について記した史料が充分にあるわけではない。そこでまず、町組はどのような用件にかかわって姿をみせるのかということから検討してみよう。

下京の町組は、五組の代表五人が将軍足利義晴のもとへ年頭の挨拶に出かけた費用等の分担を六角堂に寄合って評議したことと、「公方様祇園会御上覧ニ付諸入用」の取り集めに関した記録に初見される。(17) 為政者への年頭拝礼への出勤とその費用分担は、以後永く町組の重要事項となることであり注目される。ここで問題となるのは、各組から一人ずつ合計五人の代表が年頭拝礼に出ているが、彼らは町組の代表として出かけたのか、それとも下京の惣代としてであったのかという点である。これについては、上京の例であるが『上京文書』の文禄四年（一五九五）九月二十九日付の申合書に「今度従上京中、右衛門尉様 法印様江御音信之入用之儀ニ付而、五組より之わつふ、立売組にも請取」とあることや、江戸期の年頭拝礼が各町組ごとの代表者という構成をとっていないことから、上京または下京としての年頭拝礼であることがわかる。すなわち、上京中・下京中としての入用の分担にかかわって町組が登場していることが推定される。

上京立売組の初見史料である『室町頭町文書』には、「去十六日、立売四町衆於生嶋弥六前、跳之刻号打飛礫、無謂於其庭令破損彼宅以下由候、如何在之儀候哉」と立売組四町が踊りに際して飛礫による暴虐をしたとある。ここでの問題関心に従えば、核心は町組ごとに踊りが行なわれたらしいという点のみである。

町組の構成が明らかになる史料として注目される『立入宗継文書』の元亀二年（一五七一）の「上下京御膳方御月賄米寄帳」「御借米之記」について、次にみてみよう。これは、信長が朝廷の財政をまかなう手段として京都市民に貸付米を行ない、その利息米を強制徴収した貸付米制度の実施状態を示す史料で、上京五組、下京三組の町々が明らかとなり、上京八四町の利米七石六斗二升五合と下京四三町の利米五石三斗七升五合の合計一三石ずつが、毎月上納される仕組みとなっていたことが判明する。

この貸付米制度は、二つの大きな問題を提起している。一つは、貸付米制度に当初から登場してこない六丁町組や下京の巽組、七町半組をどう理解するかであり、他の一つは町組を構成している町々の均等負担の問題である。

貸付米制度は、利息米でもって禁裏財政をまかなうことが当初からの目的である。従って、禁裏六丁町組がこの制度に組みこまれていないのは了解できないことではない。というのは、六丁町組は日常的に禁裏との深いつながりをもち、他の町組とは区別されていたのである。六丁町は禁裏御用の奉仕という特別な任務を通して、支配者の側から行政的な単位として早くから認定されてきた特殊な町組であった。たとえば、天文三年（一五三四）禁裏の堀普請の命令が六丁町に出され、朝廷と町組との間で交渉がなされているし（『言継卿記』[18]）、永禄元年（一五五八）には朝廷から寄宿免許の特典を与えられ（『惟房公記』[19]）、元亀四年（一五七三）六丁町内の軍勢駐留の禁止が朝廷から武家方へ厳命され（『御湯殿上日記』）[20]、天正十二年（一五八四）八月六日には前田玄以によって、旧例通り六丁町への諸公事免除が追認されている（『川端道喜文書』）。諸々の六丁町の特典は、相当過重な禁裏御用を負担していることに対するものであり、元亀二年以降の貸付米制度に登場しないのは、六丁町組が他の何らかの負担を担当しているからであると考えられるのである。

下京の巽組と七町半組の場合は、六丁町組のような日常的な特定の任務の有無も不明であるし、貸付米制度から除外された理由を説得性をもって推量することはできない。ただ、除外されているからには、何らかの他の負担があったであろうことは考えられる。しかし、下京では三組にしか貸付米は与えられていないという事実こそ重要である。すなわち、負担の賦課が町組を単位として実施されているという事実である。言葉をかえれば、町組は上京や下京あるいは上下京惣中に課せられる負担を分割分担する単位であり組織であったということになるであろう。

つぎに町組内部にも眼を向けてみよう。貸付米制度は、原則として一町に三割の利息で五石ずつを貸付け、毎月一斗二升五合ずつの利米を禁裏財源として徴収しようとしたもので、上下京から合わせて毎月一三石が納付されることになっていた[21]。下京では、二一五石の米を組四三町に割りふり、五石三斗七升五合の月利米を出すことになっているが、『立入宗継文書』の「上下京御膳方御月賄米寄帳」でその実施状況をみてみると、町数は五三町をかぞえ、各町ごとの月利米も一斗二升五合から四升五合まで一〇段階くらいの相違が見られ、支配者側の試算原案と実施状況との間に大きなずれがあったことがわかる。同じことは上京の場合についてもいえる。上京の場合、原則どおり小川組では一〇町全部が平等に月利米一斗二升五合を負担するのに対し、立売組では判明するだけで七升九合四勺から二升六合五勺まで七段階の月利米が町々に割付けられるというように、組による相違も顕著である。

町組とは、文字どおり町々の組合であり、町々の組織である。この貸付米制度において、支配者の側は計算上の都合ではあろうが、各町々を等質なものととらえようとしており、町組内部では、支配者側の原則に従ってか町を等質に割り切ってしまったものと、実態としての町の質的差違を重視したものとに分かれる。町の質的な差違の実態としては、町を構成する家数の相違や経済的な負担力などが考えられる。

以上のことがらを整理してみると、支配者の側は、貸付米に関して均質な町々の負担を集合していく考え方を示しているのに、町組の方では実態に合わせて町組内部を調整しながら分担させていく方式をとっている。また町組によって分担方式の相違がみられることは、町組相互間にも均質性はなく、かなり独自な判断が認められているといえる。このことから、町組は町々の自生的な集合体というよりは負担分割のために一定の共通性を集合した組織だと考えられる。

町組をつらぬく一定の共通性とは、端的にいえば地理的地域的な構成であり、その上に営まれる生活的要素であろう。たとえば、下京の町組は、中組が四条室町の札の辻を中心にして所在し、艮組は中組の東北すなわち艮の方角に、巽組は中組の東南すなわち巽の位置に、そして川より西組は中組に接して西洞院川の西方に所在する。七町半組（三町組）は方角を示す語ではないが中組の東に位置している。上京は下京のように明瞭ではないが、立売組が室町上立売の札の辻を起点に室町通に沿って南北に伸びた町組、西陣組、小川組、一条組はそれぞれの地名のところから形成された町組、中筋組は小川組と立売組にはさまれた格好の中筋に位置する町組というように、これもほぼ地域割になっている。六丁町組が、禁裏周辺の町々であることはいうまでもない。

くりかえしになるが、町組とは、上京・下京という都市運営の行政単位における諸負担を、地域性を考慮しつつ分担するための組織であり、また時には地域集団として神事や祭礼を執行し享受する役割もになったといえるのではないだろうか。とすれば、上下京の円滑な運営を補う意味からも、上下京という市民集団の成立にそれほど遅れない時期に、ほぼ同時的に全町組は形成されたと考えられる。
では町組は、一貫して単なる諸負担の分担組織であったのかといえば、そうではない。町組が、十六世紀の後半に京都で流行した盂蘭盆会の風流踊の単位となっていたことは、『京都の歴史』第四巻に述べられている。[22] 踊の「見事」さを競い合う単位が、町組であったということは、日常的な生活次元での町組内部の交流が当然予想され、地域的な一体性をもった町組の性格が看取できよう。
また、織田信長の入京以来、行政的に町組が利用される傾向にあったことは事実で、さきにみた元亀二年の貸付米制度の実施にあたっては、町組あてに文書が発給されているし、[23]『饅頭屋町文書』によると、永禄十二年の撰銭令に対して町組も何らかの動きをしたことがうかがえる。[24]
町組が行政上の役割をになう傾向は、秀吉の時代以降はますます明瞭になっていく。天正十五年十一月二十五日付の「相定拾四町組御汁之事」という立売組の組定には、[25]「一、上儀御用あるニおいてハ、各々無疎略御馳走可申事」という一条があり、また年不詳ながら、違法者の責任を下京五組の町組とその年寄衆の責任として問うことがあるとする前田玄以の書状も残されている。[26]
近世的統一権力として評される織田信長の登場によって、上京・下京という単位だけでなく、町組や町も急速に行政面に引き出され、利用されるようになっていく。言葉をかえれば、町組や町は近世統一権力によって政治的行政的資質を育てられ、均質化されていくといえるのではないだろうか。

三　生活集団としての町

町自治の発生にとって、道路に面して向い合った町並みが一つの町を形成すること、すなわち両側町の形成と、町座商業の発展、町名の発生等々が重要な論点になるであろうことは、秋山國三氏によって提言された。[27] そして、町自治の萌芽が具体的には十五世紀に入ると検証できるという研究も報告されている。[28]

たとえば、応永二十四年（一四一七）八月二十日、大宮通の四条と綾小路の間の町で余所者同士による殺人事件があったが、町内の人々が力を合わせて犯人二名を捕らえて侍所に引き渡した。[29]同二十六年十月、北野神社は洛中に散在する酒屋の麹室停止に際して酒屋から請書を取っているが、この請書には酒屋の所在する町の「町人」が、もし酒屋が麹室の営業を再開した場合「町人としてちうしん申へく候」といった文言で監督を請負う旨の奥書をしているのが見える。[30]

康正二年（一四五六）四月二日の例であるが、『斎藤基恒日記』によれば、造内裏料として洛中洛外に棟別銭を賦課することにしたが、棟数の調査が各町ごとに行なわれたという。また、南北朝内乱以降京都の町のあちこちに設けられた釘貫は、土一揆や応仁文明の大乱のなかで一層の自衛武装に迫られ、さらに各町、各領主を単位として建営が進んだという。[31]

たしかに、支配者の側では、町というものを単位として諸調査をしたり、町民の相互監視や連帯責任をもとめたり、防御施設を利用したりしたことはあったし、町民の側でも町内の諸事件で力を合わせ、生活の安定と向上をはかろうという指向性をもっていたことは認められる。[32]しかし、十四、五世紀のそうした町々を都市自治の基本的な単位としての町共同体として認めることはできないようである。自生的に生活単位としての町が形成され、何らかのかたちで政治や都市の運営などで利用されることがあったということと、都市支配・都市運営の基本的な単位としての町が成立することとは、やはり区別して考える必要がある。

林屋辰三郎氏が『思想』三一二号誌上に「町衆の成立」を発表して以来、応仁・文明の乱後自治的な町という地域団体を基盤とする町衆が登場し、中世都市京都の主人公として、京都の防衛と発展に寄与した、という理解が学界の共有財産として深められてきた。すなわち、大乱後京都を治める専制的支配者がなく、都市民が自分たちの力で町の治安を維持しなければならないという状況を前提として、「ちようのかこい」をつくって自衛するなかで、町の自主性と団結が強められて、「町の人々が一つの集団として特別の社会構成をもつに至った」という。

これまでに、町が地域的な集団生活の場となり、町的な規模で自衛武装が行なわれたことも定説的に言及されてきている。たとえば、大永七年（一五二七）十一月の末から十二月初めにかけての『言継卿記』や『実隆公記』などによれば、町の人々が公家たちとも協力しながら、釘貫、堀、墻、かこいなどとよばれる防御施設を修築し、柳本賢治ら武士の横暴と対決した。

しかし、こうした町ごとの防御施設が、京都全域の生活集団としての町のほとんどで建営されていたかといえば、否定的な推測しかえられないのではないだろうか。また、町を単位とする木戸門や堀などの防御施設は、はたして土一揆や一向一揆や京都占領をねらう武将たちなど、いわゆる京外の敵に対してのみ機能したのだろうかということや、町内に芽生えつつあったという自治的な結束とは、そのまま町連合へと発展する可能性をもったものであったのだろうか、というような疑問にもつきあたる。

いまだ、この時期の町単位の防御施設は、きわめて分散的個別的性格が強く、都市施設的な機能はもっていなかったと考えられる。土倉、酒屋や公家らの指導と援助によって木戸門をつくることの可能な町もあれば、一方ではそうした防御施設を建営する経済力も政治的自立性ももたない町もあったはずである。だからこそ、各町を単位とする自衛よりも、上京・下京という単位での結集が意味をもったのではないだろうか。

この時期、京中の町と町とが対立し、流血をみるほどの騒動を引きおこすこともまれではなかった。「一　上京中・下京中」第一節では、上京中・下京中の宿老たちによる仲裁の事例としてみたが、『言継卿記』天文十九年閏五月二日条の二条室町の喧嘩や、同じく天文二十年一月二十四日条の「町と室町」の喧嘩などがそうである。

町同士の喧嘩や対立の原因はよくわからないが、何らかの利害の衝突によるのではないかということは予想されるし、その利害対立を惹起する要因は、京中の複雑な領主的地主的土地所有の方にいくらでも求めることはできるであろう。したがって、町を単位とする防御施設が、利害の対立する近隣の町々に対して、全く機能しなかったとは断定できない。とするならば、一町内の結束は、そのまま他の町々へと拡大していけるような質のものではなかったことも、推測されるのである。

それにもかかわらず、特定の町において、木戸門建営などに必要な経費の捻出や一味同心的な結束を通して、町という地域的な生活集団の組織化や自治的な若干の萌芽があったことは、認めてよいのかもしれない。生活空間を同じくするところから、相互扶助を中心として形成されてきた町が、共同防衛の施設と精神を手にいれたことは、町内における犯罪防止や治安維持そして相互扶助の機能を一層強化していくことを意味した。

だが、このような隣保生活集団の結束というだけなら、町はのちの十人組・五人組とほとんど異ならず、地域共同体へと発展することはなかったであろう。町が都市を構成する基本単位として機能するためには、町は単なる自治的な地域集団から共同体へと転生する必要があった。

近世都市における町共同体では、家屋敷の共同体的所有が確認される。それは、家屋敷の売買が所有者個人の勝手な契約で行なわれるのではなく、町の承認を得なければ成立しないことや、家屋敷の買手が他町の人であっても、買われた家屋敷を他町籍に移すことができないといったことからも判明しよう。町共同体を根底のところで規定しているのは、町内の家屋敷とくに屋敷地の共同体的所有であると考えられる。

中世都市においては、寺社や公家をはじめさまざまな地主・領主が都市内の土地を所有しており、百姓・町人はその土地を占有して家を建て、商工業に従事していた(33)。百姓・町人は、所当、土貢、地子などとよばれる地代を地主に納めていたが、南北朝期以降商品経済の発達による百姓・町人の地位上昇と、遠方荘園の不振による領主層の相対的下向傾向とから、地代や家屋処分権などをめぐって、地主・領主と百姓・町人の対立がみられるようになる。十五世紀の前半ごろにもっとも高揚する地子銭無沙汰闘争がそれで、地子銭の減免、延納、不払いなどのいろいろな戦術をもって、町や特定の地域あるいは領主単位、広域的には上下京といった都市的規模でもたたかわれた。

地子銭無沙汰闘争の時期と、上下京の市民集団による都市自治の時代とは、期を同じくしていることに注目したい。元来地子銭問題は、地主・領主と百姓・町人の個別的関係のもとでのことである。ところが、実際の地子をめぐる諸事件をみてみると、地子銭の催促にやってきた地主・領主の使者に対して、直接的にはかかわりをもたない同じ町内や近隣の町人たちが協力して反抗し、これを追い返したりしている。たとえば、『親俊日記』天文八年（一五三九）八月三日条にも、室町土御門三福寺地子未進のことについて、大館兵庫の中間が催促にいったところ、町の人々がこぞって出合い打擲されるという事件があったことが記されている。また、西九条に地子の催促に行ったものが打ち殺されるという事件も起こっている(34)。

地子銭無沙汰の闘争は、地主・領主と百姓・町人との間の力関係に規制される面が多かったのではないかと思う。地主・領主の力が弱いということは、所領内の治安の維持や営業の安全を保障する力を地主や領主がもっていないということであり、百姓・町人は自らの負担で自衛武装せざるを得ない。都市生活の安全を保障してくれない地主・領主が、地代のみを請求してくることに対し、百姓・町人がその延納や減免、不払いをもって抵抗したことは理解できよう。そして、その地子銭無沙汰は、地主的領主的土地所有の否定を意味する。

町が地域的な集団の単位として注目されつつあったこと、そしてその町集団内部に相互扶助、治安維持などを通して自治的な萌芽がみられていたこと、そうした時期に地主的領主的土地所有否定へとつながる地子銭無沙汰闘争が、町やさらに広域にわたる範囲の支援と協力を得ておこなわれたことは、偶然ではない。

地主的領主的土地所有の否定の運動が、町やそれをこえる地域集団によってになわれたということは、集団的土地管理の方向をそこに読むことができる。その集団的土地管理が、町共同体的土地所有というかたちをとってあらわれたことについては、さらに今後の研究に俟たなければならない。しかし、天文十八年に起きた次の訴訟事件は、この問題に対して一つの示唆を与える。

『賦政所方』に収められた天文十八年四月八日付の「四条綾小路町人等申状」によれば、この町の東端南頬に正西（清）という者が住んでいたが、その死後娘が相続し、その家を烏丸町の竹山次郎三郎という者に売却した。これは、言語道断の曲事であるというのである。その理由はいろいろあるが、ともかく、町内の家・土地を他町へ売られると、祇園会の山が退転することになるというのである。

事情を正確に把握することはできないが、この事件からは、祇園会の山の費用負担が町を単位としており、町では家屋敷ごとに割付けしているので、町内の地がどんどん他町へ渡るなら、この町の山は維持できなくなるということと、その割付けが家屋敷に対して行なわれるとしながらも、実はその家屋敷が他町の人に渡ると他町のものとなって、山の費用負担をとれないとしていることから、実は家屋敷ごとの割付けではなく属人的な割付けであったことが推測される。すなわち、町は祇園会祭礼の負担を請負っていたこと、そして町は土地ではなく住民によって形成されていたということである。ここに、祇園会が安定的に永続するためにも、町は共同体的な土地所有を実現する必要があったことがうかがえる。

地子銭の永代免除は、天正十九年（一五九一）九月二十二日に豊臣秀吉によって宣せられ、旧来の地主・領主は京郊の村々に替地を与えられて、京都では天下人秀吉による一元的支配が貫徹した。したがって名目上の土地所有者は秀吉であろうが、地子が免除されたということは家屋敷の所持者が事実上の土地所有者になったということである。ただし、家屋敷の所持者は町の構成員であり、町の構成員でなければ家屋敷を町内に所持できない。

ということは、家屋敷は個人的な所有にかかるとともに、町共同体的な所有をも免れることはできないということである。

地子銭免除によって、共同体的土地所有を基盤とする町が誕生し、以後この町共同体が都市支配、都市運営の基本的な単位となっていく。

むすびにかえて

京都市編『京都の歴史』の編纂にたずさわってきた一人として、『京都の歴史』の成果を批判的に整理しなおそうとした試みのひとつが、本稿である。『京都の歴史』は、都市史の総合的な叙述であり、とくに都市論への取りくみと、町組および庶民生活に光をあてたことで、歴史研究に一石を投じた仕事であったと思う。

戦国時代の市民的自治について、あらためて考察した本稿も、『京都の歴史』の成果を踏まえることなしにはなりたたないことはいうまでもない。近世都市成立期における自治の問題と統一権力の出現とのかかわりは、重要なテーマであるだけに多くの人々の関心事でもあった。それゆえにまた、『京都の歴史』の成果に対する疑問や違和感の声もあちこちで生まれてきた。

たとえば、近世京都における町組とは、それほど高い自治的評価を与えられるものだったのだろうか、寛文期以降下級役人化して町組の統率者的存在となる町代は、はたして当初は町組の使用人であったといってよいのだろうか、近世初頭に町自治が変質するという理解が、近世都市における町共同体の評価を低めているのではないだろうか、等々である。これらは、いずれも印象的な批判や疑問であるが、新事実や新史料の発見または新解釈を通しての印象であるだけに、印象的だからといって無視しえない力をもっていた。

「上京中・下京中」「町組」「町」について考察しなおした本稿も、きわめて印象的な違和感を出発点とし原動力として書き進めてきたため、充分に論証が整理されているとはいいがたいし、最後まで「印象的批判」の部分を引きずってきてしまったような気がする。当初、本稿の構成では最後の節に「町共同体の成立」を設ける予定であったが、紙数が予想以上に増加しそうなことと、論文の進め方を少しかえたいということから、「近世都市における町共同体の成立と構造」という別稿を予定することにした。本論がややまとまりを欠く論説になったことをお詫びしたい。なお、とりあえずは、町の規則から町自治の構造を分析した山田敦子「近世京都における町自治について」(『奈良史学』第一号所収)を、あわせてお読みいただければ幸いである。

注

(1) 秋山國三『公同沿革史』上巻(元京都市公同組合聯合会、一九四四)五四~五九頁。なお同書は補訂され『近世京都町組発達史』(法政大学出版局、一九八〇)と改題された。

(2) 林屋辰三郎『中世文化の基調』(東京大学出版会、一九五三)二〇二~二〇三頁。「町衆の成立」は、『中世文化の基調』の「町衆の生活と芸術」の章の第一節として収録されている。以後、「町衆の成立」の頁数は、本書の頁で示す。

(3) たとえば、秋山國三前掲書(注1)五八頁には「恐らく応仁の大乱によって唯見る一面の焼野ケ原と化せる廃墟に還住せる市民は漸次町を結成し、それと相去ること遠からぬ時期に地理的その他の事情に応じて近隣数ケ町によって組町が形成せられ、天文の初年に及んで既に組町間の連合機関を有するに至ったものと考えられる」とあり、「町衆の成立」(前掲注2、二一二頁)には「町は寄って町組をつくり、町組は更に上京中、下京中として統一される」とある。『京都の歴史』では、こうした考え方をさらに進めて、町自治の高度に発達したものが町組であるとし、京都の歴史の分析視点の一つとして町組を据えている。それは各巻の章節の見出しにもあらわれているが、第三巻「近世の胎動」五六五頁の「町の自衛も自治も、町々の団結とその組織化があってはじめて可能だからである」とか、「町組とは道路をさしはさんで形成された一町単位の町が、数カ町集まって一つの組町を結成することで、この町組(組町)こそ町々の地域的な連合自治体制の組織化にほかならなかった」という書き方にも、そうした雰囲気があらわれている。

(4) 京都市編『京都の歴史』第四巻（學藝書林、一九六九）六頁、および第一章第一節参照。

(5) 瀬田勝哉「近世都市成立史序説―京都における土地所有をめぐって―」（『日本社会経済史研究』中世編所収、吉川弘文館、一九六七）。この論稿には多くの示唆をうけた。瀬田氏は、近世都市における土地所有を共同体的土地所有と規定され、町共同体成員であるという根本条件を欠いては家屋敷所有を実現し保持できないこと、家持とは家屋所有を通じて土地を占取しているだけであり、その背後には町を単位とする共同体的土地所有が貫徹していると、考察している。

(6) 京都市編『京都の歴史』第三巻（學藝書林、一九六八）二一九～三三一頁。

(7) 同右五六七～五六八頁。

(8) 同右五五五頁。

(9) 京都市編『史料　京都の歴史』第四巻（平凡社、一九八一）二八六～二八八頁には、「町衆の地子銭不払い」の見出しのもと、『鹿王院文書』をはじめ関係史料が抄出されている。

(10) 川嶋將生『町衆の町　京』（柳原書店、一九七六）参照。本書の第一章「自治の成立」では、町々での具体的な諸事件を追いながら、町の成立、町人の登場、町衆の自治などが語られており興味深い。ちなみに、長享三年北野社境内の博奕一件は同書三四頁。天文十四年の定めは同四八頁に叙述されている。

(11) 『上京文書』所収（京都市編『史料　京都の歴史』第三巻、平凡社、一九七九、三三一頁参照）。

(12) 『饅頭屋町文書』

　　禁制　　　下京
一当手軍勢濫妨狼藉之事
一陣取放火之事
一非分之族申懸之事
右条々、於違犯之輩者、速可処厳科者也、仍執達如件
　　永禄十一年九月日　　弾正忠判

信長は、上京・下京はもとより町組および町をも自らの都市支配のなかに位置づけようとする指向性をもってい

たらしく、信長の時代には上下京宛のものは勿論、町組や町単位の宛名の文書も数多くみられる。

(13)『耶蘇会士日本通信』元亀四年四月四日条「上の都の人は富み且傲慢なるが故に、条件を好くして却て信長の不快を招き、殊に建築に着手せる宮殿の周壁を破壊したることに依り、其怒に触れたり」など、随所に同様の観察が記されている。

(14)岩橋小彌太「京都の屋地子について」(『歴史と地理』十二―十二)。小野晃司「京都の近世都市化」(『社会経済史学』十―七、一九四〇)。

(15)瀬田勝哉「近世都市成立史序説」(前掲注5)参照。瀬田氏は「中世=京都(洛中)の土地は本来的に国家的課税が免除されており、私的な所有が許されていた。この土地所有権が原理的には自由に売買・譲与・寄進・質入れされ得るものであった事は、極めて多くの土地売券・譲状・寄進状・質券等の語るところである。かかる土地所有形態は、封建的土地所有の解体の中から生まれてくる私的土地所有とは区別さるべきは当然としても、ここでは一応近世的所有と対比させる意味で「私的土地所有」と規定しておく。私的土地所有は「地主」あるいは「領主」と呼ばれ――以下本稿では「地主」なる用語を統一して用いる(後略)」という整理をして論をすすめているが、ここでは政治史的意味も含めて表現したいので、わずらわしいがあえて「地主・領主」としておく。

(16)京都市編『京都の歴史』第三巻(前掲注6)五六五~五六六頁参照。

(17)『北観音山町文書』の「六角町古記集写」に見える。『史料 京都の歴史』第四巻(前掲注9)二八五~二八六頁参照。

(18)『言継卿記』天文三年の二月三十日条、三月一日条、三月七日条、四月二十五日条、四月二十九日条。

(19)『惟房公記』永禄元年閏六月七日条。

(20)『御湯殿上日記』元亀四年四月八日条。

(21)『室町頭町文書』の元亀二年十月十五日付「明智光秀ほか三名連署書状」および『立入宗継文書』の「上下京御膳方御月賄米寄帳」末尾等参照。

(22)京都市編『京都の歴史』第四巻(前掲注4)一〇一~一〇三頁。

(23)『室町頭町文書』の元亀二年十月十五日付「明智光秀ほか三名連署書状」の宛名は、「立売組中」となっている。

(24)織田信長の撰銭令をうけた饅頭屋町では「精銭の制札並追加御文言の旨をもつて料足の取遣の段、為年寄町中へ

可申付由被仰出候間、不可有油断候、此儀相背候ハヽ、日本大小神祇ニハ法華三十番神罰を蒙申者也、

組定

一信長御折紙可有御取候事

一其町々ノ年寄衆連判申せらるへき事

一諸口より米上候様ニ御佗言事

己巳卯月八日の寄合也」の記録を残している。

(25)『上京文書』（京都市編『史料　京都の歴史』第四巻、前掲注9、三四七頁参照）。

(26)『長刀鉾町文書』（京都市編『史料　京都の歴史』第三巻、前掲注11、三九七頁参照）。

(27)秋山國三「条坊制の「町」の変容過程について」（同志社大学人文科学研究所編『京都社会史研究』、一九七四、所収）。

(28)川嶋将生『町衆の町　京』（前掲注10）第一章および京都市編『史料　京都の歴史』第四巻（前掲注9）二一六～二二三頁参照。

(29)『康富記』応永二十四年八月二十日条。

(30)『北野天満宮文書』。五二の具体的事例がある。

(31)たとえば、『蔭涼軒日録』文明十七年五月二十三日条には、細川氏配下の諸将や一色氏の兵などが町々の木戸門守備にあたったこと、『東寺百合文書』には領内随所に木戸や堀を設けたことが見える。

(32)川嶋将生『町衆の町　京』（前掲注10）三一～三三頁には、款冬町の有力者金阿弥所有の井戸の利用をめぐる騒動を通じて、町の人々が力を合わせ日常生活の次元で連帯していくありさまが紹介されている。

(33)瀬田勝哉「近世都市成立史序説」（『日本社会経済史研究』中世編所収、前掲注5）参照。以下は、瀬田氏の理解に負うている。

(34)『親俊日記』天文十一年八月二十九日条。

第二章　京都改造

――近世石高制の都市へ――

はじめに

織田信長から豊臣秀吉へとうけつがれた政権の流れを、織田政権と豊臣政権の頭字の一字ずつを合わせて、織豊政権とよぶことが一般に定着している。いわゆる天下統一の事業は、織田信長から豊臣秀吉へ、そして徳川家康へとひきつがれたという理解も一般的である。それでは織豊政権というよび方とともに、豊臣政権と徳川政権の頭字を合わせて豊徳政権というよび方が存在するのかといえば、後者の語はこれまで聞かない。

おそらく、織田信長の仇を討ち葬儀をも主催した豊臣秀吉の場合は、血脈ではないけれども、正当な後継者として是認されたのに対し、秀吉と徳川家康との関係では、家康が秀吉の政権を簒奪したという評価から、一種の反倫理的なうけとめ方があったからであろう。しかし、豊臣時代を中心にして、天下統一というか近世的統一国家の形成の過程を検証してみると、織田政権から豊臣政権へひきつがれたものもあるが、豊臣政権から徳川政権へと継続されて実を結んでいったものが少なくはない。

しかし、織田信長から徳川家康までの政治的な流れが等質であるとか、一貫性があるのかといえば、そうではない。中世から近世への政治的展開は、織田政権と豊臣政権の間や豊臣政権と徳川政権との間にあるのではなく、じつは豊臣政権のなかにその転回があるのではないかと考えられる。すなわち、織田政権の政策をほとんどそのまま継承した前期豊臣政権と、具体的なかたちで近世的統一国家の形成へ踏みだして、徳川政権への連動の道筋をつくった後期豊臣政権というように、豊臣政権というものを前期と後期に二分して理解することが必要なのではないだろうか。

豊臣政権の前期から後期への転回を、京都という都市に焦点をすえながら検証してみようとするのが、本稿の課題である。前期の豊臣政権については、織田信長の京都支配を略述し、本能寺の変から天正十二年（一五八四）末ごろまでについて、織田政権との政治方針の類似性を明らかにしておきたい。

豊臣政権の転回というべきか準備的胎動というべきか、変化は天正十三年ごろから見え、天正十八年前後には本格的な京都改造というかたちをとって、後期豊臣政権の姿があらわれる。後期豊臣政権の展開と京都の都市改造とは必然的な連関をもっていたのではないかという点も解明しておきたいと考える。

秀吉による京都改造については、小野晃司氏の「京都の近世都市化」と題する先駆的業績があり、小野氏は論題に端的に明示されているように、秀吉の改造事業で京都が中世都市から近世都市へと生まれかわったと断じておられる。(1) まさに正鵠を得た評価であるが、本稿では秀吉の京都改造事業を点検しつつ、「近世都市」の「近世」の意味をもさらにさぐってみたい。

一　前期豊臣政権

織田信長は、足利義昭を奉じて、永禄十一年（一五六八）九月二十六日、一応平穏なかたちで京都に入った。(2) つづいて同年十月十八日には足利義昭を室町幕府第十五代の征夷大将軍に就任させ、翌十二年春には、禁裏御所の西に位置する武衛陣邸跡に、将軍足利義昭のための新御所を造営した。そして、永禄十三年には禁裏御所の大修理をも行なっており、京都での信長の実力と名声は世人の認めるところとなった。実質的な織田政権の成立とみてもよい。(3)

織田信長の京都掌握は、天皇や将軍をまつりあげるというかたちで進行し、自らは表面に出ること少なく、朝廷や幕府の枠組みから常に一定の距離をおいていたかに見える。それでも、室町幕府や京都朝廷を信長がかつぎあげたことによって、京都という都市が中央政治の場として浮上してきたことだけはたしかであった。京都が政治の舞台として名実ともに姿をととのえていくことと、その京都の隠然たる支配者としての信長像が重ねられていくことが、織田政権の第一段階の政治構想であったのかもしれない。

織田信長は、禁裏御所の修築や将軍御所の造営など局地的な普請は行なったものの、京都全体の都市景観や社会構造などの大規模な改変には着手していない。むしろ現実の施政方針としては、朝廷・公家・社寺から有力な商工業者集団にいたるまで、中世的旧権力の京都および近郊における諸権利を追認し支持する方針をとっている。

たとえば、足利義昭を将軍に就任させた直後の永禄十一年(一五六六)十二月二十一日、織田信長は同趣旨の文書を二通作成し、「諸本所雑掌中」と「上下京中」に宛て発給させている。(4)「諸本所雑掌中」宛は信長の朱印状で、「上下京中」宛は室町幕府奉行人連署奉書のかたちをとっているが、信長の意をうけたものであることは間違いない。これによると、禁裏御料所の諸役等については、これまで通り安堵するものであるから、御料所の代官は直務し、上下京中も諸役を完納すべきであるとしている。これは、もちろん京都朝廷からの強い要請に信長が応えたものであったことが、『言継卿記』に記されている。(5)このほか、公家や寺社の率分関を安堵したり、大山崎離宮八幡宮油座や四府駕輿丁座などの商工業集団の特権を承認するなど、旧来の秩序を維持する政策をとっている。そうした実例として、天正三年(一五七五)正月十日付の信長朱印状を『立入宗継文書』から示してお

こう。(6)

洛中洛外寺社本所領、或号請本知、或手続代官、令押妨、剰年貢所当不納之族、太以曲事之次第也、所詮於自今以後者、以補任雖被宛行、有改□、順路之輩仁被申付、寺社本所無退転之様、可有覚悟候也

仍状如件

天正参
正月十日　　信長(朱印)「天下布武」

社寺
本所
雑掌中

信長の京都支配は、前述のとおり当初においては、朝廷や幕府といった既成の権威をまつりあげつつ、旧来の秩序を追認するかたちをとった。形式的にも室町幕府や将軍の命令という構図を尊重し、信長朱印状はそれらの政令を補完する実効性に主眼があったかに見える。

しかし、信長があらゆる旧秩序に妥協したのかといえば、そうではない。元亀二年(一五七一)九月の比叡山延暦寺の焼討ち、元亀四年四月における洛外町村での放火や上京の焼討ちなど、軍事的な敵対勢力や戦略的な制裁は峻烈をきわめ、また将軍義昭との対立で、軍事力による義昭の完全追放を敢行するなど、織田政権の主体は次第に明らかにされていった。

室町幕府滅亡後の織田政権も京都支配に関していえば「当知行」の方針に変化はなく、信長自身京都に定住するという姿勢も示さなかった。信長は京都と岐阜や安土との往復をくりかえしながら武力平定をすすめ、京都には部下の村井貞勝を常駐させて支配させた。

信長を受け入れるものには寛容であるが、敵対的な意志や行動をとるものには、容赦ない厳しい政治が行われ

たといえよう。

天正十年（一五八二）六月二日の本能寺の変で、織田信長は自刃、村井貞勝も戦死した。この織田政権の継承を宣言したのは、羽柴秀吉であった。信長の弔合戦を敢行して明智光秀を討ったことと、大徳寺において盛大な信長の葬儀を主催したことによって、秀吉は織田政権の後継者としての名乗りをあげたわけである。

信長急死後の秀吉政権樹立過程では、天正十年六月二十七日の清洲会議と翌年三月の賤ケ岳の合戦に注目しておかなければならない。清洲会議では信長の後継者としての信長の子（二男信雄、三男信孝）や孫（三法師秀信）をたてながらも、柴田勝家と羽柴秀吉が二大実力者として舞台を廻している。(7) そして、この二人が対決したのが賤ケ岳合戦であり、賤ケ岳合戦に勝利した秀吉の地位は他を圧倒したものとなった。

清洲会議で山城国の支配権を得た秀吉が、(8) 京都の支配にも深くかかわるようになったのは、必然的な流れだったのであろう。天正十一年五月二十一日、織田信雄から京都の奉行を任命された前田玄以が、のちには信雄の支配を離れ、秀吉の直臣へと転身していく。『古簡雑纂』には、織田信雄が前田玄以を京都奉行に任命するにあたって、「一、京都奉行職事申付之訖、然上公事篇(ママ)其外儀、以其方覚悟難落著仕儀有之者、相尋筑前(秀吉)、何も彼申次第可相極事(9)」と伝えていたことが記されている。信雄による前田玄以の京都奉行任命というかたちも、秀吉の画策または演出の結果だったのではないかということが、充分に考えられるところである。

秀吉は京都支配のための政庁すなわち前田玄以の常駐所であり秀吉在京中の宿所ともなる新邸の建設を、天正十一年九月ごろ命じたようである。場所は二条南、西洞院西の妙顕寺のあったところで、妙顕寺には上京北辺の寺之内に替地をあたえて強制的に移転させ、妙顕寺をことごとく壊したあとに(10)、「要害ヲ構ヘ堀ヲホリ、天主ヲ(11)」あげた城構えの新屋敷を誕生させたという。

京都最初の日蓮宗寺院として妙顕寺は鎌倉末期に建立されたというが、他宗との対立・抗争もあってたびたび寺地を替えてきたといい、市街地からは距離をおいた二条界隈に所在していた。このことから、妙顕寺そのものがすでにある程度の要塞的構造をもつものであったことが推定されている(12)。

二条の京都政庁を拠点とした秀吉政権の京都支配は、前述のごとく織田政権の施策をそのまま継承したものが多い。たとえば天正十一年（一五八三）六月では、六月四日秀吉が大山崎惣中に「定」を発して(13)諸職を旧のごとく認め、同月二十二日前田玄以が阿弥陀寺の敷地を安堵(14)、同月二十六日同じく玄以が法金剛院領を安堵(15)といった具合である。また秀吉は同月付で、洛中洛外に宛て次のような掟を下している(16)。

掟　　洛中洛外

一新儀諸役等一切不可在之事

一喧嘩口論輩、雙方可為成敗、但□(仕カ)懸者雖在之、令堪忍、対奉行於相理者、則為存分事

一火事儀、至自火者、其身可処罪科、若付火為分明者、遂糺明可随其事

一諸奉公人、対町人非分狼籍族於□(在カ)之□(者カ)、不寄仁不肖、無用捨奉行可申事

一諸勝負停止事

一洛中洛外諸牢人、秀吉不相知輩、不可居住事

一諸事閣奉行人、以別人令訴訟者可為曲事、但奉行若於相紛子細慥者、依事可直訴事

右条々堅定置上者、聊不可有相違者也、仍如件

天正拾一年六月　日　　筑前守（花押）

この七カ条は、新儀諸役の禁止、喧嘩口論の双方成敗、失火の罪科、諸奉公人の非分狼藉禁止等々、京都の治安と民政に関する基本方針を宣言したものといえる。さきの諸社寺に対する安堵状は、個別の特権層の利害承認

であり、七カ条は民衆に対する民治方針の宣言であるが、いずれも旧秩序の保持を前提としている。唯一の新基準ともいえるものは、七カ条のなかの六条目で「秀吉不知輩」の牢人の京都追放をうちだしたところであろうか。

前期豊臣政権の旧秩序保持をもっとも端的に示しているのが「玄以法印下知状」である。『続群書類従』所収の「玄以法印下知状」[17]は、天正十一年(一五八三)六月から同十二年四月分までの六九通である。下知状の宛名は、町人、百姓、町、職人、座、武士、公家、寺院、神社、門跡など多様であるが、いずれも従来の権益を擁護・安堵するものである。

そして、安堵の文言にも注目しておきたい。というのは、織田政権下の京都の奉行村井長門守貞勝の令達や伝統的な認証を追認するというかたちが多くとられていることである。例示すると、天正十一年六月二十二日付の阿弥陀寺清玉上人宛のものには、「任御下知並村井長門守折紙之旨」とあり、同年六月二十三日付の森長介殿宛文書には、「如村井春長軒折紙」、同月二十五日付の松本新右衛門殿宛文書には「御代々御下知之旨を以如申付来」とある。「村井長門守」「村井春長軒」「村井」などの村井貞勝を指す文言が六九通中の一〇通以上に見えている。また「信長被成御朱印」[18]とか「信長被仰付之上者」[19]と織田信長の下達を追認することを明示する文言もある。そのほか「任御代々證文之旨」[20]や「帯御代々證文上者」[21]とか「任綸旨並御代々證文其外補任等之旨」[22]というように、先代の織田政権はもとより、さらに古く旧来の政権の与えた権益をもそのまま豊臣政権が承認するものであることを、これらの「下知状」は伝えている。

二　聚楽第と大仏殿

天正十三年(一五八五)から同十八年までを、前期豊臣政権から後期豊臣政権への移行期、または後期豊臣政権への胎動期とみることができるのではないかと思う。この間に、京都の町も中世から近世へと衣替えの準備をして、天正十八・九年には目に見えるかたちで、近世京都が出現することとなる。

秀吉は天正十三年三月、仙洞御所造営の功によって、正二位内大臣の地位にのぼった。高齢の正親町天皇の譲位にそなえて、荒廃はなはだしい院御所を修築したのである。そして、同年七月十一日近衛前久の養子というかたちをとった上で平姓を藤原姓に改め、関白・従一位に叙されるという栄誉を得た(23)。関白というのは古来摂家の者のみに限られてきたもので武家の官位でもないが、秀吉が関白の官職を得たことは、公武の頂点にのぼってきたことを意味した。さらに豊臣賜姓についても、天正十四年十二月説が一般的とはいえ、同十三年九月説もあって、天正十三年の後半の関白就任以降が、秀吉政権にとっての一大転機であったことは、衆目の一致するところである(24)。

いずれにしても関白となったことによって、政治組織の整備にのり出し、また関白にふさわしい政庁の造営なども構想するにいたったことはたしかであろう。『甫庵太閤記』はこうした考えからか、関白就任と同時にいわゆる五奉行が置かれたかのように記しているが(25)、正式な五奉行の設置は慶長三年（一五九八）ごろまで下るのではないかと考えられている。しかし、奉行制による行政が本格的に展開されるようになるのは、やはり関白政治の始まりと無関係ではない。京都の奉行として前期豊臣政権をになった前田玄以も、天正十三年七月には五万石を与えられて丹波亀山の城主となったとも伝え、全国支配へ歩み出した豊臣政権の中心的な奉行として認識されるにいたっている(26)。

天正十四年（一五八六）を迎えると、事態はさらに明瞭に見えてくる。建設当初「内野御構」ともよばれた聚楽第の造営がその第一である。関白にふさわしい中央政庁兼関白御殿をつくることは、関白就任とともに日程にのぼったことであろうが、天正十四年には内野の地をえらんで建設に着工している。その模様を『多聞院日記』は「去廿一日ヨリ内野御構普請、大物以下事々敷、諸国衆自身〳〵沙汰之、ヲヒタ、シキ事也、関白殿　三日ニ御上ト云々[27]」と記している。また、吉田兼見は細川幽斎と出会って聞いた話として、内野の普請では堀が掘られるということで、堀は幅二〇間、深さ三間四周の延長一〇〇〇間にもおよぶと書きとめている。[28]

内野という地は、厳密な意味で野であったわけでなく、平安京大内裏の跡地であって、内裏が左京に移されてからは退転し、野とよぶに相応わしいほどの荒廃ぶりを示していたという。荒廃しているとはいえ、秀吉は旧大内裏の地すなわち王城の中心地をうけついで、そこに関白御殿の建設を計画したのではないかという見方もある。[29]だが、むしろ市街地を避けているという事実の方にも注目したい。秀吉の最初の京都屋敷兼政庁も、二条の妙顕寺のあった場所であって、当時の非市街地区域であったということと、重ねて記憶しておきたい。

天正十四年（一五八六）の聚楽第造営工事は、同時に進行していた大坂城の普請にもまさる規摸であったといわれ、翌十五年の正月には作庭の工事も本格化したらしく、京中の名木や名石が強引なかたちで集められたようである。吉田神社でも突然人夫がやってきて松の木を掘り始めたので、あわてて抗議したと『兼見卿記』は伝えている。[30]奈良でも同年三月ごろ同様の騒ぎがあったらしく『多聞院日記』は、「京都ヨリ内野御庭ノ用トテ、在家ノ植木・ニハノ石取ニ奉行人下云々、人足ノヤツカイ沈思々々[31]」と記している。

聚楽第の建設や構造についての詳細な記録はなく不明瞭なことが多いが、そのなかで、フロイス『日本史』の第二七章と第三三章は聚楽第関係の史料として、きわめて貴重な位置にある。ここで、フロイス『日本史』の次の文章を検討してみよう。[32]

都が一つは上の都（上京）、他は下の都（下京）と称される二地区に分割されており、あたかも二つの町の形をとっていたので、彼は城を上の都に造り、そこで日本中で造りうるもっとも豪華な新都市を営もうと決意した。そのために彼は従来そこに建っていた家屋をほとんど全部取り壊してしまった。かくて巡察師が同地に滞在していた二十数日間だけでも、進行中の工事拡張し、新しくより立派な家屋を建てるために、すでに存在していた二千軒もの家屋を撤去（せしめた）。そして彼は上の都が占めているほとんど全域を、意のままに日本の諸侯の間に分配し、（彼らの）一人一人にその屋敷を造るにふさわしいと思われる地所を与え、幾つかのはなはだ広くて長い真直な街路を残した。（括弧内は訳者注）

これは聚楽第の建設場所についての記述であるが、この文章を文字どおりうけとると、上京の市街地に二〇〇〇軒以上もの家屋をとり壊して聚楽第および武家町が建設されていったかのごとくである。二〇〇〇軒を民家だと仮定して、一町平均を五〇戸位と勘定するならば、四〇カ町以上の町々がつぶされたことになる。はたして事実であろうか。聚楽第の位置は、北は一条通、東は大宮通、南は丸太町、西は千本通とするのが通説的な理解である。(33)この地が聚楽第建設以前にそうした市街地として形成されていたことを証する史料はない。むしろ、豊臣秀吉は上京の市街地から離れた場所をえらんで聚楽第の建設を命じたのではないか。

フロイスの『日本史』は、聚楽第と武家屋敷群からなるいわゆる聚楽町とヨーロッパの都市とを比較しながら、「こうした場所には諸侯の屋敷しか建てられておらず、他の庶民の家は一軒もそこにないからである。すなわち庶民が居住する都の町の大部分の地域はここから続いており、すこぶる大きくあるが、この地区とはなんの交わりもない(34)」とのべている。聚楽町が上京の市街地から離れているという都市景観をのべているわけで、さきに引用した「そして彼は上の都が占めているほとんど全域を、意のままに日本の諸侯の間に分配し」といった記述とは矛盾する。取り壊された家屋二〇〇〇軒という数字が誤りであるか、また誤りでないとすれば、天正十九年（一五九一）におこなわれた聚楽第周辺および京都全域におよぶ都市改造時のデータとの混同があるかもしれない。

聚楽第の完成は、秀吉が大坂城から聚楽第への移徙をおこなった天正十五年（一五八七）の九月とすべきだろうか。内野新第とか内野御構とよばれてきた呼称も、この秀吉の移徙のころから以降の諸記録に、「聚楽城」のように「聚楽」を冠した名称で登場する。おそらく、正式な命名があったのであろう。「聚楽」の語についてはいくつかの説があるが、『聚楽行幸記』の「長生不老のたのしびをあつむるものか[35]」という解釈や「それは彼らの言葉で悦楽と歓喜の集合を意味する[36]」というフロイス『日本史』の理解で妥当なのかもしれない。

天正十五年（一五八七）九月の妙顕寺跡屋敷から聚楽への京都政庁移転のころ、また翌十六年四月の後陽成天皇の聚楽行幸のころには、徳川家康ら有力大名の屋敷が散在していた程度ではなかっただろうか。聚楽第の周囲に大名屋敷街が成立していたことはフロイスの『日本史』からもうかがえ、江戸期以降の町名のなかにも、かつて大名屋敷地であったことを示すものが少なくない[37]。こうした大名屋敷とともに御用町人らの町場もしだいに形成されて、聚楽城または聚楽町の概念ができあがったのだろう。

天正十七年（一五八九）二月、前田玄以がその聚楽町に関する条規を定めたと伝え[38]、同十九年に入ると、聚楽町でも新たな武家屋敷建設がすすめられたのではないかと思う。同年の変貌は、聚楽町だけでなく、後述する全京都的な都市改造との関係で論じられなければならないが、聚楽の展開のなかに豊臣政権の転回を読むことも必要であろう。

秀吉の栄華は、天正十九年十二月に甥の秀次に関白職を譲って自らは太閤となり、翌二十年正月には秀次の政庁にかわった聚楽第へ後陽成天皇の行幸を再び実現し、ついで朝鮮への侵略を企てたころであったのかもしれない。しかし、秀吉は秀次との不和から、文禄四年（一五九五）七月には秀次を高野山へ追って殺害し、聚楽第をも瞬時に破壊させてしまった。聚楽町の盛衰は政治と結びついた町づくりの問題を露呈していると考える。

京都市街の西郊で、聚楽第の普請がはじめられて間もないころ、秀吉は奈良東大寺の大仏に勝るとも劣らない規模の大仏殿を、京都で造立したいと考えていたという。ルイス・フロイスは『日本史』のなかで、「元来、関白は自らの名声を誇示し記念するのに役立つような大事業を起す機会を見逃すような（性格では）なかったので、同寺院を再建することを決意した。しかも基礎から新たに建て直すことに決め、奈良においてではなく、都の傍

（南六波羅）に、寺院も偶像も僧院の建築物も、形態と規模において最初のもの（奈良の大仏殿）に匹敵するものを造れと命令した」[39]（括弧内は訳者注）と記している。

当初、大仏殿は東福寺の近辺に建立される計画であったといわれ、天正十四年（一五八六）四月一日に、京都から大坂へ下る秀吉が、その途中で地を選んで着工を命じたと伝える。[40] 同月下旬には大仏用材の運上が命じられ、同年八月には大仏作事のための工匠も九州からよび寄せられたという。[41]

しかし、理由は判然としないものの、大仏殿の建立は一時沙汰止みとなったらしく、天正十六年五月の工事再開にあたっては、東福寺近辺から東山の麓の南六波羅の地に場所替えされた。当初計画からの変更が場所替えのことだけだったのかどうかはわからないが、本格的な大仏殿建立事業の再開で、洛中上・下京市民たちへの餅酒の振舞いと、市民らによる「大仏殿おどり」によって、京中は大変な盛り上がりを示したようである。

京ニハ大仏建立トテ石壇ヲツミ、土ヲ上テ、其上ニテ洛中上下ノ衆ニ餅酒下行シ、ヲトラセラル、、事々敷フシン也、

『多聞院日記』の記載である。[42] 東山阿弥陀ケ峯の麓に、巨石を集めて石垣を築き、文字どおり鳴物入りで、五月十五日に居礎の儀がおこなわれた。

聚楽第の建設と京中市民との関係がどうであったかは不明であるが、大仏殿の場合には深いかかわりがあったことを注目しておきたい。

大仏殿可被建為御祝儀、来ル十五日今度彼地形江石垣築候普請之衆へ御酒可被下由ニ候、就其酒肴車ニつみ、京より大仏之地形所迄可被遣ニ而候、然者京中ニ而笛太鼓打之者善悪ニよらす悉罷出、はやしものニ而京より大仏迄可相届旨被仰出候、笛太鼓之者之外ニも、京中其町々ニ而年寄がましきもの、其外子供夫々ニ出立、上京より人数二千、下京より二千可罷出旨上意ニ候間、急度成其意、笛太鼓之者今明日ニ相改書立可上候也[43]

下京中

五月八日　　　玄以花押

「天正十六年也」（朱書）

大仏殿の建立にあたって、豊臣秀吉自ら京都町民の奉祝協力を要請し、それをうけて前田玄以が具体的な動員策を指示している。(43) 上下京ではこの要請をうけて、秀吉から普請衆への振舞酒を車に積み、笛や太鼓などの囃し物を鳴らし、町組ごとに風流踊を組んで、京都市中から鴨川を越え、大仏殿の普請現場へと繰り出したという。上京立売組では「大仏殿御おとり」の費用として銭四九貫四四九文を支出し、家数四二九軒で割って、一軒から四七文ずつを集めたと、天正十六年（一五八八）五月二十九日に決算している。(44) 大仏殿の造営が京都の近世都市化の問題と直結するわけではないが、京都の人々にとって当初から精神的なつながりをもたされたことは注目すべきであろう。のちに近世都市京都が、聚楽町方向すなわち西側へはあまり発展せず、鴨川をこえて東方へと都市域をのばしていったこととのかかわりもあるかもしれない。

しかし、聚楽第にしても大仏殿にしても、豊臣政権としての巨大事業であり、豊臣政権の全国支配へのシンボルではあったが、(45) わずかに近世的世界への礎石とか、政治構造や社会構造の近世化への萌芽の程度ではなかったかと思う。

三　後期豊臣政権

聚楽第と大仏殿の造営事業を中心とする豊臣政権の京都作事は、天正十四年（一五八六）から始められ、庭石や植木の強制供出や「大仏殿おどり」などのかたちで京都市中に若干の影響はあったものの、全京都という空間的な視点からすれば局地的出来事であった。いずれも京都市街地からは離れた地点というか、隣接地に建設されたものであった。

ところが、天正十八年（一五九〇）から同十九年にかけて進められたいくつかの都市改造事業では、京都の市中そのものが対象とされ、京都が都市構造や機能において、中世都市から近世都市へと生まれかわるほどの変貌をとげることとなる。この本格的な京都改造は、短冊型町割、寺院街の形成、お土居の築造、そして洛中地子銭の免除という、大別して四つの事業から構成されていたと考えられる。

天正十八年からの京都改造事業は、豊臣政権の全国支配と深くかかわっている。豊臣秀吉は、同十五年には島津氏を降伏させて九州平定を完了、翌十六年四月の聚楽行幸に際して、天皇の前で諸大名に秀吉への忠誠を誓わせ、豊臣政権の基盤を固めた。秀吉の全国統一事業は着々と進みつつあったわけで、同十七年の十一月には最後にのこった関東・東北の軍事的制圧をめざして、北条氏の討伐を諸将に命令した。そして、同十八年小田原北条氏を滅し、ついで東北をも平定して、名実ともに天下統一を果たした。軍事的な全国平定と合わせて、徳川氏の江戸への転封をはじめ東北諸大名の領地を確定するなど、政治的にも全国統合を同十八年中にほぼ完了している。

軍事的な全国平定から、統一国家の形成へという政治課題に踏み出したとき、京都の改造は不可欠だったのではないだろうか。いいかえれば、京都の改造は近世的統一国家の形成、石高制社会の成立と密接な関係にあった。京都で具体的に進められた町割や寺院街の形成などのひとつひとつを詳細に検討し、そしてそれを総合してみるとき、近世的統一国家の拠点都市として、秀吉が京都に期待したものをよみとり検証することができるのではないかと思う。

(1) 短冊型町割

豊臣秀吉による市街地改造の特徴は、町人民住区における短冊型町割にある。短冊型の町割というのは、東西や南北の道路によって囲まれる町地が正方形の形状となるのではなく、短冊型すなわち長方形の形状を呈することをいう。平安京の地割は東西および南北の大路や小路によって区画される最小の地区形状が、およそ一丁（一〇八メートル）四方の正方形であり、いわゆる基盤目状の都市区画である。この一丁四方の正方形の町割に対して、道路で区画されるかたちが、東西に半丁、南北には一丁という南北方向に細長いかたちに改変されたものが、秀吉による京都における短冊型町割とよばれる。すなわち、秀吉による短冊型町割の実施は、平安京の正方形の区画の中心に、さらに南北方向の通りを一本ずつ加えていくという手法によっていることになる。平安京の南北路の中間に新しい南北路を加えたかたちの町割の存在は、江戸時代以降の絵地図類から現在の京都市街地図まで明瞭に確認することができる。

短冊型町割の実施過程については、その具体的様子を語る史料は発見されていない。ただし江戸時代にまとめられた記録のなかに、秀吉による都市開発を示す記述があり、それが短冊型町割が実施されている地区と符号しており注目される(46)。

> 下京古町と申候者、昔尊氏将軍之末、武威衰、度々戦多而、京都町人も離散仕候故、在家も此方彼方ニ少宛相残御座候、下京者高倉より東者、一面之河原ニ而家も無之候、五条通今之松原より下者、田野河原也、時に天正年中豊臣秀吉公之御代と成、大坂五奉行之内前田徳善院玄以斎法印因州ニ而五（ママ）百石被領候此御方を、京都所司代ニ被仰付候而、寺社奉行をも兼被勤候、此時ニ相残有之町々を今古町と申、次第に跡より建申町を新町と申候

下京についての記述であるが、秀吉による都市開発以前には、高倉通より東は荒廃して人家もなく、五条通（松原通）以南も田野や河原となっていたという。当時の下京市街地は高倉通以西、松原通以北で、この区域に所在していた町々が江戸時代には古町とよばれ、荒廃していた田野・河原地帯が秀吉によって再開発され、このとき新たに生まれた町々が新町とよばれるのだと記している。

高倉通とか五条通という表記が厳密な意味での区画線ではなく、おおよその地区区画をあらわしたものであるとするならば、この再開発地域のほとんどは短冊型町割となっており、古町地域は原則として正方形の平安京町割のままであるということができる。すなわち、秀吉は下京中心部の古町地域に対しては短冊型町割を実施していないということになる。

下京中心部の古町地域とは、現在でも祇園祭の山鉾を維持している京都商工業の中心街である。豊臣秀吉といえども、この山鉾町地域に対して強権を発動し新しい町割を実施することができなかったのではないかという見解もある。[47] しかし、そうした考え方よりも、山鉾町地域に対しては短冊型町割を実施する必要がなかったのではないかという考え方をここではとりたい。

短冊型町割のねらいは、ひと口でいえば町地の有効利用であろう。一丁四方の町地では、通常の場合道路に面して家屋敷が軒を並べるとき、極端な場合一軒分の奥行きが五〇メートルにもおよぶこととなる。それでは町地の中央部は利用されないまま空地となるか、または寺院や巨大屋敷などに占拠を許して町地としては活用されない。この空洞化しやすい町地の中心部に新たな道路を貫通させると、道路に面する家屋敷の間口は約一・五倍に増加し、奥行は従来の半分となる。短冊型町割の実施で、町地の中央部に空地をもたない密集型町屋地区の開発となるのである。すなわち、都市内に空間地を生じない都市開発の手法として短冊型町割があったのであり、以後の豊臣秀吉の近世都市の造成においては、この短冊型町割が町人居住区の基本型とされた。[48]

短冊型町割が町地の有効利用をめざした手法であったとして、下京中心部にこれが実施されなかった理由を考えるなら、当該地区は町地がかなりの割合ですでに有効利用されていたとするほかない。南北の通りで室町通・新町通・西洞院通を中心とする地区で、東西の三条通から五条（松原通）にいたる範囲は、いわゆる繁華街で、有力な商工業者が表通りに面して軒をならべ、深く奥へのびる屋敷内にも仕事場や蔵などが配置され、一丁四方の町地の中央部までかなりの程度活用されていたのではないだろうか。そうした歴史的経緯をかなり正確に伝えているのが、現在の京都市街地における町界線ではないかと思う。短冊型町割地区では、南北路に対面する両側の町地で町共同体を構成するため、町界線も道路を中央線とした長方形を原則とする。正方形の古町地域では、東西と南北の両方の通りに面してそれぞれの町が形成されるので、この地区では道路を中央線にした菱形の町界線を基本としている。しかし、両地区ともに東西か南北の通りのいずれかが経済的優位性をもっているところでは、その優位な通りに面した町の町界が膨脹してゆがみを生じている。はたして町界線が天正年間にまでさかのぼりえる歴史性をもつものかどうかは定かでないが、商工業の発展度を町界や町の形がものがたるものであるには違いない。

現在の市街地図はもとより江戸時代の京絵図類をみても、下京の中心部だけでなく、短冊型町割が実施されていないところがあちこちに見える。また反対に秀吉の都市改造以後に市街地となったと考えられるのに、短冊型の町割となっているところもある。これらの解明は個々の事情を検討してみなければならないが、おおよそのところでは、おそらく前者は有力な大名の京屋敷をはじめ規模の大きな屋敷や建造物が所在したところ、後者はたとえば聚楽第破却後に町地化されて、短冊型町割がおこなわれた新開地などであろう。

秀吉による短冊型町割については、その実施年代も明らかではないが、天正十八年（一五九〇）から同十九年にかけての都市改造期であることはまちがいないであろう。なぜなら、短冊型町割と不可分の関係にある洛中寺院の移転と寺院街区の形成がほぼこの時期であるからである。また『晴豊卿記』などの記録に、天正十九年初頭の屋敷替えで京中が大騒動となったことが伝えられており、新たな町割の実施をうかがうことができる。(49)

⑵寺院街の形成

寺町通は、通りの東側に門を西に向けたかたちで、寺院が北から南へと配列された寺院街区である。この寺院街を造成したのは豊臣秀吉であり、平安京の東京極大路にあたる寺町通のさらに東側へおし出すかたちで、寺院を並べたという。この寺町の造成について、フロイスは『日本史』のなかで、つぎのように述べている。[50]

町には古くから、各地区に諸宗派の僧侶たちの約三百あまりの寺院と僧院があり、すでに関白は以前から彼らの収入の大半を没収していたのであるが、僧侶たちが、(自分らは)重圧と労苦から免除されたと吹聴することがないようにと、関白は、町の中心部にあった彼らの寺院、屋敷、僧院をことごとく取壊し、それら町の周囲の(城)壁に近いところで、すべて順序よく新たに再建するよう命令した。(括弧内は訳者注)

たしかに、洛中市街の東端である寺町通東側には、北は鞍馬口から南は七条まで、市中から移転させられた寺院が軒を並べた。[51] 豊臣秀吉による寺町造成の状況を伝える史料は少ないが、江戸時代の絵図や地誌類から、造成時に近い状況を推定、復元することはできる。絵図では、宮内庁書陵部蔵の寛永十四年(一六三七)「洛中絵図」や京都大学蔵の「寛永後万治前京都全図」などが、十七世紀前半の状態が知られ参考となる。しかし、絵図では移転年代やどこから移転させられてきたのかなどが不明であるから、地誌のなかからそうした移転の来歴を記したものと合わせて、寺町造成の検証を進めてみよう。

正徳元年(一七一一)の刊記をもつ僧白慧の『山州名跡志』[52]から、若干の事例をあげてみる。鞍馬口の南、上御霊社の筋にあたる浄土宗西園寺は、旧地室町から天正十八年(一五九〇)に移されたという。同じく浄土宗の仏陀寺は、十念寺の南に位置するが、かつて万里小路春日の北にあったものを、同十九年に当地へ移したという。今出川の南二丁目に位置する法華宗の本禅寺は、移転年は明らかではないが、旧地は四条堀川であったと伝える。竹屋町通の東にある時宗の大炊道場聞名寺も、移転年代は不明であるが、旧地は室町通丸太町南の地で、町名が道場町の称で残っている。

下京では、錦小路の南に所在する時宗の四条道場金蓮寺が、東洞院四条から天正十八年（一五九〇）に当地へ移されたと伝えている。五条橋西詰の新善光寺御影堂の西隣に位置する浄土宗本覚寺は、はじめ高辻通烏丸の東にあったが、同十九年「公命」によって移転させられたという。本覚寺南の来迎堂は、移転年代は不明であるが、旧地が松原通堀川の西で来迎堂町の町名を残している。浄土宗蓮光寺は新町通松原の北から同十九年に長講堂の北の現在地に移されたと伝えている。

『山州名跡志』には、移転年代を「天正年中」とのみ記す寺院もあり、また各寺院の記録や寺伝では天正十八年よりも早い移転年代を伝えるものもあり、寺町の造成を天正十八年以降とする考え方と、かならずしも一致していない。移転年代についての考証は今後に委ねるとして、寺町の各寺院が洛中市街地から移転させられてきたことは間違いなく、寺院形成の意味が都市改造構想全体と直結していることを認識しておかなければならないだろう。寺院街の形成というだけなら、秀吉はすでに大坂においてその実績をもっており、(53) 寺院街形成の意味をどこにもとめるかということがここでは問題となる。

フロイスの『日本史』には、通詞たちの話として、寺院街形成には二つの目的があったと記している。(54) その第一は、都で戦争がはじまったとき、町外れのこれらの寺院街を最初の防衛線にするためであり、第二は市中にある寺院では僧侶と市民があまりにも親密であるので、僧侶と信徒を引き離すためであるという。第一の目的とされる寺院街の砦的位置づけというのは、秀吉がはたして京都を戦場とすることを想定していたかどうかということが根本的に問われなければならないし、小規模な寺院列が軍事的役割を果たしえるかという点や、寺町の外側を走るお土居の役割をどう意義づけるかということもあり、かなり疑問がある。ただし、第二のねらいは寺院街に集められた諸寺院が、浄土宗、法華宗、時宗などの庶民性の強い宗派であること、寺院の集住による宗教統制の容易性なども考えられるから、これは妥当な見解としてもよいのではないかと思う。

さらに日本側の史料で、さきにみた短冊型町割のところでも引用した『京都古町記録[55]』に次のような記述が見える。

下京八町数も少く有之、寺社も町之中に入込御座候、因茲、従大閤様京都繁昌之為に、町中に有之寺社を町の外へ引別チ可申由被仰出候

注目したいのは、「京都繁昌」のためと記された部分である。すなわち、改造以前の京都では、寺社が一丁四方の町家地の中央の空間地や、場合によっては道路に面する商工業者の居住地に大きな面積を占拠しており、都市中心部を商工業地帯としたいという考え方からすると不都合な状況にあったのではないだろうか。したがって、非生産的な寺社地を商工業地域から排除して市街地周辺に移転集住させたといった理解である。『京都古町記録』等の記述は、寺院移転による実際的な効果というか結果論から論理づけられたものかもしれないが、寺院造成の効果が市中の経済的発展であったとするならば、寺院街造成は宗教的意味とともに経済的な位置づけがあったと考えてもよいのではないかと思う。そして、市中からの寺院の排除と短冊型町割とは経済的効果をねらった京都市街地再開発という点で一致しているということになる。

秀吉による寺院街の造成は、寺町だけでなく、北辺の寺之内でも進められている。寺之内地区は、秀吉の都市改造以前すでに山門系の寺院が集合し寺之内の地名も成立していたという[56]。秀吉の時代でも、妙覚寺が四条大宮から天正十一年（一五八三）に、妙顕寺が二条西洞院から天正十二年にというように、かなり早い時期の移転となっている。同じころに秀吉は大坂でも寺院街の造成をすすめているので、寺之内の場合には、寺町の寺院街とは若干異なる意味での寺院街とみておく必要があるかもしれない。ただし、秀吉の寺院街区形成構想の根本に、宗教統制上の意味づけが共通していることは認められよう。

たとえば、天正十九年（一五九一）に大坂天満から京都六条へ移転させられた本願寺は、京都市街地南端に寺内町を形成する。これは秀吉が一向宗寺院に対して特別な対処をしたあらわれであり、寺町や寺之内の寺院街には、一向宗すなわち浄土真宗の寺院は一カ寺も含まれていないのである。

(3)公家町と武家町

織田信長は入京後に皇居の修築に力を入れたが、秀吉も同じであった。とくに、天正十三年（一五八五）正月から三月にかけての仙洞御所造営は、秀吉の内大臣ついで関白への昇進という立身出世に直接的な影響があったと考えられる。そして、同十七年から着手された皇居修理も、新築とよぶに値するほどの大工事であったが、このときの皇居修築は従来との質的差違をあげなければならない。これまでの皇居修築がほぼ朝廷側からの要請にこたえて、権力者が実施してきたのに対して、同十七年からの修築は、秀吉による京都の都市計画の一環といった性格をもつ事業となった。

皇居修築の計画は、天正十七年の正月ごろから具体化して、種々の打合わせが行なわれ、三月中旬から本格的な作業に着手したようである。この間の事情や、以後の進捗状況などについては、『御湯殿上日記』やその他の公卿の日記類からさぐることができる。前田玄以を総奉行として工事はすすめられ、同年の後半には新しい常御所、小御所、紫宸殿、御湯殿、対屋、女御御殿などが、公卿らが見物できるほどにはできあがっており、庭園の整備にも着手しているという(57)。

しかし、天正十八年（一五九〇）には小田原征伐などのこともあり、工事の進捗もやや遅れぎみであったのであろう。後陽成天皇が新造の内裏へ遷幸したのは、同年も年の暮れとなった十二月二十六日のことであった。それでもなお清涼殿は未完成であったらしく、翌十九年の二月四日に立柱がおこなわれたと『晴豊記』は伝えている。[58]

皇居の大改築とともに御所周辺地区の整備も進行しており、禁裏との特別な関係を由緒としていた六丁町にも、屋敷替えや大名屋敷建設のことがあり、六丁町はもとより朝廷でも大きな騒ぎがおこっている。『晴豊記』天正十九年閏正月四日条には、「六丁町大名屋敷成候間、かへの屋敷の事、法印申候へ共、程遠所被申付候間、禁裏より近所被仰付候様ニト御わひ事申入候、予ニ御談合被成、其上にて法印ニ可被仰出候由候仰にて候間」と、六丁町の禁裏近所への替え地を要望する談合に、勧修寺晴豊自身がかかわったことを記している。この「六丁町大名屋敷成」というのが、六丁町一帯を移転させてそこに大名屋敷街をつくろうというものだったのか、あるいは六丁町組の一部に若干の大名屋敷を組み込もうとするものであったのかは不明である。

こうした都市計画の一環として、禁裏御所の周囲に公家衆の屋敷が配置された公家町が造成されたと考えられる。しかし、公家屋敷街の全容が判明する史料は、「中むかし公家町絵図」まで時代が下る。この絵図は徳川氏による慶長度禁裏造営が終了した慶長末年から元和初年ごろの状況を描いたものである。慶長度の禁裏造営と公家町の造替で、院御所・女院屋敷がつくられ、その地にあった公家屋敷が梨木町・二階町の方に移されたと伝えるから、若干の変動はあるものの、「中むかし公家町絵図」の院御所・女院御所のあたりに公家屋敷を並べたかたちが、天正末年ごろの状況に近かったのであろう。

秀吉は、公家屋敷街の整備とともに、武家屋敷街についても指示したのではないかと考えられる。さきにみた『晴豊記』でも、公家町西側に隣接する六丁町地区で、大名屋敷の建設がはじめられるなどの騒動があったとしているが、武家屋敷街としては聚楽第の周辺地区が主たるものであったに違いない。

秀吉は、諸大名に対して妻女の在京命令を発していたらしく、「諸国大名衆悉以聚楽へ女中衆令同道、今ヨリ可在京ノ由被仰付トテ、大納言殿女中衆今日上洛、筒井モ同前[59]」と天正十七年（一五八九）九月一日からの在京に、諸大名は大わらわであった。諸大名妻女の在京には京屋敷が不可欠であろうが、この段階ですべての大名が京屋敷をもっていたとは考えられないので、おそらく大半は知人などのつてを頼んでの仮居であったであろう。しかし、妻女在京令が大名京屋敷建設を促進させたことはまちがいない。

フロイスは『日本史』のなかで、「この（聚楽）町は、日本のすべての諸侯や武将たちが無理やりに集められ、そして（住居を）構えた、（いわば関白により）強制的に造られた町である」[60]（括弧内は訳者注）と記しているが、天正十九年（一五九一）の京都の飛躍的な発展ぶりにも言及している。

一五九一年に、この都の町は、同所に居住するために諸国から移転してくる人々の動きにともなって、建物、殿堂、居宅が数を増していったが、その変貌ぶりは、以前にこの町を見た者でなければ信じられぬほどであった。事実、この都で、町奉行が我ら（イエズス会員）の一人に語ったように、当初この町の（人口）は八千ないし一万（?）ほどであったが、今では戸数三万を超えると言われ、ますます拡大しつつある。しかもその（数は）、町人と職人が（住む）街だけのことで、内裏とその館に仕える貴族である公家たちの諸宮殿や、既述の関白の城と宮殿、その他すべての諸国の君侯たち（彼らは自らの意志に反して同所に住むことを強制された）の屋敷が占めている地域を除いてのことである。[61]（括弧内は訳者注）

ここでは、町人の居住区、公家町、そして武家町に京都の街区が区分されること、武家町が聚楽第を中心とする地域に形成されていること、武家屋敷街は京都居住を義務づけられた大名たちの住区であることを指摘している。

武家屋敷街が聚楽第周辺から拡大して、禁裏や公家町に西接する地域にまで設定され、丸太町以北から一条通付近まであたりの町家は立退きを命じられ、禁裏、公家屋敷地区の西には大名屋敷・武家屋敷が建ちならんだという解釈もある。[62] これは、『晴豊記』に記された天正十九年閏正月四日条、同二十一日条、同二十九日条などの

「京中屋敷かへ」にともなう混乱の状況からの判断によるものであろう。しかし、『晴豊記』の記述は、該当地域の全面的な武家屋敷街区化の史料と見るには不充分である。さらに検討の必要があろう。

いずれにしても、上京における武家屋敷街の造成については、聚楽第の破却、伏見新都市の建設という出来事によって、武家屋敷街そのものが伏見へ移転し、跡地が町家地区として再生したので、ほとんどその実態は判明していない。わずかに聚楽第址と同様、地名や町名にその名を残しているにすぎない。結果からいえば、京都における武家屋敷街は、きわめて短命で定着しなかった。その理由は、正直なところ秀吉自身が、京都の町を武家屋敷街化することを躊躇したというべきかもしれない。伏見にできあがった大城下町では、武家屋敷街がおどろくほどの広大な面積を占めている。(63) もし秀吉が、京都を中央政治都市として位置づけ、京都を本気で大城下町へと改造したならば、当時随一の商工業機能をもち、豊臣政権の経済的基盤となりつつあった京都は、全く姿を消してしまい、豊臣政権自体の存立を損ねたことであろう。

(4)お土居の建設

短冊型町割や寺院街・公家町・武家町の造成で、京都市中が戦乱のような大騒動となっていた天正十九年閏正月、秀吉は「京廻リノ堤」の築造をも命じている。京都市街のまわりに堀を掘り、掘りあげた土などを積みあげて土塁をつくり、堤の上に竹を植栽する大工事である。京都をすっぽりとつつむ堤はいつのころからか「お土居」ともよばれるようになっているので、ここでもお土居という呼称を用いる。

お土居は、東は鴨川の川原と京都市街地を区画するように、市街地東端の寺町の寺院境内の裏手を南北に走っており、今出川から北へも賀茂川の流路に沿って延長され、上賀茂村の西で大きく西折している。北辺はそのままほぼ西進し、長坂越丹波道をこえて紙屋川の手前で南へ折れる。西辺は紙屋川に沿って大将軍社前まで下り、ここで紙屋川を渡って大将軍村と西ノ京村の境界あたりでさらに西へ飛び出して矩形をつくり、紙屋川の左岸にもどって、南下しながら東へ直角に四回屈曲して九条の羅城門跡、すなわち四ツ塚へ至っている。南辺はほぼ九条通に沿って東進し、西洞院通との交点で北上、現在の京都駅構内を一番ホームに沿って東進して高瀬川へ突き当たる。高瀬川筋から離れて北上・七条通の南でまた東進して、東辺のお土居へとつながっている。お土居は当時の上京・下京の市街地と北・西・南部の農村地帯をも大きくとり囲むかたちで築造されている。

お土居の総延長はおよそ五里二六町すなわち二二キロメートルを超える長さがあり、江戸時代中期の記録によると、お土居の平均的規模は、根敷が一〇間から一五間半、馬踏が三間から四間、高さは二間から三間という。(64)もちろん、お土居の長さにしても内側と外側では随分異なるし、高さも東北部では賀茂川の洪水対策のためか三〇メートル以上もあったと伝えられるから、前述の数字はあくまでも平均的なものにすぎない。(65)お土居の外側には幅二間から一〇間位の堀がめぐっており、江戸期には近郊農村の用水であった。

お土居の築造には多大の労力が必要であった。諸大名の家臣や京都の社寺や公家にも人足を賦課して、きわめて短期間のうちにお土居は完成させられたようである。(66)『三藐院記』は「天正十九閏正月より洛外に堀をほらせらる、竹をうへらるゝも一時也、二月に過半成就也」と記しているが、堀を掘った土を盛りあげて土塁を築いたのであろう。

秀吉はお土居および付設の堀造成にともなって領地や境内を削りとられた社寺や公家衆などに対しては相当の替地を支給している。知恩院、建仁寺、東寺、六条道場歓喜光寺など、かなりの関係者があったことが、小野晃司氏の研究(67)で明らかである。

お土居築造にはどのような意味があったのか、一連の都市改造事業とはどのような関連をもつのかについて、いろいろな見解がある。まず、洛中と洛外との区画線、すなわちお土居の内側を洛中、外側を洛外として区画する意味があったといわれる(68)。しかし、実際のお土居の配置によると、洛中＝市街地、洛外＝農村という設定でもなく、洛中と洛外を区分するという行政的意味もほとんどない。これは目的というよりも結果として、江戸時代に洛中と洛外との境界をお土居とするという考え方が生まれ定着したというべきであろう。お土居と堀とをセットとしてとらえ、さらに寺町の寺院街との隣接をも考慮に入れて、お土居に軍事的な堡塁としての意味を見ようとする考え方もある。この考え方には、秀吉の都市改造は聚楽第を中心とする京都の城下町化構想であることの評価がある。この説は、『三藐院記』が、お土居に設けられる出入口は「悪徒」発生の時、早鐘を合図にその出入口を閉じるものであると記したことによって補強されているかに見える。しかし北部や西部のお土居はあまりにも市中から遠く離れているし、お土居の規模や構造も軍事的役割というには疑問が多い。

お土居には、鴨川や紙屋川などの自然的地形をかなり考慮して築造している部分がある。

お土居のとくに北東部に防災的施設としての意味を認めることは、その位置と構造からおおかたの了解を得られるところである。部分的にせよ、洪水の危険から都市を守るという意味でお土居が建設されているということは、新しい都市観として注目する必要がある(69)。戦国武将の都市観が、戦争を前提として都市は焼かれる運命にあるものとしていたということと比較すれば、秀吉は都市を保護すべきもの、育成すべきものと位置づけているかに見える。

お土居の築造位置や形状については、それぞれの事情を反映していると考えられるので、統一的な論理づけは難しいが、市街化されていない空間地を包みこんでいることも考慮しなければならない。空間地は、洪水対策上の遊水地的な意味を持ったかもしれないが、京都市街地の拡大を予想した都市計画的な意味も含まれていたと考えることもできよう。秀吉が都市改造を強行した根底には、京都市街地の発展が当然の予想としてくみこまれていたはずで、将来の大京都を災害から守り、都市発展の方向を策定したのが、お土居だったのではないだろうか。

しかし、その後の京都では、市街は北や西へはのびず、東側のお土居をこえて東方へ発展した。西方は湿地性であったこともあろうが、鴨川の東岸や東山の麓に、京都の生活と深く結びついた信仰や娯楽の場が発達したことが、お土居を障害物として破壊させ、市街地を東方へと押し出していくことになる。しかし、本格的な河原町の開発や鴨東地域の発展は、お土居築造から約八十年後の寛文十年（一六七〇）、お土居よりさらに鴨川の流路に近いその両岸に洪水対策のみを意図したと考えられる寛文の新堤が完成して以降のこととなる。

⑸地子銭の免除

京都の都市改造をめぐる土木事業がほぼ完了した天正十九年（一五九一）の九月、豊臣秀吉は洛中の町々に対して地子銭の永代免除令を発した。京中に対する地子銭免除令としては、元亀四年（一五七三）の上京焼き打ち後に、焼土地域の復興をはかる目的で、織田信長が上京に対して発したものが知られている。[70] また天正十年（一五八二）の本能寺の変後に、明智光秀が京都の人心を掌握するために、京中の地子銭免除を指令したとする江戸期の記録もある。[71] しかし、いずれにしても秀吉より前の地子銭免除令は臨時的性格が強く、同十九年（一五八九）九月令とは質的な相違がある。

秀吉は、洛中町々に対する地子銭免除より早く、天正十七年十二月に洛中洛外の社寺に対し、境内および門前の地子を免除する政令を各社寺に伝えている。[72] もっともこれは、各社寺に対する秀吉徴収分の地子を免除とするというもので、社寺へ特典を与えたという位置づけになろう。しかし、同十九年九月令は、洛中の町々に対して、領主への地子銭納付を免除しており、秀吉自身の徴収分はもちろん、公家衆や社寺などの洛中町々に対する地子徴収権をも否定したわけである。

奈良の多聞院英俊は、秀吉による地子銭免除令の報を聞いて、「末代御名ヲノコス事、可有沙汰、則屋地子人夫以下諸公事商買ノ座悉以免除了」と、秀吉が売名のためにおこなったかのごとき印象を記している。[73]しかし、地子銭免除に先立っては、かなり周到な調査や準備があったようで、洛中洛外の検地を実施し所領や地子などの土地調査を進めている。

とはいえ、地子銭の免除や軽減の要求は、上京中・下京中が一丸となって、戦国期から室町幕府や個別領主に対して求めてきた地子銭闘争のスローガンであった。[74]こうした京都市民の要求をほぼ受け入れるかたちのものが天正十九年(一五九一)の九月令だったので、「末代御名ヲノコス」ための秀吉のやり方だという『多聞院日記』のような、うがった見方があったのも当然かもしれない。

秀吉の地子銭免除令は、単なる思いつきや名声を得るためではなく、都市改造の総仕上げとして、万全の態勢を整えて実施されているのではないかと思う。なぜなら、洛中の地子銭を免除することによって利権を失う公家や社寺に対しては、洛中の地子徴収権を京郊農村へ振り替えて、農村部において替地を支給しているからである。小野晃司氏の研究によると、[75]地子免除令による替地は、ほとんど吉祥院村において給付されているという。そして、都市改造事業に伴う社寺の境内地子替地や、お土居築造による減分の替地は、主として西院村において付与されているという。

秀吉が発給した地子銭免除の朱印状は、上京中、下京中、六丁中、聚楽町に宛てられた四通が確認されている。上京中に宛てたものを示しておこう。[76]

上京中

京中屋地子事、被成御免許訖、永代不可有相違之条、可存其旨者也

天正十九
九月廿二日　(朱印)

文面はきわめて単純であり、宛所の四カ所も明瞭である。上京中と下京中のほかに六丁町と聚楽町を加えてい

ることは、当時の京都の町組のあり方を考慮したものと考えられ、この四通の朱印状で、おそらく京都市街全域の地子銭免除を発令したことになっていると考えられる。

京都の町人たちは、家屋敷にかかわる地代を支払う義務から解放されたのである。言葉をかえれば、京都市街地住民に対する中世的領主権が根底から否定され、地子免除という政令も、上京中や下京中という宛名に示されているように住民組織に対して発せられている。京都はいわゆる領主のいない都市となったのであるが、それは秀吉による京都の一元的支配の出発でもあったのである。

中世の複雑な領主権を否定した上で、秀吉は天下人として、京都の地代徴収権を一元的に掌握してもよかったはずである。なぜ秀吉は、京都から地代を徴収するものを一人も許さなかったのであろうか。じつは、この点こそが一連の都市改造事業の性格を規定しているのではないかと思う。

ひと口でいえば、石高制の拠点都市として、京都を強力な市場機能をもった経済都市につくりあげることが、天正十八年（一五九〇）前後の豊臣政権にとって急務だった。秀吉が、天下統一によってつくろうとした近世的統一国家は、石高制のシステムで成立する。石高制とは、農村からできるだけ多くの年貢を生産物地代というかたちの現米で収奪する。そしてこの大量の米をなるべく高価に換金して、軍事、政治、日常面での領主的需要をまかなう。この年貢米の換金市場として、巨大な経済都市を近世的統一国家は必要とする。石高制を成立・維持させるためには、マーケット機能を備えた中央都市を準備しなければならなかったのである。

秀吉が京都市街地の再開発をめざして町割を行ない、都市を保護・育成すべきものとして位置づけ、地子銭を免除する商工業者優遇策を打ち出したことは、京都の商工業都市としての飛躍的な発展を期待したからにほかならない。また、中世的領主権の一掃は、都市の保護・育成とともに、米の換金市場として京都を機能させるためにも、必須条件であった。

中世都市京都は、豊臣秀吉による都市改造を経て、石高制と近世領主制を支える近世都市へと変身していく。京都を近世都市として定立をさせることによって、豊臣政権も近世的政権として歩みはじめたといってもよい。京都は全国各地における都市の近世化のモデルとなる。とくに、都市の経済機能育成という領主側の緊急課題が明らかとなる近世初頭の都市観に、決定的な影響をあたえたのではないだろうか。京都はもちろん、全国的に都市の発達が十七世紀にはめざましくなる。

注

(1) 小野晃司「京都の近世都市化」(『社会経済史学』十—七、一九四〇)所収。小野氏は、右論文の冒頭「天正十九年!この歳は、織田信長によって着手せられた天下統一の事業が、其の継承者豊臣秀吉によって完成せられた年であると同時に、帝都京都にとっても、都市としての発展に、一つの大きな時代を劃した時である。この歳を境として京都は其の様相に於いても、又その市民生活の上に於いても、中世都市より近世都市へと大きな変革を遂げたのである」と記して、天正十九年をその変革年と述べている。

(2) 信長は入京直前湖東の地で歩をゆるめる示威行動をとり、その間に在京していた三好三人衆の勢力が退京、九月二十六日信長は東寺に、足利義昭は清水寺に入り、何とか大きな戦いもなく入京した。

(3) 高尾一彦「信長入京」(『京都の歴史』第四巻第一章第二節、學藝書林、一九六九)参照。

(4) 奥野高広『織田信長文書の研究』上巻(吉川弘文館、一九八八)二一八〜二一九頁。『言継卿記』永禄十一年十月二十一日条所収で、諸本所雑掌中宛は、

禁裏御料所諸役等之儀、如先規、被任御当知行之旨、為御直務可被仰付之状如件

永禄十一
十月廿一日　　織田弾正忠
信長朱印

上下京中宛は、

禁裏御料所諸役等事、自然於致無沙汰輩者、可被加御成敗之条、令存知之、可致其沙汰之由、所被仰出之状如件

永禄十一
十月廿一日　　　　頼隆判
　　　　　　　　　俊郷判

(5) 山科言継は、当時内蔵寮という職掌にあり、皇室経済の責任を負わされていたため、『言継卿記』には随所にそうした記載がある。
(6) 「立入宗継文書・川端道喜文書」(国民精神文化研究所刊『国民精神文化文献』一三、一九三七)。
(7) 信長の後継者を定める会議で、信長の二男信雄と三男信孝のほか柴田勝家・羽柴秀吉・丹羽長秀・池田恒興の四宿老が中心であった。会議では織田家の筆頭家老柴田勝家と、山崎合戦以後急速に勢力をのばしてきた羽柴秀吉とが競合・対立した。なお、豊臣賜姓までは正しくは羽柴秀吉とすべきであるが、本稿では便宜上、単に秀吉、または豊臣秀吉と記す。
(8) 清洲会議では、信長の孫にあたる信忠の子三法師(秀信)が後継者と決定したほか、信長の遺領の分配もおこなわれた。この遺領配分で、秀吉は播磨のほかに養子於次丸秀勝の名前で山城と丹波を得た。また京都の支配は柴田・羽柴・丹羽・池田の四宿老の代官の合議ということになったが、秀吉のみが京都にとどまり、他の三宿老は退京したので、自然と秀吉の影響力が強まった。
(9) 『大日本史料』十一—四、五五一~五五二頁。
(10) 『兼見卿記』天正十一年九月十一日条、「妙見寺筑州屋敷ニ成、寺中悉壊取云々」。
(11) 『宇野主水記』。これは、天正十三年七月の記事中の、玄以の宿所についての記載である。
(12) 小野晃司氏は「京都の近世都市化」(前掲注1)補註(2)のなかで、妙顕寺はすでに信長時代から京都政務の拠点となっていたということを『阿弥陀寺文書』から説かれている。
(13) 『離宮八幡宮文書』(『大日本史料』十一—四、五九四頁)。
(14) 『阿弥陀寺文書』(同右、六七八頁)。
(15) 『天正十一年折紙跡書』(同右、六九九頁)。
(16) 『今村具雄氏所蔵文書』(同右、七〇七頁)。
(17) 「玄以法印下知状」(『続群書類従』第二十三輯下、三二九~三四二頁)。
(18) 同右、三三八頁に次の如くである。

吾方畳指為天下一、信長被成御朱印、諸公事御定免許之上者、弥任秀吉判形之旨不可有相違之状如件
天正十一
十二月廿日
石見

(19) 同右、左の如くである。
鹿苑院敷地事、為先年報恩寺替地、信長被仰付之上者、境内無相違可致進退之状如件
天正十一
十二月十九日
報恩寺役者中

(20) 同右、三三六頁に左の通り。
紅粉座事、任御代々御證分之旨、以先祖相続之筋目可致商売、若背座法之族在之者、為座中堅可申付候状如件
天正十一
十一月十八日
上下京
紅粉座中

(21) 同右、左の通り。
石清水八幡宮住京神人油座事、帯御代々證文上者、洛中洛外可致商売、並破座法致商売者於在之者、可加成敗、然者今度中村売子弥次郎毎背座法之条、人々成敗申候、弥以如先々為座中堅可申付候状如件
天正十一、十一月日
当京住京神人中

(22) 同右、三三五頁に左の通り。
当職事、任綸旨並御代々證文其外補任等之旨、諸々江振売以下事、如在来堅令停止上者、如先々為座中可存知、若違背之族可為曲事候状如件
天正十一
十一月十八日
樋座中

(23) 『大日本史料』十一―七、五六～一〇七頁。

(24) 豊臣賜姓については年代決定がむずかしいようで、『押小路文書』によると天正十三年九月九日、『公卿補任』は天正十四年条という。
(25)『甫庵太閤記』巻の七において、「関白職並家臣面々官之事」につづいて「五奉行之事」の記述がある。
(26) 前田玄以については不明な点が少なくないが、京都における玄以の役割については、京都市編『京都の歴史』第四巻(前掲注3)の随所で触れられている。
(27)『多聞院日記』天正十四年二月二十七日条(『多聞院日記』第四巻、角川書店、一九六七、一〇頁)。
(28)『兼見卿記』天正十四年二月二十四日条。
(29) 京都市編『京都の歴史』第四巻(前掲注3)序説のなかで、林屋辰三郎氏は「聚楽第の敷地としてえらばれた場所は、ほかならぬ平安京の大内裏址で、当時内野とよばれたところであった、まさに王城の中心をうけついでいたといってよい。秀吉が聚楽第を建てる場合に、決して何処であってもよいというわけではなかった。自分自身で内野の地を定めたように、大内裏址ということこそ、大きな魅力であったろう」と述べている。
(30)『兼見卿記』天正十五年一月二十四日条。
(31)『多聞院日記』天正十五年三月。
(32) フロイス『日本史2』(松田毅一・川崎桃太訳、中央公論社版、一九七七)一一六頁。以下、本稿では同書による。
(33) 京都市編『京都の歴史』第四巻(前掲注3)第三章第二節「聚楽第と方広寺」参照。
(34) フロイス『日本史2』(前掲注32)一一二頁。
(35)『聚楽行幸記』。初日酒宴のあと、聚楽第庭園鑑賞の記事中の表現である。
(36) フロイス『日本史2』(前掲注32)一一二頁。
(37) 京都市編『京都の歴史』第四巻(前掲注3)二六七頁の表6「聚楽第ゆかりの町名」には、如水町、加賀屋町、藤五郎町、甲斐守町、主計町、福島直家町、伊勢殿横町、飛驒殿町、常陸町、中村町、長門町、稲葉町、左馬松町、田村備前町、阿波殿町の一六カ町をあげている。
(38)『三雲文書』。『史料綜覧』巻十二、天正十七年二月十五日記事による。
(39) フロイス『日本史2』(前掲注32)一九二頁。

(40)『兼見卿記』天正十四年四月一日条。
(41)京都市編『京都の歴史』第四巻（前掲注3）二七四頁。
(42)『多聞院日記』天正十六年五月十二日条。
(43)『上下京町々古書明細記』所収、天正十六年五月八日記事。
(44)「立売組十四町与惣帳」（『上京文書』所収）。

大仏殿おとり入目

拾九貫四百四十九文小巻拾端立売ニ預リ申候 さけ弐荷預り申候

家数四百弐拾九間　壱間ニ四十七文つゝ

合弐拾貫百六拾文　くゝり申候

入目指引七百拾文余他　帳箱ニ入置申候也

天正拾六年五月廿九日　立売

(45)たとえば、聚楽第は関白政権という公武支配・全国支配の形態的シンボルといった役割をになったと考えることができるし、大仏殿は周知のごとく大仏鋳造を名分としていわゆる刀狩の実施へとつながっている。
(46)『京都古町記録』（『高辻西洞院町文書』所収）。字句の違いはあるが、多くの写本がある。
(47)木下政雄・横井清「お土居と寺町」（京都市編『京都の歴史』第四巻、前掲注3、第三章第三節、二九九～三〇〇頁）では、秋山國三氏などの先行研究をうけて、「従来の研究がすでに指摘するように、祇園会の鉾出し区域＝「鉾町」では自治的団結が強固であり、商家が密集していて、当然にも地価も高かったことであろうから、さすがの秀吉政権もこの区域の改造は計画から除外したものと考えてよい。」とのべている。
(48)伏見や近江八幡などに例は多い。
(49)『晴豊記』の天正十九年記事から左のとおり。

廿九日（閏一月）より「京中屋敷かへ、まち人われさきと、立家こぼち、又立引申事共也」

二日（二月）より「京中惣ほり口六十間之由申候、屋敷がへ中〳〵らんの行くことく也」

三日（二月）より「夕方京中屋敷かへ共見物ニ出候、中〳〵町人あさましき様躰也、只らんなとの行やけたる跡の躰也」

(50) フロイス『日本史2』（前掲注32）一八九頁。
(51) 木下政雄・横井清「お土居と寺町」（京都市編『京都の歴史』第四巻、前掲注3）三〇一～三〇五頁参照。
(52) 『新修京都叢書』（臨川書店刊、一九九三～九四）による。
(53) 内田九州男「城下町大坂の誕生」（大阪市刊『まちに住まう—大阪都市住宅史』所収、一九八九）一〇四頁で、内田氏は「以上のように、秀吉が城下建設と同時に町の北端と南端に寺町を建設しようとしたことは明白である。計画的な寺院街である寺町は、天正十九年に京都ではじめて建設されたというのが定説であるが、そのルーツは大坂の寺町にあるとみるべきであろう」と記している。
(54) フロイス『日本史2』（前掲注32）一八九～一九〇頁。
(55) 『高辻西洞院町文書』より所引。
(56) 京都市編『京都の歴史』第四巻（前掲注3）三〇五～三〇六頁。
(57) 同右二八六頁。
(58) 『晴豊記』天正十九年二月四日条中に「今日清涼殿のはし立なり」とある。
(59) 『多聞院日記』天正十七年九月一日条。
(60) フロイス『日本史2』（前掲注32）一二三頁。
(61) 同右一八八頁。
(62) 木下政雄・横井清「お土居と寺町」（『京都の歴史』第四巻、前掲注3）二九一頁参照。
(63) 『京都府伏見町誌』所収「豊公伏見城ノ図」や伏見にのこる町名・地名からその様相をうかがうことができる。
(64) 『京都御役所向大概覚書』二、「京廻惣郭土居藪並洛中洛外内藪之事」に、「京廻御土居藪長合、壹萬貳百貳拾九間余、但根敷拾間より捨五間半迄、馬踏三間より四間迄、高貳間より三間迄」とある。
(65) 京都市編『京都の歴史』第四巻（前掲注3）二九七～二九八頁。
(66) 『兼見卿記』天正十九年正月十八日条や『華頂要略』天正十九年閏正月七日記事、『賀茂別雷神社文書』所収「天正十九年閏正月十一日付玄以書状」などに、お土居関係人足のことが見える。
(67) 小野晃司「京都の近世都市化」（前掲注1）。
(68) 京都市編『京都の歴史』第四巻（前掲注3）二九九頁に、「江戸時代の記録類によると、秀吉は天正十八年（一五九〇）に全国統一を終えたあと、連歌師の里村紹巴・京都所司代前田玄以を伴ってひそかに洛中を巡見、その後細川幽斎を呼んで洛中の境界を明らかにすることを諮問したという」と紹介している。

(69) 西川幸治『都市の思想』（NHK出版、一九九四）。

(70) 『上京文書』所収元亀四年七月日付「織田信長条々」の第四条目に、「一、地子銭免除之事、但追々可申出之条、其以前何方へも不可能納所事」とある。

(71) 『京都町家旧記』『増補筒井家記』『豊内記』など。たとえば、『高辻西洞院町文書』の古記録写しにも「天正十年六月、明智日向守上下京地子御免」とある。

(72) 京都市編『京都の歴史』第四巻（前掲注3）二八三頁参照。天正十七年十二月一日付で、大量の朱印状が発給されている。

(73) 『多聞院日記』天正十九年十二月二十八日条。

(74) 鎌田道隆「戦国期における市民的自治について」（『奈良大学紀要』第十二号、一九八三）。

(75) 小野晃司「京都の近世都市化」（前掲注1、一九～二二頁）。

(76) 『上京文書』。秀吉の朱印状のほか、この朱印状をうけた同年九月二十五日付「前田玄以下知状」も『上京文書』にある。

第三章　初期幕政における京都と江戸

一　北島・藤野両氏の二元政治論

三代将軍徳川家光に将軍職をゆずりながら、なお大御所として幕府政治の実権をにぎっていた徳川秀忠が、寛永九年（一六三二）一月二十四日没した。この二日後の出来事として、『徳川実紀』は次の記事をかかげている。(1)

又此日、目付宮城甚右衛門和甫京坂に御使し、こたび御大喪により、関西の諸大名江戸にまかるべからず、各封地堅固に守り、前令違犯すべからずとの御旨をつたえしめ、女院の御方にも御使をつとめしめらる

前将軍であり、大御所としてなお実際に幕政の最高実力者であった人物の葬儀に際し、その直臣にもあたる関西の諸大名に対して、葬儀への参列無用と在国とが、幕府の命令として発せられたというのである。この場合の関西とは、関西地方という意味ではなく、西日本全体のことと解すべきであろうし、またこの命令が三代将軍家光の名において発せられたものであることも注目しておくべきことではないかと思う。

西日本の諸大名は、なぜ江戸に駆けつけ秀忠の大喪に参列することが許されなかったのであろうか。もちろん、この時期西日本の大名のみが在国し領政につとめなければならないような国内・国外の特別な異変も見あたらな

い。

秀忠の葬儀参列にかこつけて、西日本の諸大名が大挙して出府してくれば、江戸においてどんな大事件が企てられるかわかったものではない、という危惧と疑念が将軍家光を擁する江戸の幕閣をとらえたのではないか。西日本の諸大名を充分に統制できていないという認識と、大御所という実力者を失ったところからくる幕政への不安が、西日本諸大名への出府停止令となってあらわれたのではないか。

元和九年（一六二三）七月二十七日に三代将軍に就任して以来、家光の将軍在位は秀忠死没の寛永九年（一六三二）正月まで、八カ年余にわたる。この八年余におよぶ幕藩制支配が決して将軍家光による単独施政でなかったことを、この事件はものがたっている。将軍が、あるいは将軍を中心とする幕閣が、しっかりと統治できていたのは東日本だけであったといえば言いすぎであろうか。西日本支配をも含めた全国統治という点では、大御所秀忠の力量によりかかっていた八年余だったといえるのではないだろうか。

ともかく、寛永年間前半の時期に、東日本と西日本の政治的差違が歴然としていまだ存在していたことと、将軍と大御所とによる協同幕政があったことは確認できよう。しかも、将軍と大御所との協力による幕府政治という形態は、慶長十年（一六〇五）四月十六日の二代秀忠の将軍就任から大御所家康が没する元和二年（一六一六）四月十五日までの期間にもみられた。そして、この慶長年間の後半に行われた将軍と大御所とによる幕府政治を、北島正元氏らは二元政治とよんでいる。(2) ならば、寛永前期の将軍家光と大御所秀忠とによる幕府政治も、二元政治とよぶことができるのではないだろうか。もちろん、この場合にも将軍と大御所という二大権力者の存在形態に依拠した考え方ということになる。

しかし、北島正元氏は、単に将軍と大御所との二大権力者の存在をもって二元政治とよんでいるのではない。むしろ、大御所家康と将軍秀忠は対立しているのではなく、一元的な方向にあったと、次のように記している。(3)

慶長八（一六〇三）年の江戸開幕は、徳川氏の全国政権としての地位を明確化したが、その政治組織にも当然それに応じた整備が必要であった。同十年に将軍職を秀忠にゆずった家康は同十二年に駿府に退隠したが、実際には「大御所」として幕政を裏面から動かし、将軍秀忠も父の意志に柔順であった。これはこれ以後の公文書にも家康の名で出されたものが多く秀忠の出した公文書はたんにそれを裏づけるにすぎないものが少なくないことでもわかる。（括弧内は北島氏注）

家康の強力な指導と支援のもとに、秀忠を盟主とする幕府政治が展開されたという認識を北島氏は示されている。ここには幕政が二元であったという論理は、成立しないかのように見える。それでは、何をもって二元政治論が主張されるのであろうか。

北島氏や藤野氏の所説によると、問題は慶長十年（一六〇五）に将軍職を退いた家康が、本多正純を側近として、「江戸の幕府を小規模にしたような政治機構を駿府につくった」ことにあったという。(4) すなわち、江戸の幕閣と駿府の政府との対立・抗争の経緯を二元政権または二元政治とみているのである。

大御所となった家康は、江戸の将軍補佐役として家康腹心の本多正信をこれにあて、正信の子正純を駿府において、本多父子を軸とする統一政治をめざしたが、江戸の幕閣では大久保忠隣・酒井忠世・酒井忠利・土井利勝らの譜代勢力が成長して本多正信はしだいに疎外され孤立するようになった。こうした譜代大名による江戸政権の形成に対して、駿府政権の構成は能力主義的で対照的であった。たとえば、本多正純と若干の譜代大名以外に天海・崇伝・林羅山の僧侶や学者、大久保長安・伊奈忠次らの代官頭、後藤庄三郎・茶屋四郎次郎・亀屋栄仁らの豪商、外国人の三浦按針らといった多彩な顔ぶれがその中枢にあったというものである。

藤野保氏は、駿府政権を分類して四つのグループから構成されていたとした。(5) その第一グループは新参譜代・近習出頭人、第二グループは僧侶と学者、第三グループは豪商と代官頭、第四グループを外国人としている。そして、この駿府政権は、政治の実権をもつ大御所家康の直下ということから、発言力が強く、全国支配に深くかかわったと指摘している。(6)これに対して江戸政権は徳川家臣団の系譜を優先する譜代勢力が結集して、関東地方を中心とする幕府政治を固めていたという。

こうした二元的政権のかたちが、両政権に結集する勢力の対立となって激化したが、家康の強大かつ巧妙な統制力は、その矛盾を幕府の危機にまで表面化させることはなかった。(7)しかし、慶長十七年（一六一二）の岡本大八事件ころからかなり顕在化し、大久保長安事件では政争の形となり、元和二年（一六一六）の大御所家康と本多正信の死を契機として、駿府政権は解体され、二元政治も解消されたという。

そして、この駿府政権の解体と江戸政権の強化というかたちでの慶長政治の終結は、譜代勢力を中心とする将軍政治が確立する元和政治への方向を決めたと、藤野保氏は整理している。(8)すなわち、「幕府それ自身の組織の整備」と、「統一権力として諸大名を統治し、かつ幕藩体制を組織する」という二つの課題に応える方策としてとられた二元政治＝慶長政治を否定したのが、元和政治であったとしている。

慶長期の二元政治についての以上のような理解は、北島正元、藤野保両氏に共通しており、その限りでは幕政初期における二元政治論は元和以降再登場することはないと判断される。ところが、藤野保氏は元和政治ののち、寛永初期政治において「二元政治の再展開」があったことを分析されている。藤野氏の二元政治再展開論をみておこう。

藤野氏は、「秀忠は将軍職を譲与したのちも、家康と同じく大御所（西丸居住）として、政治の実権を掌握したため、ここに幕政は再び将軍政治（家光）と「大御所政治」の二元政治の形をとって展開することとなった」（括弧内は藤野氏注）として、大御所＝西丸派と将軍＝本丸派の構成について言及している。(9)具体的な大名についてここで列記しないが、西丸老職が秀忠の側近グループを中心としたのに対し、本丸老職は新旧の譜代層から構成され、このなかから家光側近の新譜代層が台頭していくという整理をされている。経緯から先に追えば、寛永九年（一六三二）正月秀忠の死によって西丸老職は解散して二元政治も解消した。そしてこの二元政治の解消は「慶長政治における二元政治も含めて、初期幕政における特殊政治形態としての二元政治そのものの解消を意味した。このことは幕府の組織の整備に伴う将軍独裁権の確立を意味し、家光の寛永政治はこのような体制の確立の上に展開した」と、その意義について言及している。(10)

こうした二元政治論が、初期幕政における幕閣の構成とその派閥抗争の理解に一定の意義づけをできた点においては評価できるが、二元政治という概念そのものや、その二元政治の前提要件という面ではほとんど解明されておらず疑問を禁じえない。むしろ、初期幕政における二元政治論そのものを根本から問いなおす必要さえ覚える。以下、論点を整理しながら、新しい二元政治論を提起してみたい。

二 「二元政治論」の再検討

問題の所在から、まず整理してみよう。慶長期の二元政治については、北島正元氏も藤野保氏もほぼ共通の認識のうえに立っていると考えられるので、慶長期における二元政治論ということからみてみよう。

確認しておかなければならないのは、二元というのは、大御所家康と将軍秀忠とから政令が二途に出たという意味ではないということである。両者は補完しあう関係にあり、その意味では一元政治だということになる。それでは、どこが二元なのかといえば、駿府政権と江戸政権の競合・対立をもって二元とみているようである。北島氏は、駿府政権が「戦国的な政治組織の延長」というか、「家政的職制の典型」ともいえる出頭人政府、すなわち「家臣団の系譜を重視するよりも、各界の器量人を起用し、その職能に応じて家政の管理を分担させる」かたちのものであったのに対し、江戸政権は三河以来の門閥譜代勢力で固められた組織であったところに、両政権の対立・抗争があったとみている。[11]しかも、その構造の異なる両政権のなかで、個人的感情的対立が複雑にからんだことも、いっそう二元的政権の様相を深めさせたとみているようである。[12]そして、北島氏においては、なぜ江戸幕府が初期において駿府と江戸の二元的政権を形成しなければならなかったのかという問題の設定は見あたらない。あえていえば、家康が大御所となって駿府に移った結果として、二元的政権が誕生したという設定かと考えられる。

藤野保氏は、もっと積極的な意義づけの視点から二元政治論を展開されている。すなわち、「江戸の将軍政治は当面幕府の基礎づくりを主要な目的とし」たのに対し、「駿府の「大御所政治」は文字通り全国統治の政権として君臨し」たという。[13]ここから、江戸の将軍政治はその支配領域が関東内にとどまっていたのに、駿府の大御所政治は全国統治が課題であったこと、そうした政治目的の相違が江戸政権では譜代勢力による官僚政治の形成となり、駿府政権では家康をとりまく多彩な側近によって構成されることになったと理論づけている。藤野氏の整理はわかりやすく初期幕府における二元政治の意義づけがかなり明白となっているように見える。

しかし、ここで原点に立ちかえって整理してみると、いくつかの疑問が生じる。江戸幕府の草創期、幕府組織の整備・確立と全国大名の統治という二つの課題があったことは確かである。ということは、この二つの政治課題は慶長八年（一六〇三）から十年にいたる家康の将軍在任中も、また同十年に家康が大御所となってから同十二年に駿府に本拠を構えるまでの期間も、そしてまた元和二年（一六一六）に家康が没して駿府政権が解消したあとも、一貫して江戸幕府がになわなければならなかったはずである。こうした素朴な疑問に立脚するとき、大御所家康の駿府在城中の期間のみを二元政治とし、その政治形態が幕府組織の整備と全国統治という二つの政治課題を反映したものだとする考え方には違和感を覚える。

また藤野氏は右のような政治課題と、大御所と将軍の二元政治論とを結びつけながら、家康が将軍職を譲って大御所となったいきさつについては、「家康が将軍職をわずか二年で秀忠にゆずったのは、下剋上の思想に最後のとどめを刺し、豊臣方に、政権回復の期待を断念させるためであった」と、政権の世襲が目的であったとして、[14]二つの政治課題との関連は全く示されていない。もし、この将軍職の世襲と豊臣方の政権断念を天下に示すためであったという議論をもちだすならば、家康は全く政治の世界から手を引き、全権を秀忠に引き継いだ姿勢を示さなければ意味がない。大御所家康と将軍秀忠の現実の構図は、将軍職という位置をきわめて矮少化し、将軍職は徳川家の家政担当、大御所こそが全国統治というかたちを示していた。藤野氏は元和九年（一六二三）の将軍家光と大御所秀忠という関係の成立について言及し、「家康の場合は政権の世襲を示すのが主であったのに対し、秀忠の場合は、自由な立場で大名統制を強化するのが主であった」[15]と、大御所体制と政治課題との関係を説いている。

ついでに、藤野氏の慶長政治の終焉と元和政治の展開、そして元和末年からの二元政治の再展開論についても検討しておこう。藤野氏は家康の死によって慶長期の二元政治は解消し、駿府の「大御所政治」機能はことごとく江戸の将軍に吸収されたと整理し、その後は名実ともに幕府＝将軍政治が統一的封建権力として諸大名に君臨する体制が確立し、江戸がその中心地となったと意義づけている。[16]だが先述のごとくその後「秀忠は将軍職を譲与したのちも、家康と同じく大御所（西丸居住）として、政治の実権を掌握したため、ここに幕政は再び将軍政治（家光）と「大御所政治」の二元政治の形をとって展開することになった」（括弧内は藤野氏注）と述べている。[17]それは将軍政治＝本丸老職グループと大御所政治＝西丸老職グループというかたちをとりながら、その二元政治構造のもとで将軍独裁権を強化する方向での勢力交替が進み、幕府組織の整備が一応完了する。そして、秀忠の死没によって西丸老職も解体し、初期幕政における特殊政治形態としての二元政治そのものが解消、家光による安定的な将軍政治が展開されていくと整理されている。[18]

藤野氏は将軍と大御所が存在するかたちを、原則として二元政治と認定され、将軍単独の時期には二元政治はないと考えられている。しかし、家康なきあとの元和政治で秀忠が幕府組織の整備と全国統治という二つの政治課題を統一的にすすめていたとするなら、なぜ寛永初期に二元政治という「特殊政治形態」をとる必要があるのかについて答えなければならない。同じ疑問は、慶長期の二元政治についても発せられる。

結論からいうならば、藤野氏は幕政初期の大きな二つの課題があったことを指摘され、いわゆる二元政治論にからめて整理されたものの、結局大御所と将軍という存在形態をもって二元政治という理解を踏襲している。将軍独裁権の確立にいたる過渡的政治形態こそが二元政治にほかならないという考えが藤野説の基調にある。二つの政治課題論の提起と将軍独裁権確立過程論との間には、かなりの距離があり、充分な整合性はまだ得られていないのではないかと考えられる。

また藤野氏は、寛永年間前期における二元政治によって、家光将軍の独裁権が確立されていき、秀忠の死によって、名実ともに家光独裁体制が成立したと評価され、寛永政治の基礎は一切の準備を完了するとのべてもいる。はたして、大御所秀忠の死はそのまま幕政の確立を意味するものであっただろうか。秀忠没後にくりひろげられる家光政権の幕政改革の動向こそ、注目しなければならないと考える。

三　東日本と西日本

初期幕政において、将軍と大御所とによる「特殊政治形態」がみられたことは事実である。将軍と大御所という政治上の二大シンボルが登場して、それなりに政治的機能をになったために、幕政史上の二元政治として注目され、その分析と意義づけがおこなわれてきた。しかし、このいわゆる二元政治とは、将軍と大御所が並行する時期のみの固有なものであったとする従来の学説は、将軍と大御所という「現象」に、あまりにも眼をうばわれているのではないかと思う。将軍政治と大御所政治の並存というかたちは、初期幕政がかかえていた基本課題に対応して、顕著にあらわれた政治形態のひとつだったと考えることができるのではないだろうか。

江戸幕府の基本課題とは何か。それは、江戸に幕府を開いたことである。江戸に幕府が開かれたという事実を前提として、徳川家康はなぜ江戸に幕府を開いたのだろうかという素朴な疑問が発せられる。この疑問に正面から答えることができるような成果は、現在の学界にもないというほかはない。ただ、「なぜ江戸に」という疑問のわく理由は重要である。戦国時代の争乱から天下統一事業の動きが、京都および京坂を中心として展開されてきた経緯からすれば、中央政治の拠点を江戸に定めたことは、「なぜ」と問いたくなる。

江戸開幕の理由はいくつも考えられるだろう。だが、歴史研究として大事な視点は、なぜにとその理由をさぐるということよりも、江戸にどんな幕府を開いたのか、江戸に幕府を開いたことで、徳川政権はどのような問題をかかえこんだのか、その課題をどのようにして解決し折り合いをつけていったのかということなどを事実に測して分析することであろう。

この視点からすれば、藤野氏が提起し整理された幕政初期の二つの課題、すなわち幕府の組織整備と全国諸大名の統治は、問題の核心をついているといえよう。とはいえ、幕府の形成と全国統治という政治課題のとらえ方は、一般的であり、どの政権においても共通することだともいえる。もちろん、藤野氏も一般論としてとらえているのではなく、とりわけ重大な政治課題、誤解をおそれずにいえば、徳川政権にとって固有の政治課題であったとの認識に立っているのだと考えられる。

徳川政権にとって固有な問題だということになれば、当然その原因となっている社会状況や政治状況についての考察がなければならない。藤野氏の研究では、この点についての言及がない。

徳川家康は、経済的には後進地帯である東日本をバックグラウンドとし、政治的にも武家政治支配の組みたてやすい江戸をえらんで幕府を開いた。それは、織田信長ついで豊臣秀吉が積極的に活用してきた商業資本を中心にして経済的な先進地帯であった西日本、京坂を避けたということであり、京都朝廷や寺社などの伝統的権力と豊臣勢力の残存する政治構造の複雑な京都・大坂を幕府の開設地としては選択しなかったということである。

江戸に幕府を開くということは、東日本を支配し、幕府組織を形成するという点からはきわめて有利な条件の選択であったといえよう。その反面、西日本の支配はどうするのか、西日本を幕府政治のなかにいかにして組みこんでいくのかという難問を、江戸幕府は当初からかかえこんでしまったことになろう。家康は、そのことは充分承知のうえで、あえて江戸を選択し、江戸型の近世的統一国家形成を考えていたとも考えられる。それは、以後の幕府政治の展開から実証することができるのではないかと思う。

慶長年間の日本は、東日本と西日本とでは政治・経済・文化の全体にわたって、大きな差違があった。東日本と西日本の境界を厳密にどのあたりとすべきかは議論のあるところであろうが、江戸を中心とする関東・東日本と、京都を中心とする関西・西日本とは、後進地と先進地というように区別できるほどの差違があったと考えられる。

東日本と西日本の差違の存在を示す典型的な事例は、近世社会でもっとも重要な度量衡器であった枡と秤が、それぞれ東三三カ国、西三三カ国と国分けされて、江戸枡座・秤座、京都枡座・秤座と独立的に支配・管理されていたことによくあらわれている(19)。

経済的な後進地で発せられる江戸の幕府の経済政策で、先進地である京坂の経済を統御することは難しい。武家支配のみ、そして徳川的価値観で東日本は統治することができても、非武家勢力も大きく、豊臣方も残存する京坂・西日本を江戸型の支配方式でそのまま統括することも容易ではない。しかも、京坂・西日本の先進地型の支配を関東・東日本へ適用することは、京坂を避けて江戸型の国家形成をめざした徳川政権としてはできないことであるし、江戸の政府をこえる政府を京都に設立することなしに、それは不可能であろう。
徳川政権は、江戸に幕府を開いたことにより、東日本の支配と西日本の支配という二元政治の出現を、幕初から必然とせざるを得なかったのである。東日本の支配は、当然江戸の幕府が担当する。問題は西日本の支配を、誰がどのように担当していくのかである。

四　家康における伏見と駿府

徳川家康が、慶長八年(一六〇三)二月十二日に将軍となってから同十年四月十六日将軍を秀忠に譲るまでの動向を、中村孝也氏の研究[20]によりながら、江戸と京都の滞在について、その動向を追ってみよう。家康は、慶長八年二月十二日に伏見城において征夷大将軍、源氏長者、淳和・奨学両院別当に任じられ、牛車・兵仗を許された[21]。こののち、三月二十一日まで伏見城に在城、同日に上洛して二条城に滞在し、四月十六日に伏見帰城。七月三日までは伏見城にあったが、同日再び上洛し七月十五日まで二条城にあり、同日から十月十八日までは伏見城に在城した。そして、同日伏見を発して、将軍としてはじめて江戸へ下っている。将軍を拝命して、七ケ月余を京都・伏見で過しているわけである。この間八月朔日には公家衆・門跡・諸大名らの八朔の賀を伏見城でうけている。

慶長八年十月十八日伏見を発した家康は、十一月三日に江戸城に入り、翌九年二月三十日まで江戸に滞在する。江戸にあること四カ月足らず、三月一日に江戸を発して上洛の途につき、同月二十九日伏見に入っている。伏見では六月十日まで在城し、同日上洛して二条城に入り、七月一日まで在京している。二条城から伏見に帰城した家康は閏八月十四日まで伏見にあり、伏見・京都滞在六カ月半ののち江戸へ下向している。

慶長九年閏八月十四日に伏見を発した家康が江戸城に入った日程は明らかではないが、九月初めには江戸に到着したものと考えられ、翌十年の正月九日上洛の途につくまで江戸城にあった。将軍としての二回目の江戸滞在は約四カ月であった。正月早々に江戸を発した家康は、途中駿府に滞在したりして、二月十九日になって伏見城に入城している。この慶長十年の上洛は、将軍職を秀忠に譲るためのものであり、秀忠も二月二十四日江戸を出発、三月二十一日に伏見に到着した。

伏見城の家康は、四月七日に将軍職を秀忠に譲りたい旨を奏請し、同月八日二条城に移って参内したり、親王・門跡・公家衆らの歳首の賀をうけたりして、同月十五日に伏見城へ帰った。そして翌十六日家康が征夷大将軍を辞し、秀忠が代って征夷大将軍に就任したのである。

こうしてみると、徳川家康は将軍在任中、江戸に滞在したのは約八カ月、いっぽう京都・伏見滞在は合計すると一五カ月余となり、圧倒的に京都・伏見滞在が長い。将軍就退任の儀式などが伏見城で行われたためということを割り引いてみても、江戸に対して京都・伏見の比重が決して低いものではないことがわかる。一々についてここでは紹介できないが、京都および伏見滞在中の家康の動向を調べてみると、朝廷、公家衆・門跡衆との儀礼的対応から、千姫の豊臣秀頼への入輿に代表される豊臣家対策、西国諸大名の掌握、外国使節の引見などを、ほとんどこの京都・伏見で行なっている。もちろん、京都・伏見滞在中に関東の沙汰も令していることはいうまでもない。ここでひとつだけ整理しておきたいことがある。それは、これまで京都・伏見というかたちでのべてきたが、京都滞在の二条城はかなり儀礼的な活用の場であること、二条城へは伏見城から出て、帰路もかならず伏見城をめざしていることからして、伏見城が家康の京坂・西日本支配の拠点であったということである。家康将軍の時代、関東・東日本の支配の拠点が江戸城であったのに対し、関西・西日本支配の拠点は伏見城であった。

徳川家康が将軍として江戸と伏見の両拠点に交互に滞在して幕府政治を展開したのに対し、二代将軍徳川秀忠の場合はほとんどそうした動きはみられない。秀忠は将軍就任の日から一カ月を経た慶長十年（一六〇五）五月十五日、伏見を発して江戸へ向った。その後秀忠が上洛してくるのは、九年余を経た同十九年（一六一四）の大坂の陣のためのもので、同年十一月十日に伏見城に入っているくらいである。[22]このことは、秀忠がほとんど西日本支配の問題に関与していないこと、そして家康がそうした西日本支配を分担していたことを示すのではないかと考えられる。

大御所となった徳川家康のその後の動向も追ってみよう。慶長十年（一六〇五）四月十六日に将軍職を秀忠に譲り、五月十五日に江戸へ下向する秀忠を見送ったのちも、家康は伏見城に残り、五カ月を経た九月十五日に江戸へ向けて伏見を出発。同年十月二十日に江戸に入った家康は翌十一年三月十五日まで五カ月弱を江戸に滞在し、同日上洛の途についた。同年四月六日に伏見入りした家康は、また五カ月余を伏見で過ごし、同年九月二十一日、伏見を発って江戸へ向った。家康の伏見時代もこのときが最後といってよく、このにち家康が上洛してくるのは、後水尾天皇の即位にかかわっての同十六年（一六一一）の上洛と、やはり大坂陣のための同十九年の上洛というように極端に間隔が遠くなっている。同十六年の上洛は三月十七日から四月十八日まで二条城を中心に滞在したものであるが、この間の三月二十八日に豊臣秀頼と二条城で会見したこと、四月十二日に在京諸大名から誓約書を徴収したことなど、西日本支配にとって重要な役割を果たしていることが注目される。慶長十九年、同二十年の上洛は、いずれも豊臣征圧という西日本支配の最重要課題の一つであったことはいうまでもない。

慶長十二年（一六〇七）以降に頻繁な上洛がなくなるのは、家康が本拠地を駿府に定めたことと深くかかわっている。同十二年三月に江戸から駿府へ向った家康は同年十月まで駿府に滞在し、駿府城の本格的な造営をおこなわせ、伏見城の器材・財宝も駿府へと運ばせている。[23]これにともない、これまで伏見城下に屋敷を構えていた大名たちも、あいついで屋敷を伏見から駿府へと引き移すということが起こっている。

駿府に本拠を構えた家康は、慶長十二年十月四日から約二カ月、同十三年九月十二日から三カ月弱、同十五年十二月十日から二カ月弱というように江戸を訪れている。大御所となって、江戸滞在もしだいに期間は短かく、間隔は遠くなっているのがうかがえる。

徳川家康の動きを追ってみると、慶長八年（一六〇三）に将軍となってから同十二年に駿府を本拠とするまでの大御所時代初期までは、江戸よりもむしろ伏見滞在の方を重視していたのではないかと考えられ、同十二年以降は駿府時代とよぶにふさわしい落ちつきを見ることができる。

まず、家康の将軍時代から大御所時代初期の動きは、江戸にいては西日本支配ができないこと、西日本支配は伏見を拠点としておこなわれたことを示している。もうすこしつきつめてみると、将軍単独の時代が一元政治で、将軍と大御所の並立時代が二元政治というのではなく、東日本と西日本を別々な政治方針とシステムで支配しなければならないという意味での二元政治が、幕府政治の当初から存在したと考えるべきではないかと思う。しかも、東日本支配にくらべて西日本支配の方が困難さを伴うかたちで江戸幕府が成立しているということも判明する。それは、将軍秀忠は就任後まもなく江戸へ下向し以後上洛することがなかったのに対し、将軍をこえる政治権力をもつ大御所が伏見に拠点を置いていたことからも充分にうかがえる。

つぎに、大御所の駿府時代について考えてみよう。家康がなぜ駿府をえらんだのかということも考えなければならないが、なぜ伏見ではなかったのか、なぜ江戸ではなかったのかという点をこそ考える必要がある。結果からいえば、大御所家康は伏見に滞在しなくても、駿府にあっても西日本支配が可能な条件をつくりだしたのではないかということと、東日本と西日本支配を分離しつつ、それを江戸において統一的にとり扱うにはまだ若干時期尚早だという判断があったのではないかということである。

徳川氏が江戸に幕府を開いたことは、当然のこととして、江戸からの全国へ対しての一元支配が目標であろう。家康は、やむを得ず伏見を拠点とする西日本支配をおこなわなければならなかったものの、条件がととのえば少しでも江戸への一拠点化の方へ近づけるのがねらいである。駿府における大御所政治は、二元政治のはじまりではなく、前述した二元政治の統合のわずかな第一歩として理解できるのではないだろうか。

しかし、慶長十二年（一六〇七）に伏見から駿府へと政治拠点を移すことができた条件については、具体的な研究がなく、それらをここに開示することができない。今後の課題としたい。したがって、ここでは慶長十二年という年代にこだわらず、西日本支配または上方支配が、江戸における幕府支配とは相対的に独立したものであったという事例を示し、二元政治について考えてみたい。

五　西日本支配機構の形成

関ケ原合戦の戦後処理を経て、慶長六年（一六〇一）に板倉勝重が加藤正次・米津親勝らとともに、京都および畿内の政務を担当するように命じられたことはよく知られている。しかし、京都所司代の正式の成立は、家康の将軍就任と時を同じくして、板倉勝重が従五位下伊賀守に叙された時と理解すべきであろう。江戸幕府による西日本支配は、家康が将軍であるか大御所であるかにかかわらず、家康――板倉勝重（所司代）を中軸とする系列において進められたと考えられる。しかも、家康――勝重ラインのなかに江戸の幕閣が介在してこないところにその特色がある。とはいえ、幕政・民政のあらゆる部分において、江戸の幕府政治から所司代政治が独立していたというわけではない。所司代政治の相対的独自性とは、京坂・畿内・西日本の独自な問題処理の必要性の範囲内においてである。江戸の幕閣から発せられる政令・法令が、所司代を通じて広く伝達・実施されていくことはいうまでもない。ただ江戸の幕閣とは別に、畿内・西日本の問題を処理していく行政組織が所司代を中心として存在していたことが重要である。

たとえば、奈良奉行の成立を論じられた杣田善雄氏の研究事例によると、(24) 慶長八年（一六〇三）七月の大和国山辺郡内の幕府領・織田有楽領入組と織田有楽領の村との水論では、伏見において板倉勝重を中心とする奉行衆によって裁判がおこなわれたこと、慶長十四年（一六〇九）の同じく大和国添上郡の東大寺領・一乗院領・興福寺領入組の村と、同山辺郡の幕府領で大久保長安代官所であった村との池所有争論でもやはり伏見において板倉勝重らによって裁許がなされていることが指摘されている。(25)また寺社関係の公事についても、「関ケ原陣後、慶長十二年まではまず豊光寺承兌・円光寺元佶らの主体的役割が目立つが、慶長十二年十二月の承兌没後は板倉と元佶とが裁許の中心的存在となる」とし、「慶長十五年からはそこに金地院崇伝が加わり、元佶の没（慶長十七年五月）後には崇伝・板倉が公式に寺社の管掌を命ぜられる」（括弧内は杣田氏注）と整理している。(26)そして、板倉らが審理を重ねるが「なお問題を残す場合には駿府の家康上意を得るという形態をと」ると杣田氏は結論づけている。(27)

初期幕政における大和支配に関しては、国奉行大久保長安が任じられ、大久保長安下代衆が南都に常駐していたが、民政上のまた寺社方の公事については所司代板倉に代表される畿内近国支配の裁可をうけている。このことは大和の国奉行大久保長安を通じて、大和国が幕府（江戸）または大御所（家康）に直接差配されていたのではなく、所司代の支配下にあったことを示している。所司代を通じて、駿府または江戸につながっていたということである。

東日本と西日本の政治的・経済的・文化的差違に照応する初期幕政の機構として、慶長十二年（一六〇七）までは江戸と伏見、慶長十二年以降は江戸と駿府という二拠点に政府があったという見方も可能であろう。しかし、問題は政治支配の拠点が江戸一カ所に統合されたとしても、その内部機構として江戸の政府と京都の政府というかたちがのこったということである。江戸と伏見、江戸と駿府、江戸のみという政治拠点の移動の意味が重要であることは充分に注目しなければならない。しかし、そうした政治情勢の変容の背景に、東日本と西日本という二元政治を必然化させる江戸幕府の成立事情があったことを、しっかりと見すえておくべきであろう。

徳川家康の時代には、伏見であれ、駿府であれ、目に見えるかたちで西日本支配が、江戸の幕政とは別にあったことが示されているようである。しかも、その西日本支配が全国支配という意味を強くもっていたことも見えやすい。

家康没後の秀忠将軍時代になると、政治拠点が江戸の一拠点となり、家康の大御所時代に顕在化していた二元政治の現象は見えにくくなるが、この元和政治の期間にも、東日本と西日本の政治は二本立てで行なわれ、将軍秀忠のもとで統括されていたと考えられる。徳川家光が将軍となり秀忠が大御所の地位にのぼると、明確な分担ではなかったかもしれないが、家光は東日本政治、秀忠は西日本政治すなわち全国政治という大まかな分掌があったと考えられる。寛永前期政治において、家光の西日本政治へのかかわりが比重を増しつつあった(28)とはいえ、その点ではいまだ大御所秀忠に負うところが大であった。その証左は、本論文の冒頭において示した寛永九年(一六三二)の西国大名足止め令に見ることができる。家光政権の西日本政治へのかかわりが、大御所秀忠の庇護のもとにあってのものであったことを、西国大名在国令は示したものであったし、視点をかえれば東日本の統治については家光政権としてかなり自信をもっていたということにもなろう。

家光政権にとって、秀忠没後の最大の課題は西日本問題であった。この家光による西日本問題の処理については、寛永十一年(一六三四)の上洛としてすでに注目されて研究も進められつつある。(29)家光が上洛の意志を公表したのは、秀忠の没後一年四カ月余を経た同十年五月三日のことであったが、(30)内々の意志は、秀忠没後間もないころか、おそらくとも同九年の末ごろには決まっていたものと考えられる。上洛意志の公表から一年余の準備期間を経て、同十一年の七月に上洛は実現する。(31)

家光の寛永十一年の上洛は、きわめて政治的意義の大きい上洛であり、この上洛によって畿内近国八カ国を中心とする西日本支配の政治機構が整備され、それが八人衆体制とよばれるものであったことも先学によって指摘されている。[32]そしてこの八人衆体制の成立と、時を同じくして江戸の幕閣の年寄・六人衆の職掌が整備されていることも注目に値する。畿内近国支配の幕政機構は、江戸の老中・若年寄体制とは直結されていない。寛永十一年（一六三四）の上洛によって、江戸の幕府機構の整備とは直接的な関係を有しないかたちで、畿内近国支配機構が成立した。この畿内近国支配機構の成立によって、大御所支配や上洛政治などのかたちをとらなくてもよい幕府政治が可能となったといえるのかもしれない。

寛永十一年の上洛を最後として、将軍の上洛は幕末までおこなわれなくなる。将軍職の就任の儀式さえも、江戸城で挙行されるようになった。そうした幕政の基礎を固めたのが、寛永十一年の上洛であったといっても過言ではないであろう。

寛永十一年の上洛は、政治機構として関東型と関西型の二元政治を明確に打ち出したといえる。もちろん、この時期においては関西型すなわち西日本政治＝全国支配という意味はなく、むしろ関東型の東日本政治機構の方に全国支配の要素が移動していることはいうまでもない。家康の時代にくらべると、東日本と西日本の政治的重みは逆転してはいるが、二元政治方式をとり入れることによって、家光時代には幕府政治は安定的な方向へ急展開し、そのなかで幕政の一元化が進められるという構図をとっていると考えられる。

二元政治の一元化という視点で幕政史を位置づけてみると、寛永十一年成立の八人衆体制の強力な政治力によって畿内近国支配の整備がすすみ、寛文年間の改革で八人衆体制が解体し、京都町奉行体制がとられることにより、江戸政治への一元化は大きく進展する。[33]しかし、本来の意味での江戸幕府による一元的支配がほぼ完了するのは、享保改革をまたなければならなかったのではないかと思う。

徳川政権は、江戸に幕府を開いたことによって、西日本をいかに統治するかという大きな課題を背負いこんでしまった。そして、その解決の手段として二元政治という方式を積極的に導入し、統一をめざしながら東日本は東日本、西日本は西日本としての民政・幕政を展開した。しかし、政治対象としての二元構造は短期間には解消しがたく、寛文年間にいたってやっと一元化の政治的基礎が整備され、二元政治解消の方向が明らかとなる。

以上、江戸幕府における二元政治について、一々実証を加えることなく論説風に叙述してきた。この十七世紀における東日本と西日本の二元構造に対応する幕府政治としての二元政治については、その展開・変遷自体が大きな政治的意味をもっているので、細部にまでわたる実証的な研究が不可欠である。ここでは、東日本と西日本という視点をもった二元政治論の提起ということにとどめ、実証研究を今後の課題としておきたい。

注

(1)「大猷院殿御実紀巻十九」寛永九年正月二十六日(『新訂増補国史大系　徳川実紀』第二篇五三四頁)。

(2) 初期幕政における二元政治論として、権力構造にかかわらせて研究されているのは、北島正元氏と藤野保氏である。具体的な所説については、本文においてのべる。

(3) 北島正元『江戸幕府の権力構造』(岩波書店、一九六四)四四七～四四八頁。

(4) 同右四四八頁。

(5) 藤野保『新訂幕藩体制史の研究』(吉川弘文館、一九七五)二四一～二四八頁参照。とくに同書二四二頁と二四三頁の間に付された第二図「二元政治の構造と機能(慶長10年代)」には、駿府政権のグループ分けとともに江戸政権の構造なども含めて藤野説がわかりやすく図示されている。

(6) 同右二四二頁。北島氏は江戸政権と駿府政権という両政権の対立を二元政治ととらえたが、藤野氏はとくに駿府政権が全国統治の政権であったことを明瞭に指摘した点で二元政治論を前進させたと評価できる。

(7) このような評価は北島氏が提出されたが、藤野氏も全く同様な評価である。

(8) 同右二四八頁参照。同書では二四八頁に「元和政治の意義」という見出しがたてられている。

(9) 同右二五二～二五四頁参照。なお北島氏は、元和九年以降の大御所秀忠と将軍家光の並存時代について、「二元政治」という認識はされていないかに見える。
(10) 同右二五五頁。藤野氏のこの整理では、大御所秀忠の死による二元政治の解消が、なにゆえに「初期幕政における特殊政治形態としての二元政治そのものも解消を意味」するのか論旨明解ではない。というのは、家康の死没にともなう秀忠将軍の独裁権の確立と、秀忠死没にともなう家光将軍の独裁権の確立の度合がどう異なるのかについて論究されていないからであろう。
(11) 北島正元前掲書（注3）四四九頁。
(12) 北島氏の二元政治論の展開においては、本多正信・正純父子と大久保忠隣・酒井忠世らとの感情的対立の話題を重視して、権力闘争として叙述されている。
(13) 藤野保前掲書（注5）二四二頁。
(14) 同右二五二頁。藤野氏は「秀忠の任将軍に際しては内外の緊迫した情勢のなかで、一日も早く徳川永久政権を天下に宣言するというすぐれて政治的な配慮が必要であった」とのべている。
(15) 藤野保『徳川幕閣』（中公新書、一九六五）一二九～一三〇頁。
(16) 藤野保前掲書（注5）二四八頁。
(17) 同右二五二頁。
(18) 同右二五五頁。
(19) 江戸幕府は、江戸枡座に対して京都枡座、江戸秤座に対して京都秤座というように、江戸と京都に分けて枡と秤の支配を特定の町人に請け負わせ、東日本と西日本を当初から区別した量衡制を推進した。ただし、この東西三三カ国ずつの国分けについては、近江、丹波、丹後、但馬などが東三三カ国のなかに入れられており、京都所司代支配の畿内近国八カ国すなわち山城・大和・摂津・河内・和泉・近江・丹波・播磨とのずれがある。枡と秤の東西国分けは、国数を合わせるための機械的な区分けであり、経済の動きや政治のあり方との間には相違がある。
(20) 中村孝也『新訂徳川家康文書の研究下巻之一』（日本学術振興会、一九八〇）。
(21) 同右引『日光東照宮文書』。『東照宮御実紀巻五』慶長八年二月十二日条（『新訂増補国史大系　徳川実紀』第一篇七三頁）。以下の家康の動向に関する記述は中村孝也氏の研究によるものである。
(22) 「台徳院殿御実紀巻三十」慶長十九年十一月十日条（『新訂増補国史大系　徳川実紀』第一篇七一八頁）。

(23)『当代記巻四』(『史籍雑纂』所収)慶長十二年閏四月の記事に「閏卯月二日甲子 雨、此比自伏見金銀又百五駄駿河へ下。四日快晴、此比、大御所近習衆以下、伏見家を少々こほち、或は畳、或は戸沽却族も有之由風聞」などとある。

(24)杣田善雄「幕藩制成立期の奈良奉行」(『日本史研究』二一二号所収、一九八〇)。

(25)同右五～六頁。

(26)同右六頁。

(27)同右。

(28)こうした点は具体的に史料と事実をあげて論証しなければならないが、たとえば、京都近郊でのいわゆる隣組としての五人組制の一部における実施ではあるが、寛永六年に見ることができる。この五人組制は関東農村において展開される農村政策のひとつであり、江戸の政府による農村政策の関西への浸透をものがたる一事例たりえると思う。鎌田道隆「京都および近郊における五人組の成立について(上)(下)」(『京都市史編さん通信』一九七・一九八号、一九八五)参照。

(29)京都市編『京都の歴史』第五巻(学藝書林、一九七二)。

(30)「大猷院殿御実紀巻廿二」寛永十三年五月三日条(『新訂増補国史大系 徳川実紀』第二篇五九六頁)。

(31)「大猷院殿御実紀巻廿五」(『新訂増補国史大系 徳川実紀』第二篇六三六～六五八頁)。家光は寛永十一年六月二十日に江戸城を出発し、七月十一日に入洛し二条城に入っている。

(32)朝尾直弘『近世封建社会の基礎構造』(お茶の水書房、一九六七)。朝尾氏は同書第五章「畿内における幕藩制支配」において、畿内西国支配が江戸の幕府支配から相対的独自性をもつものであったこと、そうした相対的独自性が京都所司代を中心とする合議機関の存在によって裏づけられていたことを分析されている。ただし、朝尾氏は元和五年の大坂の直轄化を合議制のはじまりと推定され、元和五年以前は所司代による畿内西国の幕政は「中央の老中職に直結し、文字通り将軍の代理人的な幅広い権限を行使していた」(同書三二三頁)としている。「中央の老中職」に直結することと「将軍の代理人的」な支配とが同義であるかどうかが問題であろう。

(33)鎌田道隆『近世都市 京都』(角川書店、一九七六)参照。

第四章　慶長・元和期における政治と民衆
――「かぶき」の世相を素材として――

はじめに

幕藩体制の成立段階に、二つの内乱があったことは、周知のことである。一つは慶長五年（一六〇〇）の関ヶ原合戦であり、もう一つは慶長十九年（一六一四）および同二十年の大坂の陣である。この二つの内乱については、関ヶ原合戦で事実上の徳川政権が樹立されたが、反徳川勢力がなお残存したため、その盟主とされた大坂城の豊臣秀頼を抹殺したのが大坂の陣であるといった理解が、大方の了解を得ているように見える。(1)すなわち、徳川政権は、関ヶ原合戦で成立し、大坂の陣で確立されたという考え方である。しかし、この「成立」と「確立」の内容については深く検討されたことはなく、大坂の陣で確立という場合、明らかな敵対勢力を軍事的に一掃したという意味がこめられているにすぎないようである。

大坂の陣の軍事的結末があまりにも明白であるため、軍事的側面以外については、その経過や意義もほとんど研究されたり言及されたことがない。むしろ、研究者の眼は、軍事的に自明な結果を前提として、そのうえに展開される「武家諸法度」等の制定など元和以降へと向けられているといえよう。(2)

一方、慶長期が世相史的に特異な注目される時代だという研究もでてきている。守屋毅氏は、慶長期に出現し一世を風靡する「かぶき」の風潮に着目し、慶長期を「かぶき」の時代と呼びたいと提唱しているほどである。[3]そして、守屋氏は東京国立博物館蔵の「洛中洛外図屏風」（舟木本）をその象徴としてあげているが、同氏はこの屏風は、左隻に徳川氏のシンボル二条城、右隻に豊臣氏のシンボル方広寺大仏殿を対峙させ、この両隻にまたがって対角線状に鴨川の流れを配し、町並みも画面に傾斜して描いており、名所や旧跡のかわりに画面の主人公として登場する群衆の動きも、異様な興奮をただよわせていると評し、[4]この屏風自体を「かぶき」の所産とみている。

かぶき者と「かぶき」の世相については、北島正元氏の「かぶき者―その行動と論理」[5]と守屋毅氏『「かぶき」の時代』が注目すべき研究である。かぶき者の評価については、両氏とも単なる愚連隊暴力団とは見ていない。北島氏は、かぶき者こそ下剋上の論理を楯にとって変革主体としての民衆と連携し、幕藩権力の人間的諸権利剝奪に抵抗する役割をになったと評価し、守屋氏はかぶき者の行動論理の深層には戦国乱世への回帰願望があったが、現実には喧嘩三昧に命をかける乱世の仮構のなかで、反時代的であることによって逆説的にもっともよく時代の趨勢を体現した存在であったとみている。

本稿のねらいの一つは、先学の研究に導かれながらも、自分なりに慶長期のかぶき者についての歴史的位置づけを試みることであるが、もうひとつは「かぶき」たる世相の背景として、大坂の陣を頂点として伏線的に立ち現われる近世的秩序形成の政治状況を、垣間見ることである。近世封建社会の成立期における第二の内乱として仕組まれた大坂の陣は、決して軍事的意味だけで重要なのではなく、むしろ社会史的・政治史的な側面でこそ実に大きな意味をになっていたのではないか。大坂の陣を中心とする慶長・元和期に焦点を合わせながら、民衆の動向を分析することによって、政治状況の方向を推定してみようと思う。

一　かぶき躍とかぶき者

『当代記』は、慶長年間の政治・社会にかかわる基本的な年代風記録として、高い史料的価値を認められている。この『当代記』の慶長八年（一六〇三）四月ごろの記事に、左の一文が見える。(6)

此比、かふき躍《おどり》と云事有、是は、出雲国神子女名は国、但非二好女一仕出、京都ぇ上る、縦は、異風なる男のまねをして、刀脇指衣装以下、殊異相、彼男、茶屋の女と戯る体有難したり、京中の上下賞翫する事不レ斜、伏見城ぇも参上し、度々躍る、其後、学レ之かふきの座いくらも有て、諸国へ下る、但、江戸右大将秀忠公は、終不二見給一

京都では、かぶき躍が大好評を博して、お国かぶきをならい真似する座が相ついで誕生し、各地へ興業に出かけていくという。ほぼ同じころの出来事として、『徳川実紀』は出雲お国の江戸への登場を記している。この記事は、江戸の街の繁栄と徳川秀忠の厳格な資質の賞讃に力点がおかれているようであるが、一応引用してみよう。

この頃江戸弥大都会となりて、諸国の人輻輳し繁昌大かたならず、四方の游民等身のすぎはひをもとめて、雲霞の如くあつまる、京より国といふ女くだり、歌舞伎といふ戯場を開く、貴賤めづらしく思ひ、見る者堵のごとし、諸大名家々これをめしよせ、其歌舞をもてはやす事風習になりけるに、大納言殿もその事聞し召たれど、一度もめされず、衆人、其厳格に感ぜしとぞ(7)

これらの記録は、かぶき躍の大流行と、お国かぶきの人気絶頂とを伝えるものであり、徳川秀忠がかぶきを見なかったという記述も、秀忠の人柄を示す物語というよりは、秀忠がついにこれを見物しなかったということが話題になるほど、かぶき躍は異常な流行を示していたのだと、解釈すべきであろう。

中央と地方、庶民と貴人を問わず、かぶき躍がもてはやされたというのも、この流行の一特色である。とくに

注目されるのは、江戸では諸大名が出雲お国を屋敷によんでかぶき躍を見物する風習が広まった、とする『徳川実紀』の記述で、かぶき躍の熱狂に諸大名たちが少なからざる役割を演じていたことを推測させる。

『当代記』によれば、慶長十二年（一六〇七）十月、三河国苅屋の城主水野日向守勝成が出来島と称するかぶき女をつれて都から下向し、翌年四月ごろ彼女をつれてまた上洛した。その金に糸目をつけず「衣装已下きらびやかにしてかふきける」風姿は、京の人々の注目を集め、勧進法楽におけるかぶきには「見物貴賤成レ市」したという。(8) この水野勝成のかぶき女随伴下向事件を、『徳川実紀』は駿府へのこととしており、その駿府における異常な人気ぶりを「男女群聚して、国中をかたぶく」と記している。(9) いずれにしても、かぶき躍の地方への波及が、大名たちの力に負うところが少なくなかったことを、この一事は物語っている。それはまた、かぶき躍が庶民から大名たちまでをも魅了する要素を持っていたことの証左でもある。かぶき躍の主役たちが、いかに美しく世人を魅惑していたか、しばらく『慶長見聞集』の語るところを聞いてみよう。

扨、中橋にて幾嶋丹後守かぶき有と高札を立れば、人集て貴賤ぐんじゆをなしけるを、おそしと待所に、おしやう先立てまく打上、はしがゝりに出るを見れば、いと花やかなる出立にて、こがねづくりの刀わきざしをさし、火打袋、ひようたんなど腰にさげ、猿若を伴につれ、そゞろに立うかれたるその姿、女とも見えず、只まめ男なりけり、いにしへいんやうの神といはれし、なりひらの面影ぞや、しば居さじきの人々は、首をのべ、頭をたたいて、我を忘れてどうようする、ぶたひに出れば、いとゞ猶近まさりする顔ばせは、誠にやうきひ一度えめば、六宮に顔色なしといへるがごとし。ふようのまなじり、たんくわのくちびる、花かざりたるかたち、是を見ては、いかなるとふのさわに引籠り念仏三昧のかぶろ上人、天台四明のほうに一心三観を宗とし玉ふ南光坊なりとも、こゝろまよはで候はじ、（中略）かゝるうつくしき立姿に、見ほれまよはぬ人は、たゞ鬼神より猶おそろしや(10)

こうして、あでやかに、きらびやかに遊芸化されることによって、「かぶき」の世界はいよいよ深く広く人々の心をとらえていったのであるが、かぶき躍が好評を博したということと、「かぶく」ことが好感をもって迎えられていた世相とは、やはり一線を画さなければならないであろう。なぜなら、かぶき躍の流行は、一方にあくまでも娯楽として、遊興としての「かぶき」精神の遊芸化があるからである。というのはほかでもない、間もなく娯楽として芸能として、歌舞伎は一人歩きを始めていく。ただ、慶長という時期には、かぶき躍はまだ「かぶき」の精神に共鳴し理解される人々によって支持された遊興であった、といえるのではないだろうか。

かぶき躍は、「異風なる男のまね」、すなわちかぶき者の風姿と所作を演ずる芸能だといっても過言ではあるまい。かぶき躍の誕生と流行は、かぶき者の社会的世相的意味づけなしには語ることはできない。かぶき躍のモデルこそ、慶長期のかぶき者にほかならなかった。かぶき躍では、衣装や髪型はもとより刀脇差の拵えまで異様を好み、茶屋や湯屋の女たちと戯れ、喧嘩を仕事とするようなかぶき者たちの姿が演じられたが、かぶき者たちの実相はどうであったか、いくつかの事例をあげながら分析していくこととしよう。

二　かぶき者の行動

慶長十一年（一六〇六）六月のことという。場所は京都の北野、賀茂辺あるいは祇園ともいう。京の富商として名高い後藤家および茶屋家の妻女たちが逍遙の途次、「かぶき」衆に出会って、さんざんにいたぶられる事件があった。(11)その暴行の模様は、「ゆくりなくその婦女をおさえ、しいて酒肆にいざなひ酒をのましめ、従者をばそのあたりの樹木に縛り付、刀をぬき、若声立ば伐てすてんとおびやかし、黄昏に皆逃去りたり」と『徳川実紀』が伝える。(12)

この事件が大御所徳川家康の耳に達すると、家康は激怒して、そのかぶき者たちの探索と真相の究明にのりだし、結果新参ではあるが徳川家の家臣一〇人が、翌年末にいたり改易等の処分を命じられている。北島正元氏は、この一〇人について分析し、そのうち経歴の判明する五人がいずれも豊臣家の恩顧を受けた者と考えられるところから、「かれらはいまこそ徳川氏の家臣であるが、三河譜代を草分けとする徳川譜代層の中では最新参であり、織豊二氏との縁故の方がむしろ深いのである。かれらが京童と同様、徳川氏一辺倒の後藤・茶屋などの京都の豪商を不快視していたため、たまたま出会ったその家族たちにいやがらせをしたと見られぬこともない」(13)と、その狼藉の理由を推論している。

理由はともかく、京中における無頼の横行には、目に余るものがあったのはたしかなようである。京都の治安にも問題はあった。たとえば、関ヶ原合戦直後の慶長五年（一六〇〇）九月から翌年二月まで、奥平美作守信昌が戦後処理のため在京して京都の鎮撫にあたっていたが、その奥平信昌が領国の美濃へ下ってしまうと、しばらく京都の支配者がいなくなって、「京童吐二放言一、又盗賊徘徊不レ可二勝計一」状態であったといわれる。(14)また、同八年、徳川家康が征夷大将軍に就任したのちも、「京・伏見其外辺土に盗賊令二乱行一」、このために京都町人に十人組を結成させなければならなかったとも伝えている。(15)

しかし、単に乱暴・狼藉者の出没・横行というだけなら、十七世紀初頭すなわち慶長・元和期の特有な事象とみることはできない。この時期における乱暴・狼藉による諸事件が注目されるのは、それが徒党を組んで行なわれたということである。もうすこし正確にいえば、個々の事件は単独あるいは二、三人が当事者であったにしろ、その徒者《いたずら》たちが背後で党類を結び、堅い精神的つながりをもっていたということである。京都でそうした党類のことが明らかになるのは、荊《いばら》組と皮袴《かわばかま》組の一件である。

此比(慶長十四年)、荊組・皮袴組とて、徒者京都充満、五月、搦二取之一、七十余被レ行二籠舎一令二糺明一、此者廿(世カ)人に普喧嘩を懸、後被レ改レ之。組頭を四、五人成敗あり、残者共非二指科一、只一組之知音まて之儀たる間、被レ寛レ之、組頭の名は、左門と云者也、荊組とは人に喧嘩をかくるに依て也、皮袴組とは、荊にも劣さるとの儀也依二此儀一たはこ法度也、右之徒者もたはこより組になりと云々(16)

この荊組も皮袴組もいわゆる無頼の集団であり、市中における徒者であるとともに、荊と皮袴の呼応にも示されているように、相互にいがみあう対立集団としての性格ももっていた。このような無頼集団の結成は、京都だけでなく、かぶき者が闊歩する全国各地でも見られたことであろう。慶長十七年（一六一二）の江戸における大鳥居いつ兵衛捕縛事件を紹介しながら、無頼と集団の関係を考えてみよう。

これは、『当代記』『慶長見聞集』『徳川実紀』等に記されている著名な事件である。(17)それぞれの記録によって、人名の表記や事件の細部については異同があるが、適宜斟酌しながら概要を説明しよう。

幕府大番組芝山権左衛門正次は、(18)自分の奉公人の小者がかぶき者であることを知り、かぶき者の仲間から抜けるように求めたが小者が聞き入れなかったので、これを手討ちにして殺した。ところが、その小者の仲間たちは、かねてから一命にかかわることがあればお互いに助勢することを申し合わせており、その約束どおりその小者仲間の一人が芝山をさし殺して逐電してしまった。やがて、犯人の一人石井猪助という小者を捕えて糾問してみると、彼らの仲間は江戸だけで三〇〇人、全国では三〇〇〇人ほどもいるということであり、猪助の自白によって実際江戸において九〇人ばかりが捕縛され、また京都・大坂・堺の諸都市をはじめ全国各地にも厳命が下されて、追捕はかなり徹底的に行なわれたという。この一団の首長格としては大鳥居いつ兵衛、大風嵐之助、大橋すりの介、風吹ばちり右衛門、天狗郷右衛門などの醜名を名乗る者がいたが、このとき囚われたリーダーのなかでもっとも有名なのが、大鳥居いつ兵衛である。

大鳥居いつ兵衛(19)は、『慶長見聞集』などによれば、はじめ本多信勝の小者、のち大久保長安の被官となって侍分にとりたてられたこともあったというが、その身分を捨て牢人となるや、もっとも頼もしい男として、無頼集団の長にまつりあげられるにいたった。「士農工商の家にもたづさはらず、当世異様をこのむ若党と伴ひ、男のけなげだて、たのもしごとのみかたり、つねにあやうきことを好んで、町人にもつかず、侍にもあらず、へんふくの人也[20]」と分析される大鳥居いつ兵衛の生き方は、多くの男たちの心をとらえていったという。

たとえば、「若きものども是を聞て、一兵衛といふものは、人頼むならぎ命の用にも立べしといふ、世に頼敷人こそあれといふて、まねかざるに来り、期せざるに集り、筒樽を持寄て知る人になる、この一兵衛知ざる人をば、男の内へ入るべからずと、居たる跡をほこりを払てなをり、同坐すれば立しりぞく[21]」といった具合で、若者たちを中心に徒党集団はしだいに大きくなっていった。また、「若きとのばら達は、一兵衛をまねきよせ、もの語せよとあらば、馬と云はゞ蛇に綱を付ても乗るべし、すもふならば、鬼ともくまん、兵法ならば、しら刃にて太刀打せんなどと利口をいへば、ひきでものをとらせ、明くれ伴ひ玉ふ[22]」といった、いつ兵衛の気慨に共感して贔負とする大名や旗本たちもあったらしい。

捕えられた大鳥居いつ兵衛は、あらゆる拷問にもたえて、「につこと打笑ひ、愚なる人々かな、からだをせめて、など心をばせめぬぞ[23]」という名言を残し、同類の名を明かさず、江戸市中引廻しのうえ磔となって、一層その名を高めたという。男伊達の生き方が、小者たちだけでなく、慶長期の若者たちの心をいかに深くとらえていたかは、いつ兵衛の取調べにあたった町奉行の息子が、実はいつ兵衛組の同類であったという話、歴とした旗本や大名の子弟たちのなかにも、いつ兵衛と親交を結んでいたものも少くなかったといった話にも示唆されている。

もちろん、この大鳥居いつ兵衛の物語には、多くの潤色があるであろうことは推察できる。しかし、こうしたかぶき者たちが、この時代のさまざまな事件に深くかかわっており、また同時代人の注目をあつめ、ある種の好感をもたれていたことは否定できない。たとえ、彼らの行動が、喧嘩・口論をはじめ、女性や弱者に対するいたずら、または主君や長上に対する反抗などの、いわゆる非道徳的、反社会的な傾向をもっていたとしても、なおかぶき者の存在自体が、社会的に完全に否定されることはなかった。それは、かぶき躍が遊女との戯れの光景を演じたり、屛風絵などの画題に好んでかぶき者同士の喧嘩の場面が描かれていることからも根拠づけることができる。

三 「かぶき」の思想

「かぶき」とは、「傾き」であって、「かたぶく」こと、すなわち現代風にいえば「斜にかまえる」ということにでもなるのであろう。『当代記』は、慶長十一年(一六〇六)六月のかぶき者たちによる乱妨狼藉事件のところで、「かぶき」について「当世異相を此云」うと注記したが、[24]なるほど異端の風姿、異風を好む風潮といえば、「かぶき」を明快に説明しているように見える。しかし、われわれはその異端・異風・異相の中味を、歴史的な視点からのぞいてみなければならない。

異相というのは、かならずしも外見上のことばかりを意味するのではない。むしろ、内面から噴き出してくるもの、精神的なものに裏打ちされてあらわれ出てくる外見、いいかえれば装いや行動、生き方、美意識等の総合的表現だといってもよいのかもしれない。

たとえば、「ヒツミ(歪)」や「ヘウゲ(剽軽)」と評されるいびつな茶碗の製作で有名な古田織部の生き方は、利休七哲の一人にかぞえられながら、正統派から逸脱した異風そのものであった。古田織部には、実際「かぶきの宗匠」という評価もあったといわれ、内面的なその「かぶき」の精神が、あのような特異な茶碗の製作にあらわれているのだとみることができるようである。[25]

「かぶき」の精神とは、ある意味で世間の常識や世相、秩序、権力などへの反発、反骨だと理解してもよい。また、人間として自分に忠実に生きることだといってもよいかもしれない。任俠・男伊達などの言葉には、まさにそうした意味がこめられている。

『昔々物語』が伝える奴の生き方も、さきに見た大鳥いつ兵衛と通じあうものがある。

昔はやつこと云事有て、大身小身歴々にもやつこ有、下々にも中小生徒若党中間にまでやつこ有、下々のやつこと云は奉公もよく、勤の大義成事を大儀といわず、或は寒中にも袷斗にて寒きつらをせす、一日食事を喰ぬとてひだるき躰をせす、供先にてうそにも用に立へき命を捨て働かん抔と広言し、扨亦歴々のやつこ衆は身持食事ふやけたるなまやわらかなるてぃなし、好色の事になつみてもくつたくの気味なく、刀脇差やき刃のつよきを好み、侍道の勇気に専とし、人に頼まれ亦は人の為には命を露とも云す、支配をうやまい親方老人を念比にし、律義なる人をはいんきんに結構にあしらい、我身に替りても人をすくひ、徳に貪らす[26]（後略）

かぶき者たちが、生き方についてのひとつの美意識をもっていたことは、注目しておく必要がある。これは、しだいにかぶき者たちの風俗として流行することにもなるが、かれらは所持する刀に「いきすぎたりや」とか「生過」などの文字を印している。たとえば、守屋氏の指摘によれば徳川黎明会蔵「豊国大明神臨時祭礼図屛風」の右隻六扇の左上方に描かれた広場における牢人の喧嘩の場面では、牢人の朱鞘に「いきすぎたりや廿三、八まん、ひけはとるまい」の金文字が見えるという。また、大鳥居いつ兵衛の愛用していた刀にも、「此刀と申は、われしたはら鍛冶を頼み、三尺八寸のいか物作りにうたせ、廿五迄いき過たりや、一兵衛の名を切付」けていた[27]といわれる。

二十代前半にして、すでに生き過ぎだという人生観をもつことは、やはり異端である。この「いきすぎたりや」の解釈・評価については、かれら暴れ者たちが下剋上の戦国の世に遅れて生れ育った、すなわち自分たちの生きるべき時代はもっと早かったのだという時代感覚をかれらがもっていたからであろうとの説を、守屋氏が主張している。[28] しかし、かぶき者たちの時代こそが、まさに慶長・元和期なのである。「いきすぎたりや」の文字は、そうした悲観的人生観とみるよりは、むしろ自分の生命を惜しまない気概、常に死を意識した生き方、いわゆる死に方の美学を表現したものと理解する方が妥当なのではないかと思う。

こうした生き方の美意識は、権力者に対する反感、命令や秩序に対する反発、常識や世間体などの否定といった思想や行動との深いつながりを示すことが多い。そして、外見的にも何ものにもとらわれない生き方を標榜する装いや身なりとなってあらわれてくる。

「いきすぎたりや」の文字を刻んだ刀は、おどろくほどの「大刀長柄」で、しかも目にあざやかな朱鞘・大鐔であったし、かぶき者たちの容貌は、髪鬢を切り下げ、「大ひげをねぢあげ」、狂紋を染めたり、毛皮を着込んだり、ともかく人目をひく格好をしていた。[29] かぶき者たちにとって、耳目をおどろかすような風流できらびやかで高価な衣裳と、「馬の皮のふと帯」「くまの皮の長はふり」といった「身の気もよだつばかり」の装いとが、ほとんど等質の意味をもっていたのではないだろうか。また、まじめで律気でいんぎんな態度や心根と、人を泣かせ傷つけても平気な狂暴な性格とが同居していたに違いない。

外見的につっぱった風貌や行動は、ひとつの美意識の表明であるとともに、内面的な心の弱さをかくす煙幕でもある。個人的な内面の弱さを克服する手だての一つとして、お互いに仲間をつくり助け合う方法がとられている。そこでは、約束を違えぬこと、信義を重んじることがもっとも重視される。

芝山権左衛門殺害事件で捕えられ、大鳥居いつ兵衛捕縛のきっかけとなった小者の石井猪助は、取調べに対して、芝山権左衛門はかぶき者の党に入っているというだけで何の罪もない小者を手討ちにしたが、われわれはかねてから「たがひに命の用に立べしと兼約せし故」、その約束どおり復讐したのだと答えたという。[30]

仲間の結束を固めるため、さまざまな儀式がとりおこなわれた。京都の荊組、皮袴組の一件では、「右之徒者もたはこより組になりと云々」と記され、血盟を結ぶためにたばこをまわしのみにしていたことが知れる。この時期においては、たばこは伝来してまだ間もない舶来品であり、「薬とも毒とも知がたし」といわれ、その効用は不明であったものの、ただ爆発的に流行し、「当世はやり物なれば、我も是を用る」といった状況にあった。[31]かぶき者たちが、新来の喫煙をもって血盟の儀式としたことは、風俗としての流行の最先端をゆく、かれらの価値観を表わしているようにも考えられる。

たばこの場合は多人数の血盟儀式となったが、若衆道も男と男の契りとして、この時代には流行した。「むかし若衆道といふ事あり、拾四五六七八の男子、生れ付能きは勿論、大躰の生れ付にても、思ひものと云物もたぬ若衆は一人もなし、是を兄弟契約と云し、男色とも云、此事には、やゝもすれば大出入出来、親類とても打果し抔、大喧嘩出来、人亡ふ事数度あり」[32]と、若衆道による兄弟契約が親類などの家族・血縁の結びつきより重んじられたことがあったと、『昔々物語』に見える。

同じようなことが、大鳥居いつ兵衛組に関しても指摘されている。「大鳥井逸兵衛と申かふき者ありて、めしとらるゝ、是ハ二、三以年来、江戸中之若き衆弁ひちを振る下々迄、皆一味同心して逸兵衛組と号し、一同の思ひをなし、互に血判之起請文を書、其趣ハ、此組中何様之事有之とも、互に身命をすて、見つき可申候、たとひ親類父主にも思ひかへ、兄弟より頼母敷可有之と申合」[33]せたというのであるから、まさに契約的意識的な結党であったわけである。

ここで、この盟約についてその特質を確認しておかなければならないが、それはいわゆる親分と子分というような縦の契約ではないということである。主君と家臣、親と子というような上下の関係ではなく、かぶき衆の結党・血盟のあり方は、対等の条件・立場のうえに成立している。これは、もう一度あらためてのちに検討することになるが、封建的諸関係、すなわちあらゆる利益が上位者に帰結していくヒエラルキー的な構造や、また無言のうちに成立している血縁の関係とも、それは大きく異なっている。

徒党を組み、無頼をはたらきながら、思想的には生き方に美意識や主体性を求めようとしたかぶき者たち、いったいかれらは社会的にはどのような階層の人々であったのであろうか。

四　法的規制

すでに、京都でのかぶき衆事件や荊組・皮袴組事件、江戸での大鳥居いつ兵衛組一件でも触れておいたように、かぶき者の集団には歴とした旗本・御家人とともに、武家奉公人である中間・小者らの多かったことが知られている。なかでも、「軽き奉公人」といわれる中間・小者らがその中心であり、下級武士層を多く包摂していたことは、先学の指摘どおりである。

たとえば、寛永元年（一六二四）八月十一日の「諸隊番士法度」(34)によると、「同僚等万事不良の筋に男道をたて、党を結ぶべからす、もし背くものは罪せらるべし」と男道による結党が禁止されており、また「各宅にて少年の輩集会するとも、不良のさまあらば同座すべからず、違犯せばとがめらるべし」「少童に押れ耽楽すべからず、もし違犯せば改易せられ、その媒せしものもとがめらるべし」といった、いわゆる「かぶき」たる素行への警告と懲罰が令されている。こうした禁令が出されるということは、この時期にいまだ番士級の武士の間に相当数徒党無頼の衆が存在していたことを示している。

さらに時代は下るが、『正宝事録』に収められた正保五年（一六四八）二月二十二日付の「町中惣連印請書」(35)から、「長刀弁大脇差を指、奉公人の真似を仕、かふきたる体をいたし、かさつ成儀弁不作法」なることをするような者を、町人の間からは決して出さないということを、町の人々が誓約させられたことが判明する。この史料は、まず第一に、武家奉公人のなかにはかぶき者が結構混在していたらしいこと、そうした「かぶき」の風潮に共感し、奉公人同様にかぶいていく者が町人の間にも少なからずあったことを推測させる。

かぶき者の逮捕・処罰が、慶長期からしきりに行なわれてきたことは、諸事件の示すとおりである。かぶきたる風俗に対する規制も早くからみられた。たばこの異常な流行に対して、これが徒党血盟の儀式の具ともなるということで、慶長十四年（一六〇九）に禁止されたというのは『当代記』の説くところである。同十七年には、「たはこ吸事被禁断畢、然上は売買之者迄も於見付輩は、雙方之家財を可被下也、若又於路次見付に付てハ、たはこ弁売主を所に押置、可言上、則付たる馬荷物以下、改出すものに可被下事」[36]と、たばこ禁令は喫煙者だけでなく、運搬者や商売人に対する取締りへと進んでいるが、さらに元和二年令[37]では、たばこの生産者について、町人は五十日、百姓は三十日の自兵糧牢舎を申し付けると罰則を明らかにして、徹底した生産禁止令にまで発展している。

かぶき者の象徴であった「大額大なで付、大剃さげ、又は下鬚、并大刀、大脇差、朱鞘、大鐔、大角鐔」などが停禁され、違反者およびその主人に対する処罰が令されたことも『徳川実紀』元和九年（一六二三）四月二十六日条に見える。[38]

かぶき者に対する取締りは、当然ながらかぶき者の出身階層であり、温床と見なされた奉公人層に対する規制となってもあらわれている。奉公という言葉は、本来主君と家臣の間における封建的関係、すなわち上位者から下位者への御恩に対する下位者から上位者への奉公として位置づけられるが、ここにいう奉公人とは、いわゆる「軽き武家奉公人」であって、準士分ではあっても正規の武士ではない中間・小者等をさす。

主君と家臣の関係は、原則として人格的なつながりを御恩と奉公のかたちでまとめた相互の信頼関係であるのに対して、奉公人の場合は雇用契約であって、主君と家臣との関係では存在しなかった保証人というものが介在してくる。[39]武家の下級労働力を提供する奉公人は、主君と家臣の信頼関係を補完するうえからも、安定的な労働力であることが望ましく、譜代奉公人の方がよい。しかし、すでに十七世紀初頭の武家奉公人でも、町人の世界における奉公人に近い存在である年季奉公人、出替り奉公人が少くなかったようである。

一年期奉公および出替り奉公の禁止は、『徳川実紀』を追うだけで慶長十五年（一六一〇）四月、同十七年八月、同十八年三月、元和二年（一六一六）十月、同五年二月というように、繰り返し発令されている。さらに寛永・正保・慶安と年号が改まっても続出している。

一年期奉公・出替り奉公が禁じられた背景には、これら奉公人の勤務のあり方が武家体制の確立に不都合をきたす諸問題が発生していたからであろう。実際、武家の下級奉公人が短期間のうちにつぎつぎに交替していくこと、そのため役務遂行に支障があったことが知られる。慶長十五年四月二日の「定」の第三条は、「一、御普請、御陣、御上洛之御供、又ハ御使之沙汰有之時、暇を乞之儀、可為曲事之旨被仰出」とあり、(40)特別な任務への従事にあたって、奉公人たちが中途で仕事を放棄してしまうことを戒めている。

それでは、なぜ下級奉公人たちは主人に出陣や上洛供奉の命が下ると暇をとってしまうのであろうか。ここには、出陣や上洛をはじめとするいわゆる軍役の問題がからんでいるようである。慶長五年（一六〇〇）七月の「関原御陣中条目」(41)や同二十年四月の「大坂御陣中条目」(42)には、滞陣中の喧嘩口論は理非を論ぜず誅伐すること、奉行の指示には絶対服従のことが規定されているし、元和九年（一六二三）五月の「在京中法度」(43)を見れば、「争論はたとひその理ありとも、発言せし者曲事たるべし」とある。

軍役の遂行にあたっては、理非曲直よりも上からの命令に対する絶対的服従が強要され、上下の身分・序列が厳格に組みたてられようとしていることがうかがえよう。下級奉公人といえども、雇主との自由契約的な関係は認容されず、いったん軍役に従うと武士社会の縦型原理が適用される。かぶきたる者たちの気随な生き方は、とりわけ軍役体制のなかでは許されざることであったといわなければならない。すこし時代は下るが、明暦二年

（一六五六）四月朔日付の「二条在番中条目」(44)に、「二条御番に被召列候者共、於当地悉被致僉義、可被罷登候、少成共かふき候様に相見へ候者、壱人も被召列間敷候」と、若干でも「かぶく」傾向のある者を随伴してはならないという条項が明記されている。

軍役には、このように特殊な秩序、身分的序列化の思想がある。しかも、それは純然たる武士層だけではなく、これに随伴する武家奉公人層をも、全人的な縦型社会の原則のなかに、否応なく組みこんでしまう構造をもっている。幕藩体制の支配者的論理にたてば、軍役の賦課を通じて、身分的序列化を徹底し、幕藩制的秩序を整備・確立していくねらいがある。体制への反発の傾向のあるかぶき者、現実には武家社会の下級労働力の圧倒的なにない手でありながら武家社会の秩序から離脱しかねない奉公人たち、これらの人々に対して、軍役の実践は幕藩体制確立のために、身分的序列的統制を浸透させる格好の機会であったといえよう。

支配組織の整備と社会秩序の形成が優先され、対等な人間関係や個性や自由が圧殺されていく。そうした封建的縦型社会の到来を、もっとも身近にひしひしと感じていたのが、支配機構の末端につらねられようとする奉公人たちだったのではないだろうか。秩序と安定の裏にしのびよる影に向って、精いっぱい自由と自我を主張し、時の流れに棹さそうとする姿が、「かぶき」の構図だったのではないだろうか。

五　内乱のなかの民衆

近世的な秩序のなかに組みこまれようとしているのは、武家奉公人たちだけではなかった。一般の町人も、町の機構も、慶長・元和という時期に幕藩制的社会秩序のにない手として位置づけられようとしていた。

慶長八年（一六〇三）のかぶき躍の出現を伝える『当代記』は、同年のこととしてもう一つ重要な政治的できごとを記している。よく知られた記事であるが、引用してみよう。

此年、京都町人を十人組と云事あり、依二将軍仰一也、洛中上下迷惑す、十人之中一人犯二悪事一は、九人の者可レ与二同罪一由也、是は、京伏見其外辺土に、盗賊令二乱行一之間、為二政道一如レ此、然共福人は貧人に組事を愁、財宝を他所江令二運送一置レ之、此政於二洛中一先代不レ聞之由云々(45)

京都近辺の治安がよくないので、防犯のために将軍の命で十人組を町人に結成させたが、この十人組は組員の犯罪には連帯責任を負わせたものであったから、京都の人々とりわけ裕福な町人たちはおおいに迷惑したというのである。

『当代記』の記すとおり、慶長八年（一六〇三）に十人組が京都で実施されていることは、『諏訪家文書』(46)によって明らかにされている。この十人組が、のちに全国の都市や農村で普く結成される五人組と系譜的につながるものであることは、早く大正年間に中田薫氏が指摘している。中田氏は、十人組から五人組への移行を寛永六年（一六二九）十一月から同二十一年四月までの間と推定した(47)。ついで秋山國三氏がその期間を法令の分析によって同十二年から同二十年三月までの間と短縮し(48)、さらに仲村研氏は十人組から五人組へ一斉に切りかえられるのではなく、すくなくとも同四年から同十年までは十人組と五人組が並存していること、そしてこの間の五人組は特定の町で試験的に実施されたものではないかと、推論を加えている(49)。

この十人組から五人組への移行を論じた先学たちは、寛永年間のキリスト教徒弾圧のために比隣検察の徹底を期して十人組が細分化され五人組となったという共通の認識をもっていたようである。一〇人と五人という人数の差に質的な相違を見ようとしていたわけである。

しかし、次の史料はそうした一〇人か五人かといった人数が問題ではないということを、明瞭に示している。

覚

一、拾人組之事、其町ニて心を存互ニ内えも出入在之様成者と組申し、拾人ニても八人五人ニても、為以来候間、

其如く可申付候事

一、町代申付候とて、無理押組申儀無用之事

一、一町ニ組候事成間敷と申者在之者、家為売他町ヱ越可申候、一町ニ壱人者かへがたく候事(50)

（後略）

これは、元和元年（一六一五）十月七日付の板倉伊賀守勝重の触状である。十人組といいながら、実際には八人の組、五人の組などがあったことは、『長刀鉾町文書』などでも知られている。町代に申し付けられたからといって、無理押しして組んではならないとしながら、組に入ることを拒否する者はその町の構成員たる資格を奪えと令していることは、十人組は町内の組でありながら町という組織と同等に近い役割を、大坂夏の陣終了後のこの時期にはもたされていることを示す。

治安の維持を目的としながら、民間に比隣検察的組織としての十人組が結成されていくということは、支配の網の目が民衆のうえに大きくかぶせられていくということである。このことはとりもなおさず、自治的な伝統をもつ町共同体が支配の末端機構として未成熟であることを示しているのではないだろうか。また、自治的な町の組織と競合させながら、まったく一方的に民衆統制の新たな機構として設定しているところに、十人組の歴史的な位置をみることもできる。

十人組の実施とともに、町の組織もその自治的な機能を利用されながら、近世的秩序のなかにひきずりこまれていく。統一国家の形成にともなう治安の回復と引きかえのかたちで、都市内部の町の組織も支配の末端機構としてくみこまれていく。慶長という時代は、まさにそのような時代であった。とりわけ、大坂の陣前後には、露骨なかたちでそれが姿をあらわしている。

慶長十九年（一六一四）十月、京都所司代板倉勝重は、大坂冬の陣に際して「洛中町々ノ門、夜中ニ不可通、

但シ板倉伊州者ト名乗候者可通」(51)と、非常事態という特別な情況を利用しながら、町々の木戸門開閉について統一的な指令を発した。さらに翌年の夏の陣に際しては、「今度御陣中京都夜番之儀、一町之内より家主拾人ツヽ罷出、両方之門ニ火をたき、よひの六ツ過其くゞりをさし、一切人の出入在間敷候。公儀御用之使をは、いつれの所ぇ成共おちつき申所ぇ、其町より先々ぇ送届ケ可申候事」(52)と、具体的な木戸門管理と徳川方への協力を指示するにいたっている。そのうえ、同年五月には、「今度大坂へんしんニ付て、大坂ひいきを致種々さうセつ申、町中をさわがし申者」の探索を各町ごとに行なわせたり(53)、「今度大坂ぇ籠城致し候者奉公人町人共ニ、親兄弟妻子在之候共、書付之上可申、若於隠置者一町曲事ニ可申付候間、町切ニ隠置間敷と、誓紙を立いたさせ可申」などと、懲罰をちらつかせながら、一町切に誓紙を差し出すよう要求している(54)。

内乱状況下における軍事優先の論理を民政面にまで拡大していくことで、町組織の画一的統一的運営を促し、その画一化の基準と価値観さえ、軍政の延長上において提示しているように見える。こうした方向は、大坂夏の陣終了後も大坂方残党探索の名目のもとに、さらに厳しく民衆に要求されていく。

元来、町の組織は自然発生的に住民相互の利益のために、構成員の対等な関係を前提として形成されてきたものである。十六世紀の戦乱のなかで、治安の乱れに対処して自衛のための組織としての性格を前面に押し出してきた町は、十七世紀に入ると、統一国家の形成に伴う治安の回復の先兵として利用され、近世的秩序のなかに位置づけられていくことになる。支配の末端機構として組みこまれていくことで、町の構造も構成員の対等な関係を後退させながら、命令伝達の経路を通じて上下の要素がしだいに拡大されていく。そして、町の性格も純然たる構成員の利益のための町ではなくなって、支配者のための町へという雰囲気を強めていくことになる。

慶長・元和期の内乱状況のなかで、武士だけではなく、その下級労働力をになう奉公人たちも、また一般の民衆までも、幕藩体制の論理と支配の秩序のなかに、否応なく整序されていく姿を、ここにうかがうことができる。

そうした時代背景を描くことによって、かぶき者の横行や「かぶき」の世相の蔓延、かぶき躍の熱狂的な隆盛のありさまも、はじめて理解することができるのではないだろうか。

注

(1) たとえば、昭和五十七年三月発行の山川出版社の『詳説日本史』一五九頁では、「家康はこれを(石田三成ら)一六〇〇(慶長五)年、美濃の関ケ原の戦いでやぶり、反対の諸大名にきびしい処分を加え、豊臣氏にかわって政権をにぎった。一六〇三(慶長八)年に征夷大将軍に任ぜられて江戸幕府をひらき、徳川氏はこれより二六〇年余にわたって全国を支配するようになった。この時代を江戸時代という。政権をにぎった家康はいちはやく交通制度や貨幣制度などの整備につとめ、全国統一の政策をすすめた。しかし、当時はまだ大坂に豊臣秀頼がいたので、家康はこれを挑発して戦いをしかけ、一六一四～一五(慶長一九～元和一)年の大坂の役(大坂冬の陣・夏の陣)で豊臣氏を攻めほろぼした。こののち徳川氏に反抗する大名はまったくなくなり、江戸幕府の基礎はすっかりかたまった」と記している。そのほかの高校日本史の教科書もほぼ同様の記述となっている。

(2) 最近の研究で、大坂の陣を正面からとりあげ論及したものは管見のかぎりではない。一九七五年刊の『岩波講座日本歴史近世1』の高木昭作「江戸幕府の成立」では、大坂の陣と「武家諸法度」という項が設けられてはいるが、大坂の陣については、その原因となった方広寺大仏殿鐘銘事件は家康の国主としての権威にかかわる質をもっていたこと、大坂の陣ではじめて将軍権力のもとに全国の大名が一つの戦場で指揮・統轄され、全大名の家康への臣従が検証されたところに意味があることを、数行で指摘しているだけである。

(3) 守屋毅氏『「かぶき」の時代』(角川書店、一九七六)七頁。

(4) 同右九〇～九一頁。

(5) 昭和四十七年三月刊の東京都立大学『人文学報』八九号に発表され、その後昭和五十二年吉川弘文館発行の『近世史の群像』に再録されている。本稿では『近世史の群像』に収録されたものによった。

(6) 『当代記』(『史籍雑纂』第二巻、八一頁)。

(7) 『新訂増補国史大系　徳川実紀』第一篇八〇頁。

(8)『当代記』(『史籍雑纂』第二巻、一一五頁)。
(9)『新訂増補国史大系　徳川実紀』第一篇四五八〜四五九頁。
(10)『慶長見聞集』(『日本庶民生活史料集成』第八巻、三一書房、一九六九、五五三頁)。
(11)『当代記』(『史籍雑纂』第二巻、九五頁)には、この事件の経過と結末を次のように記している。
六月、此比、京町人北野・賀茂辺え出行之砌は、かぶき当世異相を此云、衆出合たはふれ、為レ之悩さる、其上耽二女色一、覚外之儀多之、大御所之を聞給、以外逆鱗也、此事於二虚言一者、罷出可二申分一之旨曰処、分明の不レ及二争論一之間、則改易也、謂津田長門守、稲葉甲斐守、天野周防守、沢半左衛門、苑田久六等也、此後又大島雲八、阿部右京、矢部善七郎、野間猪助、浮田才壽改易也、未同類甚在レ之と云共、重而不レ及二沙汰一
(12)『新訂増補国史大系　徳川実紀』第一篇四五〇頁。
(13)北島正元「かぶき者―その行動と論理」(『近世史の群像』、前掲注5、一一六〜一一七頁)。
(14)『当代記』(『史籍雑纂』第二巻、七四頁)。
(15)同右八二頁。
(16)同右一五〇頁。
(17)同右一八一〜一八二頁。『駿府記』(『史籍雑纂』第二巻、二三五頁)。『慶長見聞集』(前掲注10、五六一〜五六三頁)。『新訂増補国史大系　徳川実紀』第一篇五九〇頁など。
(18)『当代記』では柴山孫作、『慶長見聞集』では北河権兵衛という名前になっているが、『徳川実紀』が大番組頭芝山権左衛門正次としているので、ここでは『徳川実紀』に従う。
(19)この人名についても、大鳥居いつ兵衛のほか、大鳥一兵衛、大鳥居逸平などとも記されているが、いわゆる醜名であり本名ではない。
(20〜22)『慶長見聞集』(前掲注10、五六一頁)。
(23)同右五六二頁。
(24)注(11)参照。
(25)守屋毅氏は前掲書(注3)九五頁において、「かぶき」の風潮と興味深いアナロジイを呈するのが、古田織部の茶風であった」という書き出しで、古田織部の「かぶき」ぶりをみごとに論述している。

(26)『昔々物語』(『日本庶民生活史料集成』第八巻、三一書房、一九六九、四〇四頁)。
(27)『慶長見聞集』(前掲注10、五六二頁)。
(28)守屋毅前掲書(注3)一三三頁。
(29)こうしたかぶき者たちの風貌は、「豊国大明神臨時祭礼図屛風」や「四条河原図屛風」をはじめ、この時期に製作された多くの絵画類などでも確認される。
(30)『慶長見聞集』(前掲注10、五六一頁)。
(31)同右四七九頁。
(32)『昔々物語』(前掲注26、四〇五頁)。
(33)『慶長年録』(『大日本史料』十二―九、九〇二頁)。
(34)『新訂増補国史大系　徳川実紀』第二篇三二八頁。
(35)『正宝事録』第一巻一頁。
(36)『御当家令条』(『近世法制史料叢書』二、創文社、一九五九、二〇六頁)。
(37)同右二三二頁。
(38)『新訂増補国史大系　徳川実紀』第二篇四九頁。
(39)たとえば元和五年十二月二十二日付の「条々」(『御当家令条』三七五号)には、
一御陣上洛御普請之砌、令欠落者、別て由事也、然上は、請人より尋出し、主人之方へ可相渡之、若於不叶は、請人より為過料、右約束之切米一倍主人之方へ可出之、於不出は籠舎之上、主人次第事
という請人すなわち保証人の責任を明記した条項があり、さらに「請人なくして人を拘候事、越度たる故」という文言もある(『近世法制史料叢書』二、前掲注36、二〇八頁)。
(40)『御当家令条』(前掲注36、二〇六頁)。
(41・42)『武家厳制録』(『近世法制史料叢書』三、創文社、一九五九、一二一～一二三頁)。
(43)『新訂増補国史大系　徳川実紀』第二篇二五二頁。
(44)『御当家令条』(前掲注36、一七二頁)。
(45)『当代記』(『史籍雑纂』第二巻、八二頁)。

(46) 京都市編『史料　京都の歴史』第三巻（平凡社、一九七九）四二八～四二九頁参照。『諏訪家文書』（京都市歴史資料館収集マイクロフィルム）の「中立売町式目」によれば、慶長八年九月十日付で十人組結成の届書が、「御奉行様」宛に出されている。

(47) 中田薫氏は「京都五人組編成の年代」（『法制史論集』第三巻上、岩波書店、一九四三）において、余部村関係史料を分析して、十人組下限と五人組上限をもとめる方法で、年代推定をした。

(48) 秋山國三氏は『公同沿革史』（元京都市公同組合聯合会、一九四四）のなかで、三条衣棚町文書と「上下京古書明細記」を用いて、中田氏と同様の方法論をもちいて分析した。

(49) 仲村研氏は『京都「町」の研究』（共者、法政大学出版会、一九七五）のなかで『下本能寺前町文書』を紹介しながら、中田・秋山両氏の研究に依拠し、やや視点をかえた実験的五人組実施説を提起した。なお、「十人組」「五人組」については、近く拙稿を別に予定している。

(50) 『三条町文書』（京都市歴史資料館収集マイクロフィルム）のうちの「大坂御陣御触書写」の簿冊による。なお、この写本はのちにまとめられたものであるため、当初の触状にはなかったと考えられる元和の年号がすべてに付されている。

(51) 『言緒卿記』慶長十九年十月八日条。

(52) 『三条町文書』「大坂御陣御触書写」、この写本では元和元年四月晦日付となっている。同触は、『冷泉町記録』では慶長二十年五月となっており、文言もわずかに異っている。

(53) 同右、元和元年五月十四日付触状。

(54) 同右、元和元年五月触状。

第二篇　近世都市と市民生活

第一章　町の成立と町規則

はじめに

市民的自治の歴史についての関心は、戦前・戦後を通じて進歩的歴史研究者たちのあいだで高かったようである。秋山國三氏は、戦時中の昭和十九年三月に『公同沿革史』（上巻）という大著を公刊されている。秋山氏の関心は、公同組合すなわち町内会組織の起源を歴史的にさぐるというたてまえをとりながら、市民的自治の成立を、中世から近世への移行期すなわち戦国争乱の時代において論証し、江戸時代における町共同体のあり方を実証的に分析されたものであった。

秋山氏は『公同沿革史』のなかで、町の成立について「「町」の発生」という項目をたてられ、次のように述べている。(1)

応仁大乱以後相次ぐ騒乱にたゞ見る焼野原と化せる廃墟に立ち帰つて細々煙をあげる市民にとつて、何につけ頼る力となるものは簷を連ね庇を交せる隣人であつた。兵乱の熄む毎に還住して街区の此処彼処に聚落をなせる市民は、生活全般の安全保障を確保するため近隣相倚り相扶くる地域団体を結成した。これが所謂町であつて、平安京の条坊制に依る方四十丈を以てする町とは異り、市街地に於いて地域的の小団結を成すに最も自然的なる、且つ火急の場合比隣相助の実を挙ぐるに最も便宜なる、道路をさしはさむ両側を以て一町を形成せるものであった。

秋山氏は、町の成立過程をきわめて自然発生的なものというか、互助協同の必然的な結果ととらえており、協同の前提を人間の相互扶助精神と応仁の乱後における治安の不安定とにもとめておられたかに見える。しかも、相互扶助精神は、さらに大きな集団形成の力としても作用するとして、町々の連合すなわちいくつかの町がよりあつまって組町を結成したという位置づけをされている。

大永から天文期にかけての京都の公家側の記録にあらわれる「町のかこい」や「かまへ」や「従彼町可成敗之処」などの文言から、町は防御施設をつくり、処罰権をも有するなど、「すでに町という団体がその内部統制の機構を或る程度までもっていたことを暗示している」と秋山氏は指摘されている。(2) さらに「町が市民の自発的意志によって結成されたとする以上、町の結合体である組町を同時発生と見ることができないから、町の結成年代はさらに遡らねばならない。(中略)恐らく応仁の大乱によつてただ見る一面の焼野原と化した廃墟に還住する市民は漸次町を結成し、それと相去ること遠からぬ時期に、地理的その他の事情に応じて近隣の数か町によつて組町が形成せられ、天文の初年に及んですでに組町間の連合機関をもつに至つた」と上京中・下京中の成立経緯をも推定しておられる。(3)

このような町の発生に関する理解と整理は、市民的自治の萌芽をさぐり、市民的自治の発現を期待する論理としては受け入れやすい。個別町の自治はもとより、それらの町の結合体である組町は自治的な連合体であり、さらに上京中・下京中はそれらが発展的に結実した都市的連合組織として、市民的自治の高度な発現形態であるという認識もあった。

秋山氏の「町」発生論は、戦国時代という歴史的背景と、都市民の自然発生的相互扶助精神という二つの要素から出発している。しかし、単なる地域団体の結成ということであれば、あえて戦国時代の都市という歴史的条件のなかでなくても成立可能なのではないかと思う。

近世社会の形成とともに成立してくる町共同体には、相互扶助精神を基礎としながらも、独自な共同体形成原理があったのではないだろうか。おそらく、その形成原理は「町」の成立期の歴史的条件に規定されるとともに、近世都市における町の特質として展開するものと考えられる。

近世都市京都における町共同体の特質のひとつは、町構成員としての家屋敷所持者の家屋敷所有形態における私的所有と町の共同所有という重層的な所有関係であろう。しかもそれらの個別町は、自己完結的な共同体としてではなく、同一の政治・経済・文化をも共有する都市の構成単位として存立しえる構造と機能を有するものであった。都市なくして個別町は存在しえず、近世都市の形成過程において、近世的な町共同体も誕生し、しだいに独自の自治性を獲得してきたものと考えられる。

ここでは、町の成立過程を詳細に分析するというのではなく、町式目を中心に分析しながら、町の形成原理を点検し近世都市における町の構造と機能の観点から、町の成立についても言及してみたいと考える。

一　「都市」のなかの「町」

都市域のあちこちに、地縁的結合団体としての町が生まれ、その町は自らの生命や財産を守るために自警的性格を強め、自治的組織として成長し、町共同体を形成するに至る。そして、これらの町は単独ではあまりにも狭小すぎて、強大な権力に抗し得ないので、町と町が連合する組町を結成し、さらに組町の連合組織としての「上京中」「下京中」という都市的組織にまで発展したというのが、秋山國三氏の理解であった。(4)

こうした理解に対して、筆者は「戦国期における市民的自治について」(5)（第一篇第一章）という小論において、市民的自治の本源は「上京中」「下京中」という都市的次元で成立していること、組町の組織はそうした都市的自治の財政分担組織ではなかったかということ、戦国期の個別町は都市自治をになえるような均質なものではなくて、相互に利害が対立するような段階にあったのではないか、という考えを提示しておいた。

十六世紀にあらわれる上京・下京は、上京中・下京中や上京衆・下京衆と同義的に史料上にあらわれていることから、単なる地域空間としての上京と下京というのではなく、都市組織、都市民集団を意味している。上京中・下京中という組織は、一定の自律的な内部統制力をもつとともに、対外的にもまとまりのある都市集団として認知されていた。

まず、上下京中の内部統制力について、その一端を確認しておこう。『言継卿記』には町衆の動向がしばしば書きとめられているが、天文十九年（一五五〇）閏五月二日条には「二条室町押小路三条坊門に喧嘩」があり、「左右方百人計手負」という事件となったが、「上下京宿老地下人口入」によって調停が整ったといういきさつを伝えている。また同じく、天文二十年一月二十四日条にも、「町と室町」の喧嘩があり、仲裁の者を含めて死者二名が出て、双方が大喧嘩になろうとしたが、上京中の宿老たちが仲裁して落着した事件も記されている。

上下京中の宿老たちが京中市民の紛争に対して調停の能力をもっていたことは注目されなければならないし、それは上京中・下京中の市民的都市としての成熟度を示しているとも考えることができる。上下京中はこうした対内的な統制力とともに、対外的にも一定の能力を保持していた。

天文十年（一五四一）十二月十三日、洛中洛外屋地畠地子銭のことに関して、室町幕府は上下京中に対して、当知行の諸本主への地子銭納入を督促し、もし滞納・難渋に対しては武力を発動するであろうと宣言する文書を発している。(6)また天文八年のことであるが、洛中洛外酒屋土倉納銭のことに関して、上下京地下人二〇人が連判

でもって幕府と交渉、結果上下京中が一括引き請けをおこなうことを承諾させている例もある。(7)

本来個別の領主と領民の間で解決されるべき地子銭問題を、室町幕府と上下京中が協議するということは、地子銭問題が単なる領主と領民の問題をこえて、都市問題でもあったことを示している。すなわち、地子銭や酒屋土倉納銭という都市民の負担をめぐる紛争で、個別領主はすでに独自に解決する能力を失っていること、また上下京中の都市自治能力は、都市民に対して統一的な解決策を調停・処理できる力量をもつと認識されていたことにある。

上京中・下京中の成立こそは、中世的諸領主による京都の分割支配という権力構造をこえて、新たな市民的都市の出現を示したものと考えたい。それは、中世的権力機構の弱体化傾向と、都市経済に依拠する市民層の経済力蓄積との均衡化現象のなかで実現しえたものであろう。

中世都市として、領主権が市中に錯綜する支配構造と、現実の都市民の生活形態や経済活動とは、すでに十五世紀には不整合性を示しており、上京・下京という都市組織の形成が、その対立を止揚するかたちで出現したのではないだろうか。いいかえると、領主権が錯綜する中世都市から、統一権力によって一元的に支配される近世都市への過渡期において、近世都市的方向をさきどりするかたちで、都市民による都市自治現象がみられたといえるかもしれない。いずれにしても、戦国期における地縁的結合組織の町に自治的な動きがみえてくるのは、上京中・下京中の都市自治内において、そうした都市自治の質を反映する動きであったと考えなければなるまい。

地縁的結合団体である町は、自己独立的な存在ではない。自立的な存在としての都市の一員として、はじめて町は存立しえる。

町という組織が、戦国期から近世初頭にかけて形成してくる自治的な性格やその構造と機能といったものも、同時代の京都という都市がもった特質に深く規定されているのである。

二　地子銭免除をめぐって

戦国期の京都の都市問題でもあり、近世都市京都における町の特質とも関連すると考えられる地子銭問題をとりあげて、十六世紀後半の京都を検討してみよう。十六世紀前半に、上下京において地子銭問題が紛糾していたこと、そして実際に地子銭不払いの闘争や一時的な滞納とか減免、また延納や免除といった事態が生起していたことは、『鹿王院文書』『八坂神社文書』『鹿苑日録』『親俊日記』『上京文書』など、多くの史料が伝えているところである。(8)

また、こうした中世的な領主と百姓（町人）との当事者間においてだけでなく、室町幕府にとってかわって京都の支配権を得ようとする新興の武将たちからも、地子銭は注目され、ときには簒奪をうけたともいう。『二水記』によれば、享禄元年（一五二九）七月将軍足利義晴と細川勝元の代官が、坂本および堺から上洛して、地子銭の徴収を行なおうとして騒動になったという。『言継卿記』の享禄二年正月条には、柳本賢治が一条房通領の地子を掠奪しようとして、一条家の家臣たちと武力衝突をおこしたと伝える。また、真偽のほどはわからないものの、永禄元年（一五五八）七月には三好方によって洛中地子が簒奪されたと、『細川両家記』には記されている。ともあれ、洛中洛外の地子銭が、中世的な領主層はもとより新興の武家領主からも注目されるほどの、経済的または政治的価値をもつものであったということは認められるところであろう。

永禄十一年（一五六八）に入京した織田信長が、朝廷をはじめ公家・寺社等の地子徴収権や諸々の知行権を安堵する政策をとったことはよく知られている。しかし、信長はたてまえとしては旧領主層の特権を安堵する文書を発給していながら、現実にはかならずしもその安堵をうらづける行動をとらないで、徐々にではあるが近世的統一権力としての実をあらわしていったと評価されている。(9)

地子銭問題に関しての信長の態度は、元亀四年（一五七三）四月のいわゆる上京焼打ちとその後の施策のなかに見ることができる。信長は、将軍足利義昭との不和対立状況のなかで、同年四月四日に上京を焼打ちした。上京地区を焼亡させるということは、結果として地子銭の収納を一時的にしろ不可能にすることであり、旧領主層の地子徴収権を否定するのと同様の意味をもつ。もちろん、それは信長の権力が旧領主層よりも強いという表明でもあるわけである。

そして、上京焼打ち後の同年七月、下京と上京に対して対応の異なる二通の信長朱印状が発給されている。まず七月一日付の下京町人宛のものでは、陣取りや新儀諸役の制止を定めるとともに、地子銭について「前々の如く万此方の奉行人収納」する旨が付言されている。(10) 信長は、下京分の地子銭については旧領主層の権利を認めながらも、いったん信長配下の奉行人に収納管理させるという方法がとられることを伝えているわけである。この方法が、上京焼打ち後にはじめてとられたものか、信長の権力が京都に定着するとともに焼打ち以前からとられていた地子徴収法であったかは判然としない。しかし、信長はここで旧諸本所と各個別町との地子銭をめぐる直接的な結びつきを廃して、一括徴収のかたちで信長政権が下京分の徴税を代行しているのを確認できる。

また上京に対して発した同年七月日付の朱印状によると、信長は焼け跡への上京町人の還住を促すとともに、陣取りや課役の賦課を免除することを伝え、さらに地子銭も免除することを令している。(11) この地子銭免除については、のちにあらためて命令するので「其以前何方へも納所能うべからず」と付言しているから、上京復興奨励のための暫定的なものであったことが知られる。しかし、臨時的措置であったとはいえ、地子銭が全面的に免除されたことは、旧領主層への対応が不明ではあるが注目されてよいし、また地子銭の復活を行なう場合でも、旧来のかたちとはことなる位置づけがありえることを示唆しており、下京の場合とも考え合わせると興味深い。

こうした事態をみると、信長登場の段階で地子徴収権をもつ旧領主層の後退はかなり明瞭となっている。信長が地子の停廃や徴収に関して、上下京に対する一元的支配の方向を定立しはじめていることは、充分に読みとることができるようである。

一方、信長が都市への課税を原則としていたことはまちがいのない事実であり、矢銭や段銭の類を都市民に強要し、またさまざまな礼銭をも受けとっている。地子銭については、信長は新興の支配者であって、京都における地子徴収権を信長はほとんどもっていなかったのではないかと考えられる。わずかに旧幕府領や被占領者の地子徴収権を奪取したり、若干の寄進分は得ていた程度ではなかっただろうか。『霊光院文書』によれば、信長が佐治氏に嫁いでいる妹に対して、「下京地子百弐拾四貫文」を給付したとされているが、これなどはそうした信長分の地子であったのであろう。(12)

本能寺の変後、明智光秀が一時京中の地子を免除したと、江戸前期の京都の記録(13)に見える。この明智光秀の地子銭免除令については不明な部分ばかりで、その効力についても疑わしいところが多い。いわゆる三日天下という政情を考えれば、京都市民の歓心を買うための施策であって、充分に準備された政策ではなかったであろうと判断される。

本格的な地子銭免除令は、天正十九年(一五九一)九月の豊臣秀吉によるものが最初である。秀吉は同十六年の後陽成天皇の聚楽行幸に際して、京中地子銭五五三〇両余を禁裏料、また地子米八〇〇石を上皇料・親王料として献上している。(14)秀吉がどのような経緯でこれらの地子徴収権を掌握していたのかは不明であるが、同十六年段階で豊臣政権が京中地子銭のかなりの部分を処分できる能力をもっていたことには注目しておきたい。こうした地子徴収権の集中一元化の方向のうえに、洛中地子銭の永代免除も可能であった。

秀吉は、天正十二年(一五八四)から十三年にかけて、京中の寺社本所知行分の「指出」を命じ、合わせて洛外農村の検地にも着手している。『兼見卿記』同十三年十月二十日条によれば、この知行所調査結果をもとに、

「諸家旧領悉く」替え地とのうわさもあったが、このときにはほぼ旧領がそのまま安堵されたという。

しかし、その後天正十八年（一五九〇）の京都改造事業と前後して、ふたたび洛中洛外の土地調査が行なわれ、その結果翌年九月には地子替え地の命令もあった。吉田社領の場合、同二十年八月二十六日に替え地先が吉祥院村のうちと決まり、同様の公家衆四五人がくじを引いて土地配分を行なったという。[15]

一方、京都の都市民に対しては、天正十九年九月二十二日付で、地子銭永代免除の秀吉朱印状が発給された。免除地区は、上京、下京、聚楽、六丁町のいわゆる洛中一円である。『上京文書』[16]によると、九月二十二日付の秀吉朱印状の宛先は「上京中」であり、九月二十五日付の朱印状の旨を報じた前田玄以の下知状[17]の宛先も「上京中」、さらに上下京中が地子銭免除の礼金を差し出した際の、同年十月三日付の牧野右兵衛の金子二〇枚受取り状[18]の宛先は上下京の老中となっていた。

秀吉による地子銭免除令が、上京中や下京中に対して発せられたことは、地子銭問題が個別町の次元ではなく、都市民集団全体の問題となってきていたという歴史を考えれば当然であろうが、その都市の代表者たちが「上京下京之老中」であり、それこそが上下京中という都市集団の実態であったといえるかもしれない。

地子銭が永代に免除されるということは、いわゆる地代関係の領主が京都から消えるということで、中世的な領主権が洛中から払拭されるということである。京都は領主のいない都市になったということになるが、もちろん政治的支配者がいなくなったというわけではなく、むしろ政治的には秀吉による強力な一元的支配に組みこまれ、権力による都市支配が貫徹するようになるとみるべきであろう。

ところで、地子銭の貢納義務がなくなるということ、すなわち無領主となることで、土地所有については、どのような変化があったと考えることができるのであろうか。すくなくとも、上下京中あるいはその宿老たちが擬制的領主と化したという形跡はない。形式的理念的には豊臣秀吉こそが領主なのだと考えることもできようが、現実に土地を処分したり利用したりする場合の許認可は誰が行なうのか、現実的な土地所有者は誰なのかといえば、判然としない。地子銭免除令は、土地所有に重大な変化をもたらすものと考えられるのに、天正十九年段階で何らかの動きが見えないということは、免除令に先行するかたちで、土地所有面での変化がすでに存在していたのではないかという見方もなりたつ。もっと憶測をすすめるならば、秀吉による地子免除令は、上下京における土地所有関係の変容という実態を前提として、それを追認するかたちで実施されたのではないか、とも考えられる。

三　町の台頭と町規則

『京都冷泉町文書』[19]には、地子銭免除以前の時期にあたる天正十三年（一五八五）と同十六年の町規則が記されている。若干の分析を試みたいので、関連部分のみをあげておこう。

天正十三年は三カ条である。

天正十三年正月日

一、家のかいてより分一出へき事

一、みしられ五十疋出申へき事

一、あゆ酒出可申也

天正十六年は四カ条である。

一、家うりかい定之事

一、家うりかい、御奉公人ミちの物ゑうり申候ハヽ、卅貫文過銭たるへき事、たゝしすいけう人ゑ相かゝるへき事

一、町人へ家うり申候ハヽ、町衆として同心之上ハ、家うりぬしより壱貫文出申へき事
一、かり家之物あるにおいて者、御しゆく老衆へ案内申、御かてんニおいて者、二百文の御樽出申へき事

二つの町規則は、家屋敷の売買に関する条項が中心となっている。天正十三年規則は家屋敷売買における分一銀の醵出と町内への披露の規定であるが、同十六年町規則にはそれらが見えない。しかし、同十三年分と同十六年分は内容的な抵触もないので、同十六年分の方が追加規定であると見てもよいだろう。

家屋敷の売買にあたって、買得者が買得代金の一〇分の一相当額を町内へ醵出する分一銀の規定は、江戸時代の京都の町々の慣行と同じである。この分一銀の評価や意義づけは難しい問題であり、厳密な分析が必要となろうが、家屋敷に対する買得者の私的所有権と、いわゆる町の共同体的所有にかかわる事柄ではないかと考える。分一銀の負担は、直接的には町入りの権利金のようなものであろうが、土地所有にかかわることであり、町共同体の構成員問題に直結しているので、単純ではない。

分一銀以外にも、家屋敷の獲得にあたっては、共同体的所有と関連するとみられる町の規制が存在する。天正十六年の冷泉町規則のなかにその条項がみられる。家屋敷の売買において「御奉公人ミちの物」へ売却したときは三〇貫文の過銭とか、同町内の町人への家屋敷売却で、「町衆として同心之上ハ」売主から一貫文を出す等の規定がそれである。

これは、家屋敷売買において、冷泉町では武士の奉公人や未知の者への売却を禁止していることを示すもので、また家屋敷の売買には町内衆の同意が必要であることを確認する条文であるともいえる。町構成員の所持する家屋敷は、その所持者といえども勝手に処分することができないことから、家屋敷に対する広い意味での町の所有権が重層的に働いていると認めることができるのではないだろうか。

全町内の家屋敷には、個人的所有と町所有の重層的な所有関係がみられるというのが、江戸時代京都の町の特

質のひとつであり、冷泉町では天正十九年の地子免除以前に、すでにその特質を保持しているといえる。個人的所有権と町の共同体的所有のいずれが優勢であるかという点では、個人的所有権が優勢で、利用や処分について第一義的には個人の裁量に任されているかに見える。しかし、視点をかえると、共同体的所有の方が原点で、町から離脱した家屋敷は存在しえないし、大枠で町の規制が優先しているのであるから、共同体的所有権の方が主であると見ることもできる、その典型的事例として、江戸期になるとしばしば登場する町会所屋敷や町所有家屋敷の存在をあげることができる。(20)これらの屋敷には個人的所有権はなく、共同体的所有権のみが設定されているのである。

ところで、天正年間の冷泉町の場合、個々の家屋敷に対する共同体的所有権が貫徹していない段階を示しているのではないかと考えられる。その徴証は、天正十六年の「家うりかい、御奉公人ミちの物ぇうり申候ハヽ、卅貫文過銭たるべき」という条項である。この本意は奉公人や未知の者への家屋敷譲渡を禁止することにあるのであろうが、違返者への三〇貫文の罰金という規定を合わせているところから考えると、完全な禁止条項とはいえない。極端には、三〇貫文の罰金を払えば、奉公人や未知の者への売買が可能であるとも解釈されかねない。三〇貫文の過銭の規定は、時には町の掟に背くものがあるという現実を反映してのことであったか、共同体的規制を貫徹させるような家屋敷売買に関するシステムや慣行が充分に熟していないという前提のうえであったかであろう。江戸期の町規則における家屋敷売買規定には、譲渡を禁止する職種等の明示はあるが、罰金の規定はみられない。天正年間の冷泉町規則を見るかぎり、特定人への家屋敷譲渡を完全な禁止条項として設定できない町の段階、すなわち近世的な町共同体への過渡期段階にあると見ることができるのではないだろうか。

とはいえ、豊臣秀吉の地子銭免除令以前の時期に、冷泉町で明らかなように、すでに個別町が町内家屋敷の売買に関して、かなりの干渉や制限を付していることは注目すべきであり、土地所有権に関して共同体的規制というかたちでの共同体的所有権を町が保持しつつあることは確認しておかなければならない。さらにもう一点注目しておかなければならないのは、町共同体の形成に伴う第一の要件が家屋敷売買問題であったということである。町は家屋敷所有者すなわち構成員の交替を基礎条件として成立する共同体として姿をあらわしてくるということである。町は都市内において独立単体で存立しえるのではなく、はじめから都市内の一単位として、構成員の異動を前提として形成されていったのではないだろうか。構成員の交替を前提とするが故に、共同体的土地所有を保持しなければ、町そのものが崩壊してしまう。

天正年中の冷泉町規則に見える町内地の共同体的所有の徴証は、中世における領主的所有から近世の町共同体的所有への方向が、実態として進みつつあったことをうかがわせる。そして、天正十九年の地子免除令は、中世的領主権を廃することで、町共同体的所有を名目的にも促進する役割をになったことであろう。

四　町年寄制の形成

近世都市における「町」の特質のひとつが、共同体的土地所有であるということは、冷泉町の天正年間の町規則から若干分析したし、のちにもあらためて論及する。この共同体的土地所有と結びあうもうひとつの特質に、自治機能をあげなければならないだろう。「町」はもともと自主的な組織であり、立地条件や構成員の顔ぶれや規模などによってさまざまな様態を示す個性的地域集団である。そこに原初的な自治が存在することはいうまでもないが、近世都市における町の自治的性格とは、町の個性を主張するとともに、都市運営というか都市の存立基盤を構成する自治のことである。もうすこし表現をかえれば、都市行政にかかわった自治といってもよいかもしれない。

近世都市は、単独の領主によって一元的に支配されるのを原則とする。京都も豊臣秀吉の都市改造によって一元的支配が貫徹するかたちがととのえられた。[21] それは一元化された命令によって、都市が支配されるということである。しかし、都市支配は一本化されても、統治される側の町という組織が均質でなければ、命令は貫徹されがたい。十六世紀末から十七世紀にかけての京都の町々を見ても、行政的自治機能の面で、個別町には大きな格差が存在し、都市を構成する単位の町としては、まだまだ未成熟だったのではないだろうか。町内部のまとめ役的な宿老や年寄衆が存在し、しかも対外的な町の代表者としての資質をもかねそなえているところもあるが、町内のまとめ役とか対外的な責任者を組織として決定できていない町もあったのではないだろうか。

たとえば、上京の室町頭町ではすでに天文・弘治年中という十六世紀中頃には、室町頭一町中として、寄宿免除の「禁制」を時の権力者から入手できるほどの力量をもつ「町」であったことが、『室町頭町文書』から推測される。[22] いっぽう、元亀元年（一五七〇）十二月七日の火災の責任をとらされた一条町の事件では、月行事らの処罰という結果から、町の組織の未成熟が推測されている。一条町の事件は、『言継卿記』によれば、つぎのとおりである。元亀元年十二月七日、一条町を火元とする火災が発生、西風にあおられて東方へ燃え広がり、勧修寺殿・大聖寺殿の両公家や御所内の小御所まで一部が炎上する事件となった。当時京都支配の責任者であった木下秀吉が火元を糺明して、一条町の月行事二名と火元の僧善周を処刑して焼け跡にさらしたというのである。山科言継は、たまたま月番の行事となっていた二名がとくにかわいそうだと思ったのか、「不便の至り」とその日記に記している。

一条町の月行事が、文字どおり一カ月交替で町務に従事する行事であったとするならば、一条町ではいまだ年番年寄のような町務の最高責任者が設けられていないということになる。しかし、月行事という名称が単なる事務的な月番であるかどうかは、それこそ町毎に差違があり、実質的に町を統率する責任者の場合もあったのではないかと考えられる。

自治的な組織であるためには、内部的な統率の責任者であり対外的な代表者でもある年番行事すなわち町年寄の選出が必要である。確かな町年寄が選任されているかどうかは、町の成熟度をはかるひとつのバロメーターと考えることができるし、自治的な町の一般的形成こそが、近世都市にとっての必要条件である。したがって、町共同体の責任者の選任は、むしろ近世権力によって推進されるという構図をとる、権力による町の代表者選任推進の動きがみられるということは、個別町での自治的度合にかなりの格差があり、代表者をなかなか選任することができない町が少なくないということをものがたっているのではないかと思う。

『言継卿記』の永禄十三年（一五七〇）二月三十日条には、「織田弾正忠信長、申刻上洛。公家奉公衆、或江州、或堅田、坂本、山中等迎ニ行。上下京地下人、一町五人宛吉田迄迎ニ罷向」の記事がある。信長の入洛にあたって、公家らは堅田や坂本まで出迎えに赴いたが、上下京からは町人の代表として各町から五人ずつが吉田まで出迎えに出たという。ここの「上下京地下人、一町五人宛」というのは、上下京の宿老衆の相談の結果、にぎにぎしく信長の上洛を賀するため、一町に五人ずつと割りあてたものであろうが、この五人ずつは各町の主だった人々すなわち宿老たちであった可能性が高い。

豊臣秀吉による大仏殿造営にあたって、その石垣普請の祝賀行事への上下京町民の参向を促す下知状が、天正十六年（一五八八）五月八日付で前田玄以から発令されている。(23) その下知状の文言のなかに、「就其ニ酒肴車ニつみ、京より大仏之地形所迄可被遣ニ而候。然ハ京中ニ而笛太鼓打し者、善悪ニよらず悉罷出、はやしものニ而、京より大仏迄可相届旨被仰出候。笛太鼓之者之外ニも、京中其町々ニ而年寄がましきもの、其外子供夫々ニ出立、上京より人数二千下京より二千可罷出旨上意ニ候間」の表現が見える。これも大仏殿の地形築を祝って、上下京からにぎにぎしく奉祝の列を繰り出させようと、笛太鼓の奏者たちとともに、各町々で「年寄がましきもの」から子供たちまでの大勢の参列を指示したものであるが、「年寄がましきもの」とは、各町々の宿老たち、年寄クラスの主だった人々という意味であろう。

さきの織田信長入洛に際しての町人代表を「一町五人宛」とした表現や、大仏殿奉祝の「其町々ニ而年寄がましきもの」といった表記からは、町々の代表者を固定的に指示することができないという町組織の状況を推測することができるのではないだろうか。京都という都市を全市的に見渡した場合、永禄から天正年中にかけて、自治的な町の組織の整備は、いまだ過渡期であるということがいえるだろう。

町の代表者選任については、権力者の側が、支配の観点から推進する構図が見えると先にのべたが、文禄四年(一五九五)に豊臣秀吉による「老御あらため」ということがあったことが『下本能寺前町文書』によって知られる。[24]

今度上様自老御あらためニ付而、当町ニ老無御座候間、老相定申候、然者、誰々に不寄、為町中相定申候上者、御違乱ニ旁々於是有者、為町中其仁人跡、老を渡可申候、若老不致、又者此右之おきめを申やふるにおいてハ、其人をはんし可申候、右老に相定申候仁人違乱を申候ハヽ、其人をも則はんし可申候

右条々於相背者、日本国中大小神儀、別そうしの神三十番神あみた如来、何もねかひ申候、御しゆうむになし可申候。仍起請文如件

文禄四年十一月吉日

(後略)

「老御あらため」とは、京中町々において年寄を選任している町がどれくらいあるかという実態調査と、年寄の選任が行なわれていない町々への町年寄選出の急速実施であったと考えられる。実際に、本能寺前町では、町の「老」すなわち町年寄の選定がこのときまで実施できておらず、秀吉による「老御あらため」令によって、町の代表者を選任したことを、この文書は伝えている。町中が起請文を書いて、町中として年寄を選定することを誓いあっているのである。

ところで、文禄の「老御あらため」で注意しなければならないのは、「老」はかならずしも単数であることを意味していないのではないかということである。宿老衆とよばれるような町の代表者たちと考えてよいのではないだろうか。なぜなら、江戸時代初頭、なお町の代表者「五人ツヽ」という考え方があり、しだいにその年寄衆のなかから最高責任者を単数で選任させていくという、行政的な動きが見えるからである。

元和元年（一六一五）十一月十四日付で、京都所司代板倉勝重は、大坂夏の陣後の治安対策としてか、京中町々に対して木戸門・夜番に関する三カ条の布告を行ない、「右之旨不残相触、堅一札可仕」と付言した。そして、この布令には、

右条々町中かたく相ふれ申候、若御書付之おもて相そむき候由、一町曲事ニ可被仰付候、仍為後日状如件

元和元年十一月十四日　　　五人ツヽ判

御奉行様

という請書の雛形を示して付したのである。[25]この町側から奉行所へ提出すべき請書に署判を求められた「五人ツヽ」とは、町の代表者・宿老衆として五名ずつは名前を明記せよということである。

仲村研氏が五人組の実験的な実施事例として紹介された『下本能寺前町文書』の寛永四年(一六二七)九月「京町中可触渡覚」では、さらに「五人ツヽ」の内実があきらかである。[26]これも請書雛形部分のみを掲出しておこう。

右御書付之通、町中借家迄不残相改申候へ共、当町中ニ一切無御座候。若かくしをき訴人罷出候ハヽ、町中曲事ニ可被仰付候、為其年寄行事判形仕指上申候、仍後日之条如件

卯九月十九日　　　年寄

行事

五人ツヽ判

御奉行様

この請書雛形からは、年寄と行事そのほかに五人ずつ署判というようにも見えるが、文末の「為其年寄行事判形仕」の文言から、年寄・行事ら五人ずつであることが判明する。「五人ツヽ」という表記が、慶安―明暦期の同様の重要法令に付された請書雛形のなかで「年寄・行事、五人之判」となったものが見えることや、寛文期には同じ請書雛形に「年寄・行事、五人組」と記されたりしている事例があることは、別稿で指摘しておいた。(27)

町々の年寄の選定については、所司代牧野親成の明暦二年（一六五六）正月の「京都町之年寄可相定触状」がよく知られている。(28)

京都町之年寄可相定触状

町々年寄之事、廻り年寄は或若輩老病、或無理非法之者多在之故、口々心々に申分仕、却而訴論之災難に成族多し、相定年寄無之町は、早宿老を定置、最前令触知ことく、毎月二日於会所諸事吟味可致

この文面で見るかぎり、京都の町々ではいまだに町年寄（宿老）を定めていないところがあること、一応町年寄を定めているという町でも、廻年寄という単なる順番制による交替町年寄のところもあること、それらの廻年寄の場合は若年者や老病者、または無理非法の者など町年寄として不適格者が町年寄職に就任することとなり、そのために町政に混乱がおこったりしている状況もあるという。奉行所側では、町年寄としては、町内に対して相当の指導力をもつそれなりの家格と人物の選出が必要であることを言外に求めているといえそうである。

町々の統率者・責任者を明確にしておくということから、行政的な手腕のある代表者の選出へと奉行所側は一歩踏みこんできているわけである。そして、このことは、宿老衆のような集団指導を連帯責任から、しだいに宿老衆のなかの最高責任者の選出、すなわち宿老衆あるいは五人衆のなかから、年番の宿老とその他の宿老との区別、さらに年番宿老の単数化へと向うこととなる。五人衆のなかで最高責任者の年番宿老を町年寄とし、残りの

宿老たちを五人の者、五人組というよび方が、十七世紀中ごろからしだいに奉行所の側でも、町々においても定着していくようになる。[29]

町の代表者が町年寄として明瞭に規定されるなら、年寄の補佐役である五人組役の宿老は、町の規模や事情によって、二、三人でも、四、五人でもよいという考え方も出てくる。「今度、年寄役壱町ニ壱人ツヽ、相定可置候、五人組役其町人数次第二人ニ而も三人ニ而も組役ニ相定可置」という『京都旧記録』所収の御触[30]といわれるものも、そうした事情を反映したものなのかもしれない。

奉行所側からのたび重なる指導と干渉にもかかわらず、町々は個別の事情から、画一的な町年寄制度を定着させることは、なかなか難しかったようである。

享保八年（一七二三）十月の次の御触[31]は、そうした町組織の個別的事情を排して、統一的な町年寄制度の確立に大きな役割をはたすこととなった。

覚

一、三年可相勤候　　年寄
　　壱町ニ壱人
一、二年可相勤候　　五人組
　　壱町ニ三人
右之通年月を限り、向後可相勤候事
但、無拠義ニ而可持越候ハヽ、其趣奉行所江相伺候事
　卯十月

これは、町々の規模や個別事情を考慮せず、年寄は定員一名、任期は三年、五人組は定員三名、任期を二年と

して京都市中で画一的に実施することをもとめた法令である。町年寄らの長期在職による専横や腐敗を排除しようとしたものであるが、一面では町年寄の単数化が定着してきたこと、町年寄への権力などの集中がすすんできたことをものがたるものであろう。しかし、この法令のさらに注目すべき点は、行政の末端組織としての個別町の町年寄制度が画一化することで、行政上の自治組織として均質化が急激にすすめられたことである。この法令を契機として、町年寄・五人組の選任・交替は町奉行所の監督をうけることとなり、本来素朴な自治のシンボルであった町の代表者は町役人として位置づけられたのである。

五　町規則の成文化

町の規則がいつごろから成文化されるようになるのかは、それぞれの個別町の事情や成熟度に左右され、具体的な年代を設定することができない。これは町の規則というものが支配者側の指導や強制よりも、町の自主性に深く関係するからなのかもしれない。

集団生活のあるところには、集団生活に関する何らかの規律や規則が存在するのは否定できないから、町という地域集団の形成とともに、それぞれの集団の規則が生まれたと考えるのは間違いではないであろう。しかし、暗黙の了解とか慣習的な約束事といった規律・規則と、それらが文章化されて成文法のようなかたちをもつにいたることとでは、あきらかな質的相違があるように考えられる。

慣習法は、文字どおり社会集団の構成員が慣れ親しんできたあたりまえの規律であるが、成文法はそれらの慣習法を前提としながら特定の規範を公示して集団内部に周知徹底させるという意義をもつ。慣習法は集団内部で育ってきたものには周知のことであっても、新しく集団成員になろうとする者や部外者には、それらすべてを容易に認識することができない。先述のように、町はその構成員の交替を前提とした都市内集団であるから、町がその規則を成文化していくことは、必然の動きであったといってよい。

文章化された町の規則が、いつごろ、どのような内容で出現してくるかは、もっとも興味のあるところである。これまでのところでは、さきに引用した天正十三年（一五八五）正月と、同十六年三月の冷泉町の町規が、そのもっとも早い例として知られている。(32)内容的には家屋敷の売買にかかわる規定が中心である。

冷泉町の町規則についで、文禄年間には本能寺前町や鶏鉾町で町規則が定められていることが知られている。本能寺前町の規則からみておこう。

仲村研氏の紹介によると、(33)『下本能寺前町文書』には近世初期の町法度関係の文書として、文禄三年（一五九四）七月十五日付の町中諸法度連判状二通と元和六年（一六二〇）九月五日付の町中諸法度連判状の三通が「町中諸法度」という名を冠した連判状となっており、ほかに、文禄四年十一月吉日付の老御改之時町中起請文、寛永四年（一六二七）九月十九日付の板倉周防守様御触書並町中連判状、寛永十一年二月十六日付の町中内申合事連判状がある。いずれも町内衆が署判した連判状形式の文書であるが、いわゆる町規則に相当するものは、文禄三年の二通と元和六年の一通で、「町中諸法度」の巻物表書が付されているものである。文禄四年の老御あらためのものや寛永年中のものは、特定の法令をうけて、それに応答するために町内衆が申し固めたもので、純然たる町規則とはいいがたい。

ただし、本能寺前町の場合、町規則の制定が上からの命令をうけて進行していったことは明らかであり、文禄三年や元和六年の「町中諸法度」にも、そのことはよくあらわれている。

文禄三年七月十五日付の本能寺前町規則のうち七カ条の「定」は、「上様ヨリ被仰出御ふれ」の遵守を基調としたもので、宿貸し・借屋についての不審者対策をうけてはいるが、本能寺前町独自の「見しられ酒の代」の規定もある。同日付の六カ条からなる「定条々之事」は家売買や借屋を中心とする本能寺前町固有の規則である。

本能寺前町について、文禄五年七月八日付の十七カ条からなる鶏鉾町の「定法度」も知られている。[34] これも起請文形式をとっているが、内容的には本格的スタイルの町規則とみることができよう。すなわち、毎月六日に町汁とよぶ町寄合を開くということから、諸談合のあり方、家屋敷売買、借屋、軒役、町振舞、諸祝儀など、江戸期の町規則と同じように網羅的な規定がみられる。

なお、鶏鉾町の「定法度」には、文末に「右法度条々、従前々雖有之、猶以無相違相定申候、若此旨相背輩於有之者、御奉行様へ被仰上御成敗なさるへく候、其上日本国中大小神祇三十番神祇園牛頭天王之御罰各蒙へき者也、仍起請文如件」とあり、当町では以前から町規則をすでにもっていたが、それをこのとき改定または確認したものであると記している。慣習的規則を成文化したという意味であるか、すでに成文法として存在していたかも不明であるが、町の構成や運営についての規則があったことは事実であろう。

『京都冷泉町文書』でも、天正十三年(一五八五)または同十六年の「定」が記される以前、同十年段階からの諸祝儀や金銀出入を記した「大福帳」がある。[35] さらに文章化された「定」以外の町振舞などについての記載も見られるので、成文法であったかは不明ながら一定の規定を冷泉町がもっていたと読まなければならないだろう。冷泉町や本能寺前町、鶏鉾町などの町規則の成文化の事例は、天正から文禄年間の十六世紀末、すでに京都の町々では、相当に整備された慣習としての町規則が存在していたこと、そのうち重要な条項については成文化される傾向にあったこと、また成文化の一端は、支配者側の都市支配の意向を受けるかたちで進行していたことなどを示している。十七世紀に入ると、京都では町規則の成文化の事例がかなり確認されるようになる。

町規則の年代と町名とその表題を追ってみよう。慶長八年(一六〇三)の中立売町の「中立売町式目」[36]、慶長十年の三条衣棚南町の「法度」[37]、元和六年(一六二〇)の本能寺前町の「定町中之法度」[38]、寛永十六年(一六三九)の清和院町の「定法度之事」[39]、慶安二年(一六四九)の足袋屋町の「足袋屋町式目之覚」[40]などがある。町規則の呼称は、「法度」「定」「式目」などいろいろで、個別町の個性や事情を反映しているのであろうが、いずれも支配的用語を援用しているところに特徴が見える。

六　町規則にみる組織と運営

町規則の出現が、京都では十六世紀末から十七世紀前半において広く見られるのに対して、大坂では十七世紀後半以降から十八世紀にかけてであるといわれる。(41) おそらく、京都の近世都市化が他の都市と比較して早くから進んでいたことと、都市化度も高かったということを示すものではないだろうか。地域集団である町の成熟度も高いということであろう。

町の生活のなかで、日々生起してくるさまざまな問題を、どのようにして処理していくかは重要であり、暗黙のうちの了解、意識的な申し合わせなどが必要となる。そうした日常的な営みのなかで、あえて文章化して明記しておく必要が、支配者の側からの要求と町内からの自発的な要請という両面から発生し、町中合意のうえで規則書がつくられるようになる。

秋山國三氏は、『近世京都町組発達史』のなかで、町規則の形式と内容に言及され、「先ず第一に官命・法令の遵奉を誓い、次いで町自治を掌る機関に関して規定し、或は家屋敷の売買・借家・相続・婚姻・養子・元服・町入等に関する手続・儀礼を規定するものが通例」であるとのべられている。(42) さらに「徳川時代の町規は大体において、町自治の機関ないし機構に重点をおくもの、成年・婚姻・相続等のいわゆる諸礼に関するもの、及び両者を包括するものの三種に分類することができる」(43) と、かならずしも、前記の項目をすべて具備するものではなく、個別の事情で重点の置き方が変わっていて当然であると総括されている。

町規則は、個別町が自発的にそれぞれの自治の範囲内で定めるものであるから、町生活にかかわるあらゆる問題がとりあげられるのが普通である。しかし、すべての事柄が文章化された規則となっていくわけではない。また個別の町々の事情によるとはいえ、町の生活は都市生活のなかで成り立つわけであるから、おのずから成文化された町規則にも、そうした前提となる都市生活が反映されることとなる。

町規則は、町の構成員の資質と交替に関する規定と、諸事の公開規定と、財政を含めた運営に関する規定が、相互に結び合うかたちで条文化されているのが一般的である。なかでも、もっとも重要なのは構成員に関するもので、具体的には家屋敷売買と借屋の条項としてあらわされている。家屋敷の売買は、町の共同体的所有にかかわる家屋敷所持者の交替である。新たに買得する人が、家屋敷所有に関する個人的所有と共同体的所有との整合性を保持できる人物か、また町共同体の利益と品位とを損わない職業を営む人かなど、町の存立にかかわる重大な要件として、家屋敷売買はとりあげられている。したがって、家屋敷所持者とくに新規買得者の資質を規定した条項を町規則の中心にすえている町は少くない。そして、その条項に個性的な町自治の側面が、強くうち出されているように見える。

天正十六年（一五八八）の冷泉町規則では、武士や未知の者への売却を禁じていたし、文禄五年（一五九六）の鶏鉾町規則では、武士、座頭、猿楽、米屋、材木屋、鍛冶屋への家屋敷譲渡を禁止している。元和六年（一六二〇）の本能寺前町の「定町中之法度」でも、「武士之十年より内之引込」とともに、「座頭、舞々、あをや、さるかく、算置、石切、やくわんや、うとん、こひき、あふらや」「鍛冶」へ家を売ってはならないとしている。[44]

町規則における身分または職業の制限は、各町の個別事情を反映して、職種も数量もまちまちであるが、何らかのかたちで身分・職業規制をしているのが一般的であるといってよい。各町々において禁止または制限をうけた身分や職業には、検討してみると共通の理由に発していると考えられるものがあり、近世京都の一面を正しく反映しているとも見ることができそうである。その禁止・制限をうけた身分・職業の代表的なものとしては、

武士、出家、検校（座頭）、吉利支丹、青屋、紫屋、藍染屋、湯屋、風呂屋、米屋、酒屋、材木屋、桶屋、鍛冶屋、薬罐屋、打箔屋、油屋、すあい、人宿

こうして列挙されるもののなかには、幕府の法令によって禁じられているために、町の生活から排除されることになった武士の牢人やキリシタンがある。支配者側からの法度を遵守することを町規則のなかで再確認しているわけであるが、いっぽうでは、武士や出家や検校など、身分上の観点から、町人の生活仲間として一緒に町運営をしていくには、きわめて不都合であるという町側の積極的な態度表明でもあろう。

青屋や紫屋や藍染屋などの染色業は悪臭が予想されて嫌われたと考えられるし、鍛冶屋、薬罐屋、桶屋、打箔屋などは、隣人には迷惑な騒音の発生源として規制の対象とされたのではないだろうか。また、湯屋・風呂屋をはじめ米屋などは不特定多数の人々が出入するため、静寂を好み、群衆の来往を嫌う町では禁止され、さらにすあいや人宿も、好ましからざる職業と判定する町々があったのである。

悪臭をはなったり、大きな騒音を連続的に出したりする職種を規制して町内仲間に加えようとしないのは、単純性の忌避である。しかし、米屋のような都市生活での必需の職種を忌避していることなどは、単に不特定多数の人間が出入りするからというだけでなく、いったん都市騒擾が発生すると、打ちこわしの対象となるのが米屋であるということから、それを未然に回避しようとする予防的措置の意味があったのかもしれない。

人々が群集するような職業ということについて、明和元年（一七六四）の中之町規則では「惣て市を立候商売筋」として規定している。[45]同じように具体的な職業名ではなく、禁止・制限の趣旨を付加して、多様な対応をとろうとしている町規則も少くない。たとえば、享保元年（一七一六）の八幡町規則では、「人之きらひ申職商人又は火之用心悪敷家業人」という追加文言を、規制の具体的職種一九のあとにかかげている。[46]享保四年の饅頭屋町規則も、問屋、両替屋、質屋、米屋、酒屋に加えて、「町不相応の商売人」という文言を添えている。[47]寛政二

年の作庵町規則にも、「正しからさる商売筋之者無用」とある。[48]

京都の町々のすべてが、こうした職業規制をしていたのかといえば、かならずしもそうではなかったと考えられる。たとえば、二条城の南東、堀川から油小路あたりの鍛冶屋が多く集住した地域で、鍛冶職を騒音とかの理由で排除することはなかったであろうし、染色業関係者の多い地域で、臭気を理由とする染物屋の排除を、町の規定のなかに総意を得ても盛り込むことはできなかったであろう。むしろ同業者街においては、同業者街の特性を生かすため、異業種を締めだす場合さえあった。享保八年(一七二三)の蛸薬師町の「絹布商売之外ハ古来より売買無之」という規定は、蛸薬師町が絹布商売の同業者町であったことによる。[49]ところが、宝暦六年(一七五六)の骨屋町の「町中同商売筋無用之事」という文言のように、町内に同業種を嫌う町もある。これは、同業者町への志向を全く拒否した町の態度で、町内先住者の営業上の既得権を侵害させないという規定である。

家屋敷売買に際しての職業規制をみてきたが、その内容からこれらの規制が町の構成員問題でもあること、すなわち町の生活と運営の基本理念にもとづいていることがわかるので、この規制は家屋敷買得者だけでなく借屋人にも適用されたと考えられる。むしろ借屋人の方が家持層よりも条件がつけやすかったことから、規制はより厳しかったであろう。さきにも一部引用した享保元年の八幡町規則によると、同町では「借屋借シ申間敷事」として、藍染屋、湯屋、風呂屋、薬罐屋など一九職種をあげ、「右之外ニも人之きらひ申職商人又ハ火之用心悪敷家業人ニハ借シ申間鋪事、並家為買申事も右ニ同前定也」と、借屋人の禁止職種を明示したうえで、これが家屋敷売買にも適用されることを付言している。[50]

家屋敷売買や借屋に関する規定とともに、町規則のなかで目につくのは出銀規定である。祝儀や礼銭や挨拶料などの出銀規定だけの独立した町規則さえあるほどである。出銀規定が重視されるのは、町構成員の出銀が町財政の基本となって町が運営されていることや、町共同体意識の形成と出銀とが深くかかわっていること、その性格上適切な出銀高の改定が必要とされたことなどからであろう。

京都の町々は、地子銭が免除されてからは家屋敷の地代を負担することはなかったが、まったく負担が消えたというわけではない。町奉行所から禁裏御所御造営御用人足、御土居藪竹切人足、火消人足など公費ともいうべき負担が京都市中へ命じられ、各町を単位としてそれらの負担に応じなければならなかった。また町々の連合組織である町組の諸経費も、町単位に割り当てられた。すなわち、町組代表者を江戸の将軍家へ年頭拝礼に派遣する費用、所司代・町奉行などへの地役御礼の費用、その他町組代表者の会合費や諸種の祝儀などが合算されて上下京へ割り振られ、各町毎に軒役割という負担方式で集金される。

都市運営上の負担は、最終的に町に対して割り当てられたのであるが、個別の町はそうした負担とは別に、町の運営費を必要とした。町年寄への袴料という謝金、町用人や番人の給料、会合費、神事・祭礼など年中行事の諸経費、町木戸の修復費、捨て子や行倒れ人などにかかわる諸雑費等々である。

各町では、諸費用を勘定して、戸数割や間数割または軒役割といった方法で各戸に割りつけたが、いっぽうではさまざまな収入もあったので、収入と支出を決算する二季勘定寄合をするのが一般的であった。そのために、各町では金銀の出入を記した帳面が作成されていた。

慶長十年（一六〇五）の三条衣棚南町の「法度」(51)には、家屋敷の売買時に買得者から買価の一〇分の一を町へ出すこと、惣領の烏帽子着の祝儀は銀三〇匁（店子らは一〇匁）、婿入の祝儀は銀二〇匁、養子の祝儀も同二〇匁、官途成祝儀は銀一〇匁、入道成祝儀は同三匁などと定めている。一〇分一出銀とは、買主側が買得代金とは別に代価の一〇分の一相当額を町へ納めるというもので、天正十三年（一五八五）の冷泉町規則にも見えている。この一〇分の一は、町内の家毎に配分される場合と、貯えておいて町費にあてる場合とがあった。家屋敷売買時には、一〇分の一のほか、粥代や酒代という名目の町中への振舞料、町年寄や町用人への礼銀、町入または会所入の意味での烏帽子着・官途代などを町内へ納めるのも一般的であった。

烏帽子着や官途は、町入りまたは相続の儀礼のことで、町内で成人した男子を町内衆へ披露する意味がある。官途は烏帽子着をすませた成年が家督を相続して町入をする儀礼で官頭とも記されるが、武家における任官途用を模したものであるといわれる。[52] 入道とか法躰は出世すなわち僧形となることの意味であるが、町では家督を譲って隠居することの意味に用いられている。

町の組織や運営にかかわる規定に出銀が随伴することはもちろんであるが、個人的な人生の節目の儀礼にも大きな出費が必要であった。こうした出銀が町の財政上必要であったことは前述したが、出銀規定は経済的意味だけでなく、諸儀礼の町中への披露、町中意識の形成の観点からも不可欠であったと考えられる。家屋敷に共同体的所有という特質を形成してきたのと同様に、諸儀礼の公開を通じて、共同体意識の育成が意図されていたのではないだろうか。

ところが、奉行所は、こうした町内諸祝儀の出銀に対して、くりかえしそれらの抑制や禁止を御触によって命令し、結果として町規則のなかに出銀の画一的傾向を実現させている。奉行所による最初の総合的な祝儀・出銀規制は、寛文十年(一六七〇)四月二日付の町触で、[53]「町中へ出銀多、諸人令難儀族有之由」という理由をあげている。この寛文十年令では、家屋敷売買時の一〇分の一を以後二〇分の一へ減額すること、町振舞や振舞代銀は以後禁止すること、町年寄や推挙人、町用人への礼銀は減額し、個人の心持次第とすること、そのほか借屋の振舞や諸々の祝儀・謝礼等も禁止することと、具体的な指示をしている。これらの規制は、ほぼそのままのかたちで元禄九年(一六九六)九月二十一日にも再令され、[54] 同じく同十三年十一月令でも確認をもとめている。[55] さらに享保八年(一七二三)十月には、出銀はもちろん町運営全般にわたる規制と干渉を行ない、その根拠を「町々一等に可有之処」と「町中之入用もすくなく痛ニ不成ため」という二点にあるとしている。[56]

元来、町費は町の人々の総意のもと、町内衆自ら負担してきたものであり、個別町独自の運営を維持し保障してきた本源であったといってよい。しかし、奉行所側は行政的自治組織としての町の均質化・画一化へ向け、負担の軽減という名目をたてて規制を加えていった。こうした奉行所による指導と干渉は、ある意味では町側の微妙な変化、町人意識の変質に対応しつつ、行政的自治能力の高い町への改造をめざしたものであったといってよいのかもしれない。町年寄や補佐役としての五人組の定員や任期を一定に指示し、町規則のなかに町の組織や運営についての画一的条項を設定させていくのも、享保改革期であった。町にとっても町規則のうえでも、享保改革は大きな転機となっている。

七　町規則にみる町づくり――むすびにかえて――

町々の木戸を治安維持や支配強化のために機能させようとしたり、町並景観についても、社会秩序や幕政の倫理や道路交通などの都市機能上の観点から、支配者側はさまざまな規制を加えており、それらが町規則のなかに反映していることは少くない。たとえば、町人の家作において身分不相応なぜいたくな建築を禁止することや、表通りにおける三階建住宅の禁止、緊急時の通行障害となる庇やはり出しの禁止等々である。また不燃化対策としての瓦屋根の奨励なども、進歩的な指導的規制とみてもよいであろう。奉行所側の町対策にも見るべきものはあるが、町側の自主的な町づくりについて、町規則を通して触れておきたい。

享保八年（一七二三）の室町通蛸薬師町の規則[57]には、町内では「親疎に不限互ニ睦敷」「難儀之事出来候節、又者孤独などハ互ニ相救」うことを心得て、「諸事念比ニ可相交」であるとしている。宝暦六年（一七五六）の塩竈町の規則[58]では、もっと具体的に「金銀銭無心、其外何事によらすねだれかましく申参り候もの有之候節ハ、其家より向隣近所へ、そと子もの下女にても御案内可被成候、案内候ハヽ、家持借屋ニ不限早速近所より皆々立寄、無事ニ事済候様ニ、常々相互ニ其旨御心得置可被成候事」と、ゆすりたかりや押し売りなどに対し、隣近所力を合わせるよう申し合わせている。

経済的な相互扶助について、町内は特別大事にしなければならないと、寛政九年(一七九七)の山名町規則[59]では「町内ニ困窮之仁有之候ハヽ、相応に合力致可遣事」と定めている。また中之町では、「身上不如意」や「商売筋之入用」で借入金の必要な人には、町中への依頼があった場合、町年寄や五人組が保証人となるべきであるとも規定している。[60]経済的な相互扶助まで一歩踏みこんで定めている町があったことは注目しておくべきであろう。

町規則にあらわれる町並景観の申し合わせには、自分たちの町を自分たちの力で、手で守り育てようという町づくり意識が見える。たとえば、寛永十六年(一六三九)の清和院町の町規則の追加[61]に「家作仕候ハヽ、地形つき申節町中相談仕、上下むかふを見合、町並能様ニ仕へく候事」と、「表蔵、堅法度之事」という二カ条がある。明暦二年(一六五六)以前の町規則と考えられる中立売町規則[62]にも、「本屋之屋敷つかれ候事ハ、両隣之地形を見合、両方ニ高下候ハヽ、中分を以つかすへき事、但、書院屋敷ヲ隣之境高成候ハぬ様ニ可被成候、若屋敷之儀ニ付出入候ハヽ、町中として裁判可被仕事」と、ほぼ同様の規定をつくっている。

統一的な町並景観をつくることを、「町並能様」にという視点で町中が合意し、町並を共有するという意識が強く打ち出されている。清和院町の「表蔵、堅法度」という規定も、かつて表通りに蔵や塀を設けてこなかった清和院町の歴史をうけつぎ、町の人や往来の人々との交流を妨げる表蔵を厳しく禁止しているのである。町内の精神的な連帯から経済的な相互扶助、そして住みよい町環境とすぐれた町並景観の保全など、町規則に見える町づくりの動きは、家屋敷の共同体的所有を基礎として成り立っている近世京都の町々の生きた姿であると考えてよいのではないか。

注

（1）秋山國三『公同沿革史』上巻（元京都市公同組合聯合会、一九四四）五四頁。なお同書は補訂され『近世京都町組発達史』（法政大学出版局、一九八〇）と改題された。この補訂版では三五頁。秋山氏の原著『公同沿革史』は現在では『近世京都町組発達史』として活用されているので、以後本章の注記も後者を用いる。

（2）同右三五頁。

（3）同右三七頁。

（4）秋山國三「「町」自治の形成と「町内」の構造」（秋山國三・仲村研『京都「町」の研究』、二七八頁、法政大学出版局、一九七五）。

（5）鎌田道隆「戦国期における市民的自治について」（『奈良大学紀要』第十二号、一九八三）。

（6）『室町頭町文書』（『京都町触集成』別巻二、触一一九。以下『集成』別二―一一九のごとく略記する）。

（7）『親俊日記』天文八年十二月三十日条。

（8）京都市編『京都の歴史』第四巻（學藝書林、一九六九）第一章第一節、および京都市編『史料　京都の歴史』第三巻・第四巻（平凡社、一九七九・一九八一）参照。

（9）高尾一彦「信長の京都支配」（前掲『京都の歴史』第四巻第一章第三節）参照。

（10）『饅頭屋町文書』（『集成』別二―二二一）。

従最前理申候条、陣取并不可有新儀諸役非分等、於有違背之族者可加成敗、地子銭事、如前々万此方奉行人収納可令馳走状、如件

元亀四
七月朔日　　御朱印

下京
町人中

（11）『上京（親九町組）文書』（『集成』別二―二二五）。

条々　　上京

一、如前々令還住之事

一、陣執免除之事

一、非分課役不可申懸之事
一、地子銭免除之事　但、追而可申出之条、其以前何方へも不可能納所事
一、各宅造畢之間、人足免許之事
右所差定不可有相違者也、仍下知如件
元亀四年七月　日　　弾正忠（朱印）

(12) 脇田修「商業・交通政策の展開」（京都市編『京都の歴史』第四巻、前掲注8、三九〇頁）。

(13) たとえば『親町要用亀鑑録』に「天正十年六月二日惟任光秀が叛逆により、信長・信忠已下生害す。光秀頓て洛中の地子を許すとなり」とある。同様の記述は諸書に多い。

(14)『聚楽行幸記』。

(15)『兼見卿記』天正二十年八月二十八日条。

(16)『上京（親九町組）文書』（『集成』別二―二四六）。
京中屋地子事、被成御免許訖、永代不可有相違之条、可存其旨者也
天正十九
九月廿二日　（朱印）
上京中

(17)『上京（親九町組）文書』（『集成』別二―二四七）。
京中屋地子事、今度被成御免畢、任御朱印之旨、永代不可有相違之状、如件
天正拾九
九月廿五日　　玄以（花押）
上京中

(18)『上京（親九町組）文書』（『集成』別二―二四八）。
札之金子弐十枚、慥請取候、以上
拾月三日　　牧野右兵衛（花押）
上京下京之
老中へ
参

(19)　京都冷泉町文書研究会編『京都冷泉町文書』（思文閣出版、一九九一～九八）による。

(20)　町会所は、町が買得したり、また寄付された家屋敷を、町運営の拠点として専用の共同利用空間としたもので、江戸時代には京都だけでなく、各都市においてもかなり広汎に見られた。おそらく、会所を所持する以前の町または会所を所持しない町では、町堂や宿老衆の屋敷などが寄合所や事務所となっていたと考えられる。

(21)　鎌田道隆「京都改造――ひとつの豊臣政権論――」（奈良大学史学会『奈良史学』第十一号、一九九三）参照。本書第一編第二章（改題）。

(22)　『室町頭町文書』（『集成』別二―一四二）から一例をあげると、

禁制　上京室町頭壱町

一寄宿事

一相懸非分課役事

右条々堅令停止訖、若有違犯輩者、速可被処厳科之由、所被仰下也、依下知如件

天文十五年十一月十八日　対馬守平朝臣（花押）

大蔵丞藤原（花押）

(23)　『上下京町々古書明細記』（『日本都市生活史料集成　一』三都篇Ⅰ、一四九頁、学習研究社、一九七七）。

(24)　仲村研「近世京都における家屋敷の売買と譲りの実態」（前掲注4）。

(25)　『三条町武内家文書』（『集成』別二―二八五）。

(26)　仲村研前掲論文（注24）。

(27)　鎌田道隆「京都における十人組・五人組の再検討」（『京都市歴史資料館紀要』第三号、一九八六）。本書第二編第二章。

(28)　『集成』別二―四〇六。

(29)　鎌田道隆前掲論文（注27）参照。

(30)　明暦二年二月の年紀をもつ。『集成』別二―四一〇。

(31)　同右、一―一四〇三。

(32)　『京都冷泉町文書』（前掲注19）。

(33) 仲村研前掲論文(注24)。仲村氏の紹介による『下本能寺前町文書』は、近世の本能寺前町の記録文書群である。本稿での引用は、すべて仲村氏の前掲論文による。
(34) 秋山國三前掲書(注1)七二~七三頁。
(35) 『京都冷泉町文書』(前掲注19)。
(36) 京都市歴史資料館収集史料『中立売町文書』。
(37) 秋山國三前掲書(注1)二四一~二四二頁。
(38) 仲村研前掲論文(『京都「町」の研究』、注24、三〇六~三〇七頁)。
(39) 京都市歴史資料館収集史料『清和院町文書』。
(40) 京都市歴史資料館収集史料『足袋屋町文書』。
(41) 大阪市史編纂所編『大坂の町式目』(大阪市史史料第三十二輯、一九九一)。
(42) 秋山國三前掲書(注1)二四〇頁。
(43) 同右二四一頁。
(44) 仲村研前掲論文(『京都「町」の研究』、注24、三〇六~三〇七頁)。
(45) 京都市歴史資料館収集史料『中之町文書』。
(46) 秋山國三前掲書(注1)二四四~二四六頁。
(47) 同右二五三~二五四頁。
(48) 京都市歴史資料館収集史料『作庵町文書』。
(49) 秋山國三前掲書(注1)二四七~二五三頁。
(50) 同右二四四~二四七頁。
(51) 同右二四一~二四二頁。
(52) 秋山國三氏は前掲書(注1)二五七頁に、「烏帽子着元服を済まして成人した男子が町入する際、これを官途と称したが、武家における任官途用が町家へ用いられたものであり」と記されている。
(53) 『集成』別二—四九五。
(54) 同右一—一三五。この触には「右条々寛文年中先奉行相触置候処、至于今不相守、猥かハしき町々有之由相聞不届ニ候」と、寛文令が徹底していなかったことを付載している。
(55) 同右一―二六七。この触では、寛文十年令、元禄九年再令にもかかわらず不正があるので、町代による売券状加判制度を導入して、徹底を期することを令している。
(56) 同右一―一四〇二。一七カ条からなるこの「覚」は詳細に出銀等について規定したものである。
(57) 秋山國三前掲書(注1)二四七～二五三頁。
(58) 京都市歴史資料館収集史料『塩竈町文書』。
(59) 京都市歴史資料館収集史料『山名町文書』。
(60) 秋山國三前掲論文(『京都「町」の研究』、注4)。
(61) 京都市歴史資料館収集史料『清和院町文書』。
(62) 京都市歴史資料館収集史料『諏訪家文書』。

第二章　京都における十人組・五人組の再検討

一　研究史の整理

慶長八年（一六〇三）に十人組という隣保組織が京都で結成させられたことは、周知のできごとである。[1] また、十七世紀の後半になると、五人組が民間の比隣検察および相互扶助の組織として一般化してくるということも、すでに定説化している。このことから、十人組の制がいつ、どのような理由で五人組の制に切りかえられたのかについて、早くから関心がよせられ、先学はこの疑問に答えるべく分析を試みてきた。

しかし、昨今発見されたものをも含め、十人組・五人組に関する史料を総合してみると、先学の業績に批判を加えざるを得ない事実が存在するように思われる。あらためて、京都における十人組制から五人組制への移行に関する研究史を略述しながら、問題点を整理してみる。

中田薫氏は、大正十二年（一九二三）の「板倉氏新式目に就て」（『国家学会雑誌』三十八―八・九・十所収）という論文のなかで、[2] つぎの余部村史料によって、十人組の京都における下限年代を示された。

相定組中之事

一、為拾人組て悪事出来候共、此くみ中之者共罷出、急度相さばき可申者也、仍後證組之状如件

寛永己巳六年拾一月初日　（九人連判）

余部
御年寄衆様
参

そして、京都では慶長八年（一六〇三）に成立し、寛永六年（一六二九）には存在している十人組は、明暦元年（一六五五）にはすでに五人組に変化しているので、十人組から五人組への転換は、寛永の末年から正保年中ごろに行なわれたと推定された。明暦元年には確実に五人組が成立しているとされた根拠は、有名な明暦元年十一月の牧野佐渡守九カ条の「右其身堅固なるうち町之年寄幷五人組に相断證文に載置へし」(3)という文言からである。

しかし、翌大正十三年、中田氏は「京都五人組編制の年代」（『国家学会雑誌』三十八―二所収）を発表され、(4)同じく余部村史料から、五人組の成立年代を寛永二十一年（一六四四）以前とされた。

余部村五人組之内長兵衛家に喜右衛門と申物借屋仕り居申候、若此喜右衛門に付何様之六ケ敷出入出来御座共則組の物罷出急度御公儀相済し可申候、少も大事村中へかけ間敷候、仍為後日之組請状如件

寛永二十一年
申ノ卯月二日

借屋 喜右衛門判
家ぬし 長兵衛判
組 孫　介判
同 力兵衛判
同 久右衛門判
同 六兵衛印

すなわち、中田氏は十人組の下限年代寛永六年（一六二九）と、五人組の上限年代寛永二十一年とから、十人組から五人組への転換は、島原の乱から鎖国にいたる寛永十年代であろうと推定されたのである。

ついで秋山國三氏は、昭和十九年刊の『公同沿革史』（上巻）のなかで、さらに二つの新史料を示して、中田氏の推定年代を短縮された。(5) まず、『三条衣棚町文書』や『京都旧記録』に見える触状の請取書に、

覚

一、七ケ条与五ケ条与弐通御印判之御触状慥ニ請取申候　組中之年寄よせ写町々ニ置其上右御印判之触状月々ニ組中之内先々相渡可申候(6)

寛永十年
十月

町中年寄
十人組
行事

と、十人組が寛永十年十月までは存続していることを明らかにした。そして、また『上下京町々古書明細記』中の触書に、

諸国在々所々ニおひて新銭鋳候事堅御停止也　若相隠鋳出ス輩あらハ可申出也　縦同類たりと云とも其科をゆるし御ほうび被下べし　自然わきより訴人於有之者本人ハ不及申五人組同罪ニをこなふべし　並其所のもの迄可為曲事者也

（寛永二十年）
未三月二日　周防

山城国中
庄屋

右之通在々所々も触候間町中ニても穿鑿可仕者也

周防御在判

上下京町代

年寄
百姓中

とあり、本人はいうにおよばず五人組も同罪であるという文言から、五人組の初見史料は寛永二十年（一六四三）三月であるとされたのである。

秋山氏は、寛永十年代なかばごろの十人組から五人組制への切りかえを想定され、その背景には、浪人取締りと耶蘇教禁止の励行があったこと、十人組の細分化である五人組の成立は、為政者側からは比隣検察機能の強化を期待できたこと、被治者側としても連帯責任の範囲を縮小・分散するために歓迎されたことなどを推論された。(7)

秋山氏の研究成果は、戦後の京都史研究のなかで大方の了解を得、京都市編『京都の歴史』にもとり入れられてきたが、昭和四十七年仲村研氏が『近世初頭の洛中本能寺前町法度』（『史朋』八号所収）で新史料を提示して、十人組と五人組の併存説を発表された。(8)　仲村研氏の紹介した「寛永四年九月十九日板倉周防守様触書并町中連判状」を再録してみよう。

京町中可触渡覚

一、はてれん門徒先年より御法度之旨ニ候、自然町中ニ於在之ハ可申上候、ほうひを可遣、若隠置、他所より於申出ハ、宿主之儀ハ不及申、両隣之者可為同罪事

一、牢人京都居住之儀、最前就御法度町より指出を以、町人ニ罷成候牢人之外、宿を借置ニ付而ハ可為曲事、若訴人於在之ハ、ほうひ可遣、惣別慥ニ請人無之ものニ宿を於借置ハ、如御法度可申付事

一、京中する〴〵の町何れの所にても鉄炮をはなつ事、堅令停止畢、自然盗賊入候共不可放鉄炮事
右所定慥ニ町中相触、可令得其意者也
寛永四卯年九月十九日　周防守御在判
右御書付之通、町中借屋迄不残相改申候へ共、当町中ニ一切無御座候、若かくしをき訴人罷出候ハヽ、町中曲事ニ可被仰付候、為其年寄行事判形仕指上申候、仍後日之状如件
卯九月十九日
年寄
行事
五人ッ、判
御奉行様
寛永四年卯ノ九月廿四日
市左衛門（花押）
（以下十八人署判略）
老 宗蓮［黒印］

仲村氏は、この文書中の「五人ツ、判」に注目され、「五人ツ、」を五人組と解釈して、寛永六年（一六二九）の『余部村文書』や寛永十年（一六三三）の『三条衣棚町文書』で十人組が確認されている時期に、『下本能寺前町文書』によれば五人組が存在していることをどう理解すべきかと、問題提起された。そして、「あえて推測するならば、下本能寺前町のような新設の町には実験的に他町に先がけて五人組制度が採用されたのではなかろうか」[9]と、十人組の時代に特定の町では五人組制が実験的に採用されたことにより、十人組と五人組の併存する期間があったのであろうとした。そして、「五人組」といわず「五人ツ、」とよんでいることにも実験的な採用を推測することができるとした。

二　問題の所在

中田薫氏、秋山國三氏、仲村研氏の研究を要約し、その中心的な史料をここに再録したのは、十人組から五人組への制度的な転換という考え方と、史料批判のうえでいずれも問題があると思ったからにほかならない。

まず、十人組から五人組へという考え方が基本となっていながら、その制度的な差違についてはほとんど考察がみられないこと、これが先学の業績に一貫して説得性を欠く要因となっている。「十人」か「五人」かという数量的なものが、どのような歴史的意味をもつかも、充分には説明されていない。

京都においては、十人組が行政的に制度として実施されたことは、『当代記』等の史料から確認されている。しかし、五人組については制度として採用されたということは、いまだ実証されていない。市中に五人組とよばれる組織なり単位なりが存在するということと、行政的な施策としての五人組制の成立とは、区別して考えなければなるまい。五人組制の成立を示すとして先学が提示された史料には、厳密な史料批判が必要である。

結論からいえば、史料上にあらわれる「五人組」には、三つの場合がある。すなわち、五人の組という場合と、町年寄の補佐役である五人組役をさす場合と、隣保組織としての家の組いわゆる五人組の場合とである。五人組ということについては、十人組の考察のところで詳述するが、元和元年（一六一五）以降の十人組制では、十人という原則はなくなって、八人の組や七人の組、五人の組も出現する。単に「五人組」と記されている場合には、十人組制のなかの五人の組という意味もありうる。五人組役についてものちに詳しく分析するが、京都行政のなかでは「五人組」という呼称はほとんど五人組役を意味すると考えてよい。元来は、町の代表者五人という理解があったことにもとづくと考えられる。

とりあえず、中田薫氏が依拠された『余部村文書』の当該史料から検討してみよう。中田氏は、寛永二十一年

（一六四四）四月二日付の借屋請状によって、五人組が余部村において形成されていることを立証した。しかし、五人組制を論じようとするならば、まず余部村の行政上の位置を検討し、また借屋請状という文書の性格にも注意を払うべきであろう。余部村は京都市中に隣接するが、村である。しかも、行刑役をつとめる役人村で年寄衆が村政をリードする特別な村である。近世初頭の京都支配において、都市部と農村部を混合して理解してよいか。余部村という特別な役割をもつ村落の状況を一般化してよいか。借屋請状という村内文書から、五人組制の成立を説いてよいか。さまざまな問題の残る史料であり、五人組制の成立を立証するためには、何らかの手続きを得なければならない。そして、なお「余部村五人組之内」というだけでは、五人の組という可能性もないわけではないのである。

京郊農村の簗山村の事例では、すでに寛永六年（一六二九）にはいわゆる五人組制の結成がみられる。[10] しかし、簗山村で五人組が結成されているからといって、京郊農村全域で五人組制が実施されたとはいえない。まして、簗山村の事例から京都市中における五人組制の成立を云々することはできないのである。むしろ、問題は簗山村で実施された五人組とはどういうものであったか、この時期の五人組とは何かということが問われなければならないであろう。

つぎに秋山國三氏が五人組の初見史料とされた板倉周防守の触状についても検討してみよう。新銭鋳造禁止を令した寛永二十年三月二日付のこの触状は、『上下京古書明細記』のほか『荻野家文書』や『中井家文書』（長香寺蔵）の「触留」にも収録されており、所司代板倉重宗の名で触れられている。その触状の文書に「自然わきより訴人於有之者本人ハ不及申五人組同罪ニをこなふべし」とあるのだから、五人組制が成立しているという根拠たり得るかに見える。

しかし、新銭鋳造禁止という内容や「諸国在々所々ニおひて」といった文言から、この触は所司代が独自に成文化したものではなく、江戸の幕閣から全国に向けて発せられたいわゆる江戸触ではないかと推測できる。江戸から通達のあった法令を江戸触というのに対し、京都行政府が独自に発する法令を京触とよぶ。この京都で寛永二十年三月二日に触れられた新銭鋳造禁止令は、同文言のままで同年二月二日付となって『武家厳制録』に収められている。江戸触であったとみても大過ないであろう。寛永十年代以降の江戸触には、五人組云々の文言をしばしばみることができる。

たとえば、寛永十一年（一六三四）十月六日付で京郊の洛外村々に触れられた板倉周防守触状も江戸触の可能性が高い。

覚(11)

一、伴天連宗并門徒之者、長崎にて依御穿鑿方々ニかくれ居候由申候間、不審成者候ハヽ、可申来事

一、旦那寺より宗旨之一札取候儀、其在所ニて生候者ニ候ハヽ、久旦那ニて可在之處、伴天連御穿鑿之刻ヨリ俄頼候一札於有之者、可為偽事

一、此十ヶ年以来他国より来候者、其所へ参候刻より寺を頼候歟、穿鑿可仕候、伴天連御せんさく之上俄ニ寺を頼候ハヽ、可為偽事并生国にての先祖之宗旨可尋事

一、百姓牢人妻子を召連参候共、前之在所を不存宗旨をも不承届牢人不可抱置、近年者伴天連門徒妻子を召連方々ありき候由申候間、堅せんさく可仕事

右之条於相背者、急度曲事ニ可申付候、五人与を仕堅可致穿鑿者也

寛永十一年甲戌十月六日　　周防（黒印）

（宛所村々略）

この伴天連門徒および百姓牢人の取締り令も所司代板倉周防の名印で触れられながら、文言中に「五人与を

仕」という言葉が見える。この文書をもって五人組制を云々するならば、秋山氏の初見年代からさらに八年余も早くなる。しかし、江戸触に五人組という文言があり、それをそのまま京都で触れているからといって、京都で五人組の制が成立していたとはいえないであろう。

実際、板倉重宗は、京郊に対しては江戸触をそのまま触れていると考えられるのに、京都市中に対しては、同年同月同日付で条文までかなり改変して、五人組の語も削除して伴天連宗門徒取締り令を公布している。比較のために全文をかかげておこう。

覚(12)

一、伴天連宗幷ニ門徒之者、長崎ニ而依御穿鑿方々にかくれ居候由申候間、不審成者候ハ、可申来事

一、旦那寺より一札を取候儀、京都生之者ニおゐてハ定而久旦那ニて可有之候、伴天連御穿鑿之刻より俄寺を頼一札於有之ハ、可為偽事

一、伴天連寺を資《タノミ》偽罷有候間、不審成義於有之は町中としてせんさく仕可申来事

一、此十ケ年以来他国より来候者、其所へ参候刻より寺を頼候歟之穿鑿可仕候、伴天連御穿鑿之上俄寺を頼候ニおゐてハ可為偽事

一、他町より参候者、跡之町ニ在之時よりいづれの寺を資候歟之せんさく可仕候、付他国より来候者於在之は、生国ニての宗旨を能々可尋事

右之条堅可申触候、有訴人伴天連隠置者於有之は、伴天連可為同罪事

寛永十一年甲戌十月六日　周防御在判

上京町代

江戸触はそのまま同文言で京都で触れられる場合と、適宜改変・増補されたりして触れられる場合とがある。

板倉重宗は、寛永十一年（一六三四）の例では京郊農村と京都市中との扱いに異った配慮を示しながら、寛永二十年の新銭鋳造禁止令では、江戸触をそのまま京郊にも京中にも触れている。こうした取扱い上の差違が、法令の内容にもとづくものであるのか、京都側の行政判断によるものか、それとも関係者のまったく恣意的な措置であるか、今後の研究に俟たなければならないが、江戸触がそのまま伝達された場合に五人組云々の文言が見え、書き改められて京触的なものとなった場合には五人組の語が消えていることは注目してもよいと思う。

とくに、こうした行政的な問題を考察するときには、寛永十年代という時代概念を把握しておかなければならない。この時期には、江戸を中心とする関東・東日本の幕府政治に対し、京都を中心とする上方・西日本の民政は、相対的ではあるが独自な性格をもっていたのである。それは、東日本と西日本との政治的経済的また文化的な背景に照応していた。したがって、江戸触が京都で触れられることはあっても、江戸と同じ意味をもつものであったとは一概に断定できない。所司代が江戸触の「五人組云々」の文言を削除しないで京郊や京中に触れることがあっても、そのことから所司代による五人組制の採用ということの論証はできないのである。

それでは、京触のなかの五人組云々の文言からは、五人組制の成立がいえるだろうか。中田氏や秋山氏が京都における五人組制の成立の確証とした牧野佐渡守九カ条中にある五人組がそれである。板倉重宗の後任として着任した牧野佐渡守親成が明暦元年（一六五五）十一月に発した九カ条の第三条目「跡職幷親疎ニ不限遺物配分等之事」に「右其身堅固成内町之年寄幷五人組ニ相断証文に載置へし」とあり、京都で所司代が発布した重要法令に五人組の語が確実に記されているのであるから、たしかに五人組制の成立が前提となっているように考えられる。

しかし、ここで注意しなければならないのは、この五人組がはたして隣保組織である家組としての五人組であるかどうかということである。これはのちに詳述するが、牧野佐渡守九カ条中の五人組の語は、隣保組織としてではなく、町年寄の補佐役である五人組すなわち五人組役と解釈しても何ら不都合はない。五人組役が隣保組織としてのいわゆる五人組というものを前提にしなければならないものではないということも、のちに論じる。

最後に、仲村研氏の示された史料についても一言しておく。仲村氏が紹介された寛永四年（一六二七）九月十九日「板倉周防守様御触書并町中連判状」のなかの「五人ツ、」は、決して五人組のことではないし、また「五人ツ、」という表記は実験的な意味を示すものでもない。「五人ツ、」という表記は、慶長・元和期から明暦期ごろまで見え、町の代表者といった意味をもたせて為政者側が用いた。これについても後述する。

三　十人組の成立と展開

京都における十人組制の成立については、『当代記』慶長八年（一六〇三）条に、「此年、京都町人ヲ十人組ト云事アリ、依将軍仰也、洛中上下迷惑ス、十人之中一人犯悪事ハ、九人ノ者可行同罪ノ由也、是ハ京伏見其外辺土ハ、盗賊令乱行之間、為政道如此、然レドモ、福人ハ貧人ニ組事ヲ愁、財宝ヲ他所へ令運送置之、此政於洛中先代不聞之由云々」とある記事がその論拠となっている。たしかに、『当代記』は、十人組成立のいきさつと施行の情況とをよく伝えている。京都・伏見辺における治安悪化の対策として十人組結成が命じられ、一〇人中一人でも悪事を犯せば残りの九人も罰せられるたてまえであったこと、市民はこの制度にとまどい迷惑がっていたことなどが、簡潔に記されている。

『冷泉町記録』や『諏訪家文書』には、十人組結成に関する文書が収められているので、その史料をあげながら成立期の十人組についてさらに考察をすすめよう。

『冷泉町記録』に十人組の組分けを示すと考えられる慶長八年八月七日付の御奉行様宛届書がある。

後家

忠兵衛　新二郎
甚右　弥三郎
孫左衛門尉
徳右　宗三郎
左介　源四郎
弥介
孫衛門尉
弐番与
惣右　与三
ウ兵衛　十衛門尉
宗俊　次衛門尉
平左衛門尉
か、
宗悦　又衛門尉
宗務　祐徳
長次郎
浄鑑
彦右　与左衛門尉
新右　与八郎
三番与

与四衛門尉
善兵衛　十左衛門尉
道務　又左衛門尉
又衛門尉
宗栄　与左衛門尉
清介
清兵衛　又三
五郎四郎　甚七郎
九右衛門　与兵衛
以上
行事 与兵衛
同 源二郎

慶長八年八月七日

御奉行様
人々御中

この文書は抹消されており、前欠であるから、断定はできないけれども、冷泉室町東縁の十人組の組分け案ではないかと推定される。じつは、『冷泉町記録』の同所に、同年同月同日付の冷泉室町東縁の「惣町定条々」が記されている。(13) これは、ばくえき・双六・勝負之事・女房狂之事・門立之事・奉公人の宿之事・物からかひ・酔狂之事を禁じた所司代板倉伊賀守勝重の布令をうけて、惣町としてこれらの条項に背かぬことを誓うため、起請文形式によって二九名が名をつらね、行事の与兵衛・源二郎と冷泉室町東縁惣中から、了仁・浄鑑・祐徳の三名に宛てたかたちをとっている。

この起請文形式によってつらねている惣中の名前順と、さきにあげた組分け文書の名前順とは全く同一であることから、組分け文書の前欠部には「一番与」という組名と源次郎、源三郎の二人の名前があったことを推定できる。こうした各種文書に署判する順番は、軒並みに一定方向の順序であることが多いが、「惣町定条々」の署判の順番が、番組編成においてそのまま採用されていることは、十人組の番組編成が家並みであったかどうかということとかかわっており、興味深い。冷泉室町東縁の慶長八年（一六〇三）段階での署判順が家並みであったとすれば、当町においては十人組の編成にあたっては、家並みに一〇軒（一〇人）ずつ無作為に組をつくったこと、文字どおり一〇軒（一〇人）一組の原則を貫徹していることを指摘できる。

慶長八年の十人組が、一〇軒（一〇人）を原則としていたことは『当代記』からもうかがえるが、『諏訪家文書』の中立売町の請書にもそれは見える。

町中家与之事、拾軒之内壱軒悪キ者ニ宿借シ、又ハ其者いたづら仕候ハヽ、残九軒之者早々改可申出候、若外より改被出候ハヽ、残九軒も同罪ニ可被仰付候、為其家主心ヲ存候者出合、連判仕上申候、仍為後日之状如件

慶長八年九月十日　　　　　　　中立売町

御奉行様

一〇軒一組の原則が貫かれるということは、否応無く機械的な編成にならざるを得ないから、組員としての資質が同じというわけにいかない。さまざまな思想や経済状態のものが同一組を構成することになるからであろう、冷泉室町東縁では組の構成員に対する身元保証を要求し、組員相互の責任の自覚をうながしたりしたようである。

今度、(14)公儀より拾人与之儀被仰出付て、長次郎身上之儀、如何様之大事出来候とも、我等請人罷立申上は、其儀を可申明者也、又過怠銭之儀ありといふとも、与中へハかけ申ましく候、われら両人ニ相さはき可申候、仍為後日之状如件

慶長八年十二月朔日

西川 尾池町 家主 長次郎(花押)
北川 堀上町 請人 新三郎(花押)
同 多兵衛(花押)

冷泉室町東縁惣中
人々中

十人組員の身元保証の証文でありながら、宛て先が冷泉室町東縁惣中となっていることに注目したい。これは家持ちである長次郎がどの十人組に所属しようと、他町の請人二人が長次郎の保証人であることを意味したものであり、結局は特定十人組の組員としての資質よりも、冷泉室町東縁の町人である長次郎の身元の保証ということになっている。

十人組は各町内を単位として編成されたこと、そしてそれは一〇軒(一〇人)を原則とするかなり機械的な組分けであったことが知れる。すなわち、この十人組は常に単独に存立しえるものではなく、町共同体という単位のなかでのみ何らかの意味をもちえる組織であった。町共同体を離れては十人組は成立しえないものであったということは、十人組の犯人検挙、犯罪防止等の役割も、究極的には町共同体の治安維持機能を補完するものであったことを示している。十人組が、具体的にどのような役割をもっていたか、若干の例をあげてみることにしよう。

大久保石見殿(15)あつかりかね・同かりかね・何も諸道具とも、少も無御座候、并同家中衆もかりかね・あつか

りかね・諸道具共、少も無御座候、若かくし置候ハ、拾人組同一町ともニ、如何様にも御せいはい可被成候、
仍後日ため之状如件
慶長拾八年
五月五日
源兵衛（花押）
（以下二八名署判略）
御年寄中参

大久保石見守長安事件にともなう探索に対して、冷泉室町東縁が何のかかわりもないことを証した文書であるが、「若かくし置候ハ、拾人組同一町ともニ、如何様にも御せいはい可被成候」の文言から、十人組と町の組織が探索に利用されていたことがうかがえる。十人組単位の改めと町単位の改めという二重に改めをすることによって探索の徹底を期したものであろう。ただし、十人組と一町の責任は対等だったのではなく、十人組の責任は結局一町のうちに包摂される性格のものだったのではないかということが、拾人組の責任を云々しながら、それを年寄衆に宛てて誓約する形式のうちにみることができる。

同じく『冷泉町記録』のなかに、慶長二十年（一六一五）五月二十五、六日付で、大坂夏の陣後の取締りに関する冷泉町東側居住の借屋人身元保証の文書が三通収められており、その文言にも十人組云々の語がみえる。その一例を示そう。

一、今度大坂諸牢人かくし置申間敷事
一、大坂衆預り物一切無御座候事
一、料足取遣ニ付而一切えり申間敷事
右三ケ条之旨、甚右衛門殿借屋ニ仕候源次郎と申人、右之旨相背候者、両人罷出相さはき、御町中同十人組へ
一切かけ申間敷者也、仍為後日状如件

慶長廿年
五月廿六日

借主 源次郎（花押）
請人 清右衛門（花押）
請人 宗　利（花押）

冷泉町東かわ中へ まいる

これらの借屋人請書は、家持町人たちが右の三カ条についての起請文を作成したのをうけて、借屋人たちにも要求されたもののようである。右の文面からは、冷泉町に借屋人からなる十人組が結成されていたとは考えられず、「御町中同十人組へ一切かけ申間敷」の十人組は家持町人の十人組であり、借屋人は家持町人の十人組のなかに包括されていたのではないかと考えられる。

ともかく、慶長十八年（一六一三）、同二十年の冷泉町における十人組は、町中・十人組というかたちで町中に付随する用語のように、形式化して文書の上にあらわれている。十人組は制度としては存続させられているようであるが、機能的には十人組独自のものはほとんどみられず、町中のうちにそれは解消されつつあったのではないかと考えられる。

制度としては存続しているはずの十人組について、所司代板倉伊賀守勝重は慶長二十年十月七日、十人組結成の政令を発している。十人組についての新たな展開を示す布令であるので、全文をかかげてみよう。

覚(16)

一、拾人組之事、其町ニ而心を存互ニ内江茂出入在之様成者と組申、拾人ニ而も又八人五人ニ而も為以来候間、其如く可申付候事

一、町代申付候と而無理押組申儀無用之事
一、一町ニ組候事成間敷と申者在之者、家為売他町江越可申候、一町ニ壱人者かへがたく候事
一、宿切手当坐借屋と在□(之カ)処、年を越候迄何共不申候由、宿主の曲事ニ候事
一、何も触候事、町代能々此書立を以て触渡可申者也
元和元年(17)
卯十月七日　　坂(板)　伊賀

第一条では、親しき者同士、気心のわかったものと十人組を組めということと、一〇人でも八人でも五人でもよいということを指示している。親しい者たちだけで組を編成させるという方針にたてば、一〇軒（一〇人）で一組という原則は貫徹できないということであろう。第二条の町代の指示によるとはいえ無理な組編成をしてはならないということも、第一条の趣旨と対応している。これまでの上からの強引な一〇軒一組を原則とする組編成に対して、町民の自主性をくみあげるかたちでの十人組制の発足といえよう。もちろん、ある程度町民の意志を認めるとはいっても、十人組に所属しないものが町内に存在することは認めない。町内いずれかの十人組には全員が所属しなければならないというのが、第三条である。

このような十人組制の新展開は、おそらく大坂の陣後の残党狩、牢人対策というこの時期の政治的課題と無関係ではなかったであろう。町共同体とはまた異なるかたちで、よりきめ細かな探索機能を十人組に期待する為政者側の方針が、十人組制の改革となってあらわれたものとみることができる。

この十人組結成触状に対応した町側の動きを『長刀鉾町文書』から知ることができる。長刀鉾町では、元和元年（一六一五）十二月二十三日付で、町中家組の請書を作成しているが、これによると、一〇軒の組、九軒の組、八軒の組、七軒の組、五軒の組と、じつに変化に富んだ五つの家組が形成されている。請書の文言はいずれも同

じであるから、七軒の組の請書を記しておこう。

町中家組之事、七間之内一間悪敷者ニ宿ヲ借、又ハ其もの致徒候ハヽ、残六間之者早々改可申出候、若自外改被出候ハヽ、残六間之者同罪ニ可被仰付候、為其家主心ヲ存知候者出合連判仕上候、為後日之状如件

元和元年十二月廿三日

久　介
西市左衛門
虎　介
東市左衛門
七右衛門
道味後家

御奉行様

この請書の文言は、『諏訪家文書』でみた慶長八年（一六〇三）時の中立売町の請書と全く同じであり、十人組の請書雛形として奉行所から指示されたものであったようである。ともかく、この長刀鉾町の実例からもわかるように、十人組とはいっても、元和以降には組員の人数が一〇人であるか、五人であるか、その人数がまったく問題ではなくなったことが注目される。

懇意にしている者同志で組を結成させるということは、組内部の相互監視がよくゆきとどくようにも考えられるが、逆に相互にかばいあい隠し合う側面が強くなることも考えられる。また、気ごころの知れた間柄ということで、相互扶助の機能が十人組制のなかに成立してくるのではないかということも考えられる。元和以降の十人組の推移を、具体的な事例のなかで追ってみることにしよう。

元和二年（一六一六）五月十九日付で、所司代板倉勝重は、「すミや町九兵衛大坂より出候王□□の火つけの

物のやとをいたしかくしをくに付而、九兵衛ふうふ之儀者不及申、其十人組あらため不申上、よつて十人組をも御成敗被成候間、以来之ためのこらす町々江此よし申ふれへき者也」と、放火犯の宿をしたものとその十人組を処罰した旨、京中の町々へ伝えさせている。(18) ここでは、十人組が探索の役割を怠った罪を責めて処罰したこと、十人組処罰の具体例を京都市中に広く示して、十人組の責任についての自覚を促そうとしたことはわかるが、「すミや町」の責任がどうなったかは明らかでない。

つぎに、『金戒光明寺文書』『大北小路東町文書』『武内氏蔵三条町文書』等所収の元和九年（一六二三）九月二十三日付所司代板倉周防守重宗の牢人取締令にも、十人組に関する制規があるので、行政側が十人組をどのように位置づけているかをみてみよう。この法令は、本文三カ条からなっているが、第一条は牢人に宿をかしたものは闕所となること、第二条は牢人を住まわせていた町と十人組に関する過料規定、第三条は牢人発見のための密告奨励である。

第二条の文言は「牢人指置其町之者、為過料地口六拾間ニ付而銀子壱貫目可出、并拾人組者町次一倍可為過料、年寄分者町次三増倍過怠可出事」となっている。すなわち、無許可の牢人を町に居住させていた場合、それが発覚すると、町民には間口六〇間あたり銀一貫目、十人組はその二倍、町年寄は三倍の罰金を課せられるというのである。ここには、いわゆる連帯責任というものが過料というかたちで明瞭に示されているが、その額に相違はあれ、当該十人組だけが処罰されるのではなく、町および町の代表者も責任を問われるものであったことがわかる。ということは、さまざまな治安・行政的な指令は奉行所から十人組へ直接達せられるのではなく、町年寄を通じて、十人組および各町民へと伝えられるしくみとなっていたことを示していよう。

それでは、町側は十人組というものを町の機構のなかで、どのように位置づけていたのであろうか。仲村研氏が紹介された『下本能寺前町文書』の町規則のなかに、元和六年（一六二〇）時での十人組に関する条文がある。(19)

まず第四条に「自然町人申事候て目安上度候者、十人組町中共ニ談合可有候、若おんミつにて被上候者、十人組をはつし可申事」とあり、奉行所等への目安の提出にあたっては、事前にかならず、十人組および町中との話し合いを義務づけている。第七条には「家やしきをしち物にて、銀子借用有度候者、老・十人組談合被申候てかり可被申候事」とあって、家屋敷を抵当とする借銀の場合、町の長老と十人組への談合が必要であることが規定されている。そして、最後にあらためて、「右之旨法度を被背候者、於当座十人組をはつし可申候、仍為後日堅連判之状如件」と奥書でも、規則違犯者の十人組からの除外を明記している。

十人組からの除外が、一時的なものである場合と永久追放の場合とでは、大きな相違がある。永久に町内の十人組に加入させないという場合、それは元和元年（一六一五）十月令の「町ニ組候事成間敷と申者在之者、家為売他町江越可申候」の文言によって、町共同体からの追放を意味することがわかる。ただし、「於当座十人組をはつし可申候」という場合のような一時的な十人組からの除外の場合、除外されたものがどのような不利益をこうむることになるのかは定かでない。下本能寺前町の場合十人組を除かれた者は、目安を上げたり、家屋敷を抵当とする借銀をすることができないとも読めるが、これは文章の単なる一解釈にすぎない。

寛永期の十人組関係史料としては、中田薫氏の紹介された寛永六年（一六二九）の余部村十人組の定、秋山國三氏が紹介された寛永十年の板倉周防の七カ条・五カ条法令の請取書などが知られているが、ほかに『足袋屋町文書』『清和院町文書』『諏訪家文書』『大原上野町文書』などにも十人組に関する記載がある。

寛永八年閏十月十日付の「本能寺内詮立坊」から足袋屋町惣中に宛てられた足袋屋町住人伝左衛門の寺請状には、キリシタンでないことを保証して「拾人組御町中へも御なん懸申間敷候」という文言をそえている。[20]この文言はすでに各種身元請書において一般的形式的に添えられる文言だったらしく、家の買請身元証文、借屋証文などにも、「御町中組中へも御難かけ申間敷」云々というかたちでとり入れられている。

寛永十六年（一六三九）の『清和院町文書』の「定法度之事」の家売買に関する条文のなかには、「家売申人又ハ買申仁成とも、其拾人与の内へ前廉案内被申、合点候て売買可被申候、并其与同心不参候て町之内何れ之組ニても組主御存候ハヽ、買可被申事」という規則がある。家屋敷の売買にあたっては、まず十人組のなかで相談してみることとされているが、家売買に十人組が関与するという町規則は、中立売町でもみられる。明暦二年（一六五六）以前と考えられるこの中立売町「定」では「当町家之売買事、家御買以前ニ十人組衆へつけ届候て、十人組御寄合候て御同心之上、一町会所へ寄合被成、惣町御合点無之候ハヽ、御かわせ有間敷事、万事之談合評儀多分ニ可有御付候事」と、家屋敷売買はまず十人組のなかで談合し、そのうえで会所にもちより惣評議によって決定することとされている。[21]

家屋敷の売買は、町の構成員の交替にかかわる重大なできごとであったから、町共同体の承認が必要とされたが、清和院町や中立売町ではさらに町民の惣評議に先だち十人組での吟味を要請したのであろう。また中立売町では借屋人についても、「借屋請人之事、両人宛吟味之上ニて慥成者可在御取候、判形ハ十人組、行事、家主より見せニ可被遣事、請人無事ニ居候事ハ、毎月家主より改メ可申事」の規定があり、借屋請状の作成にも十人組が関与していた。[22]

中立売町の場合、「糸商、呉服之外一切家職被成間敷」という繊維関係専門の同業者町であり、[23]かつまた中立売通の小川から室町にまでいたる大きな町であったことも、町内小単位として十人組の役割が重視された要因であったかもしれない。

『大原上野町文書』に見える十人組関係史料は、寛永二十年（一六四三）の十人組結成請書と貞享元年（一六八四）の十人組組中定書である。これは洛北大原郷上野村の文書であり、寛永二十年の十人組結成請書には、「くミ頭源左衛門」を含め五名が名をつらねている。[24]京郊農村における十人組については、さらに事例を集めてみなければならない段階にあるが、五名の組でありながら十人組と称しているところは注目される。

寛永年間以降では、法令などの支配者側の文書から十人組の語がほとんどみられなくなり、京中の町々ではなお十人組を称することもあるが、『足袋屋町文書』『中之町文書』などによると、「十人組」からしだいに単なる「組中」という表記の変化がみられる。

四　五人ツヽ・五人の判——町役としての五人組——

享保八年（一七二三）十月、京都町奉行は京都市中の町役人の任期と定員に関する左の法令を発した。[25]

覚

一、三年可相勤候　　年寄
　　壱町ニ壱人
一、二年可相勤候　　五人組
　　壱町ニ三人
右之通年月を限り向後可相勤候事
但無拠義ニ而可持越候ハヽ、其趣奉行所に相伺候事
　卯十月

ここにいう五人組とは、隣保組織としての五軒からなる五人組ではなく、町年寄を補佐する町役としての五人組ということであり、町役名である。この京都町奉行の布告をうけて、早速町の規則を改正した蛸薬師町の町定に五人組に関する説明があるので引用してみよう。[26]

一、五人組之事

此組者古来より四、五人も定置、此座上より年寄役相勤候筈ニ致候得共、此度之御条目之通相改三人ニ定メ候也、尤二年宛相勤被申候約束也、乍然相応之人無之候時者、重而又相頼申筈也、此役之内ハ夜番之者江門之たてあきの刻限念入申付候事、且又町火消之指図之肝煎を被致候定也

享保八年（一七二三）以前、蛸薬師町では五人組とよばれる町年寄の補佐役が四～五名おり、五人組のなかの座上の者から年寄役に就任するきまりであったという。蛸薬師町では同じく享保八年以前には町年寄が二名いて、小事は町年寄と五人組の合議によって執行し、大事は町中が会所に集まって相談したという(27)。

京都では、享保八年の法令以前にすでに年寄補佐役を五人組と称することが一般化しており、京都町奉行の法令はそうした既成の呼称を再確認し、公認したものであるといえる。それでは、なぜ京都では年寄補佐役を五人組とよぶのであろうか、またいつごろから町役としての五人組が登場するのであろうか。このことに関しては、寺尾宏二氏が「京都の五人組について」（『経済史研究』二十一―二）という論文のなかで分析を試みられ、また秋山國三氏も『公同沿革史』のなかで考証されている。

寺尾氏は、町役としての五人組は、もともと五人組頭の意味であり、各町の平均戸数三十余戸のうち、町政に参加できる家持町人数をおよそ三分の一と推定し、十余戸の家持町人が結成する五人組数は二～三組であるから、その家持町人の五人組頭が年寄を補佐する二～三名の町役として五人組とよばれたのであるという説を提示された。秋山氏は、『京都旧記録』所収の明暦二年（一六五六）二月の法令によって、五人組役設置問題に言及された(28)。

一、今度年寄役壱町ニ壱人ツヽ、相定可置候。五人組役其町人数次第ニ二人ニ而も三人ニ而も組役ニ相定可置。尤年寄組役ハ、町ニ而も歴々家老より中老以上之者出生身上商売筋宜者ニ為相勤可申事、右年寄組役相極メ候ハヽ、御役所江早速訴可出候

右之趣、町々不洩様可相触もの也

明暦二年丙申二月

秋山氏は、この五人組役が享保八年（一七二三）十月令の五人組であることを推定され、「享保の規定に拠って明暦の五人組役なるものを推定するならば、五人組役たることは間接であれ、年寄と同様に資格の上に於て種々なる制限を受け、単に家持であるといふことのみでは、その資格を充たし得たとはいひ得ない。即ち家持として隣保団体たる五人組の組頭たり得ても、直ちに五人組役にはなり得ない訳である。云ひ換へれば五人組頭即ち五人組役と考へることは困難であって、寧ろ五人組役は組合たる五人組に拘泥せず、将来年寄たらむ人物に予め年寄の職務を見習はせ、又年寄を補佐する町役の一として設置されたものの如く考へられる」(29)と、新見解を提示された。そして、五人組役という名称が五人組に変化したことについては、隣保団体である五人組が社会の安定とともに治安警察か互助救済の面での機能・使命を失っていくなかで、「かくして五人組はその実体を失って呼称のみが残存し、而も年寄の補佐役としての町役の一職名に転化した(30)」ものであると立論された。

しかし、年寄補佐役としての五人組が、隣保組織である五人組と何らかの関係をもつものであるかは、さらに厳密な検討が必要であろう。五人組を町年寄の補佐役であり、町の代表者として理解すると、町の代表者としての五人の者、五人の衆といった考え方が早くからあったことを史料のうえで確認することができる。

京都では、実力のある者が上洛してくると、京都市民が出迎える風習がある。歓迎の意を示すことによって新来の権力者が京都を庇護するであろうことを期待しての行動であろうが、『言継卿記』永禄十三年（一五七〇）二月三十日条によると、織田信長を出迎えるために、上下京から一町に五人ずつが代表として吉田まで迎えに出かけたという。

饅頭屋町では、関ケ原合戦後の慶長五年（一六〇〇）九月二十七日付で、反徳川方荷物金銀等預り吟味についての町民起請文を作成しているが、この起請文は五人の町の宿老宛となっている(31)。おそらく、この起請文をもとにして五人の宿老たちは、反徳川方の荷物等預り者が饅頭屋町にはいないことを請書というかたちで奉行所に届け出たことであろう。五人という人数の設定が、町側の都合すなわち町共同体の構造によるものか、支配者側の要請によるものかは未詳であるが、元和以降では支配者側の要請・指導として、町の代表者五人という考え方が明らかとなってくるようである。

覚(32)

一、町中方々江盗人入由申候間、夜番堅申付九ツ時より木戸くぐり共ニ打候て、人の出入仕間敷候、自然公儀於御用之儀者木戸を明、町送ニ伊賀守番所江送届可申事

一、日暮候て男女共に辻立門立仕候者、其町之者同夜番可為曲事候、御法度之事候間急度可申付候、若違乱申者出(於カ)在之者、其町中寄合此方江召つれ可被参事

一、公儀御用人足役之儀、地子出し候町者三ケ一役ニ可仕事

右之旨不残相触堅一札仕可申者也

元和元年
卯十一月十四日　　伊賀

右条々町中かたく相ふれ申候、若御書付之おもて相そむき候由一町曲事ニ可被仰付候、仍為後日状如件

元和元年
十一月十四日　　五人ツヽ判

御奉行様

木戸門・夜番に関する布告であるが、「右条々町中かたく」以下は、請書の雛形である。初期民政においては、このように触本文につづけて請書雛形を付すことが一般的な触の形式だったのではないかと思う。すくなくとも、重要な布告には請書をもって町側は応じなければならなかったと考えられる。そして、これらの請書作成にあた

って、支配者の側では町の代表者五人ずつの署判をもとめた。それは、町の代表者を五人とする京都市中の慣行を前提としてはいるものの、実際には町共同体の不均質性に対応して、請書の署判者がわずかに一名あるいは二名という町もあるという実状が考慮されたものであろう。(33) すなわち、統一的な民政を行なうために、町々の均質化を五人の代表者というかたちで要請したと考えられる。

この請書の実例を示すと、元和二年(一六一六)五月十一日付で板倉勝重が発した撰銭令に対して、六月朔日付で作成された「御奉行様」宛の冷泉町請書がある。これは「若御法度を相そむき申候者於有之ハ、其者之儀ハ不及申十人組共ニ曲事ニ被仰付候、仍為後日状如件(34)」という文言で結ばれ、浄鑑、宗俊、正通、久悦、善右衛門という五名が名を連ねている。

仲村研氏が五人組の実験的な実施例とされた『下本能寺前町文書』の寛永四年(一六二七)九月「京町中可触渡覚」の「五人ツ、判」も、隣保組織としての五人組と解してはならず、町の代表者五人ずつという奉行所側の要請と読むべきである。ちなみに請書雛形部分のみを左に掲出してみる。

右御書付之通、町中借屋迄不残相改申候へ共、当町中ニ一切無御座候、若かくしをき訴人罷出候ハヽ、町中曲事ニ可被仰付候、為其年寄行事判形仕指上申候、仍後日之状如件

卯九月十九日

年寄

行事

五人ツ、判

御奉行様

ところで、これまで「五人ツ、」という場合、町の代表者五人と単純に解釈してきたが、右の史料では年寄と行事を含めて五人であるか、それとも年寄と行事を除外してほかに五人であるかは判然としない。しかし、請書

末尾の「為其年寄行事判形仕指上候」の文言からすれば、年寄・行事等あわせて五人と解釈したほうがよいのではないかと考えられる。実際この時代の京中町々では、年寄や行事も複数である場合が多い。この時期には各町々の組織もまだ整備されておらず、年寄をおかず行事だけの町、年寄も行事も設けている町、老衆が町政に深く関与している町など多様であり、町の代表責任者が明確でない場合も少なくなかったと考えられる。

「五人ツヽ」という表記が「五人之判」となっている例が慶安二年(一六四九)三月二日付の大野主馬探索触状の請書雛形[35]や、明暦元年(一六五五)十一月の牧野佐渡守九カ条の請書雛形に見える。牧野佐渡守九カ条の請書雛形の場合を『大北小路東町文書』によって示しておこう。

一、今度従佐渡守様被為仰付候九ヶ条之御触状、町中借屋まて不残拝見仕写置奉得真意候、為後日如件

明暦元年乙未十一月廿八日

年寄

行事

五人之判

御奉行様

「五人之判」も「五人ツヽ」と同様、年寄や行事など町の責任代表者五人の判と解すべきであるが、請書雛形の表記法では、年寄・行事以外に五人の署判が必要と解釈することもできる。この解釈については、当時の人々も混乱したのではないかと思われるところがある。また「五人ツヽ」「五人之判」の「五人」を五人組と書きかえている例もある。問題は五人組というのが、年寄や行事を含めて勘定するけれども、年寄や行事以外の町の代表者の呼称として定着しつつあったことを合わせて、さらに混迷を加えたと考えられる。

まず、「五人之判」のところが「五人組」となっている例は、年号月日不明ながら、内容から寛文三年(一六六三)十一月の町触請書雛形と考えられるものがある。[36]

今度被為仰出候従国々出申候諸商買物、町人請切座之様ニ仕義御法度と被為仰出候義承届、町中寄合吟味仕申候、左様之者御座候共勿論一切為致申間敷候、只今迄当町ニ左様之者無御座候、若隠置候ハヽ、町中曲事ニ可被仰付候、仍而為後日如件

年号月日

町之名 年寄

行事

五人組

この雛形の文面と全く同じ請書写が『西方寺町文書』にはあり、寛文三年(一六六三)十一月二十五日付で年寄二名、行事一名、五人組三名の合計六名の名前が記されている。西方寺町では、五人組とは年寄・行事を含めた町の代表者五人という基本的な理解のうえで、年寄・行事を除いた代表者三名の職名としているようである。一方、寛文十三年の忠庵町の事例では、五人組を職名としながらも五人組は五人という理解に立っているようである。(37)

柳馬場通松原下ル忠庵町七右衛門家ニ罷有候丁子屋庄兵衛、長崎江商ニ罷下候ニ付、町中吟味仕書付指上

一、累年罷下来候事

一、身躰六拾貫目程之者ニ而御座候事

一、年卅八ニ罷成候事

右之通相違無御座候、以上

寛文十三年
丑二月廿日

忠庵町年寄 善兵衛 (印)

五人与 吉兵衛 (印)

同　三右ヱ門（印）
同　喜兵衛　（印）
同　庄兵衛　（印）
同　利兵衛　（印）

御奉行様

五人組を文字どおり五人と解釈した例も少なくない。しかし、町役としての五人組の人数が三人であるか四人であるか五人であるかは、解釈の相違があるにせよ大きな問題ではない。むしろ、この町役としての五人組と隣保組織としての五人組との混同の方が重大であろう。『清和院町文書』によると、当町では寛文十一年（一六七一）時で七組の隣保組織としての五人組を確認できるが、そうした五人組を結成している町においては、町役としての五人組との混同も起りやすかったに相違ない。

一、(38)御公儀様より何事ニよらす年寄五人組判形仕指上候らへと被為仰出候時者、町中五人組之内壱人ツヽ、判形仕指上可申候、寛文十三年火事之時御公儀様より御借シ米之時書付指上申候、判形町中寄会ニ相極り申候、後ため覚ニ極者也、以上

寛文十三年
丑七月二日

年寄　太兵衛
五人組之内　孫右衛門
同　源右衛門
同　庄大夫
同　源　春

同　長兵衛後家
同　七右衛門

奉行所からの年寄・五人組の署判要請に対して、清和院町では町内の家の組合である各五人組から一人ずつが交替で署判する申し合わせをしたわけである。それは、奉行所側が要請する責任ある町の代表者という指示に反した、きわめて無責任な代表選出方式であるといわなければならない。それが、反権力的な意識から出た清和院町の対応であったか、それとも、隣保組織と町役との同名からくるところの単なる混乱であったかは定かでない。しかし、この一事をとっても、奉行所側の要請する均質的な町組織の創出、責任ある町役人体制の確立が容易ではなかったことを示しており、行政単位としての町共同体の整備は、享保の改革までまたなければならなかったといえよう。

五　家の組――十人組遺制としての――

一般的には五人組という語が、隣保組織としての五軒前後で構成される家の組合であるということは周知のことである。しかし、江戸時代中期の京都においては、同じ五人組という語が、町年寄を補佐する町役をさすものであり、いわゆる五人組は家の組とよばれることが多かったということも、寺尾宏二氏や秋山國三氏の研究で明らかにされてきた。

京都で、隣保組織は家の組とよばれることが多かったが、また五人組とよばれることもあったことは、前節でとりあげた清和院町の例でもあきらかである。五人組という語が、町役をさす場合と隣保組織をさす場合とがあったわけであり、このことが京都における五人組研究史に混乱を生じさせただけでもなく、当時の人々にも混同を生じさせたと考えられる。

それでは、隣保組織としての十人組がいつごろから五人組または家の組とよばれるようになったのであろうか。この点を若干の具体例をあげながら考察してみよう。

元和元年（一六一五）十月の板倉勝重による十人組再置令によって、十人組制は変質し一〇人一組の原則を廃した。この結果五人の組や七人の組も出現したので、十人組の「十人」という数字に大きな意味はなくなった。それでも、元和年中には法令のなかにもまだ十人組の語が見えるし、寛永年中には町方文書のなかに十人組の規定などを認めることができる。

十人組の語は寛永期を過渡期として、京都市中の町方文書からもしだいに姿を消すが、隣保組織としての家の組合がまったく消滅してしまったのかといえばそうではなく、単に「組」または「組中」という用法で町方文書のなかに数多く見え、その存在を確認できる。前に掲出したように『足袋屋町文書』では、寛永八年（一六三一）の宗旨改の寺請状には「拾人組御町中へも御なん懸申間敷候」という文言が入っているが、寛永十二年以降の寺請状、家屋敷買請状、身元請状などの証文では「十人組」という語は消え、「御町組中」「組中御町中」という文言にかわっている。また『中之町文書』の慶安元年（一六四八）八月二十二日付の数十通にのぼる借屋請状では、すべて文言が統一されて「御町組中家主へも少も御難かけ申間敷候」となっている。

中立売町では明暦二年（一六五六）三月二日付で町の規則を改正しているが、この町規につづけて町の組分けの記載があり、「以上拾軒壱組」が五組、「以上拾壱軒壱組」が一組、「以上拾弐軒壱組」が一組となっており、中立売町には家の組が七組あったことがわかる。[39] このような記載をみると十人組という解釈もできるが、各組の記載を注意してみると、同一人物が複数の家屋敷をもっている場合は複数のままの家数として計算している。そして、その同一人物の家屋敷が隣接している時は同一組に、離れている時は他の組に組み入れている。したがって、一〇軒一組とされている五つの組について町人数を数えてみると、五、五、八、七、五となり、一一軒一組ともいえない。

の町人数は九、一二軒一組の町人数は七となっている。町人数でみてみると、十人組というよび方がふさわしい

『町頭南町文書』の明暦二年二月三日付の触の請状「組中判形」でも町内家組の状況がわかるが、これには「右ハ八人之組」が二組、「右ハ五人之組」が二組記されている。町頭南町については、元禄九年（一六九六）の年紀のある「町儀定覚帳」があり、これにも「組之覚」が記されている。ここでは「合六人組」が五組となっているが、「同人」記載が三組について一回ずつあり、「町会所」も書きあげられているので、町人数で組割を勘定しなおすと、六人の組が二組、五人の組が二組、四人の組が一組ということになる。

いずれも、これらの町々に家の組が残存していることはわかるが、これを十人組とよぶべきか五人組とよぶべきかは示されていない。家組を「町五人組之覚」とか「五人組之次第」というかたちで、明瞭に五人組とよんでいる例は、清和院町においてみられる。『清和院町文書』の「御公儀并町儀定帳」には、寛文年中と推定される「町五人組之覚」が留められており、五、五、五、四、四、五、四の町人数からなる七組が見える。また同書には寛文十一年（一六七一）七月二日付の「五人組之次第」も記されており、その組人数は六、五、五、四、三、五、五となっている。

清和院町の寛永十六年（一六三九）霜月十一日付の町規則には、「家売申人又ハ買申仁成とも、其拾人与之内へ前廉案内被申、合点候て売買可被申候」(40)という条文があることから、寛永年中には十人組があったことはあきらかである。寛永年中から寛文年中の間に、十人組から五人組へと家の組の呼称を改めたことになるが、それがいつのことであったか、どのような理由によったかは不明である。ただ、想像をたくましくすれば、明暦以降為政者側が町役として五人組の語を用いるようになっていることと、何らかの関連があるのではないかと考えられる。しかし、清和院町のように、五人組という語を町役としての意味と、家の組としての意味の両方に混用して

いる例は稀であろう。
家の組については、『蛸薬師町文書』の享保八年（一七二三）十月の町規則に、次のような説明がある。

一、家之組之事

古来より町内其居宅之近所之家五、六軒と組合有之事ニ候、此組中ハ常々念比ニ申合、他国江罷越候節ハ、留守中互ニ相頼置候事、其組之内家売れ候時ハ、年より組之内江知セ候事、且又組之内ニ借屋有之候ハヽ、常々心をつけ悪事有之候ハヽ、打寄相談之上ニ而年寄方へも可知ス事

隣保組織である家の組は、すでに享保期においては、京都行政のうえで何らかの役割を期待されていたのではなく、町内の互助組織として活用される範囲内において残存していたようである。おそらく家の組は寛永期以降、しだいに行政的な意味が失なわれていくのに照応して、治安・検察的機能の廃棄とともに解体するか、性格を互助的機関に転換して残存したと考えられる。

六　整理と展望

慶長八年（一六〇三）に京都市中で実施された十人組の制度は、各町を単位に町内で一〇人一組を原則とする隣保組織を結成させることによって、治安の確保・維持をはかろうとするものであった。それは、民間の社会秩序は民間の力を活用して保持しようとする江戸幕府の民治方針に沿ったもので、具体的には比隣検察・相互監視の徹底による連帯責任制を権力を背景として民衆におしつけたものであった。

一〇人で一組とする原則の貫徹は、人数のうえからは規格化された同規模組織として把握しやすいが、強制的に結成された十人組の内部には、組織成員としての共通性も連帯的要素も存在しない。単に連帯責任という外的強制が組の結束要因となっているにすぎない。

このため、京都所司代は大坂夏の陣後の社会情勢を考慮して、元和元年(一六一五)十月に新たな十人組の結成を令した。この十人組再置令では、無理な組結成をさけて、気の合ったもの同士で組をつくること、このため一〇人という組構成員の人数には制限を設けないこと、ただし、町内のいずれかの組には所属しなければならないことが布告された。これによって、十人組は、名目は十人組であっても、人数のうえからは統一性はなくなり、町内における家の組合であるという意味のみをもつようになった。親戚や親しいものによって結成された十人組は、比隣検察・相互監視といった機能よりは、相互扶助と団結による無犯罪組織の育成の方向か、あるいは犯罪の隠滅、犯罪者の庇護といった志向性をもつようになったと思われる。

ともかく、元和元年(一六一五)令によって十人組は大きく変質し、町内における家の組として、町の運営を補助する役割をになったりするようになる一方、治安・警察的な機能の面では独自性をもちえず、しだいに行政的な位置づけを失なっていった。京都市中の町々では、制度としての意味はなくなったのちも、家の組として相互扶助機能をもたされて、組織としては残存している例が多い。この十人組遺制の家の組を民間で五人組とよぶことはきわめて稀であり、京都では五人組の語は、町年寄を補佐する町役の意味において用いられる。

制度としての十人組が、初期幕政においてなぜ必要であったか、また十人組とは何かという本格的な問いかけには、十人組の制度的な研究だけでは答えられないのではないだろうか。すなわち、江戸幕府が十人組制を実施した背景には、近世的都市行政の単位としての町共同体の質が深くかかわっているように考えられるのである。

近世権力は、都市内部に錯綜していた中世的な領主権をことごとく排除して、一元的な都市の統一支配を実現した。しかし、この一元的な都市支配の単位となるべき町共同体は、近世初頭には行政的単位としてその機構や自治の度合の面でかなり不均質であったことが想像される。近世的な行政単位としては、町共同体群はいまだ未成熟だったのではないだろうか。

この町共同体の未成熟さを補完するために、共同体のなかに均等な十人組という組織を設けることによって初期幕政の貫徹すなわち一元的な都市支配を推進しようとしたのではないだろうか。しかし、十人組のなかには共同体的要素はなく、したがって自治的資質も求めようがない。近世権力による一元的な都市支配においては、町共同体の成長すなわち行政的単位としてのその均質性の育成が必須であった。

京都所司代が、十人組制を施行しながら、同時にあらゆる機会を利用して、各町共同体に対して五人ずつの代表者を明らかにすることを要請しつづけたのは、代表者選出を通じて町共同体の統一的な組織づくりをねらったからではないだろうか。京都における五人組の語は、元来町年寄や行事を含めた五人の町の代表者・責任者という意味だったと考えられるが、各町共同体の最高責任者を年寄とよぶことが定着するにつれ、人数としては年寄を含めた観念でありながら年寄以外の町役をとくに五人組の称でよぶようになったようである。

隣保組織である十人組の成立と展開、また町役としての五人組の形成についても、近世的な町共同体の成立過程と深くかかわっていることを指摘して、この稿を終わりたい。

注

（1）『当代記』慶長八年条、『冷泉町記録』などが根本史料である。本稿一五六頁参照。

（2）中田薫『法制史論集』第三巻上（岩波書店、一九七一）所収。

（3）明暦元年十一月二十六日付の京都所司代牧野佐渡守親成の「条々」すなわち九カ条のなかの第三条は左のとおりである。

一、跡職幷親疎に不限遺物配分等之事

右其身堅固成内、町之年寄幷五人組ニ相断証文に載置へし、但其子不儀族於在之ハ、重而可申断也、及末期道理に背たる遺言相立間敷者也、兼又後家たる者之家財遺跡之事、諸親類有之といへとも其者に不譲与、剰師檀と号する出家私に申合、祠堂に入契約仕置事、且ハ人倫之法例に非す、且経教之道理に背けり、自今以

後為後家之者、堅固成中に一門幷町儀以下相定置へし、不然ハ縦雖有寄進之証文、許容すへからす（以上聚楽教育会所蔵文書）

（4）中田薫『法制史論集』第三巻上（前掲注2）所収。

（5）昭和十三年八月刊の『経済史研究』第二十巻第二号に寺尾宏二氏の「京都の五人組について」と題する論文があるが、十人組制から五人組制への転換についてはほとんど考察されていない。江戸期の五人組関係史料については秋山氏から提供された旨の注記があり、中田氏の問題設定を継承したのは秋山氏であるといえよう。なお、寺尾氏の論文は維新以後の五人組制度を詳述している。

（6）この「組中」は十人組とは無関係で、京都上下京の町組の細分化された組町をさしている。

（7）『公同沿革史』上巻（元京都市公同組合聯合会、一九四四）二〇七～二一〇頁。なお、同書は補訂されて『近世京都町組発達史』（法政大学出版局、一九八〇）と改題された。

（8）この論文は秋山國三・仲村研『京都「町」の研究』（法政大学出版局、一九七五）第七章第一節に「近世初頭の町法度」と改題されて収載されている。

（9）同右三一五～三一六頁。

（10）拙稿「京都および近郊における五人組の成立について」上・下（京都市史編さん通信一九七・一九八所収）。

（11）『荻野家文書』この触は、雑色荻野家の持場である京都東北の村々に宛てられた三通が残されている。

（12）『上下京町々古書明細記』（『日本都市生活史料集成　一』三都篇Ⅰ、学習研究社、一九七七、一三六頁）。

（13）『冷泉町記録』（『日本都市生活史料集成　一』三都篇Ⅰ、同右、二一〇～二二〇頁）による。なお同記録は京都冷泉町文書研究会編『京都冷泉町文書』第一巻（思文閣出版、一九九一）に所収され完全復刻されているが、本稿では『冷泉町記録』に依拠したままとした。

冷泉室町東縁

今度板倉伊賀守殿被仰出候付而惣町として条々

一、はくえき・双六・諸勝負之事

一、女房狂之事

一、門立之事付誰人雖為意悪事於有之ハ聞付次第ニ互不包可申顕候事
一、奉公人の宿之事
一、物からかひ酔狂之事
右之旨於相背輩ハ、忝も日本国中大小神祇惣而天照大神宮八幡大菩薩春日大明神北野大明神別而氏神祇園稲荷愛宕山白山権現其外宗之本尊、各御罰可被蒙者也、仍後日之状起請文如件

源次郎
源三郎　（花押）
後家
新二郎　（花押）
弥三郎
孫左衛門（花押）
宗三郎　（花押）
源四郎　（花押）
弥介
孫衛門
与三　（花押）
十衛門
次衛門
平左衛門（略押）
又衛門　（花押）

祐徳　（花押）
長次郎
浄鑑　（花押）
与左衛門
与八郎
与四衛門（花押）
十左衛門（花押）
又さ衛門
又衛門
与左衛門（花押）
清介
又蔵　（花押）
甚七郎
与兵衛

以上

慶長八年八月七日

行事
与兵衛

同 源二郎

冷泉室町東縁

惣中

了仁

浄鑑

祐徳

参人々御中

(14)『冷泉町記録』。

(15)同右。

(16)京都市歴史資料館収集史料『武内氏蔵三条町文書』「大坂陣御触書写」。

(17)『武内氏蔵三条町文書』は、三条町に住む武内孫右衛門(近江屋)が町内文書を書写したもので、「大坂陣御触書写」の法令には元和改元以前のものでも元和元年と年紀を付している。この法令にも、元来は「元和元年」は付されていなかったかもしれない。

(18)『武内氏蔵三条町文書』「大坂陣御触書写」。

(19)『京都「町」の研究』(前掲注8)三〇六~三〇七頁。

(20)京都市歴史資料館収集史料『足袋屋町文書』。

(21)『諏訪家文書』(京都市編『史料 京都の歴史』第七巻、平凡社、一九八五、二二八頁参照)。

(22)同右(京都市編『史料 京都の歴史』第七巻、同右、二二九頁参照)。

(23)同右。

(24)拙稿「京都および近郊における五人組の成立について(上)」(京都市史編さん通信一九七号所収)。

(25)秋山國三『公同沿革史』上巻(前掲注7)一五〇~一五四頁参照。

(26)『蛸薬師町文書』「町之法式」(『公同沿革史』上巻、前掲注7、三五九~三六六頁参照)。

(27)『蛸薬師町文書』「町之法式」に、

一、年寄之事

此役者古来より当町ハ両人ニ而相勤来候へ共、此度御改之御条目之通壺人ニ相定候也、此役義勤候人者町内ニ而家久敷人品能き人江頼申事ニ候、役儀勤之内諸事相談之義、軽キ事ハ年寄五人組相談之上ニ而、此様成事如此存候と廻状を町中江相廻し承合埒明可申候、重キ事ハ町中会所江集り可有相談事也（後略）

とある。

（28）『京都旧記録』所収のこの明暦二年二月の町年寄および五人組役に関する法令は、その他各種の触留帳、諸記録を翻いてみても記録されていない。町年寄を一名、五人組を二、三名とするこの法令は、町役を五名と指定してきた旧来の方針とも異なり、また明暦前後の各町の町役員数ともかなりの懸隔があるようで、やや疑念が残る史料といわざるを得ない。検討の余地がある。

（29）『公同沿革史』上巻（前掲注7）二一八頁。

（30）同右二二〇頁。

（31）京都市歴史資料館収集史料『饅頭屋町文書』「徳川家康ノ政令対町中ノ起請文」とのちに題された起請文で、宛名の五名は、次助殿、浄務老、宗堅老、宗味、宗順の五名で「判形五人御宿老殿まいる」の奥書がある。

（32）『武内氏蔵三条町文書』「大坂陣御触書写」。

（33）適切な例ではないが、『上下京町々古書明細記』に収められている天正十九年・二十年の各町々の家数・地口間数の書上げなど種々の届書の署判者は二名から四名までさまざまである。また『公同沿革史』上巻（前掲注7）一五〇頁で、秋山國三氏は「慶長五年十二月の上艮太郎助組の家数調に年寄の連署があるが、それによると、二十一ケ町の内年寄一名の町七ケ町、二名の町十四ケ町となっており、同八年七月の同組の同様の調べには三十ケ町の内一名の町は五ケ町、二名は十ケ町、三名及び四名は各一ケ町、五名は十三ケ町となっている」とのべている。

（34）『冷泉町記録』。

（35）京都市歴史資料館収集史料『中之町文書』。

（36）京都市歴史資料館収集史料『北観音山町文書』「京都所司代牧野親成触書集成」。

（37）京都市歴史資料館収集史料『西村家文書』。

（38）京都市歴史資料館収集史料『清和院町文書』。

（39）京都市歴史資料館収集史料『諏訪家文書』。

(40) 京都市歴史資料館収集史料『清和院町文書』。

第三章　都市借屋人問題の歴史的展開

はじめに

近世都市を構成する基礎単位は、町共同体であるといってよい。そして、個別の町共同体の基本的な構成員は家屋敷を所持する家持町人であるということも、広く認知されている。しかし、家持町人だけで町共同体が形成されているのではなく、実態としての町は多くの借屋層を含んで成り立っているし、近世都市を語るにも借屋人問題を抜きにはできないというのは周知のことである。それは家持町人の存立要件として労働力の確保や家屋敷の維持・活用の面などから、借屋層の存在を必要条件としていること。都市としての機能の面からも借屋層の技術力・労働力・消費力等々の不可欠性が推測されることからうなづけよう。

もちろん、都市住民としては、家持町人・借屋人のほか、間借人・下宿人・部屋住みなどの奉公人、下男下女、厄介者、そして浮浪者なども存在しよう。しかも、借屋層以下の都市民がさまざまな都市文化の形成、都市生活の展開のなかで、きわめて重要な役割を果たしてきたことも事実である。

ここでは、とくに借屋人に限って、彼らが為政者や家持町人の側からどのように位置づけられ、どのような扱いをうけてきたのかを追ってみることとする。仮説的には、近世都市の不可欠な構成員として、家持層を補完して町づくりや都市秩序の維持に大きくかかわっており、江戸時代前半期には政治的観点から強い規制をうけるが、後半期には都市運営の中心となり、近世都市の都市化度の進展を示す指標になりうるものと考えている。借屋層の歴史的役割については、その生業や都市生活の実態の究明、とくに実証的な個別事例の究明のつみ重ねが必要と考える。本稿は、そうした生き生きとした借屋人の具体的活動の前提となる都市における借屋観の変遷を追うのが課題である。

一　天正・文禄期の借屋規定

近世統一権力の登場によって、近世都市の形成が進捗する天正・文禄・慶長・元和・寛永期には、借屋層の所在が都市民側・権力側の双方から明瞭に意識されたかたちで文書・記録に登場してくる。町共同体の町規則成文法のもっとも早い例のひとつである『京都冷泉町文書』(1)所収の、天正十六年(一五八八)の規則にその一条が見える。これは「家うりかい定之事」という家屋敷の売買に関する町規則に付されたもので、「一、かり家之物あるにおいて者、御しゆく老衆へ案内申、御かてんニおいて者、二百文の御樽出申へき事」(2)という文章表現となっている。『京都冷泉町文書』には、天正期のさまざまな町内記録が収められているので、これらを丁寧に分析すれば、町内における借屋状況の一端を解明することができるであろうが、前掲の町規則は、そうした冷泉町内の借屋層の存在を前提としたものであろう。文禄年中の借屋の実例については、次の史料(3)をかかげておく。

若佐殿借屋ニ居被申候孫六郎と申人、如何様之大事出来申候共、我等一人請人ニ罷立候上者、何時成共まかりいて、其紛を可申明者也、仍如件

文禄四年十二月廿一日　新丁へんさいてん丁　孫右衛門尉（花押）

れいせいむろ町東かわ
惣中様
参

平左衛門尉殿借屋ニ居被申候市右衛門尉与申人、いかやうの大事出来申候共、我等請人ニ罷立候上者、何時なり共罷出、其明可者也、仍如件

文禄四
十二月廿二日　　自休（花押）
連泉壹《(ママ)(ママ)》町東かわ
惣中まいる

この二通の借屋請状は、冷泉町東側に借屋人孫六郎・平右衛門の居住を示しており、これが借屋契約時のものか、何らかの上からの取締りまたは町内取決めによって提出されたものかは判然としないものの、借屋人の居住に保証人の存在が必要となったことを示している。また二通を比較してみると、文言にほんのわずかの違いはあるものの、書式や文体がほとんど同一であることから、すでに家請状がかなり一般化し定式化しつつあることをうかがわせる。

特定の政治的意図によって、家持町人はもとより借屋層にいたるまで政令・法令の遵守を誓約させられる例は少くない。たとえば、慶長末年の大坂夏の陣に伴う「町中起請文」の作成と「借屋衆請文」の取集めがそれである。冷泉町東側でも、大坂諸牢人をかくまわないこと、大坂方の預り物を所持していないこと、料足のとりやりに撰銭をしないことの三カ条について、家持衆二八人が連署した起請文を作成した。(4) これに合わせるように、借屋人たちについては、三カ条に違犯しない旨の請状が、身元保証人連名で町中宛提出が命じられたようである。

一、今度大坂諸牢人かくし置申間敷事(5)

一、大坂衆預り物一切無御座候事
一、料足取やりニ付而、一切ゑり申間敷事
右三カ条之旨、かのとのに借屋仕候藤三郎と申人、右之旨相背候者、両人之請人として罷出相さはき、御町中同十八人与へ一切かけ申間敷者也、仍為後日状如件

慶長廿年
五月廿五日

主 藤三郎（花押）
請 佐太郎（花押）
同 新蔵（花押）

冷泉町東かわ中へ
まいる

これは、三カ条についての借屋人の請状三通を収めている『京都冷泉町文書』のうちの一通を例示したものであるが、冷泉町東側町中としては、これらの借屋人請状を集めたうえで、家持衆の起請文をふまえて、町中の代表者が連署した触請状を奉行宛に提出したのであろう。(6)

ともかく、特定の御触をうけて借屋人から法令遵守の請状をとることは、冷泉町東側だけの特例ではなく、京都市中ではこの時期行政的な慣行でもあったのかもしれない。しかも借屋人の請状は、身元請人の連署を必要としたことにも注目しておきたい。

天正十六年（一五八八）三月の冷泉町の規則では、家主と借屋人の当事者による借屋契約のほか、冷泉町宿老衆に報告して同意を得ることを規定しているが、(7)請人については言及されていない。ところが、前述のように文禄四年（一五九五）には一人ずつではあるが身元請人による実例が見えている。そして、慶長二十年（一六一五）には借屋人の保証人が二人ずつに増加しているのである。これらは冷泉町の事例であるが、他の町の事例も追っ

てみよう。

下本能寺前町の文禄三年の町内「定」[8]には借屋に関する規定が四カ条見られる。その中のひとつに、

一、借屋之事、家主有なからかし被申ニ付而者、不及是非候。家主他所ニ於有之は、かりての善悪ヲ被相極、家主於同心ハ町中へ披露可被申事。其時各罷出両請自町堅相立可置事。

という条文がある。これは下本能寺町内に居住する家持町人が家主となって借屋契約が結ばれる場合は「不及是非」とあるから、家主の判断が重んじられる。しかし、他町在住の家持町人が下本能寺町内の所持屋敷を借屋とする場合は、家主は借屋人の「善悪ヲ被相極」て人物を選んだうえで、下本能寺町中へ披露し了承を得なければならないとしたものである。家主としての借屋人への監督・監視のあり方に、自町の家持と他町居住の家持の差違を認めた規定であろう。なお、条文最後の「両請」「自町」とは下本能寺町内より二人の借屋請人が必要との規定であり、自町居住家主・他町居住家主を問わないと読むべきであろう。それは、同年同月同日付の「定条々之事」で、「一、借屋之事、慥成請人無之は不可借事」[9]という一条があることから確認される。

下本能寺町では、文禄三年時点で、二人の身元たしかな保証人をたてることが借屋認可の条件とされている。さきの冷泉町の文禄四年の場合の借屋請人は他町居住の一人の請人が署名しているだけであるので、下本能寺町の方がきびしいように見える。

鶏鉾町の文禄五年以降の「定法度」[10]をみてみると、さらにきびしい条件である。その条文は「一、町人に家借候共、御町ぇ案内申、慥成請人相立、其上にて借可申事。同町中ニ請人可被立事」となっている。鶏鉾町では、同じ町内の住人に家を貸す場合でも、家主と借屋人の契約締結だけではなく、鶏鉾町中に対して「案内」すなわち披露し、借屋請人も鶏鉾町中の人を必要としている。鶏鉾町では、下本能寺前町で他町居住の家主の場合に町中への披露・承認が必要としたのに対し、同じ町内居住者同士の借屋契約でも、披露・承認を義務づけているわ

けである。

いずれにしても、天正・文禄期の京都市中では、町規のなかに借屋に関する規定をもつ町が出現しはじめている。その規定によれば、町によって若干の差違はあるものの、家主と借屋人の当事者の契約だけでなく、町中へ披露して了承を得ることは必要不可欠であったようである。また、借屋契約において身元のたしかな借屋保証人をたてることも、しだいに明確化される方向をたどっている。これは借屋人の側の事情で何らかの問題が発生した場合、保証人すなわち借屋請人が責任をもって解決にあたること、町に対しては一切の迷惑をかけないことをたてまえとしている。

このように町規則のなかに借屋に関する規定が見えはじめるのに対して、行政の側から借屋について言及した法令や示達は、この天正・文禄期にはほとんど見えない。これは、借屋人数の多寡の問題ではなく、借屋人の存在が社会問題または政治問題にまではなっていなかったと見るべきであろう。

二　幕初のゆるやかな借屋統制

慶長と年号が改元されても、町人や借屋に対する統制は、天正・文禄期から大きな変更もなく、町自治の形成につれて町共同体と借屋との関係がしだいに整理されていきつつあったと考えられるが、このことを裏づける史料は見えていない。

慶長五年(一六〇〇)の関ケ原合戦を経、同八年の江戸幕府の成立という政治状況のなかでも、都市民対策としては、十人組の結成が命じられたことが特筆されるところで、借屋人問題はほとんどあらわれていない。十人組の施行は、『当代記』の伝えるところによれば、「京伏見其外辺土ハ、盗賊令乱行之間、為政道如此」(11)という京都近辺の治安の悪化に対応した地域限定的な施策であった。治安の悪化の内実も、盗賊横行というもので、反幕府勢力の暗躍というようには解されていない。十人組の制は、組中から犯罪者および悪事に加担する者を出さないように相互監視させることを目的としたものであり、本来は町を単位として課せられるべきことなのであろう。しかし、町内毎に一〇軒を一組とする十人組を結成させて目的を達成させようとしたことから、京中の町々が行政単位としてはいまだ未熟・不均質であって、そのために特定の目的を貫徹する単純な組織として十人組の制を設けたものと推測される。(12) 十人組は、原則として家持町人を対象としたものであるが、犯罪者を町内から出さないという相互監視の趣旨からして、町内に居住する借屋人たちも、何らかのかたちで十人組制のなかに組みこまれたことは当然であったろう。しかし、十人組結成時の借屋人関係史料も未見である。

江戸幕府成立後も、しばらくは借屋人に対する規制がゆるやかであったことは、所司代板倉勝重の布令から明らかである。板倉勝重は、慶長八年極月二十二日付で「毎月可触掟之事」と題する五カ条の法令を「上京年寄」宛に発している。そのなかの第三条に次の条文がある。

一、洛中洛外ニ借屋之事、商人諸職人百性共ニ、請人次第届借可申候、但、奉公人ハ伊賀守切手次第ニ可借候付、家中之者可為同前事(13)

この条の本文は、一般都市民の借屋に関する規定で、商人・諸職人・百姓等の場合はたしかな請人をたてることと、「届」を必要とするとしている。「届」は奉行所への届出とは考えられないので、各々の町中への届出・披露をさすものと考えたい。さすれば、これまで京都市中で借屋慣行とされ、一部の町々で町規則に成文化されてきた事項を、行政的なルールとして再確認し、公告したものと評することができる。

一方、但書以下は武士身分に対する借屋原則の公示で、これはかなり厳しい規定である。「奉公人」とは、主君に仕えて奉公をしている武士のことで、こうした武士の京都市中および近郊への居住は、所司代板倉勝重の許可書すなわち切手がなければ認められないというものである。また、付の板倉勝重の家中侍の居住も、同じように勝重の切手がなければ借屋をさせてはならないとしている。

武士の京都居住については、一般庶民の借屋とは区別して、厳しく制限されている。家屋敷の買得であるか借屋であるかを問わず、免許状のない武士の京都居住を認めていないとみるべきであろう。所司代板倉伊賀守勝重の武士京都居住許可状の事例はいくつかある。

『上下京町々古書明細記』(14)には上柳原町と福長町の二例が収められている。

当町小納言家川勝信濃殿当座借屋之儀、依理不苦候、以上

(慶長十二年)
未九月廿二日　伊賀御在判

上柳原町
年寄
同町代

当町宗佐ノ所ニ水野内記殿煩為養生ノ当座借屋、炉庵聟之由二村因幡方依理ニ不苦也

慶長十九年
寅七月九日　板伊賀御在判

福長町
年寄

上柳原町と福長町の事例では「当座借屋」とあり、届出をうけて板倉勝重がその事由を認めて許可したと明示されている。この二例からみると、それなりの訳があり、身元のたしかな武士であっても「当座借屋」であるから京都居住が許されるというように解釈できるから、本格的に家屋敷を買得して一般の町人居住地内に武士が居住権を得ることはなかったのではないだろうか。いいかえるなら、借屋という形態でのみ、一般町人地での武士

の居住は許可されることがあるということになろう。

武士への家屋敷の売却については、すでに天正・文禄期から町規則のなかに成文化して禁止している町もある。天正十六年（一五八八）三月吉日付の冷泉町規則では、「一、家うりかい御奉公人ミちの物ゑうり申候ハヽ、卅貫文過銭たるへき事、たゝしすいけう人ゑ相かゝるへき事」[15]という一条をかかげている。文禄五年（一五九六）七月以降とされる鶏鉾町の町規則にも、「一、武士に売家申間敷事」[16]の一条がある。成文化された町規則にこのことを明示していない町や町規則を成文化していない町でも、武士への家屋敷売買は、ほとんど認められてはいないことであろう。武士に家屋敷を買得させることは、町の構成員として武士を迎え入れるということであり、町の運営上の支障が想定されるからである。

武士の借屋居住については、慶長二十年（一六一五）の大坂の陣を契機として強化され、その取締りは元和年間に入ると一層きびしくなる。これは大坂牢人の吟味・取締りというかたちで進行し、借屋一般への規制拡大となっている。

三　牢人問題と借屋統制

大坂の陣は、徳川氏がはじめて全国の諸大名に軍役令を発して豊臣氏を滅亡させた合戦で、この合戦の準備から戦後処理を通じて、江戸幕府は諸大名から民衆にいたるまでの統治を、一挙に前進させたといえる。とくに、西日本支配の拠点であり、大坂対策の江戸幕府前線基地でもあった京都では、都市政策・都市民対策の面で、幕府的秩序の形成が急速に進んだといえる。都市民対策のひとつは、町共同体（町内会）や借屋に関する統制の強化となってあらわれた。

覚[17]

一、今度御陣中京都夜番之儀、一町之内より家主十人つゝ罷出、両方之門ニ火ヲたき、宵之六つ過候ハヽ、くゝりをさし、一切人の出入在間敷候。公儀御用之使をハ、いつれの所江成共落付申所江、其町より先々へ送届申事

一、火事以下出来候者、其町曲事ニ可被仰付との一札指上可申事

一、銭遣事、只今如御法度取やり可仕事

右之者、念を入能々町中へ相ふれ、一町並借屋共ニ致連判指上申候、以上

慶長廿年五月　日

これは冷泉町の記録に書き留められた御触であるが、『三条町武内家文書』(18)によって補えば、発信者は板倉伊賀守勝重で黒印が捺せられており、文末の「致連判指上申候」は「致連判指上可申候」と、触請書の提出を命じたものであったようである。

この法令は、大坂夏の陣に際してとはいえ、各町の両門口における町人自身による夜番を命じて、夜間通行を禁止する措置をとりながら、「公儀御用」の者だけは目的地までの送届をもとめている点で、とくに注目したい。「公儀御用」すなわち徳川方の使者のみの優先通行を、夜間外出禁止令状況のなかで実現させようということは、京都全体を徳川体制化におくということである。しかも、それを幕府自身の軍事力においてではなく、京都の都市民の力によって実現しようとしている。そのために「一町並借屋共ニ致連判指上可申」と、家持町人はもとより借屋人にいたるまで連判請書の提出を要求するにいたった。

所司代板倉勝重のこうした都市民対策のなかで、借屋人に対する取締りは厳しさを加えていく。さきに紹介した『京都冷泉町文書』所収の慶長二十年（一六一五）五月二十五日付の「かのとのに借屋仕候藤三郎」はじめ、「与四右衛門殿ニ借屋仕候仁兵衛」や、「甚右衛門殿借屋ニ仕候源次郎」ら、冷泉町借屋人に関する身元保証人に

よる請書が冷泉町東かわ中宛に提出されたということの背景には、行政の側が借屋人統制に乗り出してきたという事情があったわけである。

大坂の陣後の大坂牢人対策、反幕府勢力の取締りの観点から、慶長八年から施行されてきた十人組制も、その機能の徹底をねらって、改変されたのではないかと考えられる。

一、十人組事、其町ニ而心を存、家の内へも互ニ出入有之様成者と組申、十人有も八人五人ニ而も、以来のためニ候間、如其可申付事
一、町代申付候とて、無理ニ押組候儀ハ無用之事
一、一町組候事成間敷与申者有之ハ、家を為売、他丁へ越可申候、壱人ハ一町ニハ難替候事
一、宿切手ニ当座借屋と有之処、年を越候迄何共不申ハ、宿主曲事之事
一、何も触候事、町代能々此書を以、触渡可申也

（元和元年）卯十月七日　　伊賀　在判

上京町代(19)

これが十人組制の制度変更を伝える所司代の令達である。これまでの十人組は町内を単位に、軒並みに家持町人一〇人を基本として一組を結成させるものであったと考えられるが、町内において気心の知れたもの同士で十人組を結成しなおすこと、したがって一〇人を基本とせず、八人の組でも五人の組でもよいとしている。しかし、十人組に所属しない者を一人でも町内に居住させてはならないということも付言している。

この法令では家持町人についてしか言及していないが、おそらく町内の借屋人たちについても家持町人に準じた十人組制が施行されたものと考えられる。なぜなら、家持町人でさえ十人組に所属しないものは一人も町内に置いてはならないとしているのであるから、借屋層が放置され規制を受けないということは考えられない。

なお、先の法令の第四条目の「宿切手ニ当座借屋と有之処」の条文は、武士の借屋人でいったん借屋の許可状を受けたものでも、「当座」とは年内くらいの期間だという判断を示して、再度の借屋許可を申請させるか、借屋契約を終了させるかしなければ、宿主の罪になるとする。これも、大坂陣後の治安状況を勘案して、借屋統制の一層の強化を示すものであろう。

このののち、元和年間以降、行政の側から発せられる法令およびその請書雛型のなかに、一町、町中という表記と並記するかたちで借屋の文字が、しばしば登場するようになる。

元和二年（一六一六）二月五日付の請書雛型を示しておこう。

被仰出候御法度之事[20]

一、銭之取やり、此以前如被仰付候、六文之外ゑり申間敷候、若御法度を相背ゑり申候ハヽ、其身之事者不及申、一町借夜（ママ）共ニ御成敗可被成候、並方々之あき人銭ゑり申候ハヽ、其町より召つれ可罷出候、若見かくし置申候ハヽ、当町中之者共籠者可被仰付候、為其町中不残借夜共連判指上申候、仍為後日之状、如件

元和弐年
二月五日　　一町連判
　　　　　　借夜

ここでは撰銭令を守らなければ、一町および借屋とも成敗されること、銭を撰る商人を見逃がさないことが町人・借屋人の町中の義務であることを申し渡し、借屋人を含む町内全員の連判請書を奉行宛に提出させている。この時期の法令請書雛型には、こうした町中惣連判で宛名を御奉行様とするもののほか、各町の代表者五人ずつが署名して御奉行様宛に提出するものの二種類がある。惣連判の方が重き法令なのかという考えもあるが、五人ずつの代表者署名の場合でも、各町内では家持・借屋全員の連判請書をいったん町の宿老に宛てて作成させ[21]、そのうえで五人の代表者による請書を作成したと考えられるので、借屋を含む町内取締りという意味では大きな違

いはなかったのではないだろうか。

元和年間においては、武士の牢人取締りという政治課題を通じて、幕府による町人と借屋に対する統制が強化されていったことが、特徴的なことであった。少し長文になるが、元和五年七月と八月の牢人取締法令を取りあげてみよう。

覚(22)

一、京中武士之奉公人、町人ニ成候共、又奉公望ニ而引籠居候共、町々を改、十ケ年以来只今迄居住之分、懇ニ書わけ指上可申候、若壱人成共かくし置、訴人於在之候ハヽ、其町之年寄不及申、一町共ニ可為曲事

但、ふれおとし候ハヽ、其所之町代司為同罪者也

未(元和五年)七月廿七日　　伊賀御在判

一、右書付之通、町中同借屋共ニ壱間つゝ不残堅相改候得共、十ケ年以来之武士之奉公人町人ニ成引籠候(ママ)居候仁、又者奉公望ニ而被致居住候衆、壱人も当町中ニ無御座候、若かくし置、以来訴人罷出候者、此連判之者共御せいはひ可被成候、仍後日ため状、如件

未七月　　一町連判

御奉行様

被仰出候御法度之事(23)

一、此以前より度々被仰付候御奉行様之無御手形ニ、武士奉公人衆同牢人ニ、一夜之宿をも借申間敷候、今度牢人御改書物指上申候、以後御法度相背キ、無御手形ニ一夜成共宿を借し申候て、悪事出来候歟、又訴人罷出候ハヽ、此一札以如何様ニも御せんさく被成、宿主之儀者不及申ニ、此判形者共可被成御成

敗候、為後日、町中寄合借屋共ニ不残相改、連判仕指上申候所、如件

元和五年

八月廿八日　　　　　　　　　　　　　　　　　　　一町連判

御奉行様

この二つの史料の関連を正確に把握できる情報はもたないが、武士の市中居住に関する取締令で、前者はこれまでの状況調査、後者は今後の継続的な相互検察という点に重きがあることはわかる。とくに七月の法令は、町人として居住しているが、かつては武士であった者と、いまだ仕官の望をもちながら町内に引き籠って暮らしている者と、それぞれについて十年前にさかのぼって調査し書きあげることを指令していて、所司代板倉伊賀守勝重の側でも、これらのもと武士・現牢人の動向を充分に把握しきれていないことを示しており、注目される。元和年間の京都における牢人問題については、林屋辰三郎氏が「牢人の思想と行動」(24)において指摘されているが、仕官への望や反幕的感情をいだく武士が京中に充満し、放火事件などがしばしば生起している。元和年間には、二代将軍秀忠の娘和子の後水尾天皇への入内問題もあり、またキリシタン問題も発生しはじめており、政治状況はさらに微妙であったといえる。

ともかく、さきの二つの法令請書の文面に、武士の京都居住に関して、借屋まで徹底して探索させようとする幕府側の方針を確認することはできる。これは借屋という居住形態が、牢人などの隠家として利用されやすいとの認識を、支配の側がもっていたということでもあろう。

武士の市中居住また投宿が、これほどに厳しく取締られる政治状況を反映して、都市民の側でも自主的に武士の町内居住を忌避する動きが強められてくる。天正十六年（一五八八）の冷泉町の町規則に、「御奉公人」や「ミちの物」へ家を売ってはならないとあることは、すでに指摘しておいた。鶏鉾町の文禄五年（一五九六）の「定法度」にも、「一、武士に家売申間敷事」の一条がある。さらに衣棚町でも慶長十年（一六〇五）の「法度」

で「一、武士、けんきように家をうる事、一切停止すへき事」[25]が定められている。

これらの武士への家屋敷売買禁止の自主的規制は、家屋敷買得者が町の正規の構成員となることから、武士身分の者を町の構成員としては受け入れたくないという意志表示だと考えられる。武士の居住は、町の運営にあたって、発言権や居住様式の相違などの面において、難しい問題をもたらすとの認識があって、事前に武士の町構成員化を忌避しようとしたものであろう。

こうした町の運営という自治活動に支障をもたらすであろう武士居住問題の認知に加えて、関ケ原合戦後や大坂の陣後の牢人対策の上からの居住規制は、町規則にもあらたなる規制強化となってあらわれている。下本能寺前町は、元和六年（一六二〇）九月五日付で、新しく町規則の条々を追加している。その「定町中之法度」の第一条に、「一、武士之十年より内之引込候《（ママ）》家之売買仕ましき事」[26]をかかげている。これは、明らかに法令の規制をそのままに町規則にとりこむという動きであり、下本能寺前町ではその迅速さをみせているのである。これは、武士身分の者で、武士を捨てて町人となった者や、再仕官の望をもちながらも当面は町民同様の暮らしぶりの者であっても、いまだ十年未満のものには、家屋敷を売らないという規定で、元和五年七月の牢人取調べ令の趣旨を直接に汲んだものである。法令に違反して町中が罰せられるという事態を回避しようとしたものといえよう。

四　触書のなかの借屋

元和年間に入ると、町中および借屋に至るまでといった表現で、触書のなかに借屋の文言が登場するようになることは、すでにのべた。借屋のことは家主である家持に任かせ、家持町人を通じて支配させるという慶長年中までの方針に、かなりの変化があったことを示している。借屋問題が家主の責任にとどまらず、町中の責任として認識されていることになろう。それは、治安・行政の上において町中の役割が一層重視されるようになったことを示すものでもある。

京都所司代が板倉勝重から、その子重宗に交替したころから、市民生活に関する規制・統制が厳しくなる。借屋についても、漠然とした責任を問うというこれまでの触書文面から、さらに一歩踏みこんで、借屋のすべきこと、借屋に関する規制が、かなり具体的に統一的なかたちで明示される。元和八年（一六二二）八月、同年十一月、寛永六年（一六二九）十月のいわゆる板倉重宗二十一カ条には、それがうかがえる。

元和八年八月二十日の「京都町中可令触知条々」九カ条のうちの四条目からみよう。

一　諸証文判形之事[27]

右諸証文及対決、或印判、或自判持出といへとも、他人慥批判を見しらす、尤非無不審難立証拠、自今以後京都居住之町人不及云、借屋之者たりといふとも、町中たかひに判形可見知置候事

これは、さまざまな取引における「印判」「自判」が、町民認知のものでなければならないことを宣し、町人はもとより借屋衆についても相互に印判や書判の事前認知をしておくことを令したものである。家持町人と同じように借屋のものも印鑑登録を町内単位で行っておくことが、都市生活の保障のひとつだということである。おそらく、京都の町々で時折残存する町毎の印鑑帳のはじまりは、この法令によるのかもしれない。

同じ九カ条中の七条目には「一　武士之牢人不可隠置事」、八条目には「一　はてれん門徒停止之事」が規定されている。[28]両条の文面に借屋の文字は見えないが、ともに取締りを放置した場合「町中」が罪に問われるとあるので、牢人とばてれんの町内居住についての厳重な取調べは、家持・借屋の差別なく行なえということである。

元和八年霜月十三日付の「京都可相触条々」七カ条の中には、「借屋」「宿かし」「宿主」の文言が三カ条にわたって見えている。

（第二条目）

一、火事之時、火本へ刀脇差をさし参事、如此以前御法度候間、宿主より借屋之ものに、無失念可申聞事(29)

これは、同年八月二十日付の九カ条中の六条目で「火事出来之事」として令されたものの再触でもあり、元和年間における牢人問題との関連をうかがわせる放火事件の多発という京都市中の状況を反映したものであろう。当然のことながら、家持町人の側からそれぞれの借屋人に対して、刀脇差を帯したまま火元へ集まってはならないということを、よく申し聞かせよと、改めて命じているところに、借屋支配の基本を確認していると読むべきである。

（第四条目）

一、一夜之宿たりと云共よく吟味仕かすへし、並借屋かし候共一ケ月切ニ可借、月半に俄に宿をかへ申におゐてハ、此方へ可申来、きわめの一ケ月過、自然他町へ宿力へ候ハヽ、最前之宿よりさき〳〵の町へ理り可申置事(30)

これは、借屋契約についての奉行所側の判断と措置法をまとめて示した法令である。借屋契約は月単位とすることとの判断は、数日単位の借屋契約を排除したものと考えられる。一般借屋を不審者が次から次へと住みかえていくことに対する取締りの意図が見える。契約満了後の宿替えに際して、宿主間で連絡を取り合うことという規定も、不審者対策につながるのであろう。

こうした借屋契約が当時の借屋慣行をどれほど反映したものか、またどの程度の実効性をもったかも判然としない。ただ、下本能寺前町の明暦年間ごろ制定と思われる町規則に、「一、借屋かしかりハ、其月之廿五日より来五日迄之内ニかしかり可仕事(31)」という条項があることは、何らかのつながりを思わせるものである。

（五条目）

一、しよくをも不仕、町所をも不存、不審成もの寄合出入仕家於在之ハ、町中として可致穿鑿、油断仕盗人に

宿かし候を、他所より申出るにおゐてハ、後日たりと云とも、宿主之義者不及申、其町中曲事ニ可申付事[32]

これはまさに不審者の取締りの責任を各町に課した法令である。町が責任を負わされるのは、借屋や旅籠などが不審者の宿になりやすい、またそうした事例やそのような社会状況が存在するということなのであろう。

元和九年九月二十三日には、同日付で二つの牢人取締りに関する法令が板倉重宗によって出されているが、そのうちの一つは牢人追放令とよぶにふさわしい内容である。それは、払うべき牢人の種別を明示しており、牢人問題として借屋統制が進んできた経緯があるので、全文をかかげておく。ただし、この法令は、妙心寺や金戒光明寺などの記録に留められて知られているが、文面・内容から京中への周知がかなり厳しく要請されたものであることは相違ない。

覚[33]

一、重而奉公可仕と存牢人、可払事

一、出家同前ニ罷成、寺ニ居住仕、出家之不致学問牢人、可払事

一、従主人合力を取、京都ニ居住之牢人、可払事

一、京都を被出候諸牢人、家屋敷俄売候儀成かたきもの在之者、其家町ニ預り置、何時成共可為売事

一、公儀御存之牢人、無異儀可指置、但其牢人向後奉公仕間敷候旨、並余之牢人拘置間敷之由、諸親類知音拾人組より、堅一札其町へ可取置事

一、年久商いたし、妻子を持、在付候牢人、其侭可指置、但右同前ニ一札可取置事

一、公儀御存之牢人、並年久商仕牢人にても、此方より切手可出間、弥致穿鑿可申上事

元和九年九月廿三日　周防（黒印）

牢人の京都居住について、かなり明確な判断を示しており、注目すべき法令である。大坂城の落城から九年を

経過し、なお牢人による戦乱への期待がなくなったわけではないが、牢人たちが京都を退散したり、町人生活へ同化しようとしたりする時期にあたり、所司代による牢人対策の総まとめ的な法令としての意味が強い。牢人取締りがなお重大な政治課題であったことは、同日付のもう一つの板倉周防守黒印状の「覚」に明らかである。

覚[34]

一、諸牢人みたりに宿かし候ハヽ、其家主共に可為闕所、其上或者公儀背御法度、或者人を殺し、対主人不儀働仕牢人抱置候ハヽ、当人之儀者不及云、家主共以可為成敗事

一、牢人を指置、其町之者為過料、地口六十間ニ付而、銀子壱貫目可出、並十人与者町並一倍可為過料、年寄分者町なミ三増倍過怠可出事

一、牢人就隠置訴人在之者、其宿かりの罪科軽重によつて、褒美可遣事

右未霜月朔日を切て京中可相触、若此日限相違候ハヽ、如御法度可申付者也

元和九年九月廿三日　　周防（黒印）

この「覚」では、許可を得ていない牢人を居住させた場合、家主は闕所また成敗されることを第一条で宣している。第二条では、町全体の責任としてのきわめて重い罰金、ことに同じ十人組員は二倍、年寄分の者は三倍という罰金刑をうけなければならないとのべている。

元和九年九月二十三日付の二つの法令は、牢人問題がなお将来的にも継続することを示しながら、罰金刑の導入や一部町人化牢人の居住認可の提示など、牢人問題の収束への指針も示しているといえよう。寛永年間以降になると、継続する牢人対策とキリシタン対策が並行するかたちとなり、さらに時事的問題や、日常の治安警察的な観点から、家持層・借屋層への法的規制が一般化する。そうした若干の例をあげておく。

京町中可触度覚[35]

一、はてれん門徒、先年より御法度之旨ニ候、自然町中ニ於在之ハ、可申上候、ほうびを被遣、若隠置、他所より於申出ハ、宿主之儀ハ不及申、両隣之者可為同罪事

一、牢人京都居住之儀、最前就御法度、町より指出を以、町人ニ罷成候牢人之外、宿を指置ニ付而ハ、可為曲事、若訴人於在之ハ、ほうひ可遣、惣別慥ニ請人無之ものニ宿を於借置ハ、如御法度可申付事

一、京中する〳〵の町、何れの所にても、鉄炮をはなつ事、堅令停止畢、自然盗賊入候共、不可放鉄炮事

寛永四卯年九月十九日　周防守御在判

右御書付之通、町中借屋迄不残相改申候へ共、当町中ニ一切無御座候、若かくしをき、訴人罷出候ハヽ、町中曲事ニ可被仰付候、為其、年寄行事判形仕指上申候、仍後日之状、如件

卯九月十九日　年寄

行事

五人ツヽ

判

御奉行様

第一条がキリシタン、第二条が牢人についてで、両条ともにほぼ同じ文言から構成されている。キリシタンとしての居住は認められないから、第一条に請人云々の語がないのは当然であるが、扱いとしては両条同じである。「右御書付之通」以下は、この触状に付された請書の雛型文で、そのなかに「町中借屋迄不残相改申候へ共」とあるのを注目しておきたい。これは、当然「町中借屋迄」取り調べよという奉行所側の意図を明示している訳であるが、町の側にしてみれば、触請状の雛型の文言として、「町中借屋迄不残」と書くこと、書かなければならない書式として理解される。こうして法令本文のなかに、また触請状の文言のなかに、「町中借屋迄」とか「家

持借屋共に」のような記載が一般化する。

　時事的な法令のなかで借屋が登場するのは、その内容による。たとえば、寛永十一年（一六三四）三代将軍徳川家光の上洛にともなう宿割に関係して、同年四月二十二日に板倉周防守の黒印による「覚」が出されている。これは将軍上洛に供奉する人々の京内京外の宿割は、宿割御奉行衆の決定どおりとすることを令したものであるが、「宿割御奉行衆家御渡し被申候外、其家主として、たとひ御供之衆たりと云ふ共、宿かし申におゐてハ、其家闕所可仕候間、急度可申度者也」(36)と、私的な借屋の禁止を付言している。おそらく膨大な供奉人数の上洛で、宿所の確保は深刻な問題であったのであろうが、こうした臨時的な出来事の場合でさえ、私的な宿・借屋の提供を禁じ、違犯者は闕所に処すとしている。

　また、寛永十九年の大飢饉による影響は京都市中にもおよんでいたようで、寛永二十年二月に餓死者等に対する取調べ令の触請書が記されている。

今度被仰出候条々、忝奉存候、当町家持借屋不残申聞□吟味仕候共、餓死及申、乞食ニ出申者、今日まで無
御座候、重而出来候ハヽ、可申上候(37)

寛永弐拾年
二月二日
年寄 喜多(カ)
同 九左衛門
同 三右衛門
行事 佐右衛門

御奉行様

これは『西村彦兵衛家文書』であるから、中之町の事例と考えられる。餓死するほど、また乞食に出るほどの窮乏人ということになれば、都市下層民の借屋人などを主たる対象とした調査であったことであろう。したがっ

て「家持借屋不残」とするのは当然ということになるが、こうした触請書の場合、借屋人をまったく抱えていない町であったとしても、雛型文どおり、「家持借屋不残」などと書くものであったことも考えられる。

こうしたことのほか、火事、火の元用心など、家持・借屋の区別なく、都市民として心がけるべき事項などの通達では、町中並びに借屋、家持借屋のこらすというかたちで、借屋までの触の徹底と、触の遵守を誓う請書にも借屋衆の署判が要請されることは、いうまでもない。

京都市中の支配が所司代から新設の京都町奉行へ替わって以降も、基本的な借屋統制の方向はかわることはなかった。しかし、寛文年間や享保年間に、京都町奉行による町自治への介入が強化された時代には、借屋の問題にも町政指導というかたちをとりながら、具体的なかたちで、介入をおこなっている。

寛文十年（一六七〇）、京都町奉行雨宮対馬守正種・宮崎若狭守重成の両名は、連名による町政改革を命じる「覚」と「追加」の二つの触を発した。四月二日付の「覚」(38)は、家屋敷の買得者が町へ出す一〇分の一銀を以後は二〇分の一へ下げること、その他の町振舞および町振舞代銀・礼銀も減額または廃止することなどを指示している。その理由は「彼是町中へ出銀多、諸人令難儀族有之由」というもので、倹約の趣旨から町政の改善を指導するというかたちをとったものであった。この一連の施策のひとつに、借屋に関する次の一条もあった。

一、借屋仕候輩、棚かり越候時、其町中振舞之儀又者宿酒と名つけ酒をもり候由、是又向後可為無用事(39)

もちろん、こうした規制は、事前に町自治の有様を具体的に調査して、京都市中全域における町政慣行を把握したうえでのことである。借屋人が町入りする時は、家屋敷の買得者が町入りするのに準じて、簡略ではあるが、町民としての披露や挨拶・謝礼がなされるのが通例であった。奉行所の判断では、そうした借屋契約に伴う出費のうち、町中振舞と宿酒を廃止せよとしている。町中振舞の内容には町毎に相違するところもあり、具体的に何と何を廃止するのかは明示されていないが、全体に過度なふるまいごとを廃止して、出費をおさえさせようということであろう。庶民が難儀することであるからという建て前をとった措置であるが、町自治における町政経費の出銀規制は、町自治への干渉であることはいうまでもない。

享保改革がほぼ始まろうとする享保七年（一七二二）、京都町奉行所は借屋賃に関する「口触」を二回出している。

口触(40)

近比町々借屋賃上ケ候由相聞江候間、借屋賃上ケ候儀無用可仕候、此旨洛中洛外へ可相触知者也

寅二月九日

口触(41)

町々借屋之儀、先達而相触候得共、今以引下ケさるよし相聞候、前々之通り之宿賃ニ而借可申候、以来不用者於有之者、遂吟味可申付候

右之段、洛中洛外へ可相触者也

寅三月十二日

二つの法令とも口触というきわめて簡略な形式をとっており、内容もただ家賃の値上げを禁止するというだけである。なぜ借屋賃の一斉値上げのような状況になったのか、どれほどの値上りだというのかも未詳である。いわゆる物価抑制策といった意味であるなら、なぜ借屋賃のみが単独に触られなければならないかが理解しがたい。三月十二日付のものによると、二月の値上げ禁止令は効果がなかったということであるのに、三月令でも現行借屋賃維持を要請しているにすぎない。再令するだけでもかなりの効果があるものなのかどうかわからないが、奉行所の方が借屋賃に関心をもっており、借屋値段に干渉してきたことは注目しておくべきであろう。家主対借屋

人の当事者間で定められてきた借屋賃が、それぞれの家主や借屋人の個別的事情ではなく、世間一般に値上りするという新しい状況が発生してきたらしいこと、当事者や町共同体などの個別事情を超えて、奉行所の側が借屋賃問題をとりあげていることは、借屋人問題の新しい展開を予見させる。

五　借屋の手続と負担

奉行所の側からは、借屋衆に対し、家持家主による監督と町を単位とする支配を原則としながら、しだいに都市借屋層としての認識をすすめていく傾向がみえる。しかし、町の側ではそれぞれの町の個性によって、借屋の受入れに、かなりの規制を加えていることが多く、奉行所からの町触などが、町々によって、かならずしも均質な意味をもちえたのではないことは、いうまでもない。町々では、どのような借屋手続を決定していたのか、借屋人の負担や義務はどうなっていたのか、個別町の事例を見ていきたいが、その前に借屋受入れに関する規制から、考察しておく。

武士の牢人やキリシタンの拒否は、支配の側での強い政治的規制があり、町規則のなかに銘記した町が多いことも、すでに述べた。しかし、こうした政治的な規制以外に、借屋人の職業規制をしている町も少なくない。この職業規制は、借屋人対象というよりは、本来家屋敷の買得者の職業について規定したものを借屋人にも適用した事例が多い。たとえば、清和院町の町規則の正保四年（一六四七）追加分は次のようである。

又相定申事(42)

一、酒屋、茶染屋、こんや、餅屋、こうしや、ねりはり物屋、又ハ食物之類、其外ニ而も見苦キ職商売仕仁、家買せ申間敷事、又ハ借屋ニも置申間敷候、已上

正保四歳 亥ノ霜月廿一日

また二条西洞院町の享保十二年（一七二七）一月の「町中式目」の第七条目も例示しておこう。

一、家屋鋪売買不仕候人之事(43)
公家衆奉公人、御公儀役人、雑色、武士之引籠、同牢人、筋目悪敷人、鍛冶屋、薬鑵屋、指物屋、湯屋、風呂屋、米屋、取売、座頭、瞽女、後家、あい染屋、紫屋、雪踏屋
右之人江家屋鋪売買仕間敷候、勿論借屋借シ候儀も無用ニ候事

このほか、三条衣棚町の正徳四年（一七一四）「町之式目」、文化二年（一八〇五）「町中掟書」では、「一、家買来候仁に不限、借屋以下迄定置所之人品停止之事」として、米屋、問屋、出家、検校、油屋、唐薄屋、鞴立職人、風呂屋、氏性悪人、練物屋、酒屋、手代人但家買来ル人也、紅屋、武士、菓子屋などをあげている(44)。

ここに家屋敷買得者また借屋人として不適格なものとして挙げられているものは、かならずしも職業の種別のみではなく、身分や人品、世帯状況等までも含んでいる。「見苦キ職商売仕仁」「筋目悪敷人」「後家」「氏性悪人」などはそうした例であるが、法によって町居住が禁止されているもののほか、町の構成員・仲間として受け入れたくないものをあげているのである。

家屋敷買得者は、家持町人として正規の町構成員となるわけであるから、受け入れる町の側では、先住者の既得権保護はもとより、新来者によって町内生活の環境や品位の保持が乱されないか、のちのちに町運営上の支障をきたさないかについて、細心の注意と最大の関心がよせられるのは、当然であろう。借屋人は家屋敷買得者ほどではないにしても、家持町人に準じる町の構成員となること、借屋であっても町内での営業活動に従事することがあたりまえであったから、家屋敷買得者同様に、その職業や人品、世帯状況等が、町の状況に応じて規制をうけたのである。

借屋人を家屋敷買得に準じて取り扱うということが一般的であるが、視点をかえると、借屋人こそ厳しく規制

する必要があり、家屋敷買得者をこれに準ずる扱いとすることもありえるのであろう。柳八幡町の享保元年（一七一六）の「諸事町中式目之定」では次のようなかたちをとっている。

借屋借シ申間敷事(45)

一、藍染屋　一、湯屋　一、風呂屋　一、薬鑵屋　一、鍛冶屋　一、木地屋　一、薄屋

一、竹屋　一、なめし皮ふすへや　一、突米屋　一、油しめ屋　一、材木屋　一、桶屋　一、飛脚屋

一、鋳物師　一、合羽屋　一、打綿屋　一、馬屋　一、道具夜市道具の会、同取売

右之外ニも人之きらひ申職商人、又ハ火之用心悪敷家業人ニハ、借シ申間鋪事、並家為買申事も、右ニ同前之定也

こうした借屋の職業等規制をかかげて、家屋敷買得者をこれに準ずるとした規則はあっても、ほとんどは正規の町構成員の資格を基本として、借屋がこれに準じている。前出の三条衣棚町のところで掲出した手代人について、「但家買来ル人也」の割注のように、家屋敷買得者としてなら町への受け入れが許される。また、四条菊屋町の寛永十九年九月の町規則では、いくつかの家屋敷買得者の職業等規制をかかげ、そのひとつに髪結をあげているが、「但、借屋は不苦敷候」(46)と、借屋人ならば許容されるという事例も見える。

後家という世帯形態の家屋敷買得者と借屋を禁止する例を二条西洞院町の町規則でみたが、借屋についてのみ禁止している世帯形態として、足袋屋町の慶安二年（一六四九）九月の「式目之覚」(47)があり、注目される。足袋屋町では、ほかに借屋規制はなく、「男やまめ」に家を借してはならないという一条をとくにかかげている。男やもめという世帯形態がなぜ排除されなければならないかは、ここでは具体的に記されてはいない。ただ、明暦二年（一六五六）七月の西竹屋町の「町中定置処之条々」(48)のなかに、「一、後家之所ニ、男やもめ宿借シ申事、先規より御法度故、今以同事也（後略）」の条文があり、寛永六年十月十八日付の板倉周防守の「京都可相触条々」

との関連があることであるかもしれない。

こうした職業等による借屋対象からの排除規定が、どこまで実効性をもったか、また規制されていない職業等が、まったく自由に借屋契約を認められたものかどうかも、判然としない。各町内の個別の状況や判断によって、町規則を基本としながら、借屋人の選定があったことは、充分に推測されるところであろう。

職業等の規制だけではなく、表借屋、裏借屋という借屋形態についても、町によって判断を異にしている。三条衣棚町では、慶長十年（一六〇五）十月の「法度」に早くも、「おもてはかりを借屋に仕候ハヽ、其沙汰あるへからさる事(49)」と、表通りに面した部分のみを借屋とすることを禁じている。衣棚町では正徳四年（一七一四）の「町之式目」でも、まったく同じ規定をかかげている。「おもてばかりを」の意味は理解しにくいが、当町では借屋一般を禁止しているわけではないので、表を借屋として、家主が裏に住むといった町家経営を禁止しているのであろう。

これに対して、清和院町では、「表を借屋ニたて、奥住居はくるしからす候(50)」と、衣棚町とはまったく背反する規則を、寛文十三年（一六七三）六月に定めている。ただし、この清和院町の決定は、同年五月八日の関白鷹司房輔第よりの出火により、禁裏以下一〇〇余町五〇〇〇余戸を消失した大火後の、緊急の町規則改定という特別な事情が背景となっている。

表借屋、裏借屋を区別して認めたり認めなかったりするのは、まったく個別町の事情や価値観によるのであろうが、裏借屋はより貧しい借屋人であることが多いから、表借屋は認めても、裏借屋は禁止する町もあった。饅頭屋町では享保四年（一七一九）四月の「定」で「一、裏借屋、古来より無用之事(51)」の一条をあげて、明瞭にこれを禁じている。しかし、これも一般的には、表借屋、裏借屋ともに認めている例が多く、借屋賃や借屋契約時の町への出銀額に差違を設けることが普通であった。

借屋契約に先立ち、各町ごとに定めた規定によって借屋対象があらかじめ制限されるから、借屋手続が開始されるということは、とりあえず前述の規制を、何らかのかたちで越えた人々というように理解したい。具体的な借屋手続の要点についても、各町単位に町規則のなかに規定している事例が多いが、蛸薬師町の享保八年十月の「享保八年卯十月御公儀様より被仰付候御条目ニ因テ古来より之町内法式相改候条々」にとりわけくわしく記されているので、まずこれを掲出しよう。

一、借屋之事(52)

町江不申聞前ニ、其家主能々聞合、慥なる者と聞届候而、町江可頼事也、其後町中相談之上相極、請状案紙相渡候、請状取候時ハ、日行事之手代家主并用人相添、判本見届させ候、請人方ニ而酒出候事、必無用ニ候
借屋より町へ之出銀、表借屋よりは弐匁、裏借屋ハ壱匁也、用人江ハ遣し不申候、其外年寄五人組并借宅之近所相借屋江も、饋り物并振廻等も無用之事ニ候、則此度被仰付候趣也、此儀急度可相守事ニ候
用人方江、借屋中より年中ニ両度祝儀遣し候得共、是も向後堅無用ニ候、家主より借屋江申渡可有之事
附、借屋ニ付物入之事出来候得は、其家主より相さはき被申候筈ニ候間、常々家主より無油断吟味可有之事に候

借屋にあたっての出銀や祝儀については後述する。手続きのはじめは、借屋主が該当する借屋人のことについて、諸情況を周辺の人々にもよく尋ね、たしかな身元であることを調査することである。つぎに、借屋契約を結んでよいかどうかの判定を町へ依頼する。町内ではよく相談をとげたうえで、借屋契約の締結の許可をあたえることとなる。

借屋人の選定にあたって、家主本人が調査するのではなく、肝煎人または口入れ人を置くべきことを規定している町もある。西上之町の宝永二年（一七〇五）三月の「町式定」では、「一、借屋之事、町内ニ肝煎取申度事ニ

候、借主之様子相尋借申度事ニ候、肝煎無之方ハ、年寄五人組寄合、能吟味仕借可申候(53)（後略）」と、肝煎役を町内から出すことが望ましく、借屋人の選定がその役目であるとしている。二条西洞院町の享保十一年（一七二六）一月の「定」では口入れの役割・資格を記している。

一、借屋貸候義は、借り主口入等聞届ケ、其旨ヲ書付、町中ニ指合なく候歟、構有之候ハヽ、無用ニ致、別条なく候は、相究メ可申候、自今ハ口入之義、家持之外無用ニ候、口入宅替申義も可有之候事(54)

ここでは、口入れ人が借屋事務を取り扱うという。まず、借屋を希望する貸し主があれば、町内の人々に借屋希望の宿主がいることを告知して、差し障りがないかどうかを聞く。町内の人々の同意があれば、借屋契約の交渉に入ってよいという規定である。この借屋口入れ人を、今後は家持に限るとしているが、口入れ人の資格が町内家持に限定されているかどうかは不明である。ただし、口入れ人が借屋契約の過程でなお一定の役割をになうことは確実なようで、前掲の条文の次の条に「向後、借屋請状ニ口入判見等名前差加可申候(55)」と定めている。また口入れ人についての規定に新規決定のことなどが見えるので、二条西洞院町での借屋口入れ人の設定も、それほど古くさかのぼることではないのかもしれない。

いずれにしても、借屋契約の成立には、貸主と借主の双方の合意だけではなく、町年寄または町中の承諾が必要であったことは、天正・文禄期以降変じていない。借屋手続きにあたって身元のたしかな請人が必要との規定は、いずれの町の規則にも見え、法令でも請人を置くことを必須としている。しかし、次第に借屋手続は整備され複雑化してくる。

明暦二年（一六五六）七月の西竹屋町の「町中定置処之条々」には、

一、武士之御奉公人衆江宿借シ申候ハヽ、御公儀様御切手なくては借申間敷候、若親類之内慥か成人か能ク様子存たる御方ならハ、組中理り相談之上ニ而ハ、慥成請人口入之加判にて借シ可申候、御町衆合点なくてハ、

借シ申間敷候事(56)

と、請人だけではなく、口入れ人の加判も必要であるとしている。明暦二年すでに口入れ人加判の制度を定めている西竹屋町の例、享保十一年に口入れ人加判を定めた二条西洞院町の例をみたが、この間に七十年以上のひらきがある。このように、民間における借屋手続では、個別町の事情に応じて時間的な差違が大きいが、しだいにこれは整理され、共通の様式へと展開していくのであろう。

寛永十九年（一六四二）九月の四条菊屋町の「四条菊屋町内證式目之覚」には、早くも寺請状、送り状を借屋契約において求める規定がおさめられている。

借屋借シ申候次第(57)

一、借屋来り候時ニ、請状・寺請并送り状取候て、其借屋ノ仁、家へ御入可有事、何も慥成請人可被相定者也、
能々判本ヲ吟味仕取可申事

寺請制度すなわち壇家制度の開始が、寛永十五年ごろとされるから、四条菊屋町の借屋手続に寺請状と送り状をとるという規定は、町側での早い対応の例といえる。壇家制度の開始は、江戸幕府によるキリシタン取締りによるものであるが、寺請証文は身元保証や戸籍の役割をにないはじめてくる。人々の住所の移動に際して、寺請状や送り状は必要とされる書類として一般化する。借屋の場合も同じである。

足袋屋町の慶安二年（一六四九）九月や寛文五年（一六六五）九月の借屋に関する町規則では、「借屋請状年寄へ理り、其当り行事に吟味仕可取事(58)」と借屋請状しか明示されていないが、元禄十年（一六八九）二月の「式目」には、「一、借屋請状年寄へ断り、其借り主之前々之居所町請人所并寺請等、家主ヨリ吟味仕、以書付断可申事、其時之当行事吟味仕取可申事(59)」と、寺請状が必要であることが付加されている。宝永二年（一七〇五）の西上之町の「町式定」の「一、借屋之事」の条の付記にも「付、顔見せ昼仕、夜致申間敷候、時行事寺請迄取可

申候、何方より参申由、送り状を取、又宿替致候ハヽ、其行所を聞届置可申候(60)」と、寺請状と送り状をとって、身元の確認とくに前居住地の確認をするべきことを規定している。

これらの借屋契約に関する書類は、本人が引っ越しをする前に確認することが立て前であったようで、南新在家町の享保十九年（一七三四）九月の「町内定式目」にも、「一、借屋貸申候ハヽ、諸道具持不来以前に、寺請町請状取置可申事(61)」と定めている。そして同町規則では続けて次の条に「一、同家ニ移住宅候ハヽ、早速寄会場江罷出、顔見セ仕、並請状出銀持参可致候(62)」と、借屋人の町入りについての規定をかかげている。

借屋人の町入りについては、天正十六年（一五八八）の冷泉町の町規則の「二百文の御樽(63)」や文禄三年（一五九四）の下本能寺前町の「定」の「借屋之人見しられ酒の代として五升つヽ(64)」に見られるように、町の人々への顔見せ・披露代をほとんどの町で、早くからかかげている。見知られとか顔見せは、町共同体の構成員として必要不可欠であり、その費用を借屋人本人から徴収するのが原則であった。

「見しられ」「かほみせ」「樽代」「ふるまいせん」「町かね」など、いろいろな名目をもつが、借屋人が宿主との間で約束する借屋賃とは別に、町中に対して支払う借屋出銀には、表借屋と裏借屋との間で、その額に差違があるのが一般的であった。鶏鉾町の文禄五年七月の規定(65)では、一軒借の場合二〇〇文、宿主の家内なら一〇〇文というが、同町の慶安元年（一六四八）八月の規定(66)では、おもや四匁、うらや・かたやは二匁、役人へも一匁となっている。足袋屋町では慶安二年九月の「式目之覚(67)」で表借屋出銀五匁でほかに一匁、裏借屋出銀は二匁五分で年寄銀が五分、と規定されている。

裏借屋の出銀は表借屋のほぼ半分というのが一般であるが、寛永十九年九月の四条菊屋町の町規則では、

借屋町儀之事(68)

一、面屋ハ、町へ之出シ銀四匁三分被出、其外ハ酒ニ而も町中へももり申間敷事

一、うら借屋ハ、出銀三匁、右同断

とあり、かならずしも裏借屋出銀が表借屋の半額というように決まっていたわけではない。しかし、借屋契約成立にともなって、町への出銀は、どの町でも額に差はあれ、町入りの顔見せ代として不可欠であったと理解したいのであるが、清和院町の寛永十六年（一六三九）の規則では、町入り銀さえ不要と読めるかのような規定となっている。

借屋之事(69)

一、請人ニ家持寺請取可申事

一、町へ之礼銭、酒も盛申ましき事、但其組両隣へ案内可申事

「町へ之礼銭」とは、町入り銀まで含んでいるのか、町年寄や用人への礼銭そのものであるのか、判然としない。ほかに町入り銀についての規定がないので、いわゆる町入り銀を含めたすべての借屋出銀のことを「町へ之礼銭」としているのではないかとも考えられる。清和院町では、家屋敷売買得時の出銀規定は他町同様に明示しているが、全体に町運営費の倹約方針というか、町儀の簡素化の方向がうかがえる。借屋契約時の礼銭不要で酒盛もせず、家の組のうち両隣にだけは挨拶をするというのも、そうした清和院町の簡素化方針の具体化とみるべきであろう。

寛文十年（一六七〇）四月、京都町奉行連名によって、京都市中における町中への出銀慣行について、これを大きく変更させる統一的な町触が発せられたことは、よく知られている。この町触によって、家屋敷売買時の出銀である一〇分の一銀が二〇分の一銀に半減され、またさまざまな町振舞銀などが禁止または制限された。この町触のなかに「一、借屋仕候輩、棚かり越候時、其町中振舞之儀、又ハ宿酒と名つけ酒をもり候由、是又向後可為無用事(70)」という一条があり、借屋手続における出費も規制をうけた。この町触の直後の規定ではないが、宝永

二年（一七〇五）三月の西上之町の「町式定」では、

一、借屋の町かね　三匁ハ用人銀也

もちくはりなし、宿酒なし(71)

として、借屋手続時の町儀を簡素化し、実際に契約にともなう雑事をとりしきる町用人への礼銭のみを定めている。

借屋替りのときの町銀については、享保八年十月の町触で、家屋敷売買時の出銀などとともに、再び厳しい規制があり、次のように布達された。

一、借屋替来候者町銀之事、表借屋ニ候ハ、銀二匁、裏借屋ニ候ハ、銀一匁可出之、年寄五人組相借屋之者を振廻候儀ハ勿論、酒肴其外何ニ而も、借屋替ニ付候饋り物者、堅令停止候事、(72)

この町触によって、町銀は表借屋二匁、裏借屋一匁と統一的に出銀が規制され、その他の礼銀等も一切禁止されてしまった。こうした規制は、借屋についてのみの規制だったのではなく、町自治への干渉・統制という幕府権力の統治姿勢のなかに組みこまれたものであったが、町への規制というかたちで、借屋出銀も統制されたことは、注目しておかなければならない。

それでは、次に町入りした借屋人の義務または責任といったことについて、町規則を中心にみておこう。

借屋衆も町も構成員であるから、法令はもちろん町の慣習に従い、町の規則を守らなければならないことはいうまでもない。借屋衆に対して家持町人と同様の義務が課せられることといえば、火災時における出勤である。冷泉町の元和六年（一六二〇）三月の「定条々」に、「一、借屋衆之御出なく候ハヽ、くわせんとして銀子拾枚御出し可有事(73)」とあるが、これは火事に対する冷泉町の取り組みを決めた町規則であり、火災発生時の借屋衆の出勤は当然なことであるとしたうえで、不勤の罰金についてとくに条文化したものであろう。ちなみに家持町人の不勤料は銀子三〇枚となっている。火災時の借屋衆の出勤を町規則に条文化している例は少ないが、西竹屋町の明暦二年（一六五六）七月の「町中定置処之条々」の「火之用心、借屋以下迄堅可申付候(74)」や、足袋屋町の明和六年（一七六九）五月の「町中相改式目序」の「一、若町中火事出来之時、町中亭主たる身ハ、家持借屋之衆中共ニ、火元へ水持参仕、随分消し可申事(75)」などがある。これは都市民としての義務でもあったのであろう。寛文九年（一六六九）の塩屋町の「火事出来之時定之事」の申し合わせでは、「一、借屋衆之儀、町衆同前ニいそき罷出、もみけし候様ニ急度申付可申候、内ニ有会出不申ニおゐてハ、其家ヲ早々追出し可申事(76)」と追録し、不勤者の借屋契約解消を定めている。

日常的なことで、毎月二日の朝食前の会所での寄り合いに町衆・借屋ともに出席することや、泊りがけで他所へ旅行するときの日数を町衆・借屋ともに限定するなどの中立売町のような規則を定めている例もあるが、ここでは割愛する。

借屋の又貸しについても、当然認められないことだと考えられるが、下本能寺前町の文禄三年（一五九四）七月の「定」に、早くもこれに関する規定がある。

一、借屋之人、不寄知音親類、又借シ於被申は、見付聞付次第、家主へ相と、け出可申事
　付、一夜とまりの儀不及申、堅停止可仕事(77)

同じような規定が、清和院町の万治二年（一六五九）五月の「町中定之事」にも見えている。

一、借屋之又借仕ましき事、但親兄弟其外したしき仁ならは、年寄両隣へ断置申へく事、若一ヶ月弐ヶ月にても居申候ハ、請人を立可申候、其人帰候ハヽ、其通又町中へ断可申事(78)

清和院町の方が下本能寺前町より、かなりゆるやかな制限であるが、親類知音といえども、借屋宅での宿泊を禁止するたてまえの町が多い。こうした規則がたてられるということは、借屋の又貸しに近い状況が少なくない

ということであろう。清和院町では、そうした実態を踏まえたうえで、たてまえだけではない現実対応の規定としたのではないだろうか。

六　借屋請人問題の転回

借屋契約において借屋人の身元保証をする請人がもっとも重要であることは、すでにくりかえし述べてきた。請人の重要性は、借屋契約時だけのことではなく、事ある毎に借屋人に関して政治的経済的道義的のあらゆる面において、責任を問われることが請人の責務であった。従って請人の動静確認は、借屋契約の維持のため必要で、中立売三丁町の明暦二年（一六五六）三月の「定」では、「一、借屋請人之事、両人宛吟味之上ニて、慥成者可在御取候、判形ハ十人組行事家主より見せニ可被遣事、請人無事ニ居候事ハ、毎月家主より改メ可申事(79)」と、借屋請人の無事確認は家主が毎月励行しなければならないと定めている。中立売三丁町の規定とは年紀も相当に違うが、六角町の寛延四年（一七五一）一月の「定」では、「一、借屋請状、三年ニ一度ツヽ家主より、請人居所吟味可致候、請人居所宅替致候ハヽ、何時ニ不寄、年寄迄届可申事(80)」と、三年毎の確認を定めている。

事が起ればその都度、何事もなくとも請人の動静は家主のあるいは町として把握しておかなければならなかったからであろうか、借屋請人の居住地域を限定している町もある。借屋請人の居住地域規定の早い例は、四条菊屋町の寛永十九年（一六四二）九月の「町内證式目之覚」である。

借屋請状取様之事(81)

一、上は　二条通迄
一、下は　五条橋通迄
一、東は　寺町通迄

一、西は　堀川迄

右之通、何も御かてん被成候ハヽ、宿御借り可有候、此判本吟味ニは、家主役人ヲ被召連、能々御吟味可有候

下京の町である四条菊屋町の借屋請人は、二条から五条の間、寺町から堀川までの間という下京中心部に地域限定されているのだが、これは家主と役人が「判本吟味」に請人を確認するため現地に赴くということと関係しているのであろう。同じく下京の綾小路通足袋屋町の慶安二年（一六四九）九月の「式目之覚」でも、借屋請人について、「上ハ二条ヨリ下」「下ハ五条ヨリ上」「東ハ河ヨリ西」「西ハ堀川ヨリ東」というように、ほぼ同じような地域指定を定めている。(82)

しかし、同じ下京に属する三条衣棚町では正徳四年（一七一四）の「町之式目」で、「一、請人所ハ、中立売、下ハ五条、東ハ寺町、西ハ堀川限也」(83)と、北限が上京の地域にも及んでいるかたちとなっている。おそらく、こうしたことは、各町の京都市中における所在地や生業に伴う活動範囲など、いくつかの条件を考慮して設定したものなのであろう。もちろん、借屋請人の居住区域指定について、町規則ではまったく条文化していない町も多い。

このように、借屋請人について地域指定をするなど、借屋を貸す側の家主と町側からは規制を設けて、信頼できる請人の確保をめざしているが、借りる側の借屋人にしてみると、身元保証を引きうけてくれる請人として、親類や知人の家持町人をいつでも確保できるというものでもない。おそらく、他人に礼金を支払ってでも請人となってもらわなければならないことも、少くなかったであろう。

享保十七年（一七三二）十一月の、町奉行所からの京都市中への諮問の家請人制度導入に関する一件は、家請人問題の一端をのぞかせてくれる。

覚(84)

此度、洛中洛外町々借屋請之儀、方角を分十六ケ所ニ請人弐人宛差置、其町々江取来候証文之通請判致シ、

家主家入用之節者早速宅替為致、家主並借屋人共指支無之様可致候、為請判料

表借屋壱軒より壱ヶ年銀壱匁五分宛

但、壱ヶ年之内五ヶ度三分宛取集可申候由

裏借屋壱軒より壱ヶ年銀七分五厘宛

但、右同断壱分五リン宛取集可申候由

右之外、掛り物少も無之、双方差支無之様ニ可致候、只今迄借屋人銘々より相頼候請人江相応之附届、余程之物入も有之由、相聞候、左候得者入用減少致シ、面々勝手ニも可罷成候哉、若差支之品存寄之物有之ニおゐてハ、無遠慮其趣書付、可差出事

子十一月

右之通被仰出候間、町々裏借屋等迄具ニ為申聞、若不勝手之筋も有之、指支候品有之候ハヽ、如何様之儀ニ而差支候趣、委細書付、来ル十五日迄之内、私宅江可被指越候、尤何之指支も無之候ハヽ、猶又差障り無之段、一町切ニ不残書付、可被指出候事、

附、右御書付之趣ニ付、町々ニ而かさ高ニ無之様ニ可仕旨申渡候、以上

子十一月六日　　　　　　　　　　　　　　　　　　梅村四郎兵衛

後段「右之通」以下で示されているように、これは法令ではない「書付」であり、町代の持ち場毎に各町からの意見・回答を集めるものであった。なお、家請人制度の出願をした者が、どのような人々であったか、また一六ケ所の区分けがどのような地域分けとなっていたかも不明であるが、家請人出願の願書には家請人の方から、「家請人仕方覚書」というものが添付されていたようである。少しながくなるが、請人問題を知る史料でもあるので、掲出する。

家請人仕方覚書(85)

一、此度、洛中洛外町々借屋請之儀、表借屋より壱ケ年ニ壱匁五分宛、裏借屋より壱ケ年ニ七分五リン宛、但三分、壱分五リン宛年中五ケ度ニ請取、其外いか様之出入失却有之候而も、入用掛り物抔ヲ申立、家持衆并借屋人江割掛申間敷候、尤後々迄、右御定之外少ニ而も相集候ハヽ、御公儀様御咎可有御座候、且又家主衆中并借屋人双方為ニ相働候事御座候とて、酒肴青物等礼義、堅請不申候事

一、(上脱カ)武家方 堂方 御家来衆中ハ、是迄之通御相対次第ニ可被成候事

一、洛中洛外ニ方角分チ、十六ケ所請判人弐人宛相定置可申候間、家持衆貸被置候家入用之儀御座候歟、又ハ借屋人之所存、御町中并御家主御気ニ不入事御座候而、家明させ度思召候ハヽ、早速右向寄之請人方へ御申聞可被成候、外ニ借屋聞立、早々家明させ可申候、若急ニ御座候ハヽ、借屋人妻子諸道具共、先請人方へ取引、家明させ相渡可申候、尤明家拵置候而、何ケ所ニ而も差支無之様ニ可仕候、勿論御家主借屋人勝手づくの家替ハ、是迄之通相対次第ニ可被成候事

一、宿料貸之儀ハ、売掛預ケ銀抔と違ひ、催促被成候内ニも又々相重り、家主衆中御難儀之筋ニ御座候、縦五ケ月三ケ月相滞候而も、借屋人之仕方悪敷候ハヽ、家明させ候様ニ御申可被成品、可有御座候、若不埒之儀被申候借屋人御座候ハヽ、早速御申聞可被成候、品能相済候様ニ引請埒明ケ可申候、宿料さへ相済候ハヽ、家替ニも不及、双方勝手宜候様ニ可被成候、ケ様之世話無之とて、御家主ハ不及申、借屋人よりも言葉之御礼ニも不及候、且又町々宿料直段上ケ下ケ之儀ハ、御相対次第ニ可被成候、家請人方ニ少も相構申儀無御座候(ママ)

一、何事ニよらす借屋人之儀ニ付、家主御役害ニ成申品出来候ハヽ、早速御申聞可被成候、請人罷出埒明ケ、家主之御難儀掛不申候様ニ可仕候、借屋人も相立候様ニ随分世話可仕候事

一、家持衆中貸シ家、相応之借り人も無之明家御座候ハヽ、御申聞可被成候、且又借屋人望之方方角有之候而、

家替致度段御申聞被成候ハヽ、随分聞繕為御知可申間、御家主も相対之上借り請可被成候、双方勝手宜様ニ可仕候、尤是迄之通、双方相対之上御借り請相極メ候ハヽ、請判可仕候事

右之通、後々ニ至り相違仕間敷候、双方勝手宜様ニ可仕旨、御公儀様へ奉申上、蒙御免候上ハ、全御権威ヲ以、後々借屋支配人之様ニ毛頭仕間敷候、少ニ而も仕方悪敷御座候ハヽ、早速御公儀様江御訴可被成候、いか様之曲事被仰付候共、御町中へ対シ、一言之子細申間鋪候、為後日仍而如件

享保十七年子十一月　　　　　家請人誰判

何之通
御組町中

右之通相認印形仕、洛中洛外組町中江相渡可申候、願之通被為仰付候ハヽ、難有可奉存候、以上

この仕方書によると、洛中と洛外を区別せず、町々における家主と借屋人の便宜のために家請人制度を均質に立ちあげたいとしている。家請人の必要性と借屋をめぐるトラブルの発生が、洛中洛外の町々全域にわたって、ほぼ同じ手法で解決できるという判断が出願者側にあり、奉行所側でも同様な認識をしたということであろう。借屋側の負担が、借屋契約時だけでなく、年五回の分割払いであるが、毎年請判料を払うという組みたてに特徴がある。しかも、借屋人の転居先の確保の約束もあるにはあるが、家主側の難儀の解決、すなわち借屋の明け渡しや借屋賃の滞納処理などといった家主側の恩典が強調されている。家持町人側に有利な借屋トラブルの解決を強調しておかないと、市中町々からの同意が得られないという出願者側の判断があったのかもしれない。

この享保十七年度の家請人制出願の結果がどうなったかは未詳である。(86)ところが、この出願と同じような家請人制が宝暦四年（一七五四）にもあったようで、京都町奉行所では、触状ではないとしつつも、享保十七年度と同じように、市中各町々のこの出願に対する諾否を問う諮問を発している。

覚(87)

此度洛中町々借屋請之儀、請判いたし候節、為印形代表借屋之分者壱匁三分つゝ、裏借屋之分者銀八分つゝ、其翌年より年々五節句毎ニ、表借屋ハ銭三拾文つゝ、裏借屋ハ銭廿文つゝ取之、惣家請人之儀引請相立度旨、相願候もの有之候。左候へハ、宿料相立不申家替不仕者抔引請、及出入不申候様可仕、困窮之借屋ものへハ、其品ニより合力等仕、渡世取続候様可致旨ニ候、尤親類縁者を相願候故、是迄家請判代出不申ものハ、相対を以、是迄之通ニ為致可申候、且又是迄家請人ニ相立、少ハ渡世之助力ニも仕居候ものも有之候ハヽ、其ものゝ之儀ハ、是迄立居候家請軒数之外ニ、軒数相増為致世話、其ものへ難儀筋無之様可仕段、申之候、然ハ町々末々之もの、勝手ニも可相成哉、若差支之品存寄之もの有之候ハヽ、無遠慮其趣書付、可差出候事

戌五月

右之通、町々裏借屋等迄具ニ申聞せ、若不勝手之筋も有之、差支候品有之ハ、如何様之儀ニ而差支候と申趣書付、可差出候、此段随分かさ高ニ無之様、無急度内々ニ而承合可申候

これによると、親類縁者に頼むほかは、印形代というかたちで借屋請人となってくれる人へ礼金を払うことがかなり一般的であること、家請人を引受けることで収入を得て渡世の助けとしている人々もいること、家貫の支払いができなく、しかも転居もできずに家主・借屋人双方とも困惑する事例などのあることがうかがえる。借屋惣家請人出願者は、家請人制の設立によって、家主・借屋人間のトラブルを解決し、困窮者への合力やこれまで家請人業をやってきたものへも支援もし、また親類等を頼んできた人々にも家請人制に強制加入させるものでもないとしている。

享保十七年度には請判料を毎年表借屋一匁五分、裏借屋はその半額としていたのにくらべると、宝暦四年度のものは、借屋契約時に表借屋一匁三分、裏借屋は八分とし、次年度から年五回分割であるが、表借屋は年額一五〇文、裏借屋一〇〇文と定めている。全体として借屋人負担は宝暦四年度が大きくなる。いずれにしても、洛中

洛外の借屋状況を勘案して、家請人制が営業として成り立つという計算があったのであろう。

宝暦四年（一七五四）五月の惣家請人制がそのまま認められたかどうかは不明であるが、宝暦年中に家請会所というものが出現している。

> 町々借屋之者共、実之親類家持無之、家請人相立候もの無之借屋もの、相対之上極之印料を取、家請ニ相立、尤目印を差出シ町々向寄ニ家請会所之もの共引請ニ而差配致候借屋請人差置、右引請之請状ニ候故、会所之者も致奥印候儀、先達而願出差免置候、然ル処、右差配之向寄之外、内証ニ而印料を取、家請いたし候ものも有之由ニ候、右躰之者有之候而者紛敷、取〆り不相成難義之段申出候間、以来印料を取、無縁之者之家請印形いたし間敷候
>
> 右之趣、洛中洛外へ可相触者也(88)
>
> 午十二月二日

これは宝暦十二年（一七六二）十二月の京都町触である。その数はわからないものの、各地に家請会所が設置され、借屋請状発行の業務をおこなっている。しかし、縁者でもないものが、内々で印料をとって家請人の仕事をするものがおり、家請会所側からそうしたものの取締りについて奉行所へ願いが出されたことがわかる。この点は、宝暦四年五月出願のものでは、従来の家請業を営む者はむしろ支援をするとなっており、相違してきている。このほか、宝暦年中の家請会所にどのような問題が生じていたのか不明である。奉行所は宝暦十四年四月に家請会所を廃止させたことを洛中洛外へ触れている。(89)

ところが、この家請会所廃止から六年後の明和七年（一七七〇）、またあらためて家請会所の設立を出願するものがあり、享保十七年度、宝暦四年度の例にならって、その諾否を奉行所は各町々に問うている。

> 町々家請人之儀、是迄相応之者物等を遣ひ、或ハ礼銀等指出し、失却等多ク相懸候儀ニ付、以来洛中洛外家

請人之儀、向寄〳〵ニ会所相建、右会所年寄之者へ印札を相渡置、町々へも印鑑相渡、右印札を目印いたし、家請人ニ相立、会所ニて相改、家請状ニ致奥印、右印料として、半季ニ表借屋より銀一匁五分宛、裏借屋より銀八分宛取之、家入用之節者、無滞会所へ引取、勿論懸合等も有之候ハヽ、是又引請人埒明遣、困窮人またハ長病にて致難義、親るい等も無之ものハ、会所へ引請致、施薬等養生可致遣旨、願人有之候、右之趣ニ候得者、借屋人共勿論家主等、勝手ニも可相成儀ニ候、右之趣、借屋人共へも具ニ為申聞、借宅人共存寄並家持之もの存寄之趣、両様ニ相分、指支等申立候共、如何様之訳ニ而指支と申儀、具ニ答書可指出候

一、前方右同様之願人有之、相尋候処、親類縁者を相頼候故、出銀無之段申答候町々、多分有之候得共、礼銀等指出シ、家請相頼候者ともハ、音物等相送候趣相聞得候、全音物等無之相頼候儀者、稀成様子ニ候、左候得者、外ニ失却等無之相定候印料指出し、請印形相頼候方、却而勝手ニ可相成候、尤願人へも遂吟味候処、印形之外決而懸り物不相懸候段申之候、勿論願人より、公儀御益等も申立候得者、与得相考、返答可申出候[90]

家請会所の趣旨としては、従来のものとほとんど変化はない。むしろ料金が年額としては倍額となっているのが印象的である。困窮人や長病者を会所で引き受け施薬養生させるというのも、前回や前々回の出願と方針に大きな変化があってのことではないと見受けられる。後段の文章からは、これまでの家請会所についての奉行所からの諮問に、町側では現金を支出しなければならない家請会所の新システムより、従来どおり親類縁者に依頼することを支持する回答が多かったことがわかる。この明和七年度の奉行所からの問いかけに対し、三条衣棚町北町の返答書案が知られているので、これもあげてみよう。

町中御返答書[91]

一、町内借宅之者共、請人印形勝手ニ相成候義、相願候者在之候ニ付、御尋難有奉存候、町内借屋共相尋候処、銘々縁者懇意之者共相頼、住居仕罷在候得者、聊礼銀音物等少も相送り不申候、困窮之者共候得者、出銀仕

候義難敷候間、是迄之通ニ被為仰付被為下候様、御願申上クレ候様相頼候間、御返答申上候、御慈悲之上、是迄仕来候通ニ被為仰付候ハヽ、難有可奉存候、以上

年号月日

衣棚北町
年寄
五人組
町中

衣棚北町の事例だけで断定はできないが、奉行所から「親類縁者を相頼候故出銀無之段申答候町々多分有之候得共」と指摘があったにもかかわらず、かさねて縁者懇意の者の方が出費がなくてよいと申し出た町々も少なかったのではないだろうか。衣棚北町の返答書にもあるように、困窮している借屋人が家請会所へ毎年現銀を支払いつづけることは、容易ではない。結論からいえば、家請会所が借屋人から家請料を毎年期日までに集金していくことは、困難なことであったに相違ないのである。明和七年度の家請会所の出願が受理されたということを示す史料も未見である。

借屋請人についてではないが、あらたに借屋引取人というものが登場し、その統制に関して、奉行所は天明二年（一七八二）九月十四日付で町触を発している。(92) これによると、借屋人たちが相互に引取人となり、実際に引き取り問題が発生したとき、これを処理できずに混乱する事態があること、また引取人を専門に請け負う者もいることを指摘し、今後家主たちも引取人についてはよく調べるようにと指令している。引き取り問題というのは、借屋人の事情また家主側の都合によって、借屋を明け渡さなければならない時、まず借屋人の妻子・諸道具まで請人方で引き取ること、また難問の処理も引きうける作法をいい、前掲の享保十七年（一七三二）の史料にも見えている。問題が発生したときに、借屋人をとりあえず引き取るのは借屋請人の任務とされ、家請会所の出願でも、会所への引き取りに言及していた。借屋に関するトラブルの解消に引き取りの責務の励行はとくに重視され

たのであろうか、十八世紀の後半からは、借屋請状とともに借屋引取証文も借屋契約時に同時に作成されるようになっている。もちろん、借屋の請人と引取人は別々の人物である。

家請人については、京都の町の永い慣行で家持町人でなければならないことが周知されていたが、新興の引取人については借屋人同士がお互いに引取人に立つ場合もあったのであろう。天明二年九月十四日町触は、そのことに言及しているのである。これは、家請人が引き取りの任務から解放されたことを意味するのではなく、引取人が請人に加えて引き取りの任務を分担して負うというか、とくに引き取りの問題を中心に扱うことになったものである。このことは、秋山國三氏の『公同沿革史』上巻に紹介されている借屋請状と引取証文の事例からも明らかである。

また家請人や引取人が十九世紀において、ますます専業化していくことについての実例は、橋西二丁目町の実例から、すでに紹介したことがあった(93)。

注

(1) 京都冷泉町文書研究会編『京都冷泉町文書』第一巻(思文閣出版、一九九一)。
(2) 同右四一頁。
(3) 同右五四頁。
(4) 同右一〇七頁。
(5) 同右一〇八頁。
(6) 同右一〇九頁。
(7) 小林丈広編『京都町式目集成』(京都市歴史資料館、一九九九)九九頁。「一、かり家之物あるにおいては、御しゆく老衆へ案内申、御かてん𛀁おいては、二百文の御樽出申へき事」とある。
(8) 同右一六二頁。

（9）同右一六三頁。
（10）同右三〇三頁。
（11）『当代記巻三』、慶長八年此年条（『史籍雑纂』第二巻、八二頁）。
（12）鎌田道隆「京都における十人組・五人組の再検討」（『京都市歴史資料館紀要』第三号所収、三七頁参照）。
（13）『下柳原南半町文書』（京都町触研究会編『京都町触集成』別巻二、岩波書店、一九八九、一六二頁）。
（14）『日本都市生活史料集成　一』三都篇Ⅰ（学習研究社、一九七七）所収。なお引用の二史料は、同書一四〇頁。
（15）『京都町式目集成』（前掲注7）九九頁。
（16）同右三〇三頁。
（17）『京都町触集成』別巻二、前掲注13、一六七頁。
（18）同右。
（19）『神田家記録』（『京都町触集成』別巻二、前掲注13、一六九～一七〇頁）。
（20）『三条町武内家文書』（『京都町触集成』別巻二、前掲注13、一七一頁）。
（21）『京都冷泉町文書』第一巻（前掲注1）五八～五九頁。
（22）『三条町武内家文書』（『京都町触集成』別巻二、前掲注13、一七五～一七六頁）。
（23）同右（『京都町触集成』別巻二、前掲注13、一七六頁）。
（24）京都市編『京都の歴史』第五巻（學藝書林、一九七二）四四～四七頁。
（25）『京都町式目集成』（前掲注7）二一〇頁。
（26）同右一六四頁。
（27）『京都町触集成』別巻二（前掲注13）一七九頁。
（28）同右。
（29）『京都町触集成』別巻二（前掲注13）一八一頁。
（30）同右。
（31）『京都町式目集成』（前掲注7）、一六五頁。「諸法度相定之事」は、第一条に「先奉行廿一ケ条」「今度九ケ条之趣」とあることから、制定されたのは、牧野佐渡守所司代の時代のものと推測される。

(32)『京都町触集成』別巻二（前掲注13）一八一頁。
(33)『妙心寺文書』（『京都町触集成』別巻二、前掲注13、一八二頁）。
(34)同右。
(35)『下本能寺前町文書』（『京都町触集成』別巻二、前掲注13、一八三〜一八四頁）。
(36)『京都上京文書』（『京都町触集成』別巻二、前掲注13、一八九頁）。
(37)『西村彦兵衛家文書』（『京都町触集成』別巻二、前掲注13、一九九頁）。
(38)『塩屋町文書』（『京都町触集成』別巻二、前掲注13、二四九頁）。
(39)同右。
(40)『古久保家文書』（『京都町触集成』第一巻、岩波書店、一九八三、三六九頁）。
(41)同右三七一頁。
(42)『京都町式目集成』（前掲注7）八八頁。
(43)同右一二五頁。
(44)同右二一一頁、二一三〜二一四頁。
(45)同右一七八〜一七九頁。
(46)同右二五二頁。
(47)同右三三〇頁。
(48)同右九五頁。
(49)同右二〇九頁。
(50)同右九一頁。
(51)同右二三〇頁。
(52)同右一四三〜一四四頁。
(53)同右六七頁。
(54)同右一二三頁。
(55)同右。

(56)『京都町式目集成』(前掲注7)九六頁。
(57)同右二五二頁。
(58)同右三三〇頁、三三三頁。
(59)同右三三七頁。
(60)同右六七頁。
(61)同右七一頁。
(62)同右。
(63)『京都町式目集成』(前掲注7)九九頁。
(64)同右一六二頁。
(65)同右三〇三頁。
(66)同右三〇六頁。
(67)同右三三〇頁。
(68)同右二五二頁。
(69)同右八八頁。
(70)『京都町触集成』別巻二(前掲注13)二四九頁。
(71)『京都町式目集成』(前掲注7)六七頁。
(72)『京都町触集成』第一巻(前掲注40)四一六頁。
(73)『京都町式目集成』(前掲注7)一〇〇〜一〇一頁。
(74)同右九六頁。
(75)同右三三八頁。
(76)同右二八九頁。
(77)同右一六二頁。
(78)同右八九頁。
(79)同右八二頁。

(80) 同右二二五頁。
(81) 同右二五三頁。
(82) 同右三三〇頁。
(83) 『京都町式目集成』（前掲注7）二一二頁。
(84) 『京都町触集成』第二巻（岩波書店、一九八四）一六七～一七七頁。
(85) 同右一七九～一八〇頁。
(86) 秋山國三『公同沿革史』上巻（元京都市公同組合聯合会、一九四四）二六七頁では、この計画があったことを述べ、「市民の反対に逢って実現しなかった」としている。なお、秋山氏は同書中「借屋の手続」という項目をたて、二六四頁から二七一頁にわたり、京都の借屋問題をとりあげている。
(87) 『京都町触集成』第三巻（岩波書店、一九八四）三六一～三六二頁。
(88) 『京都町触集成』第四巻（岩波書店、一九八四）二一八頁。
(89) 同右三〇五頁。家請会所廃止令は左のとおりである。

町々借屋之者共、実々親類家持無之、家請人ニ相立もの、相対之上家受ニ相立候儀、家請会所へ相届可致旨、先達而相触置候得共、此度右会所相止させ候間、此旨洛中洛外不洩様可申通事

申四月

(90) 『京都町触集成』第五巻（岩波書店、一九八四）九二～九三頁。
(91) 同右九三頁。
(92) 『京都町触集成』第六巻（岩波書店、一九八五）二三二～二三三頁。

近来、借屋人共相互ニ引取人ニ相立罷在、懸り合引取候節差支、彼是甚紛敷いたし形、不埒ニ候、以来相互ニ引取人ニ立候儀、堅致間敷候、此外所々ニ引取ニ相立、渡世同前ニいたし罷在候もの有之趣相聞江、是亦不埒候間、向後右躰之儀致間敷候、尤家主共儀も、兼而心を付、引取人之儀入念取之候様可致候右之通相触候上者、以来右躰之儀有之候ハヽ、急度咎可申付候間、此旨洛中洛外裏借屋ニ至迄、不洩様可相触もの也

寅九月十四日

(93)　鎌田道隆『上京橋西二丁目の借屋事情』(『京都市史編さん通信』第一二一・一二三・一二四号、一九七八)。

第四章　近世都市における都市開発
――宝永五年京都大火後の新地形成をめぐって――

一　近世都市の発展と停滞

江戸時代における京都市街の祖型は、豊臣秀吉による都市改造であり、それをうけて発達した町屋地と、江戸初期の幕府による京都支配の結果形成された新市街とからなっていたといえよう。後者についていえば、二条城の建設や禁裏御所周辺の整備、東・西本願寺寺内町の発達、高瀬川開削や寛文新堤の築造による寺町以東の発展といった都市景観・都市域の変容などである。

近世的な統一国家の形成とともに成立してくる近世都市は、中世都市とは比較にならないほどの急激な都市発展をみせる。城下町として政治的につくりだされた新都市はもちろんのこと、在郷町などの小規模都市から地方市場また全国市場の核となった都市もそうである。京都のように歴史的都市であるとともに秀吉によって近世的改造をうけた場合でも、江戸時代前期の都市発展にはめざましいものがあった(1)。

近世都市の発展には、都市支配・都市行政の一元化や、石高制を支える経済的な市場機能の保護育成といった政策、そして意欲的な庶民経済の台頭などが関係していたと考えられる(2)。しかし、十七世紀の末ごろから、都市発展の傾向に急速なかげりが見えはじめ、十八世紀以降は明らかな停滞的状況を示すようになる。何をもって都市の発展といい、また停滞というのかは議論のあるところではあるが、ここでは一応都市域の拡大や人口の増大、都市景観の変容といった外形的な視野に限定しておこう。そして、外形的な停滞状況がかならずしも都市構造や都市機能の面での発達を阻害するものでもないということも付言しておきたい。

たとえば、京都の場合、江戸時代中期に形成された都市域が、ほぼそのまま近代都市京都にも継承され、昭和二十年代ごろまでは、京都の市街地区域は、京都大学周辺や京都駅周辺をのぞけば、江戸時代のままであったといってもよいほどであった。ちなみに、江戸時代中期の洛中の人口は、およそ三〇万人から四〇万人くらいと考えられるが、近代の京都の旧市街地すなわち上京区・中京区・下京区三区の合計人口は、三〇万人前後である。(3)都市域や人口の面からみれば、江戸時代から近代まで、京都は長い期間にわたって停滞していたということになろう。こうした停滞が都市の歴史としてマイナスの評価につながるかといえば、かならずしもそうではない。都市生活における経済活動や住環境などの視点からすれば、むしろ高い評価を与えられるものなのかもしれない。(4)

こういった景観的な都市の停滞期とはいえ、微視的にみると、さまざまな要因によって都市開発は行なわれており、小規模ながら都市景観や市街化区域の変化をみることができる。しかも、そうした小規模な都市開発のあり方には、その時代の都市観や都市問題などにかかわる本質的な問題があらわれており、都市史として注目せざるを得ないものがある。とくに江戸時代中期の都市では、そうした都市開発は新地の形成というかたちであらわれることが多い。

新地とは、文字どおり新しい土地、新開地、新しい屋敷地の意味であり、新屋敷や新家地ともよばれる。為政者側の都合や都市計画によって、既開発地の住民を強制的に立退かせ、未開地へ集団移住させるいわゆる所替えによって替え地として設定される新地や、また土地の所有者や関係市民の出願によって開発が許可される新地などがある。いずれにしても、新地形成の場所は未開発地であり、市街地の縁辺部に設定されるところに特色がある。

本稿では、そうした都市開発のうち、為政者の都市計画によって市街中心部から郊外へ強制的に移住させられる所替えの新地形成をとりあげて論じてみたい。土地の所有者や特定の市民が新地形成を出願する場合とは、条件や新地の性格などにかなり相違がみられると考えられるが[5]、そうした比較の問題は別稿を期したい。

二　宝永大火に伴う替え地

宝永五年(一七〇八)三月、京都では大火が発生した。『上京文書』所収「親町要用亀鑑録」には「宝永五戊子年三月八日午刻、油小路三条上ル町両替屋市兵衛方より出火、内裏炎上。九日酉刻鎮火。東は寺町、南は錦小路、北は上長者町也」と、京都市街西北部が類焼し、内裏はもちろん「堂上・宮方百余ケ所、町数三百余町」が焼けたと伝えている。この禁裏御所はじめ公家町の焼亡が契機となったらしく、都市計画がおこなわれている。この都市計画が誰の発案によるものか、また担当機関はどこであったかも判然としないが、『徳川実紀』には公家屋敷の再建費用を補助したり、禁裏・仙洞・女院御所用地の増加などに江戸幕府が積極的に関与したことが記されているので[6]、江戸幕府の主導になる公家街の拡充・整備の都市策定であったことはまちがいない。

公家町整備の都市計画は、寺町通以西、丸太町通以北、烏丸通以東の地を対象として、その近辺をも必要に応じて組み入れ実施された。このことは、宝永六年刊「京絵図」(亀屋清兵衛版)に該当地域の町々がすでに移転されて「アキチ」記載となっていることや[7]、後年の絵図類や地誌類からも確認される。

移転を命じられた町々住民また寺院などがどうなったかについて、先に引用した「親町要用亀鑑録」は、「此時、御築地近辺其外町共、多分替地被仰付、西陣、聚楽、或ハ二条新地等へ町内引地ニ相成、且寺社向も二条新地其外へ引地有之候」とほぼ町ぐるみ、地域ぐるみの移転となったことを伝えている。

もうすこし正確な所替えの情報は、『京都御役所向大概覚書』二の「京都竪横町通之事正徳五未年改」の項に留められているので、少し長くなるが関連箇所を抜き出してみよう(8)。

宝永五子年大火以後、御所廻・新在家・椹木町・丸太町・広小路ニ付、東河原頂妙寺南東江所替之寺町家左ニ記、

一、南北町六筋

　福本町

　頭町　和国町

　西側若竹町 東側三本木町　西側駒薬師町 東側駒引町

　西側光堂新町 東側太方町　両側讃州寺町

　西側長倉町 東側菊本町

　西側大黒町 東側多門町　西側弁天町 東側若夷町

一、東西町弐筋　町名無之

同年大火以後寺町裏通江所替之公家衆寺町家左ニ記、

寺町通二条上ル町東側　常盤木町

同二町目東側　藤木町

　　　錦町

　　椹木町

一、寺町裏通南北新烏丸通　梅木町

一、同通南北新椹木町　西側柳町 東側桜町
角倉町　西革堂町
一、同通荒神町より二条通迄之内東西新道六筋
東御門町　福島町
内小石有之町貳町
高砂町
信濃町
一、寺町裏通東西二条通寺町東江入町北側榎木町
一、同年大火已後元真如堂跡今出川下ル町西側所替之
御所役人町家
町名栄町
同年大火已後寺町通今出川上ル町立本寺跡江所替之町家
南北貳筋
壹町目　西側高倉町 東側俵町
三町目　四町目　新生須町
元百萬遍町
東西貳筋
貳町目
新荒神町
一、寺町今出川上ル町東側　俵町
同年大火以後聚楽内野江所替之寺町家
一、南北新道貳筋并七本松通

内

一番町　三番町

四番町　七番町

五番町　六番町

一、東西新道壹筋并仁和寺通

内

貳番町

少々わかりにくい表現のところもあるが、鴨川東の二条頂妙寺の南東に寺院と町家、寺町通東の二条以北に公家衆・寺院・町家、元真如堂跡に御所役人および町家、立本寺跡へ町家、聚楽内野へ寺院と町家というように、大別五カ所に所替えがおこなわれたという。ここでは五カ所という地域分類に見えるのであるが、『京都御役所向大概覚書』三の「替地之事」の項では、寺町、河原町、新三本木組屋敷跡、元真如堂跡、立本寺跡、頂妙寺裏、内野の七カ所として書きあげている。そしてこの「七ケ所宝永五子年類焼以後、御門跡方并公家衆、御所役人、武家方、寺院、町家替地相渡候」と記しており、その替地総坪数と内訳も詳記している。(9)

惣坪数合拾壹萬五千貳百七拾貳坪余

右之訳

一、壹萬貳千八百八坪六厘　御門跡方并公家衆 御所役人・武家衆、屋敷渡り

一、五萬千八百貳拾三坪九分五厘　町家渡り

一、三萬六千四百五拾七坪五分　寺院貳拾九ケ寺渡り

内　頂妙寺貳拾七ケ寺 内野貳ケ寺

一、壹萬貳千三百七坪　道坪
一、貳百三拾三坪　溝坪
一、千六百四拾三坪　所々明地
　是は石川宗十郎並伊勢屋三右衛門荒神町石屋共江御預ケ

替え地総坪数が収公地とくらべてどのくらいの割り増しであったか、また町家や寺院などの比率もどうであったかはまったく不明であるが、さきの「京都竪横町通之事」の項の記載とかさねながら判断してみると、次のように理解することができる。

御門跡方や公家衆、御所役人、武家衆への替え地一万二八〇八坪余は、寺町より東、二条より北、鴨川までの間の、いわゆる寺町、河原町、新三本木組屋敷跡と称される地区のなかにおいて付与されている。『京都市史地図編』所収の「享保八年刊京大絵図」などで、該当地域に梶井御門跡・日光御門跡里房、二条家・油小路家・正親町家などの公家屋敷、松平伯耆守、中井主水らの武家屋敷等々が見えているので、この地域は公家街隣接地として準公家屋敷街という理解があったということであろう。

寺院替え地三万六四五七坪余は、替え地先がさらに明瞭である。鴨東の頂妙寺の南および東の地すなわち二条川東新地に二七カ寺、内野新地に二カ寺という。これらの寺々は、もと寺町通の二条以北にあった寺院で、宝永大火で焼亡したのを契機として移転したものである。寺院が焼亡後に移転した事例は決して少なくない。この宝永大火後の替え地とされた元真如堂跡がそのよい例で、元禄五年(一六九二)十二月の火災で焼失した寺町通の今出川下ル地域の真如堂、極楽寺、迎勝寺、大興寺、法性寺などが、洛東黒谷の北や鴨川東岸地域に移されていた。(10)

三　寺町の解体と寺院の移転

寺町というのは、豊臣秀吉の都市改造によって、洛中の寺院を市街地の東端に集められて形成されたという寺院街である。[11] 寺町のほか寺之内や寺内町も寺院街区であるが、秀吉の都市改造すなわち京都の近世都市化の象徴とされるのが寺町であったわけである。その寺町通の寺院が火災を契機としてというかたちではあるが、替え地をあたえられて鴨東や内野などへ移転している。寺院街の形成の目的がどこにあったかは学説の分かれるところであるとはいえ、元禄五年（一六九二）や宝永五年（一七〇八）の大火で焼失したあと、かなりの寺院が寺町を去ったことからして、江戸時代中期には近世都市における寺院街の意味は急速に喪失しつつあったとみてよいだろう。

しかし、宝永の大火はもとより数次にわたって焼失していながら、寺町から移転せず同所に再建をくりかえしている寺院もある。たとえば本禅寺、浄華院、盧山寺などである。いくつかの寺院は移転し、またいくつかの寺院は移転していない。これをどう解すればよいのか、難しい問題であるが、寺院の規模や宗派などの違いによるものではないようである。個々の寺院の事情によるものと考えるのが妥当だろうが、ということはいずれにしても寺院街(寺町)の都市計画的意義が存在していないということでもある。

寺町寺院街の積極的意味は見い出し得ないものの、二七カ寺が二条川東新地に、また立本寺・福勝院の二カ寺が内野新地へ移ったことは注目しておく必要があろう。二条新地に移転した二七カ寺は、ほぼ集居するかたちで寺院街を形成している。また内野新地へ移った立本寺と福勝院は、一番町と七番町というように隣接はしていないものの、この地域は元和・寛永期以降あいついで寺院が建立されたり移転してきたりしており、寺院街化しつつあったところであった。[12]

寺町寺院街の寺々が、いわゆる郊外にあたる地域に集団的に移転していることは、小規模でしかも集団毎には相互に関連をもちえない立地で散在型の寺院街を形成したものとみることができる。そうした新寺町の形成は、宗教政策上、また都市計画の視点からしてどのような意味があるのかについても、不明の点が多い。寺町通からの移転の理由としては、郊外においてなら寺院境内の拡張が可能であったということが考えられる。また、寺町以東の河原町などの開発が十七世紀にかなり進行して、これまで京都市街の東端であった寺院街が、京都市中域にくみこまれつつあったこと(13)もそのひとつの理由となったかもしれない。

話が前後することになるが、宝永大火焼亡地域のうち、丸太町通以北の移転・替え地ということで話を進めてきたが、前述のとおり寺町寺院街については、丸太町以北ではなく二条通北側の要法寺以北の寺々が移転の対象となっている。そして、移転となった寺院の跡地は、町屋地や公家衆屋敷地また武家屋敷地となっている。

寺院の替え地は、江戸時代中期においても一般的にはそれほど容易なことではなかった。ひとつの事例を示しておこう。元禄十三年（一七〇〇）八月、日蓮宗立本寺の隠居で、西ノ京下立売通紙屋川より一丁東の満願寺日亭が寺地替えの願書を提出した。願いの替え地先は鳴東下岡崎村の氏神天王の神主林助太夫の居屋敷二〇〇〇坪のところで、無年貢地ではあるが法性寺の旧地という由緒地であった。ちなみに、満願寺の寺地は一七〇坪であった(14)。

満願寺寺地替えの願いは、京都町奉行から所司代松平紀伊守信庸へ上申され、江戸の幕閣の審議するところとなった。方針は月番の寺社奉行永井伊賀守直敬の書面によって伝えられてきた。その文に「寺社引替地、多は難成由、子細有之は元坪を以替之、萬一地広所江替は、元坪之外境ニ仕切、寺ケ間敷作事不仕筈ニ申付、持添地ニ為仕置候事」とあり(15)、寺地替えは一般には認められないこと、特別の子細があって許可される場合でも、元坪どおりの面積が原則であること、もし替え地先が地広の場所である場合には、元坪の面積地以外は仕切りをつくって寺院がましき作事をしないことなどというものであった。

宝永大火後の寺地替えには、多くの寺院がいっせいに集団的に移転していることから、幕府側の意向がこめられていたのではないかと考えられるし、また元禄五年（一六九二）の火災後の真如堂などの移転の先例もあった。ただし、こうした特別の移転でも、さきの満願寺の事例でみた移転先でも原則として元坪の面積という方針は厳守されたのであろう。川東二条新地の寺々も内野新地の場合も、ほとんど境内寺地の拡張は見られない。寺地替え地の場合、かなりきびしい統制下でそれが実行されていると考えられるから、寺地替えが転機となって、当該寺院の新時代を迎えるとはいちがいに言えなかったであろう。むしろ、旧地から新地への移転に伴う檀家との関係をいかに解決していったかが注目される。

四　町家地の移転

町家地の移転についてみていこう。宝永大火類焼替え地一一万五二七二坪余のうち、町家替え地に渡った分は五万一八二三坪余で、全体の約四五パーセントにあたる。立退き対象となった区域は、前述のように、丸太町通以北、烏丸通以東の公家町東南部の町々で、移転先は、主として川東二条新地と内野新地であったようである。以下、伝承等をも含めつつ判明する範囲内で、町家地移転の実際と問題をさぐってみよう。

『山城名跡巡行志』は「二条新地町数二十町」という項目をあげて、次のように記している。宝永五年（一七〇八）三月八日に京都大火があり、その後禁裏御造営がおこなわれるにより、丸太町北側（京極より烏丸東側まで）の御幸町、麩屋町、富小路、柳馬場、堺町、高倉、間町、東洞院、車屋町（各丸太町以北椹木町まで）の町々はことごとくこの二条新地に移され、また寺町の二条以北の寺院はすべてこの二条新地に移された。

刊行年は未詳ながら、宝永五年の大火からそう下らない時期のものと考えられている(16)『都すゞめ案内者』下巻にも、「二条川ひがし新地之図」が紹介されている。これによると、頂妙寺の仁王門に由来すると考えられる二王門通を中心の東西路とするかたちで、頂妙寺南側と東側に通り名と町名、寺院名が詳細に書きこまれている。しかし、絵図表示が煩雑で脱落、記載もれもある。とりあえず、仁王門通の南側について西から順に通り名をひろうと、新丸太町通、新御幸町通、新富小路通、新柳馬場通、新堺町通、新高倉通とある。仁王門通北側は西から車屋町通、間町通の文字が見えるが、その中間の通りは通り名が脱落している。おそらく東洞院通であろう。またこの北側の通り名には「新」の文字も欠落している。ともあれ、旧地の通り名がわずか一町程の区間に付されていること、しかもその一町の町域に複数の町名が見えることが特徴的である。たとえば宝暦十二年(一七六二)刊『京町鑑』で「川東之部」に「新丸太町通」をあげ、「仁王門下ル東側北方多門町」「同西側北方大黒町」「同東側南方若夷子町」「同西側南方弁天町」を記し、「右一町の内にて小名四つ有」と説明している。

以上のことから、川東二条新地では、旧地の通り名を移すとともに、旧地の町名をも町民の移住とともに移したこと、何らかの事情で町民全員が新地へ移住せず、一部の住民が町名とともに新地へ移住してきたこと、新地では一町規模に達しない小規模町内がいくつか連合するかたちで町並みを形成したことがわかる。通り名は、旧地の丸太町以南では生きているために、新地では新の字を冠して旧地の通り名を用いたが、町名は旧地において廃絶するため、旧町名をそのまま移住先へ移したといえる。

共同体というか町内というか、町民がそろって移住することが原則であり、それだからこそ町名も移されたのであろうが、一部町民の脱落すなわち町内会組織の変改も容認されたこともうかがえる。そして、いずれの場合も、川東二条新地では旧町名を用いているのであるから、町名とは地理的な位置や空間を示す名称ではなく、町内会組織または集団の名称であったことがわかる。

しかし、町家移住での最大の問題は、日常的な生活とくに経済生活であろう。とくに京都市街地の中心部ともいうべき公家町隣接地から、鴨川をへだてた鴨東の郊外の一区画に移された二条川東新地の場合、従来の家業や取り引きなど、重大な事態に遭遇したであろうことは容易に想像できる。集団的な移住方法がとられたことで、該当町内などの近所づきあいをはじめとする小世界の問題はかなり解決できたであろうが、移転先で都市生活が充足されうるまでには、新地は都市としての完結性をもっていない。

新地への移住が町家生活にとって、経済的問題を引きおこすことは、二条川東新地だけのことではなかった。内野新地の場合も同様であったと考えられる。内野新地は、かつての平安京大内裏の故地の一部であるとともに、豊臣秀吉の聚楽城下の家臣組屋敷跡とも伝える地であり、聚楽廃城後は荒廃していたといわれる。この上京西郊の地に、宝永大火で焼失した地域のうち、烏丸通下立売東側一帯の新在家とよばれた町々の人々が移住して、内野一番町から同七番町におよぶ新地が形成されたという。(17)内野新地の場合、旧地の町名を引きついでいないので、集団移住とはいえ、二条川東新地ほど各町のなりたちが明瞭ではない。いずれにしても、禁裏西南の市街地中心部から郊外の地へ移住させられたわけであるから、経済的な打撃は大きかったにちがいない。

こうした郊外の新地における経済的困難を打開する方法というべきか、あるいは新地活性化の方策、また封建的な都市開発法というべきであろうか、新地の遊興地化という方向がしばしばあらわれる。

宝永大火後の替え地となった各所においても、前述の遊所化問題は現実となっている。川東二条新地そのものは遊所化したことはないが、同所の北西部に隣接するかたちで二条新地という遊里が形成されている。内野新地も全域が遊所化したわけではないが、四番町・五番町が遊里となった。また、丸太町北、鴨川西のいわゆる新三本木、そして元真如堂跡地にあたる白梅図子も遊里となっている。それぞれの立地も事情も同じではないが、新地と遊所という視点から、つぎに若干の考察を加えてみよう。

五　新地の遊所化

宝永大火のあった宝永五年（一七〇八）の五月、新河原町筋すなわち先斗町および西石垣、土手町筋、新三本木などで営業していた旅籠屋・豆腐茶屋の停止が命じられた。これらの地域は鴨川西岸に面した新開地で、遊興客に宿や酒食を提供する旅籠屋・煮売屋が軒をならべつつあったようである。[18] 土手町筋と新三本木は御用地として召し上げられたことに伴う営業停止であるが、新河原町筋の場合は、宝永大火に伴う都市計画にかかわるものであったかは不明である。ただし、新開地とりわけ鴨川の河畔で遊興の立地条件のよかったところでは、旅籠屋、茶屋、煮売屋、料理屋などの開業がすすみつつあったことだけは確認できよう。

宝永大火後に替え地となった二条川東新地や内野新地などが、当所から遊所化を前提として形成されたという記録はない。また新地形成から間もなく遊所化したという史料もない。前述のように二条川東新地などは、新地のなかが遊所化したといった事実がない。ということは、宝永大火の替え地となった新地は、遊所地として開発される新地形成とは若干異なっていたのだということができる。

しかし、時代を経るなかで、遊里との少なからぬ関係を、これらの宝永大火替え地ももつことになったことは、やはり注目しておくべきであろう。

二条川東新地というか頂妙寺境内に隣接するかたちで、鴨川の東岸、二条以北に新たな新地が形成されはじめたのは、享保末年のことと伝える。『京都府下遊廓由緒』の二条新地の項によれば、傾城町島原からの出稼地という由緒をもつ二条新地は、新生洲町、新先斗町、大文字町、難波町、中川町、杉本町の六町からなっている。そして、「二条新地ハ元聖護院村畑地ニ候処、享保十九甲寅十一月、北野吉祥寺ヨリ所司代牧野河内守町奉行本多筑後守江願済ヲ以建家地ニ相成、新先斗町大文字町致開発、其後追々人家相増候由候事」といい、追々旅籠屋渡世、茶屋渡世を公許され、宝暦十一年（一七六一）十一月の茶屋惣年寄が傾城町に命じられたときには、二条新地の茶屋株をもつものも株料を差し出しているという。(19)

寛政二年（一七九〇）六月や天保十三年（一八四二）の遊女取締りの幕政改革では、二条新地の遊女たちも取締りの対象とされ、その後の年限・人数制限付きの遊女屋商売公許令では、祇園新地、七条新地、北野上七軒とともに、傾城町の出稼地の遊里として二条新地も復活しているという。(20)

鴨東の二条新地といえば、宝永大火の替え地二条川東新地ではなく、傾城町の出稼地で遊里として知られる二条以北の新地をさすようになっていったのであろうか。また、宝永替え地の二条川東新地と遊里の二条新地とは生業等をめぐる関連はなかったのであろうか。文化七年（一八一〇）の刊行とされる『文化増補京羽二重大全』の「所々新家地」の項では、「宝永五子年二条川東新家地」として、大火後の町家および二七カ寺の替え地を記しており、遊里となった新地は「二条北川東聖護院領新生渕《(洲カ)》新地」として書きあげている。『京都府下遊廓由緒』や『京都坊目誌』は、むしろ後者の方を「二条新地」と称しているので、明治以降は、遊里の方が二条新地とよばれていたことはたしかであろう。

内野新地の場合も確実な史料はないものの、三番町、四番町、七番町などが煮売屋株を免許されていたといい、寛政年中には四番町、五番町ともに北野社および愛宕山参詣の道筋にあたるところから煮売茶屋渡世を出願し、茶立女を置くことも認められていたと伝える。隣接する三石町・利生町なども寛政以前から茶屋株・旅籠株を許され茶立女を置いており、五番町は寛政二年（一七九〇）十一月から遊女商売を公許されたともいう。(21) ここは、北野上七軒の出稼地という由緒をもっていた。北野社や愛宕への参詣人の通路にもあたるという由縁をたよりとして煮売屋、茶屋の営業許可を得、茶立女を召しかかえ、傾城町の出稼地北野上七軒の出店という由緒をひっぱることで、遊女屋開業にいたったものと考えられる。

同様の経緯は、元真如堂跡替え地でも見える。元禄五年（一六九二）の火災で焼失した真如堂等六カ寺が鴨東へ移転した寺町今出川下ルの元真如堂跡空地の一部には、元禄十六年に、松屋町通丸太町下ル・猪熊通丸太町下ルなどから所司代用地の替え地として移された扇町、新松屋町、大猪熊町などが形成されはじめていた。その後宝永大火後の替え地ともなり、烏丸上長者町の新在家東町などから移住者があり栄町も誕生していた。[22]

しかし、公家町東北部に隣接するとはいえ、町家地としての立地はよくなかった。新松屋町とともにのちに遊所化する夷町は、安永四年（一七七五）に猪熊通丸太町下ルが所司代用地として収公されるにともない替え地として当地に形成された町であるが、「新松屋町、夷町共、新地引移之砌ヨリ、端々ニテ渡世難儀之訳ヲ以、煮売茶屋差許相成」ったという。[23] すなわち市街地のはずれであるために生計がたてにくく、煮売茶屋渡世を許可されていたというのである。

明和三年（一七六六）に同所の中御霊裏松植町の開発問題がもちあがったときの松植町の口上書にも「私共町内は、前々より多分料理旅籠商売仕、并炭薪商売仕候もの共入交り在之候処」とか、「私共町内は、端々之義ニ御座候得共、町幅広く御座候付、右商売人共何れも家業相続仕」と、市街地のはずれであること、料理屋、旅籠屋、薪炭商などを営んでいることが記されている。[24]

寛政二年（一七九〇）の遊女取締りで厳しい取締りをうける対象となっていた元真如堂跡新地の困窮を訴えた同年十一月の口上書には、新地の遊所化の経緯がさらに詳しく記されている。[25]

一、栄町之儀ハ、往古ハ烏丸通東裏筋新在家東町ニ住居仕罷在候処、宝永五年子三月大火之節類焼仕、夫より御用地ニ被召上、同年十一月朔日当地江御替地被下置、然共端々之儀ニ付、渡世も差支難儀仕、尤当初之儀ハ北在之出口ニ御座候得ハ、煮売或ハ煎茶等之渡世仕度、右株御赦免之儀、翌丑年十二月御訴訟奉申上候処、書付差上置候様被仰渡、其後年々ニ御願奉申上候処、享保七年寅三月、河野豊前守様御在役之砌、三株御赦免被成下、表ニ行燈を掛置渡世仕候様被仰渡候得共、三株ニ而ハ行届不申、何卒家別ニ茶屋株御免被成下度段、尚又御願申上候処、右三株を以家別ニ手広ニ渡世仕候様被仰渡、一統渡世仕来候。

町はずれであって渡世に苦しむ地域ではあるが、今出川口という洛北・洛東への出入口にあたるという地の利を活かして煮売渡世などをしたいと、替え地移住直後から出願していたこと、出願から十六年目の享保七年（一七二二）になって三株の茶屋株が認められ、三株の名目で町中全体が茶屋渡世を行なってきたというのである。ところが、寛政二年（一七九〇）の遊女取締りによって、「此度私共町々茶屋渡世仕候者共、売女御吟味落着之上、夫々御咎又ハ家財三分二取上被仰付、奉恐入」と、遊女稼ぎが発覚して処罰された。[26] 口上書では、真如堂跡栄町・同所新松屋町・同所夷町・中御霊裏松植町が連署して、天明大火による類焼と遊女取締りによる処罰で渡世を失った当地の再興のため、他の遊所新地同様に遊女茶屋営業の再許可を嘆願するという文案となっている。

その後の動向は不明であるが、明治三年（一八七〇）四月に二条新地の出稼地という由緒によって、新松屋町・夷町（合併して新夷町）に遊女屋渡世が許されたと『京都府下遊廓由緒』にある。この新夷町が白梅辻子と称されるものである。

新三本木については、明瞭な記録もなく、『京都府下遊廓由緒』によれば、天保十三年（一八四二）の遊女取締りの幕令にも新三本木はかかわりなかったとしているので、表立った遊女営業はみられなかったのであろう。ただし、明治三年三月には「芸者共紛敷渡世罷在」とあるので、のちには遊所化していたのであろう。同年四月あらためて、傾城町の出稼地という名目で茶屋芸者渡世が許されたという。[27] 新三本木の場合、鴨川畔という地の利を活かした遊興地化が徐々にすすんでいったと考えられる。

以上、宝永五年（一七〇八）大火後に替え地として形成された新地において、実態不明の二条川東新地を除き、ほぼ煮売屋、茶屋、宿屋渡世から遊所化傾向がみられることを検証してきた。遊所・遊里が市街縁辺部であるから認められるのか、町はずれであるからほかに都市的生業を営みがたく、遊興施設的生業へ走らざるを得ないのかは判然としない。おそらく相互に関連しているのであろう。

近世都市の新地形成のうち、為政者による都市計画によって市街中心部から追われ、郊外に集団移住をさせられた宝永五年大火後の替え地型新地について論じてきた。強制移住の場合でも、特別な有利な移転条件があったことはほとんど認められず、むしろ郊外の新開地に放り出される経緯から、生業の変更を余儀なくされ、立地条件を活かしながら遊所化への道をたどる場合が多いことを指摘できよう。

注

(1) 京都市編『京都の歴史』第四巻「桃山の開花」(學藝書林、一九六九)・第五巻「近世の展開」(同上、一九七二)・第六巻「伝統の定着」(同上、一九七三)の三巻の別添地図参照。第四巻の「京都―名所と町組の成立」の「桃山時代・都市改造以前」の京都の図は、天正十七年ごろまでの市街景観を示しており、第五巻の「近世都市＝京都の構造」の図は延宝・元禄期の京都市街を復元し、第六巻の「伝統と文化の都市＝京都」の図は天明・文化期の京都市街を、それぞれ京都市の現在地形図の上に描いており、一見して都市化の様相をうかがうことができる。

(2) 鎌田道隆『近世都市　京都』(角川書店、一九七六)参照。

(3) 国勢調査の統計数値によれば、上京区・中京区・下京区の三区合計人口は、最大が昭和三十年で四六万二四八一人、最低は平成二年で二五万五九九四人である。

(4) 鎌田道隆『京　花の田舎』(柳原書店、一九七七)参照。近世都市の京都が巨大都市化しなかったことの表現が花の田舎であり、そこに京都の魅力があったことを論述している。

(5) たとえば、新地開発出願に際しては新地内または往来筋の道・橋の維持管理や、上納金の納付などの付帯条件が必要なことが多い。

(6) 『新訂増補国史大系　徳川実紀』第六編「常憲院殿御実紀巻五十八」の宝永五年八月二十二日条に、「先に火に逢し公卿殿上人以下の輩に、所司代松平紀伊守信庸して、居宅構造の費用を頒布せしめられる。九条左府輔実公、京極兵部卿文仁親王、鷹司前関白兼熙卿は金二千両づゝ、（後略）」というように、見舞金また補助金と考えられる金高が詳しく書きあげられている。

（7）京都市編『京都市史地図編』（昭和二十二年刊）所収。

（8）『京都御役所向大概覚書』上巻（清文堂史料叢書、清文堂出版、一九七三）二〇七〜二〇九頁。

（9）同右三五七頁。

（10）『続史愚抄』元禄六年六月十九日条に、「真如堂（八月、仏体遷座等の事有）東北院、極楽寺、迎正寺、来迎寺等を洛東に移す。又法正（性カ）寺、正迎院等を鴨川の東岸に移すと云。（巳上、去る元禄五年十二月一日火に遭う故なり）」とある。

（11）京都市編『京都の歴史』第四巻「桃山の開花」（前掲注1）第三章第三節「お土居と寺町」（木下政雄・横井清共著）三〇二〜三〇三頁参照。

（12）碓井小三郎編『京都坊目誌』（新修京都叢書、一九七六）参照。

（13）京都市編『京都の歴史』第五巻「近世の展開」（前掲注1）第二章第四節「町の変貌」（西川幸治）一六四〜一六六頁参照。お土居の破壊が進行していった状況が分析されている。

（14）『京都御役所向大概覚書』上巻（清文堂史料叢書、前掲注8）三五六頁。「寺地替地之事」。

（15）同右。

（16）『新修京都叢書』第三巻（臨川書店、一九九四）所収。同書六頁の『都すゞめ案内者』解題にも触れているが、下巻末尾の絵図に関して「子ノ年よりの新地引地までくはしく絵図にあらはし、新改正増補都すゝめと題号をあらため、あまねくひろむる者也」とあり、子の年とは宝永五年大火の年であるからその後十二年以内の刊行と解釈されている。

（17）碓井小三郎編『京都坊目誌』（前掲注12）。

（18）『京都御役所向大概覚書』上巻（清文堂史料叢書、前掲注8）二九〇頁。

「焼豆腐屋敷之事」の項に、祇園町北側の水茶屋焼豆腐屋とともに、新河原町筋の旅籠屋・豆腐茶屋などが、「宝永五年子五月茶屋・旅籠屋・豆腐茶屋御停止被仰付候」とあり、土手町筋の新町・大黒町・槌屋町三町は宝永五年五月御用地となり替え地も与えられず、茶屋・旅籠屋渡世も禁止されたと記されている。なお、新三本木の旅籠屋二軒も営業停止であったという。
(19)『京都府下遊廓由緒』。
(20)同右。
(21)同右。
(22)碓井小三郎編『京都坊目誌』(前掲注12)。『中御霊裏町文書』(京都市歴史資料館収集文書)など。
(23)『京都府下遊廓由緒』所収「白梅辻子」の項。
(24)『中御霊裏町文書』(京都市歴史資料館収集文書)。なお、同文書は京都市編『史料 京都の歴史』第七巻「上京区編」(平凡社、一九八〇)の「京極学区」のなかに翻刻引用されている。
(25)同右。
(26)同右。
(27)『京都府下遊廓由緒』。

第五章　近世京都の観光都市化論

一　中央経済都市京都の破綻

近世都市京都は、天正十八年（一五九〇）を中心とする豊臣秀吉の都市改造によって、その都市機能を策定され、構造的にもほぼその都市改造を原基として、近世都市として展開したといえる。秀吉によって策定された都市機能とは何かといえば、石高制成立の成否をになう米の換金市場としてのマーケット機能、すなわち経済都市としてのそれであったと考えられる。(1)

天正十九年九月には、都市改造事業のほぼ終了した洛中に対して、秀吉は地子銭の永代免除を伝え、経済都市としての発展を促すための都市民への税制優遇措置の方針を明示している。徳川氏も、豊臣氏の都市政策を継承した。「寛永十四年洛中絵図」によれば、豊臣政権がおこなった町割りや寺院街形成の都市改造手法は徳川政権下でも踏襲され、二条城周辺の町割りや洛中西端の寺院街区形成にそれを見ることができる。「寛永十四年洛中絵図」では、すでに洛中の街区が町場として発展していることを読むことができる。(2)

地理的な境域や町割りという視点からすれば、十七世紀から十八世紀にかけて、鴨川両岸の築堤によって鴨川右岸の河原町や木屋町、左岸の鴨東地域に町場建設がすすみ、また内野地域の開発も進行したが、豊臣秀吉の都市改造から江戸時代初頭の京都がそのまま近世京都の原型をなしていた。巨視的にみれば、近世都市京都は、昭和三十年代の高度経済成長直前まで、近代京都の市街地境域とほとんど変わることなく重なっていた。すなわち、昭和二十年代の上京区、中京区、下京区の市街地区域が、近世京都の洛中にほぼ相当しているのである。

京都市街地の形成という面からみると、近世都市京都が近代京都の原型として見えてくるのであるが、都市機能や都市構造という視点に立てば、十七世紀後半から十八世紀にかけて、京都は大きく転回している。一言でいえば、経済都市から観光都市への転換である。

天正十八年の京都改造は、京都を権力の手で強引に再開発して、商工業都市として定立することにあった。この都市改造後、聚楽第を破却して、聚楽第を中心とする京都の城下町化＝政治都市化を明瞭に否定したことによって、秀吉の京都経済都市化の方針は一層明らかとなった。[3] 京都を経済都市として位置づけるため、文禄三年(一五九四)以降政治都市として新都市伏見が建設されていったのである。

秀吉の時代から江戸時代前期の京都は、米の最大消費地であり、換金市場であった。江戸時代中期に大坂が巨大都市として発展し、日本最大の米穀換金市場に成長するまでは、大津を玄関口とする米穀市場としての位置に京都はあった。京都には、聚楽第の造営から破却、そして伏見城下町の建設、大仏殿方広寺や二条城の造営、禁裏公家街の改造などの巨大工事が続き、数万人から数十万人の工事関係者が動員されており、その食糧の供給も莫大であったと推計される。また、江戸時代前期の奈良も、晒布生産を中心とする産業都市であり、大津米市場に集められた北陸・東海・近江産米の消費地・換金市場であった。[4] 大津市場の米は、山中越や逢坂・日の岡峠越えで京都へ、山科・醍醐経由で伏見や奈良へ大量に輸送されていった。

朱印船貿易などの海外交易に乗り出した商人も京都商人だった。海外渡航が禁止されたあとも、生糸などを求

めて長崎商いに従事した国際交易商人も京都には少なくなかった。(5)

享保十三年（一七二八）の序文をもつ『町人考見録』は、京都豪商たちの没落事例を参考にして、町人の商売のあり方や身持ち・振舞いの教訓にしようとして三井高房がまとめたものである。この書には、十七世紀の京都を中心に営業活動を行った著名な豪商四六家の没落例・成功例とともに、銀座・糸割符・呉服所・両替屋の営業構造の分析が記述されている。『町人考見録』は、豪商たちの没落事例を教訓とした新興町人の経営理念確立の書として、町人たちの間で筆写されていったものであるが、見方をかえると、十七世紀における京都経済界の繁栄を語る貴重な史料でもある。享保十三年から数えて八十年以前の慶安年間から享保初年までに、銀にして二、三〇万貫目から五、六〇〇〇貫目という巨額の蓄財をした京都豪商たちの記録なのである。

京都豪商たちの致富は領主経済に依拠した大名貸や投機的な長崎貿易というのが多く、この致富方法が同時に没落要因でもあるというのが『町人考見録』の見解である。大名貸とは、各地の大名のもとに収納される年貢米を引当てとした利貸し商売であり、米の先物取引にほかならない。銀座・糸割符・呉服所・両替屋なども、銀貨や銅貨の改鋳差益、生糸や呉服御用達商品の元値段への歩附による収益、金銀両替差額の徴収など、いずれも大量取引の差益による利殖で、京都経済界は活況を呈していたということになる。

しかし、こうした領主経済に依拠した経営は、『町人考見録』の実例が示すようにリスクが大きく、破綻へ至る場合が少なくなかった。また江戸幕府の政治政策の転換も、こうした京都経済へのダメージをあたえるものであった。(6)そのひとつは、鎖国政策による海外交易の統制であり、もうひとつは商業資本保護育成策の放棄であった。もちろん、鎖国後も長崎交易というかたちで京都の商人たちも多く海外との交易品の売買にたずさわっていた。(7)豪商たちのなかでも大名貸や為替業務を通じて、領主経済と深く結びついて成功しているものもあった。(8)しかし、十七世紀の後半には全国的な流通経済の中心は次第に大坂へと移り、(9)西日本政治のなかで京都の占める政治的位置も相対的に低下していった。京都町奉行のもっていた畿内近国八カ国におよぶ管轄権が、しだいに大坂町奉行に分与され、享保年中には京都町奉行と大坂町奉行が管轄権を四カ国ずつに折半するようになる。[10]

十七世紀の前半には日本経済の中心的位置にあり、全国的な流通の中央市場であった京都では、商業資本を蓄積する豪商が出現して京都経済をになったが、大坂の台頭や経済政策の変動と経営理念の未確立とによって、豪商が没落して、京都経済は大きな構造的変化を余儀なくされた。京都は工芸や手工業を中心とする生産の都市へと、その経済構造を急速に転換させていくことになる。

二　名物・名産の京都ブランド化

元禄四年（一六九一）に京都を訪れたオランダ東インド会社派遣の江戸参府随員のドイツ人医師ケンペルは、京都が日本の代表的な商工業都市であること、京都ブランドの商品がすでに成立していることを観察している。[11]

京は、いわば日本における工芸や手工業や商業の中心地である。何かを売ったり、あるいは作ったりしていない家は、ほとんど見当らない。銅を精錬する人、貨幣を鋳造する人、書籍の印刷を業とする人、金糸や銀糸で高価な花模様の反物を織る人、非常に貴重な伝統の染色術を行なう人、精巧な彫刻をする人、楽器を作る人、黄金やその他の金属を使って非常に念入りな仕事をする人、ことに最上の鋼板を鍛え、それで大へん見事な刀やそのほかの武器を作る人々がいる。その上きれいな衣装、種々の装身具、自力で動く巧妙な人形やおもちゃの類がここで作られ、商品として陳列してある。要するに何かが考案されて、それを作ったり、あるいは精巧な外国の品物を見せてもらってそれを模造する名人が、かなりいるということである。それゆえ京都の工芸品は全国に名が通っていて、京の製品という名前さえついていれば、実際に出来栄えが大へん悪くても、ほかの品よりずっと好かれるということである。大通りには商家以外はほとんどなく、こんなたくさんの商品や小売の品物に買手が集まってくるか、われわれは驚くほかはない。旅行者は、誰もが自分か他の人のために何かを買い込み、それをもって立去っていく。

ケンペルの京都に関する観察と分析は詳細で鋭い。当時の日本人に見えなかったことまで見抜いているといえよう。ケンペルの指摘によると、十七世紀末の京都は、(1)生活必需品から贅沢品にいたるまで、あらゆる一流品が生産される都市であること、(2)さまざまな職種にわたる第一級の技術者がいること、(3)京都産の製品であることに高い評価があたえられていること、(4)表通りの商店には大量の商品がならべられていること、(5)多くの旅行者が土産物として京都産品を買い求めること、等々が見えるという。

たしかに、江戸時代の後期の京都では、京焼、京菓子、京人形、京扇、京野菜、京紅、京白粉などの「京」という文字を冠してよばれる名産・名物から、京学、京医、京踊、京言葉などの学問や芸能などの独特の文化領域の誕生が指摘されている。ところが、ケンペルはそうした京都ブランドの成立が、十七世紀末の元禄年間(一六八八〜一七〇三)には人々の意識のなかに存在していることを看破しているのである。さらに「京の製品という名前さえ付いていれば、実際に出来栄えが大へん悪くても、ほかの品よりずっと好かれる」と、もう早くも京都ブランドの形骸化というか名目化の問題が一部には発生していることも、ケンペルは指摘している。

京都の「名声」はともかくとして、十七世紀の京都が、他の都市に比して、諸国に知られるような名産、名物を数多く産する都市であったことは間違いない。寛永十五年(一六三八)の序をもつ松江重頼編の俳論書『毛吹草』は、諸国の特産物を掲載していることで著名である。同書には農産品や手工業品など一八〇〇余の名産があげられている。このうち手工業品にしぼってみると、数え方にもよるが京都=洛中だけで約三〇〇品にのぼる。大坂、堺、奈良、長崎などの都市が約四〇品から二〇品位の産物数であるのにくらべれば、京都は他都市を圧倒しているといえる。洛中名産品の一例をあげると、たとえば武具関係では伊勢因幡守作鞍鐙、埋忠鍔、佐伯柄巻などのように、人名を冠して呼ばれているものがある。これは誰々作の何々という表現であるが、おそらく名人名工の作品であることを示すブランドとして広く知られていたのであろう。ただし『毛吹草』にはこうしたブランド品だけではなく、粗雑で安価な製品も地域の特産として数多くあげられている。たとえば、万里小路通の「鍔麁相物ナリ」、室町通の「目貫麁相物ナリ」、四条坊門通の「茶釜麁相物、空也堂ニテ鉢叩作之」、六条坊門通の「賀留多麁相物也」などがそれである。名人名工の作品は大量に供給されないが、「麁相物」は供給量が豊富で一般庶民でも手軽に買い求めることができる大衆商品として、名物・特産品に値すると考えられていたのであろう。『毛吹草』は西陣等を除いて、京中の東西路・南北路の各通りごとに京都産品を掲げているが、多くは各通りの同業者町、同業者街、そして著名な商工業者の産物を紹介しているわけである。

手工業都市、また名物商品の生産都市としての京都の特性は、寛文五年（一六六五）刊の『京雀』や延宝六年（一六七八）刊の『京雀跡追』、貞享二年（一六八五）刊の『京羽二重』などの地誌から、そのさらなる発展ぶりをうかがうことができる。[12] とくに『京雀跡追』は、市中の生業の記載の克明さに特色があり、「都の町を尋ますれば、ほしい物有と申。先そろり〳〵とまいろふ。やれ〳〵、何をもとめうも侭く御さる」と序文でも述べているように、豊富な物産の供給を誇る都市として、京都を位置づけている。

『京羽二重』は、京都に関するはじめての総合的な案内書であるが、京都の自然景観や東西南北の町筋、旧跡・史跡・神社・寺院、官位補略、京都諸役人等々を網羅するほか、「諸師諸芸」と「諸職名匠」の項を立て、京都の文化人や著名な技術者・商人をかかげている。

たとえば、「諸師諸芸」では、医師、儒者、暦学者、神道家、算者、連歌師、俳諧師、碁、将棋、立花、茶湯、刀目利、料理、検校、能太夫、狂言師等があげられ、それぞれについて高名な人々の住所と名前を数名から数十名の範囲で書きあげている。また医師の場合のように本道医、小児医、産前産後医、目医、外科と細分類してかかげたものもある。当代一流の人がもれなく掲載されているわけではないが、京都の文化や産業の展開をよく示している。

産業都市京都の様相は、「諸職名匠」の部により端的にうかがうことができる。「諸職名匠」では金座・銀座以下、御呉服師など一六八種に分けて著名な職人や商人をかかげており、職種の豊富さとにぎやかさがまず第一に感じられる。しかし、何を基準にして「諸師諸芸」と「諸職名匠」を区分したのかについては、不明なところがある。絵師が「諸師諸芸」の部にあり、大仏師が「諸職名匠」の部となっている例などがそれである。

つぎに、「諸職名匠」の職種と人名とを一覧すると、京都産業のいつくかの特色を発見する。まず、呉服所、翠簾所、香具所、屏風所、琴所などのように、何々所と称するものの多いことであり、また同じように大経師、御茶師、装束師、畳師、仏具師、筆師、蒔絵師、櫛師など、何々師とよばれる職種も多いことである。所は商店を示し、師は職人を示すかのようにも考えられるが、かならずしもそれはあたらない。どちらかといえば、両者ともに公儀や朝廷などの御用を勤めることを示唆しているものと考えられる。

こうした視点に立つと、何々所や何々師以外の職種・職掌で、三味線屋、製薬屋、粽屋などの何々屋とよばれている場合にも、掲載されている人名に、かなりの割合いで受領名を名乗るものがいることに気づく。これこそまさに京都朝廷とのつながりを示すもので、朝廷を中心とする伝統や権威と結びついた京都の産業構造が見える。庶民の側からいえば、京都の伝統や歴史のシンボルである天皇を商売のレベルまで引きおろして活用することで、商売上の名声としていることになる。技術者や商人たちも、京都の伝統文化を支えるかたちをとることで、京都ブランドの形成に参加していたとも見ることができる。

三　京風文化の成立

江戸時代の呼称が示すように、十七世紀から十八世紀にかけて、政治や経済だけでなく、文化の面でも江戸にその中心のひとつが開花しつつあった。そうしたなかで、江戸風とは異なる京都風の文化が創成されていったことは注目に値する。政治や経済は、江戸の風に流されなければならなかったが、学問も芸術も芸能も、京都の歴史と伝統と都市の営みに育まれて、江戸時代中期にもっとも京都らしい文化が形成された。

近世の学問は儒学に代表され、とくに朱子学は幕府の官学として展開し、江戸を中心に根づいたが、その朱子学の祖となったのは、京の人林羅山であった。しかも、その本家ともいうべき藤原惺窩の学統は、むしろ京都にのこって京学とよばれる独特の学風を発達させた(13)。羅山の師であった藤原惺窩の学問的系譜は、松永尺五、木下順庵へと引きつがれた。

松永尺五は、貞門俳諧の祖松永貞徳の子で、寛永年中に春秋館や講習堂の学塾を開いて、五〇〇〇人にもおよぶ門人を全国から集めたといわれる。堀川二条における講習堂の開設には、所司代板倉重宗の援助があり、「講習堂」の扁額は後水尾上皇の宸筆である。また慶安元年（一六四八）建立の尺五堂は、石川丈山の命名になる。尺五は、反江戸の雰囲気をもつ京都上層町衆たちがになった寛永文化の中心的人物のひとりだったといえる。

松永尺五門下の木下順庵は、加賀藩の藩儒に任じられながら、江戸と加賀との往復のかたわら、京都に住居を構え、門弟たちの教育にあたった。順庵の学風は、寛容であたたかみがあり、篤実な人柄が教育者として崇敬を集めたと伝える。新井白石、室鳩巣をはじめ、雨森芳洲、祇園南海、榊原篁洲、南部南山、杉浦霞沼、三宅観瀾らのきわめて個性的な学者が順庵門下から輩出した。江戸の朱子学とはかなり異なった学風の京学は、京都の風土が育てたものといってよい。

厳密な学統・学派の意味では京学とはよばないが、山崎闇斎や伊藤仁斎らの独自な学説と学風も、京都という都市のもつ寛容な学問的環境と伝統の深み、そして非政治都市という自由な雰囲気のなかに花開いたものであろう。闇斎の学問は、朱子学と神道とを結びつけた特異なもので、その門下は崎門学派とよばれる。古学また古義学を提唱した伊藤仁斎も、古義堂を中心に多くの門下を集めて、堀川学派を形成した。

陽明学も国学も、そして本草学や医学も京都では、学問研究への政治的干渉からのがれて、それぞれ個性的な展開を示した。とくに、江戸の儒学が朱子学で固められつつある時代に、朱子学への批判も許されるという風土を京都が形成していたことは注目しておきたい。たとえば、李朱医学に対して疑問を提出し、漢方医学の臨床実験への復古を説いた古医方の名古屋玄医や、空論を排した実験主義から死体の腑分けへと進んだ山脇東洋や、親試実験の実験医学への道を開いた吉益東洞など、医学の方面でも京都では先端の学者を輩出している。(14)

学者や文化人の業績だけではなく、庶民の世界でも、学文というか習い事というようなかたちで、京都らしい文化が形成されていった。その代表的な動きは、町人哲学ともよばれる石田梅岩の心学である。京都の商家で丁稚奉公から壮年になるまで勤めてきた梅岩が町人の生き方を学問的に体系づけて、車屋町に講席を設けて、町の人々に無料聴講をよびかけたのが、享保十四年(一七二九)のことであった。この梅岩の教えは、京都町人のなかから後継者を生み、石門心学の名で市中の各所に、五楽舎、修正舎、時習舎、明倫舎等々の多くの講舎を開設して、庶民の学習の場をつくり出していった。(15)

さらに庶民的な習い事という意味では、市中町々の会所で、また町家のなかで、さまざまな詩文、俳諧、能、鼓など京風の諸芸が流行したことが知られている。とくに「便用謡」などは、謡の素養のある人々が、町内の人を対象として指導にあたり、子弟の教養として伝承された代表的な会所の習い事であり、(16)庶民の学習の態様のひとつとして注目される。

江戸時代の中期以降に、家元制度というかたちで庶民の間に広く浸透した立花や茶の湯も、京都文化とよべるかたちで展開している。江戸時代に入って京都の都市化が急速に進んだことによって、都市民が遠のいていく自然を生活のなかに取り入れていくようになる動きとも関連するのであろうが、床の間に手がるに生けられる「いけ花」として、また繁雑な立花様式から開放された、簡略な基本花型の考案を経て、生け花は庶民の間で流行していった。

立花の家元池坊が主催する七夕立花会は、江戸時代の初めから京都の年中行事として人々に親しまれていたが、それは六角堂を会場としたものであった。六角堂といえば室町時代から下京衆の寄り合いの場であり、町衆たちの自治と連帯の精神的拠り処でもあった。その六角堂における七夕立花会には、京都市中はもとより、全国から池坊の門弟が参集したという[17]。六角堂の生花は、もっとも京都らしい場で、京風の芸術というかたちで、京都文化を広くアピールしていたといえる。

茶の湯も、武士や公家の世界との密接な関係のほかに、家元制度というシステムをとることで、芸事や教養文化として広く庶民に受け入れられていった。千家や藪内家などの家元が定式化した教授法を、町師匠を通じて一般門弟に段階毎に指導し、一定の到達度に応じて、家元から直接に免許状があたえられるのが家元制度である。茶の湯が庶民の教養文化として普及・定着していった背景には、こうしたみごとな教育組織の編成があった。

茶・花・香などの習い事が、庶民の教養として広く普及していったにもかかわらず、それらが低俗化しなかったということも、京都文化の一特質として注目される。それは、家元における総合的芸術性の保持というシステムによって保障されていたのではないかと考える。

花道の池坊においては、鋏は家元の歴代が自分好みを図示して安重に注文し、花器は植松、花材は花市、図譜は村上平楽寺というように、選びぬかれた技術者や業者との信頼関係のなかで、生花の道具や環境をととのえていたという。

茶道の「千家十職」も、同じように江戸時代において家元と特定の部門の芸術とが手を結んでいった結果形成されたものであった。近代の「千家十職」は、楽焼の楽家、釜師の大西家、一閑張細工師の飛来家、塗師の中村家、表具師の奥村家、竹細工の黒田家、袋師の土田家、陶器師の永楽家、金物師の中川家、指物師の駒沢家とされるが、いずれも当代一流の伝統と技術を誇る家々である。茶道文化の奥深さというか芸術性の高さは、これらの特出した技法の総合化にあり、この技芸の総合化こそ京都文化の本質にかかわったものであると考えられる。

四　生活のなかの京風文化

京都は盆地という地理的環境に都市形成がすすめられたためか、冬は寒く夏は暑い。ことに夏の蒸し暑さは特筆ものである。しかしこの蒸し暑ささえ、京の人々はまことに上手につきあい、独自の都市文化としてとりこんでいる。日本を代表する夏祭りである祇園祭は、もともと祇園御霊会とよばれ、古代の都市化に伴う疫病流行に対して、その病気退散祈願の神事であったが、近世の祇園会には蒸し暑くてつらい夏の都市生活を乗り切る夏祭りと、都市町人の文化創造の面が強く付加されている。一カ月以上にわたる祇園祭の準備と練習は、伝統の継承というかたちをとる暑気払いである。山鉾町はもとより寄町を含めての経済的負担は、自分たちの祇園祭という意識を高め、文化財的財産である山や鉾の共有意識を育む方向へとつながっている。そして、京都の都市化が進行するにつれての自然からの離脱を補うかのように、草花をかざるかわりに当代一流の絵師や錺師や細工師を動員して、芸術にまで高められた自然の草花や植物の姿を山や鉾に取り入れている。また、分をこえた奢侈や過差な家産の所持が厳しく罰せられる江戸時代の社会で、しかもキリシタン禁制によって洋書などでさえなかなか許されない風潮のなかで、ヨーロッパのタペストリーをはじめ和洋の逸品をかざりつけ、動く美術館と評される祇園祭の演出は、京都町人の文化意識の高さをものがたっている。祇園祭が町人の分をこえた華奢として幕府からのとがめと処罰をうけなかったのは、おそらくこれが町人の個人的資産ではなく、町民共有というかたちをとった庶民の知恵によるものであったと思う。

祇園祭だけではなく、京都の人々は蒸し暑さをしのぐ手だてを、町家づくりや暮らしの工夫として実践している。京都の町家の多くは、通りに面して一階はいわゆるべんがら格子、二階は低く虫籠窓を付した景観である。表通りから格子を開けて屋内に入ると、通り庭が奥まで通じ、店の間や中の間、客間、仏間などがならぶ。さらに奥には、坪庭そして土蔵・離れなどがしつらえられている。このかたちは住宅が密集する都市住宅の基本で、間口が狭く奥行きがながい。いわゆるうなぎの寝床型である。これも狭い都市域になるべく多くの商工業者が軒をならべるための知恵であるが、とくに坪庭（中庭）の設定はすこしでも自然を都市生活の中にとり入れようとする気持のあらわれである。夏になると、涼しさを演出するために、店の間から奥向きの住室までの障子や襖を葭簀障子に入れ替える。そして表の通りに打ち水をすると、べんがら格子から坪庭までの住宅空間に風が流れる。これこそは、京都らしい町家づくりの知恵であり、江戸時代中期以降の大工や左官や庭師や細工指物師等々の技術のみごとな連携であり、総合的技術の成果といってよい。

こうした規格化されたような都市住宅が、独特の町並景観を形成するようになるのは、江戸時代の中・後期からである。江戸時代初頭前後の京都の都市景観は、いくつもの洛中洛外図屛風から知ることができる。戦国期の様相を示す町田家本洛中洛外図では、板葺屋根の上に石の重しが載っている住宅が多く、通りに面した開口部の間口も大きく、太く粗い格子とのれんが描かれている。江戸時代に入ると二階建の町家が連続するようになり、屋根は柿葺や瓦葺もみられるようになるが、壁の色をはじめ外観の意匠も多彩で、統一された町並み景観は、まだ完成されてはいない。

十七世紀の中ごろから京都の町々の町規則のなかに、町並み景観に言及した町家づくりの条文が見えるようになる。たとえば、清和院町の万治・寛文年間の町規則では、通りに面してデコボコのないように家屋の位置を隣家に合わせてそろえること、表通りには蔵を建築しないこと、表屛もつくらないことなどを規定している。[18] また直接的に建物や外観を規制しているわけではないが、町毎に居住者の職業や身分に言及した条文も多い。武士や検校や出家の居住を排除した町、同業者や先住者の職業を保護した規定をもつ町、騒音や悪臭などを発する職種の来住を排除した町など、それぞれの町の営みはじつにさまざまである。[19] 住みよい町、安心して暮らせる町、誇りをもてる町への町づくり意識の強さを、これらの町規則のなかにみることができる。そうした「町」意識が、町並み景観の共有へとすすみ、個々の町家の個性よりも、町並みや通りの美しさや品位の重視へと展開している。

京都は、宝永五年（一七〇八）、享保十五年（一七三〇）、天明八年（一七八八）、元治元年（一八六四）と大規模な火災を相ついで体験し、何回も町並みを焼失してきた。これらの大火の復興の過程では、町並み景観がなお一層整備され、都会的な街路景観もつくり出されてきた。個々の町の景観から、東西南北の街路景観、そして地域毎の都市景観の統一へという意識の発達は注目しておきたい。

五　観光開発への動き

貴族や上流階層の人々が、氏神詣や本山まいり、また古歌の地や歴史の旧跡を訪ねることは、すでに平安時代から鎌倉・室町時代にみられ、小旅行となることもしばしばであった。平安京の貴族たちが、南都の春日社や興福寺へお詣りに出かけたり、各地の有力者たちが伊勢参宮や熊野詣へと旅立ったことはよく知られている。

しかし、江戸時代の中期になると、庶民生活の向上によって、一般庶民が信仰と遊山の旅に出かけるようになった。それには、街道や宿場の整備、茶店や接待所や道標などの街道施設の充実などがみられたこともあったが、そうした旅人を吸引する条件と努力がいわゆる観光地において開発され、つみ重ねられていったことが最大の要因であった。

京都は古代平安京以来の都であり、政治の場、戦争の場、政争の場であるとともに、王城の地、文化の地として、多くの歴史的旧跡や名所を蓄積してきた。江戸時代に入ると、日本人全員を仏教徒としてしまう檀家制度によって、京都の寺々の多くは、全国各地の檀那寺の本山・本寺としての位置を占めることになった。地方末寺の檀家たちが、ありがたい宗祖やその遺跡を訪ねる、信仰の旅本山詣の目的地に京都はなっていった。

この信仰の旅の背景にあったのは、各寺々による開基・開山などの祥忌の供養である遠忌や開帳などの社寺行事の復興・行修であった[20]。たとえば、東寺では寛永十一年（一六三四）の弘法大師八百回遠忌以来、江戸時代を通じて五〇年毎に遠忌は正確に履修されるようになった。また、日蓮上人、法然上人、菅原道真、聖徳太子、空也上人など著名な人々の遠忌供養が関係する寺院や神社で行なわれ、公開されるようになるのも十七世紀から十八世紀のことである。洛中の南端に偉容を誇る本願寺では、遠忌のほかに、法主の手で形式的な剃髪の儀式と法名の授与を行なう「御剃刀頂戴」、法主の前での食事の相伴である「御前の御相伴」などを考案して、本山詣の門徒を喜ばせる宗教行事を開発している。

京都の寺々は、それぞれの霊験にちなんで本尊秘仏や什宝の開帳や縁日の修法で人々の参詣をあつめ、これが年中行事として定着した。正月の初寅の日は鞍馬の毘沙門天詣、十五日は嵯峨清涼寺の本尊釈迦立像の開帳、十六日は千本閻魔堂と北山鹿苑寺の石不動詣などといった具合である[21]。

また、西国三十三所観音巡拝の聖地巡礼になぞらえて、洛陽三十三所観音詣を設けたり、六地蔵めぐりや名釈迦・名薬師・名称陀、名不動詣など、新たな庶民信仰の京都めぐりが考案された[22]。これらは京都の寺々がいくつか手をつなぎあうことによって、新たな観光資源を開発していったことを示している。

社寺の境内や門前には、参詣に必要な仏具・神具や土産物を売る店、休憩や娯楽のための茶屋や料理屋などが軒をつらねた。北野神社の天神さんや東寺の弘法さんなどの定期市が開かれ、参詣者だけではなく都市生活の日用品から骨董品まで供給するようになるのも江戸時代のことである。

政治や経済が安定した江戸時代には、廃絶していた旧儀の復興もあいつぎ、京都の伝統と文化が一層豊かなものとなった。延宝七年（一六七九）には二〇〇年以上途絶えていた石清水放生会が復興され、貞享四年（一六八七）には後土御門天皇以来二四〇年廃絶していた大嘗会が復活した。元禄七年（一六九四）には応仁元年（一四六七）以来の賀茂社の葵祭が再興された。また宝永の大火による焼失地域の復興のなかで、禁裏御所や公家町もめざましい整備をとげ、天明大火の復興のなかでは、平安京内裏の旧制に復することを意図して、寛政度の内裏造営が行なわれたことも注目される。(23)

京都市中には、鴨川の堤防が寛文十年（一六七〇）に築造されてから、河原町・木屋町の開発が急速に進んで、市民による夏期の鴨川納涼が盛大におこなわれるようになった。鴨川の東でも芝居街や祇園新地の遊興地が開かれ、遊客の足を誘った。三条大橋の界隈には、旅行者のための宿屋街が発展した。いくつかの宿屋では、旅行客を宿泊させるだけではなく、観光案内人を置いて、京都の地理や遊覧に不案内な旅人のもとめに応じ、効率的な京都の観光案内にあたらせている。江戸時代後期の浪花講の史料によると、(24)浪花講指定旅館のかめや吉兵衛と井筒屋徳兵衛、扇屋庄七の三軒では、東山案内賃二五〇文、西山案内賃三〇〇文と、コース別の案内賃を決めていた。

旅人の来集を意識した工夫は、京都の出版界でも進展していた。これまでの宗教書や漢籍などの出版に加えて、京都観光の手引書や案内図などに、さまざまな工夫と開発のエネルギーが投入されていった。印刷刊行された京都図のうち、「寛永平安町古図」や「平安城東西南北町並之図」など江戸時代初期のものは、京都市中の街区の町名や主な社寺、内裏・二条城のほかは、近郊の名所を図化する程度であった。しかし「承応二年刊　新改洛陽並洛外之図」や「寛文二年刊　新板平安城東西南北町並洛外之図」など以降のものになると、京都四周の山々や川筋・街道などで京都の全体像が把握できるように示すとともに、洛中洛外の景観や町村名、観光名所に関する情報などを次第に多く掲載するようになっていく。(25)さらに観光対象となる建造物や名所は鳥瞰図風に立体的な景観として描きだし、見る者の興味を引きたてる工夫がなされている。桜や紅葉の名所や松林などの描き分け、また折りたたんで携行できる絵図寸法などの配慮も考案されている。

京都案内書の方は、さらにさまざまなかたちと内容に工夫がされている。貞享二年（一六八五）刊の『京羽二重』は、京都の地理や歴史、現況、政治・経済・文化まであらゆる項目にわたる京都の総合案内書であるが、目的別に京都案内のスタイルをかえた出版物が十八世紀以降にはあいついでいる。

元禄七年（一六九四）刊の『京独案内手引集』は『京雀跡追』や『京羽二重』の諸職商人の増補版のようなものであるが、いろは順に諸商売をならべて、その所在地を記すという新工夫を行なっている。宝永五年（一七〇八）刊の『京内まゐり』は、洛中洛外の神社仏閣を三日間の行程に分けて案内するもので、一日目は内裏から東山辺を中心に鳥辺山まで、二日目は誓願寺から洛中南部や洛外西南部をまわって稲荷社まで、三日目は下賀茂から北辺をまわって金閣寺から二条城までというように、要領のよい道案内と旅行書の進む方向にしたがって、右・左の方位指示など、観光遊覧のコース化に道をひらいている。さらに『都名所図会』のような正確な絵図と説明文を網羅した大部・大型の机上型の観光案内書なども出版されている。『都名所図会』のような机上でじっくり京都案内を楽しむという新たな観光出版物の登場の一方、実際に案内書を懐に入れて要所要所で懐から取り出して見ながら観光の旅がつづけられるいわゆる小形の袖珍本も考案されている。袖珍本は、道中記や町鑑類のものに多い。

江戸時代中期以降、京都はその内なる努力によって、観光都市としての性格を急速につよめ、目に見えるかたちで観光開発を進めていった。京都を訪れる人々に、京都の個性や京都らしさ、そして京都の文化を強く印象づけることができたのは、そうした京都文化の形成に多くの情熱をそそいだ江戸時代の人々の努力があったからである。

京都以外の人々がそうした京都に触れることで、京都文化は一層明瞭に認識されたことであろう。京言葉、京学、京菓子、京扇、京人形、京料理、京染、京紅、京白粉、京雛、京格子、京野菜、京踊等々、京の文字を冠してよばれる京都の情緒や学芸や産物は、京外の人々によって評価がこめられた京都文化の表現である。しかも、それらのひとつ一つが無関係に孤立しているのではなく、相互に連結し京都という土俵でみがきあい協調しているという特徴を保持している。近世中期に形成された京都文化は、京都の観光都市化にとって、最大の観光資源であった。

注

（1）鎌田道隆「京都改造―ひとつの豊臣政権論」（奈良大学史学会『奈良史学』第十一号、一九九三）。

（2）宮内庁書陵部蔵「寛永十四年洛中絵図」は実測によって京都大工頭中井家が作成した正確なものである。なお同図を原本として寛永後から万治までの変貌を書き加えたものに、京都大学蔵「寛永後万治前京都全図」がある。ともに近世初頭の京都を知る基本図である。

（3）聚楽城の建設と天正十八年の京都改造を結びつけて、京都の城下町化政策であったとする見解（西川幸治・森谷尅久「近世京都の確立」、京都市編『京都の歴史』第五巻一七頁、學藝書林、一九七二）もあるが、秀吉の京都改造事業のねらいは城下町＝政治都市化ではなく、経済都市化であった。

（4）大宮守友「近世前期の奈良奉行」（『奈良奉行所記録』四九三～五〇三頁、清文堂、一九九五）。なお大宮氏は吉野郡における材木支配との関連でも大津の蔵米を注目している。

（5）原田伴彦「京都と鎖国」（京都市編『京都の歴史』第五巻、前掲注3）。

(6) 豊臣および徳川政権は、都市の保護育成とともに、流通界に影響力をもつ豪商を代官にとりたてて、年貢米の収納と換金にあたらせていたが、十七世紀後半になると都市の発達による年貢米換金市場の成長をうけて、次第に豪商代官の整理処分をすすめている。
(7) 長崎問屋は、『京羽二重織留』では、二条新町に集住。
(8) 『町人考見録』でも、堅実な大名貸によって確実な致富をとげた例として鴻池家をあげている。
(9) 大坂が米市場として発展してくると、京都商人のなかで諸大名の蔵本・掛屋として大坂へ進出したものが、『国花万葉記』に掲げられている。
(10) 鎌田道隆「京郊の民政」(京都市編『京都の歴史』第六巻、學藝書林、一九七三)。
(11) 斎藤信訳『江戸参府旅行日記』(東洋文庫、一九七七)。
(12) 『新修京都叢書』(臨川書店、一九九四)におさめられている。
(13) 衣笠安喜「学問と思想」(京都市編『京都の歴史』第五巻、學藝書林、一九七二)。
(14) 鎌田道隆「心学と実学」(京都市編『京都の歴史』第六巻、前掲注10)。
(15) 同右。
(16) 林屋辰三郎「序説」(京都市編『京都の歴史』第六巻、前掲注10)。
(17) 守屋毅・赤井達郎「町人の生活文化」(京都市編『京都の歴史』第六巻、前掲注10)。
(18) 京都御苑の西側に位置する清和院町の万治二年五月の「町中定之事」には、「一、家作事仕候ハヽ、地形つき申節町中相談仕、上下むかふを見合、町並能様に仕べく候事」や「一、表蔵堅法度之事」の条文があり、また寛文十三年六月十六日定の町規にも「昔よりの町なミちかへ候事仕間敷候」の文言も見える。清和院町では、十七世紀後半から町並み景観への配慮を重視した町づくりをすすめていたことが知られる。町並みの美観意識は、おそらく、わが町の団結と誇りを育てる共同体意識の発達へつながるものであろう。
(19) 京都市編『京都の歴史』第六巻(前掲注10)七七頁には、「町規による職種の制限」の一覧表が掲げられており、京都の代表的な町規則に見える家屋敷の売買および借屋に関わる禁止職種がとりあげられている。
(20) 林屋辰三郎・守屋毅「伝統文化の組成」(京都市編『京都の歴史』第六巻、前掲注10)。以下、林屋氏叙述分の成果に依拠したところが大きい。

(21)　黒川道祐撰『日次紀事』は、こうした洛中洛外の年中行事を、文字どおり日次を追ってまとめたものであり、延宝四年以降刊行されたが、野間光辰氏の解題によれば「出版後間もなく、公辺の忌諱に触れて絶版を命ぜられ、以後専ら写本にて伝へられたといふ」とあり（『新修京都叢書』第四巻、前掲注12）、都市規模での年中行事への関心はかなり高かったものと考えられる。

(22)　藤井学「名所と本山」（京都市編『京都の歴史』第六巻、前掲注10）では、「習俗化した庶民信仰」の節をもうけて、「こうして諸仏の霊験に常に寺院の側からもくり返し宣伝され、近世社会では、いろいろの霊場や霊仏が各地に成立し、それの巡拝という信仰習俗ができあがった」（同書二二七頁）と分析している。

(23)　天明大火後の禁裏御所復興造営にあたっては、京都朝廷の側から「旧儀復古」の要求が強く出され、幕府の老中首座松平定信自身が上京して政治的解決がはかられた。定信は昌平黌の柴野栗山に大内裏の古制について調査させるとともに、裏松光世の『大内裏図考証』の成果をとり入れて造営をすすめ、襖絵なども とくに大和絵の絵様が重視された（『寛政御造営記』）。

(24)　天保十二年『浪華組道中記』十二丁（『道中記集成』第三〇九巻、大空社、一九九七）。

(25)　京都市編『京都市史地図編』（京都市史編纂委員会、一九四七）。

付　論　民衆運動としての天保踊

封建社会の大きな揺れ動きを暗示するかのように、うちつづく激しい地震と民衆の熱狂的なおかげおどりの興奮のなかで、天保という時代は幕をあけた。文政十三年（一八三〇）の十二月十日、天保改元の儀式がおこなわれた。改元は、この年夏以降京都を中心に、断続的に起っていた大地震が、その直接の要因ではあったが、地震より早く閏三月初旬から大規模なおかげまいりが発生し、十月にはいったん収束したものの、引き続いておかげおどりの嵐が京坂一帯を襲っており、人心の不安も改元の一つの要因であったに違いない。

天保改元は、こうした世の中の動揺を去り、「天下を保んじ」「天命を保つ」ことを期しておこなわれたのであるが、現実は為政者の期待に反してすすんでいった。天保という時代ほど、世の中が大きく揺れ動いた時はなかったといってよい。天災の続発と人心の不安が結びつき、抑圧されつづけてきた民衆のエネルギーを、圧政のすきまから多様なかたちで噴出させていったのである。

ここに史料紹介する天保踊（京都躍、豊年踊ともよばれる）も、こうした民衆のエネルギーの噴出を示す一例であるが、この時期の世相と民衆運動とのかかわりには、きわめて興味深い事実が秘められているようである。天保改元から天保踊に至る時期の動きを、簡単にたどっておくことにしよう。

を恐れさせたのである。

天保改元のあった十二月に最高潮に達したおかげおどりは、天保二年の中ごろまで上方の民衆を興奮の渦にまきこんでいたし、断続的に襲う弱震・強震の波は、天保三年の末まで実に二年半の長期にわたって、京坂の人々を恐れさせたのである。

おかげおどりが沈静化する天保二年の三月、大坂では町奉行所が中心となって、安治川・木津川の河口浚渫を開始したが、ここにも民衆の特異な行動と風俗がみられた。浚渫工事の加勢人足を称する各町各組が、吹きながしや幟を立て、鉦太鼓で囃し立てながら、半纏・襦袢・脚絆そして腰には鈴あるいは鳴子という揃いのいでたちで、船に分乗して工事に加わり、あるいは足揃えと称して町中を徘徊するなど、浚渫にことよせての民衆の熱鬧は、工事の一応落成する天保三年の末まで続いたようである。

天保四年に入ると、天保大飢饉の幕あけとなる冷害・洪水・大風雨が続発するようになり、翌五年も翌々六年もというように、慢性的な凶作が続いている。そして天保七年、天明の飢饉にまさるとも劣らないような惨状が再現する。飢饉は、流通経済が未発達で物質的にも貧しい一番弱い部分から蝕みはじめ、京・大坂・江戸の最先進地帯をも容赦なく襲った。最大の被害者は、いうまでもなく常に虐げられ抑圧されてきた下層民衆であった。

天保八年は、大塩平八郎の乱を想起すれば充分である。あまりにも悲惨な民衆の生活実態と為政者の無為無策ぶりとが、奉行所の著名な元与力を、貧民救済のための挙兵・反乱へとかりたてたのである。大塩の乱は、生田万による越後柏崎の本陣襲撃事件などの民衆蜂起に、直接的な影響を与えた。天保八年は、またモリソン号事件の発生をみており、外圧の脅威が近づきつつあったことを物語っている。

天保九年は、世相史的にみてさほど特記するほどの事件は起きていない。収穫も大豊作とはいえないまでも一応の作柄であり、天保改元以来はじめての安穏な年とみることができよう。そして翌天保十年三月、ここで紹介しようとする天保踊が、京都の市中で勃発する。それは、ながい間天災地変と政治の貧困の谷間で鬱積していた民衆のエネルギーが、豊年を祝うというかたちで爆発したものであったには違いないが、天保の世相と民衆運動を考えるうえで、天保踊の事実は多くの問題をわれわれの前に提起しており、見逃すことのできないものである。従って、ここに関連する史料を復刻し紹介することにする。

天保踊あるいは豊年踊ともよばれる民衆運動に関する史料は、ここにあげた『天保踊之記』『大島直珍日記』『古久保家文書』と、『浮世のありさま』（三一書房刊『日本庶民生活史料集成』第一一巻）、『天保視聴記事』（岩瀬文庫蔵）、『天保雑記』（内閣文庫蔵）などが現在知られている。『大島直珍日記』と『浮世のありさま』については、すでに原田伴彦氏がこれを用いて『京都の歴史』第六巻で天保踊に言及されており、また『天保視聴記事』と『天保雑記』についても、同氏が『京都市史編さん通信』七三、七六号で史料紹介をしている。

『天保踊之記』は、大洲市立図書館矢野玄道文庫の所蔵であり、外題が「天保踊之記」、内題が「天保己亥年三月中旬比より京都流行兆々おとり」と記されている。寸法は、タテ二三センチ、ヨコ一七センチで、半紙半折の袋綴三八枚からなっている。

『天保踊之記』は、天保十年三月中旬から四月上旬にかけての京都における大衆的熱鬧に関するもっとも詳細な記録であり、彩色の挿図があることでも貴重である。ただし、本書を筆録した越智直澄という人物が、どのような経歴と業績をもつ者であるかについては判然としない。諸学兄の御教示を得たいところである。

ともかく本書が京都・大坂からの書簡や摺物をもとにして構成されていること、そしてその内容が、のちにのべるようにきわめて精確であることなど、この時代の情報文化のあり方を考えるうえでも、興味ある史料であるといえよう。

本書の内容については、全文をかかげるので細かな注釈は加えないが、天保踊の流行に際して、越智直澄は早速天保初年の大坂における河口浚渫の熱狂的な踊りを想起しており、さらに古く、天明頃の都大踊、宝永年間のお祭り騒ぎ（宝永二年に京都から始まったおかげまいりに関するものかもしれない）なども、天保踊の一連の系列に入るものと考えているようで、貴重な指摘と考える。なお天保四年大坂からの手紙として記している記事は、『大阪市史』第二巻の叙述ともほとんど一致しており、記録の精確さという点でも高く評価できる。

二番目にかかげた『大島直珍日記』は、京都市西京区在住の大島直良氏の所蔵で、正親町三条家の家司であった大島直珍の日記のうち、関連する記事の部分を全文出しておいた。これは、京都の公家に仕えた大島直珍が、京都で実際に見聞したことを記した日記であり、その史料的価値は高い。しかも要領よくまとめられており、前述の『天保踊之記』ともほぼ記述が一致する。この日記の存在によって、『天保踊之記』の史料的価値の高さも確認しうるのである。

最後の『古久保家文書』は、京都上京西陣組の町代古久保家に伝わった史料のうち、「御触頭書」という法令記録書から、天保踊に関するものを選び出したものである。京都町奉行所からの町触については、『天保踊之記』や『大島直珍日記』でも若干言及されているが、参考のためここにあらためて全文をかかげておいた。

天保踊之記

抑、本朝踊の流行せし事、昔も度々ありし事にして、元和宝永度にも流行すとなり、夫ハ扨おき近き天保四巳年、大坂淀川大浚のおりから、砂持人足助勢として、町々より其町の相印等ヲ拵へ、又ハ伊達はんてんを着し、拍子とり踊る事頻りなりき、其余類今にありて、大坂より京都に来り、当三月比より今宮地祭等の砂持せの時におとり初メ、夫より日々に増長し、京都中おとり流行す、委敷は本文に見へたり、故に略レ之

○天保四癸巳年大坂より手紙ノ写

此度大坂東西御奉行所御有金を以、大坂川口より市中川之淀川・中津川・神崎川、不レ残三尺過大浚被二仰出一候得共、御入用難レ計、依レ之身元宜町人諸仲間諸問屋大坂町々江、御手伝被二仰付一候ニ付、鴻池屋善・加嶋屋又三納高千三百両宛、夫々段々萬伊茂壱人約之内、町々裏店之者弐百文位之由、堂嶋御用場之御借家住居之者抔、一軒ニ三百文つ丶、相休(マヽ)候由、凡何程上納ともいまだ相分不レ申候

一、大浚懸り東西御組与力三人ツ丶、同心五人つ丶、安治川口市岡新田并平野屋新田南北江仮役所出来、引続与力壱人同心壱人を壱組ニ極メ、五組に浚船五百艘壱組百艘つ丶支配、三月八日より安治川口浚初、右砂万屋仁兵衛新田之先、新開其先海手江取捨処ニ、少々之人夫たるは片付不レ申、右ニ付御加勢人足冥加奉レ存候者は差出シ候様、懸り与力より触知候処、町々諸仲間諸問屋共申合、三月末より加勢罷出候処、余り多人数ニ而致二混雑一当月六日より出張会所江相届、程能罷出申候、凡弐ケ町之外ニ諸仲間打込罷出候、捨場所江朝五時揃、八時比まて

一、御加勢之者共、半天襦袢パツチ手拭夫々揃、船印吹流しのほりに、大浚御加勢人足何町と記、壱町分船数凡五六艘づ丶、不レ残鐘太鼓ニ而罷出、天神祭より賑敷、見物船并歩行数不レ知、安治川町より砂捨場迄乗合船多し、安治川町より捨場迄三拾町程之間、堤不レ残懸ケ茶屋ニ相成申候、都而給物下直ニ売候様被二仰付一不レ残直段書付差出有レ之候

一、伏見唐物仲間より唐人装束毛類仕立ニ而、のぼりハアンベラ大小六本吹流し、色羅紗五ツはゞに拵、当月九日罷出候処、安治川口御番所ニ而咎候処、致二申訳一場所江罷越候処、右躰之装束ニ而ハ迚も砂持チ候躰ニは、相見へ不レ申、延刻故早々罷帰り候様、大浚方より申付追返し候由、此節所々大評判ニ御座候

一、今橋こうらい橋大川町辺拾五町組ニ而、当月九日壱丁五十人つ丶に世話方役人附添罷出可レ申、併手伝ハ勝手次第之約束ニて、拾五町申合揃之半天都合百五十人之積りニ而、加嶋熊抔も世話方ニ罷出候処、揃之人数何千

何百人と申程ニ相成候由、広大之事ニ御座候、堂嶋ハ当月十八日九日之よし、人数之程難レ斗噂所々に御座候
一、壱ケ月ニ壱順は相済可レ申由、弐度目三度目に相成候は如何御座候哉、追々ハ茶屋町婦人も出候よし、堀口より芸子七拾五人揃之よし、染物出来兼未夕罷出不レ申、此節船賃大増差懸り船無し
一、浚ニ罷出候町内、当日一両日前より揃ニて踊歩行、夜分ハ祭同様賑しく御座候
一、此節天王寺ニ而信州善光寺、町ニ而嵯峨其外開帳、天王寺ニ籠細工・座像之釈迦、高サ十五間面躰三間之よし、至極格好も能、其外人物も五通り出来小屋有レ之、天王寺の塔ニ続候程ニ相見候、見世候以前は殊之外評判高く御座候得共、此節川浚に被レ押参り候もの無二御座一候、当月七日より初り出申候、此節評判ハ川浚のミ、芝居も入不レ申、あまり珍敷事故委敷申上度存候得共、御用多之上折々不快ニ而荒増申上候、夜分相認分兼候処ハ御用捨〳〵

右之趣同藩より廿五日当番之節仮写レ之

右癸巳十一月四日写レ之　直澄

○天保山三山相並大坂三郷ニなそらへ、岩山ニ而山上気色絶勝、渡場九橋掛ル、万年橋・栄橋・昌平石橋・末広橋・亀甲橋東西外ニ板橋二ツ、堤通り掛茶屋飯酒肴料理屋多出来

天保年中川浚の土にて一ッの山となれる故に天保山と号く、又時の奉行新見伊賀守殿掛りニ而出来たる山故、一名新見山とも云、春秋甚賑ワ敷茶見世等多く出るといへり

右ハ京都流行踊の図に出す　直澄

天保十己亥年六月十日　越智直澄

柏四郎版

兆々《ちやう》
おどり
都の
賑《にぎわひ》
ミやこの男女
しきりに
テゥ〱と声しておどる
テゥわ兆《てう》にして
豊年の兆《しるし》
なるべし
カワシャレ〱
本画を
買シャレ
此比わ鈴も鳴子に引つゞき

テゥ〱テゥ〱テゥ
マケナヨ〱
踊《をどれ》や〱
お米もテゥナラ
ワタシモテゥ
〱

（図略）

（図略）

雀もおどれ稲も鈴なり

右京都市街売歩行候板行之写

○〽チョイト〳〵　ヲドレ〳〵　ヲドラニヤ　ソンジヤ　ヤトセ〳〵　見るもあほなら　おとるも　あほう
とてもあほなら　みなおどれヨツ〳〵コ

此節京都中豊年おとりと称し、老若男女種々の衣服を着し、昼夜市街を踊躍仕候、先一組百人弐百人多きは千人にも及候、最初ハ三月中旬、幣宅近辺より西北今宮社桂昌院殿御再興歟地祭道具夫々引物と称し、奉納物を車に載せ率交一様に出し、緋縮緬板じめのじゆバんハツチ頬カフリ等迄、皆々緋板じめにて腰に大なる鈴を付、街道を引歩行候が起りにて、此節に至り候てはおとり歩行人家を撰ハず、士庶門内へおとり入玄関式台等へ上り、市家にてハ坐敷へ土足の侭おとり上り申候、所司代両町奉行よりハ厳敷禁制候、全く両三年凶年にて人気陰然之処、豊熟の由にて人気米之価少し低下の由に御座候得者、人気暫期して、如此様歩行し抔考へ候得者、何その妖とも可レ申事にてハ無レ之哉と申程に御座候、遊女芸者之類、皆々男の粧候様之出立にて出歩行申候由、夫ゆへ劇場角觝程茂見候もの無レ之、又演劇人も皆々出候由ニ御座候、一奇年ニ御座候、追々風聞御聞可レ被レ成候、是又、筆次申上候、此節衣服はびろふと・羅紗種々緋之類をバはつちしゆバんに仕立出申候、抑奢侈靡候、折節、尾候薨去遇蜜にて、今日者先静申候、何卒務抽候得者、宜と申居候

夏初五夜　　福井近江守

川路三左衛門様

右己亥四月廿五日写レ之

みやこおどり鈴なるこの神徳

（図略）

すさましき神をいさふの鈴の音、ゆたかなるこのくふら〳〵とおどる風俗、ワがま〻にたのしむ、異のはなしにもふでにもつきず、ここへきてみやこの中の町々に、ワれも〳〵とおどるをもようすこと、まことに前代未聞のにきわひに御座候、其はじめハ、三月上旬より諸方おがませ地祭あり、中にも洛東増如寺《ママ》、洛北今宮、ふしミ海道たきの宮等の地つき、仏光寺・清水寺のおがませなんと、大にぎハしくさま〳〵の寄進物おびたゞしく持はこぶ、是か中に風流の出立にて、すなもちおどりをまじへ、異形の衣裳を着し、にわか芸をさし加へ、あわてさわぎて市中を縦横す、いよ〳〵三月中旬より今宮へゆくものまことに繁多にて、西陣・聚楽・安居院或は糸屋町辺のワかもん中、町々よりまいる〳〵出る斗、数かぎりなく、その出立は緋がのこ・ひしほり・ひじりめん、又ハしゆす・びろうどおり物等にて、しゆばん・こしおび・たすき・はつち・たびをこしらへ、あるひはそろへ又ハおもひ〳〵にて、中にはだいかぐらになるも有、やせの商ひ女にそろへつもあり、かりぎぬをきたるも有、一向筆紙に及がたし、皆すゞなるこをこしにつけ、三百人五百人ないし千人余も一と組となり、十組も廿組も一度にかけあいたる、是を見物にいづる人おびたゞしく、其境内は申に及バす、近辺十余町にも錐を立る地もなく、くんしゆせり、三月下旬に至り、だん〳〵下京へうつり、三条・四条・松原・五条其余の町々、或は寺町通四条東へおたび町、又ハ中じま・川原しばい前・下河原・ぎおん町・同新地・なわて・建仁寺町・東西いしかき・宮川町辺すべてどこかしこのわかちなく、思ひ〳〵におどり行、又右処々の女郎やこと〳〵く申合せとせいをやすミ、花うりたるものハさげふだすべしとかため、げい子百人を残らす男作りに仕立、褌《したをび》紺しほりのじゆばんに緋ちりめん弐ツしごきのおびたすきをかけ、腰に鈴なるこを付、すき髪にまめしほりの手ぬぐひほうかぶりして、ひがのこ類のばつちたびをはき、はだしにて実に男同様に惣勢に交り、おどりあるく、そのかけごえに〽おどれ〳〵おどらにやそんじや、おどるあほうに見るあほう、おなじあほならおどるかかちじや、まけな〳〵ちよいとせ〳〵〳〵せゝゝ、女さへかくのごとくなれバ、男は申に及バす、町中よりも女中の出ることおひたゝしく、六十、七十のぢいばゝ或は奉公人もそゞろに、仕事手に付す、中には親方よりゆるして出すもあり、又夫婦づれにて出るもあり、子供を身ごしらへして出す親も多し、すべて老若男女のへだてなく、昼夜うかれ廻る、然れバ、町方所々の大家ハ、右のおどり人《て》はいる故、たゝミを裏かへし、うわしきを敷、奥へミだりにはいらぬやふにらちをゆひ有、此ごとく諸方にゆるして入ることなれハ、此上の処はおすいりやう可ㇾ被ㇾ成候、又ぎおん町同新地茶やなどハ、別して右のごとく表一と間はおどりばにもふけあり、或は西より乗り或は東より乗り三四十人もどか〳〵上り〽おどれ〳〵まけなよ〳〵と二三べん廻り〽もふはい〳〵それいけ〳〵と出てゆく、すくに跡の組又上る、誠にたへまなし、是を見物に出る人、貴賎のわかちなくおし会ゆへ、川原の料理屋へ入りてしたくすることおひたゞし、なじみのいえに至り休息すれバ、はやすだれをかけ毛せんをしき、酒肴を出しもてなし、盃におどり子のえがほをうつしたのしむありさま、実に都の大おどり昔より聞つたへしも、かゝるためしハあらざりけると、賞嘆せぬはなかりけり

○四月上旬に至て、猶々さかんに発行すれバ、呉服太物店には紅物うりきらし、追々仕入分にてハ、金襴京錦のおび地・らしや・ふくりん其外りんず・しゆす・ぐんない等、おのがまに〳〵りつはに出立ゆへ、右商売すじ大に繁昌す、金物屋は鈴、木細工屋はなるこ外のことは打おき、皆これのミにおわれりけり

異燈亭述

追々めづらしき風流も、後へんに差出し可ㇾ申候、御求可ㇾ被ㇾ下候

京松原新町西へ入　みのや喜兵衛版

板行一枚摺ノ写

京都ノ躍ヲ出シ始ル二今ニ一
浮-気ノ息子忘レテレ我ヲ躍リ
主-人ノ異-見 蛙ノ面《ツラ》ニ水
堀-川 小-川 鴨-川 畔
町々 辻々 隅々《スミズミ》 迄《マテ》
口《クチ》合《アヒ》道《ドウ》戯《ケ》 并ニ面白《ヲモシロク》
此ノ時 主-人 両親 達《タチ》
阿《ヲ》蘭《ラン》阿《ヲ》 清 飯 焚ノ女
心ハ躍テ二地上ニ一只暗《ヤミ》-々
新-奇ノ風 俗 思附《ヲモヒツキ》好ク
治 世ノ鳥 威《ヲトシ》不レ持レ矢
拍 子 能ク取テ叩二金盥《タタキカナタラヒヲ》一
息子ノ振-袖化シ二孃郎ト一
娼妓装《ゲイコノヨソヲヒ》変 生 男-子
儒者躍テレ淵ニ如クレ魚ノ戯レ
士-農 工-商 皆悉ク躍リ
又タ曰《イフ》 節-々 拙 々 々

人-気俄カニ立ツ西 又タ東
律-義ノ手代忽二奉 公ヲ一
両-親ノ折檻 馬ノ耳ニ風
一-条 二-条 三-条ノ通リ
一-時ノ流行満ツ二京中ニ一
坂-〆 股-引足《アシ》亦タ紅ナリ
自免《ヲノヅカラユルシテ》 却テ躍ル八-十ノ翁
長 吉 岩-松 小使ノ 童《ワランヘ》
魂ハ飛テ二天辺ニ一更ニ朦-々
茶 番ノ狂-言趣-向工ナリ
太-平ノ 挑燈《チヤウチン》 又 無レ弓《ユミ》
合スニレ之ニ亦タ能ク吹ク二竹筒ヲ一
手代ノ前-帯擬ス二女房ニ一
幇間扮焔-魔《タイコモチノイテタチエンマ》 大-王
神 主振テレ鈴ヲ 比《ヒトシク》レ狆《チン》 狂
倶ニ喚《ヲフ》 丁-々 長 々 々
躍ル阿《ア》 方見《ホウニミル》 亦 阿《ア》 方《ホウ》

（図略）

阿方一ー様不ハレ躍　損《ソン》　老ー若　男ー女　足シ縦横
独　莫レレ躍借ー金ノ利　足　益々可レ下《サカル》　八　木ノ相ー場
天保十年三月ノ末《スエ》　拙ー々長ー篇祝《シユクス》二瑞祥ヲ一
軽薄老人

天保十己亥年四月
京都より文晁老人江文通之略

このころ躍増長いたし、土足にて座敷抔へ上り躍騒候ニ付、家々根太踏抜大工朝より昼まて、道具箱持走りあるき申候、昼後は又々大工も躍り申候

右様之事ニ而、御所司代御町奉行様皆々町人共ヘ追従被レ成候而、為レ踊候様之御分別ニ御座候、禁裡御所御悦ニ而、六門不レ残無二頓着一踊入込候事ニ付、役所組与力同心是も踊入候事御座候

御触流

此節女共之類、豊熟之年柄と唱、無訳儀衣類等を着、市中所々夜通し踊歩行、中ニは人家座敷内等迠土足之儘立入、踊騒御座候、右体夜中迠人家等へ土足ニ而立入候儀理不尽如何之筋に候、右は全風聞迠ニ而、有間敷事に候得共、此上人気に乗し若輩之者心得違、増長致し理不尽ヶ間敷儀、又は夜中迠踊騒候様成行候而は、劫而無体厳重可レ及二沙汰ニも一様可二相成一間、右様之次第成行不レ申様其処之役人共より、無二急度一心付、法外之振廻無レ之様持場々々、早々可二申通一事

亥四月

京都狂歌連板行一枚摺写

此ころ年ゆたかになりゆくを嬉しミ、御里の民とも、あかき衣を着、こしに鈴あるハなる子なとをつけて、蝶々とうたひ、まち〳〵を西に東に、さるかうわさしあるくさまのめつらしさに、此人々もよろこひて、かくうたひ出ぬ

豊年のしるしにをとるかけ声も君ハ千代と〳〵君ハちよと〳〵
番匠亭墨縄

笑の眉ひらきにかけて世なミよき踊りハ舟のほうかふりして
水交園魚麻呂

見わたせハ老も若きもうち交り都そ花のてふ〳〵をとり
東海堂文守

豊年のをとりに衣裳はる霞はるの都の錦なりけり
高砂庵浦浪

世の中のうきをわすれてをとれるハゆたかなるこの音にこそしれ
海广家豊広

てう〳〵とをとりくるへる諸人のこころ管のおもひなるらん
晴雲団朝丸

かみなりのつつみしほりの襦袢きてころ〱と鳴るをとり子の鈴

春の屋花丸

をとり子の手ふりハさすか都鳥あしもあからてたちさわきけり

浪の屋静丸

くる〱と鳴子をとりハ鄙までも其とりさたハまつは宜らん

生育堂政丸

春度々気もかはりめの伊達衣装我も一はたぬきて踊らん

蘭鏽堂員益

まけるなよといふてかふれるをとり子の赤手拭ハしるしもみちハ

英　秀丸

こしの鈴にらむ親仁の眼たまとも思へすむねもをとる小息子

佩香園蘭丸

袷着て老もをとりの手振かな

東奥清暁舎湖柳

此ころ年ゆたかになり行をうれしミ、御里の民ともあかき衣を着、腰に鈴あるハ鳴子なとをつけて、蝶々とうたひ、まち〱を西に東にさるかうわさしありしさまのめさましさに、此人々もよろこひてかくハうたひ出ぬ

花の門真鈴

豊年の酒にみさへ入豆の花さくかこと見やこにきハふ

白菊亭数照
これやこのことをとりて行かひにしるもしらぬもあふさかのせき
玉弄園龍丸
来ん秋も豊のしるしを見せんとて踊るさまにも実をや入けむ
秋廼屋月丸
まけなよとをとり衣装をはりゆかたしかもしかまのかちはたしにて
戯蝶園花栖
よろつとせ千とせとうたふ諸人のふるてふ鈴のなることそよき
同
天の戸をあくる朝からゆふかけてちよにやちよとをとるたのしミ
直思庵楽住
豊かなる御代となる子やすすの音にひかれて踊る民の賑はひ
大嬉園笑門
赤染やうこん紫百人もそろへと着てそをとるてふ〳〵
東海堂文守
今としよりゆたかなる子の鈴の色は黄金花さくてふ〳〵をとり
都文園守之
うちむれて踊る足より出けふり立るちまたそ賑ひにける

いろ〳〵に化るすかたのをとり子はつきし狐のわさをきにこそ　遊月亭季照

をとり見にのほる田舎の村雀奇麗なる子の驚きそする　古秀亭広古波

かた気なるむかし男もミな鈴をなりひらめかしをとる豊年　杉林坊秀丸

こいしな芳野たつ田とをとり子の花をかさせし人の山にハ　一瓢庵和田丸

春去レトモ蝶々興未レ尽一寸《チヨト》飛来簇ル二此京ニ一衣体張二込シテ菜種色ヲ一滅多無上出ス二黄声《キナ》ヲ一
躍者不云蝶々而云一寸《チヨト》々々因二句及于此　玉兎園戯題

右者京都狂歌連之摺ニて踊の絵入見事なる摺也画略レ之
己亥五月十七日写レ之　直澄

重畳と
おとる都の賑ハひハ
これそ
誠の
豊年踊

（図略）

此ころは
　ゆたか
　　なるこの
　　　しるしとて
雀もおとれ
　　　　稲もすすなり

天保十亥三月比より京中ニて
おとり発行如レ図

（図略）

唄
チヨイト〳〵〳〵ミるも
あほならおとるも
あほじや　とても
あほなら　ミな踊れ
ヲトれ〳〵おとらにや
そんじや
　　ヤトセ〳〵

前の略　猶以京都取替儀無二御座一候得共、三月下旬より諸人狐之付候様相成、皆々踊り歩行候処、段々甚敷
相成、三月廿五日比より京女男女老若ニ不レ限数万のもの相踊り、尤先日迠ハ、家々江踊込床の上へ上り、座敷江

土足のまま上り踊り、其姿右ニ申上候、就レ中、女共も上方之風義相替、丸裸ニ成、男子之姿ニて夥敷出、遊女とももも此節は頓と業止シ走歩行、遊酔不ニ知覚一、漸々酒席江出候得共、紺の腹当股引之侭ニ而丈六《あくら》を組、誠ニ前代未聞之事ニ御座侯、此節にハ座敷江理不尽ニ入候事ハ、御発当有レ之相止ニ候得共、一向様子ハ下地ニ不レ替、通町筋ハ押合、夜分ハ猶更ニ而夜明し仕り、衣服猩々緋縮緬あや錦之類を着し、女ハ都而丸裸ニ悉びろうど之腹当又ハ木綿之腹当抔もあり、珍敷事ニ御座候間、則申上候

○板行一枚摺写

鈴《ミやこおとり》なるこの神徳

前条に出候故略レ之

四海浪平らかにして、商家歌諷ひ農家腹鼓の歌互に邇るも、今にはしめぬ事とかや、中古宝永年中花洛に華美なること有しにや、今に京童の口すさミに残れる証歌に

〽ほうえん祭ハ見ことなことさ、誰も見にゆくゆきなハいさトツコイなと、またこのよにうきはらしの上戸のおもひす、是なんめり。段々(ママ)驚固をうろ連行なは、おすなさはくなかたよれ行、管里躍りもつてしとけのないのかサンサ、見こと也、

一説に六孫王始て祭例の行われたる時のことなりともいえり

此前後か程まで花美なるハなきと見えて、今世このうたを酒席あるハ児童の遊ひなとにうたふこと、まのあたりにきけり、されは、天明のすへつ頃まては、都大躍とて盆中洛の男女おもひ〳〵の出立、善尽し美尽し踊たわむれたるも、五穀豊熟を祈祝しけるためしとかや、さるを一とせさることありけるゆへにや、おほやけの御沙汰ありて止らぬ、夫より此かた年を累ねて、其さまの美々敷をしれるものなく、只むかし噺にのミなりける、爰に天

保七申年より翌酉年にいたり、五穀稀のふ作にて、下民塗炭の苦ミ筆にて伝えること能わす、広大無限御仁恩を以、漸湊来る、是全く下々驕奢増長のいたす所ならん、然に昨戌年の末に当りて、百姓町人の翫物の内、金銀の具を差出さしめ給ふ、もとより海内通用の宝なるを、翫ものとなすの罪をせめて召上らるるとも、咎さらに減するにいたらさるを、剰へ其代り金を下り給ハる事難レ有、其御徳沢四海に演る、加之諸国豊心の非を顕こと、其機月から下民に徴しけるにや、天保十年歳次己亥霊楽山清水朝倉堂開帳、二条川東頂妙寺地築、伏見海道一の橋滝宮神社、洛北今宮社砂持の願有レ之、当時御所司代間部下総守殿越前西鯖江城主五万石町御奉行ハ、東本多筑前守との西は佐橋長門守殿、右願悉御免有レ之処、甚賑ハしく忽人気陰を翻し、陽を生すること掌を返すかことく、町々よりの寄進物手伝等、洛中洛外之男女遊里のたをやめ、群をなすこと近世に類なし、諸商職催事日々にして、殊に夥く開帳地築砂持等おの〳〵日の限りありて、弥生半に終れとも、人機尚余て引続き町々を踊歩行、就レ中末つかたにハ前に百倍す。其形体美麗の有様、耳目を驚かしける、智策の金壺を並ふとも猶記し尽すことを得す

○行粧様々といへとも、其身に入墨を画き、腹当ハンテンパツチ頬冠腰に鈴並に鳴子二品を提る、足袋斗あり、草鞋踏

○豊年踊と号し掛声、チヨイト〳〵〳〵、踊ろか〳〵、おまへもおとりおとりにや損しや、まけなと〳〵

○十八組又は廿八組、すへて揃の衣装あり、またハおもひ〳〵の出立あり、晴雨とも又昼夜市中踊歩行、京中群をなし、祇園社拝殿へ土足にて上り、代る〳〵踊こと透間なく、扨又遊所町なとハ、客人各芸者を誘引して踊歩行、芸者女郎も兼て髪を洗ひすき髪に致し置、何時にても裸になり、犢鼻褌をしめ、男仕立にて出行、たま〳〵客の酒席にて、三味線をしらふける芸者あれハ笑ひあなとりぬるゆへ、皆親方の目をせき抜々に踊り歩行、一様のことなれハ制止かたくとかや、他組の踊と出合時は、互に掛声を出し踊り負ぬを専らとし、夜分にハ

色々行燈挑灯を持、家々へ這入て土足にて、店座敷の差別なく踊上る、只豊年〳〵商内繁昌といひはやす為体、言語に述かたし

但、当家より酒振り候飯等出すかたもあり、又乞ふて食するもありしとそ

○道外并俄等は、あらゆる姿追々仕尽し、後にもの乞しの姿、葬礼の列、出家鉦鉢をならし拍子をとり、色腹のもの踊出さハ、死人の真似したるもの乗ものよりはい出踊れハ、綉天蓋持も同しく踊る

但、此供廻り脇差ハカイラキなるか、何にもあれ、混雑の中にさし物いたすハ宜しからす、評あしゝ

右二通の趣向ハよし〳〵、何も仕尽したる上の事ならん、されハ、余は察しられたり

○最初より踊の場、いさゝか喧嘩口論言分なきは、よく〳〵思ひ合せたることなるへし

一　衣裳品類荒増

五色羅紗類、織物類、嶋天鵞絨、黒天鵞絨、緋鹿子縮緬、緋板〆縮緬、白縮緬黒黄色々、黒繻子、更紗、絽、嶋見絞り、木綿豆絞り　（図略）

一、頬冠　緋鹿子縮面類、緋絞り縮面、緋白縮めん、白浅黄絽

一、パッチ　緋鹿子縮面類、五色無地縮めん、緋絞り縮面、織もの、但、片足ツ、縮めん色代り、又織物ニ縮面片足宛もあり

一、足袋　黒白繻子継面、紫縮面

一、手襷　緋鹿子縮面、緋板〆同絞り、緋白縮めん、織物類

一、腹当　各江戸仕立　羅紗類、黒天鵞絨類、縮緬類

一、腕抜　鉄炮繻絆とも云　覆輪黒天鵞絨其外織物類、緋鹿子縮緬ノ類、緋板〆縮緬、緋縮面絞り類、

更紗

一、帯　緋鹿子縮面ノ類、緋板〆幷絞縮緬、縮緬紺白段筋、白浅黄等の縮緬

一、犢鼻褌　緋白紺、浅黄絞り、板〆縮緬類

一、鈴幷りん　鈴の大さ凡壱尺五寸廻りより三寸廻り斗、大小有、至て小きハ数多付ル、銅大薬罐に小石を入鈴の代りニ用、又銅泥亀形タンホニ小石を入提る有、りん二ッ三ッ斗り提る

（図略）

鳴子　大なるハ、巾三尺斗
小なるハ、五六寸
色々あり

一、手拭　木綿豆絞り多し

右呉服類品々より売切レ、鈴ハ不レ残売切、豆絞り木面(ママ)は別而払底ニて有レ之、品々大坂より多為レ上候事
但、鈴ハ直段平生より五倍増位、借時は損料殊之外高直なり

一、夜分組々目印行燈挑灯如レ図

（図略）

丸行燈提行とあり、カフリたるもあり

（図略）

水籠ヲカントウ挑灯の如く造る

（図略）

紙屑籠を赤紙ニて張

逆様ニして頭に載レ之

（図略）

一、四条通数ケ所之辻江俄手燭店出る。売る事甚夥し

（図略）

右之外色々趣向あれとも、其他同し体なれは此余略す

一、夜分は太鼓かなたらいを打はやし、一入賑ハしき事

一、島原廓中ニも砂持等賑々敷事、大坂より凡七百人斗も、衣裳長持数十棒為レ持態々踊ニ登り候事。夜分ハ、大坂浜と書たる行燈を持廻る

一、京中踊の人数は、量り知られす、彼方此かたより御所望にて、踊御見物有レ之よしにて、追々増長相成候故、四月朔日質素に可レ致御申通有レ之

一、四月四日尾張大納言様御逝去、今四日より十日迠七日之間鳴物御停止之事

但、即刻銘々鈴鳴子を取除、同夜は踊明し事

一、同五日八日両度之御触在レ之、踊之義弥以厳敷御差止有レ之、誠ニ古今未曽有之事共、愚毫之筆記却而大ひ成事を小事ニ縮むる之理、後人此書を見る時ハ、尚百千倍と思ふへし、斯上致二超過一したるも程よく御差止の命

令に、幼童までも忽ち躍止め、実に有かたき御代のためしと、おの〳〵万歳を唱ける
右重畳踊の図より山田源利謹の集るものを以て写レ之
己亥六月十日　越智直澄

大島直珍日記（天保十年四月）

（前略）

七日　壬申　晴天

一、此度京師町中踊流行、誠ニ珍ら敷事にて、外ニ六ケ敷踊手も無レ之候て、男女老若ニ不レ限、衣類等結講成織物、或ハ羅紗類、或ハ緋鹿子言語道断之拵致候て、京師町中歩行致賑合事、誠ニ四条通・祇園社・下河原辺者、日々見物様子ニて、群舞夥敷事也、風聞ニ者、此度京師中之稲荷狐皆々留主ニて、狐之仕事と承及候、尤、踊人風体者、女ハ男ニ成男ハ女ニ成、江戸腹当ニ緋鹿子之ばつち、同し足袋、同し手拭、大体ハ皆半てんばつち皆々着し、其外思ひ〳〵ニ色々之思ひ付致出候事ハ、夥敷事、遊所或ハ町家・三井・大丸等大家所へ、畳之上ハ歩行成ニて上り踊り侯由、又酒・握飯出し候処有レ之候由也、尤、侍士・医者・寺方身柄之人ニても、踊子合ひ候と、踊らさな道歩行致さす候故、大体之人が皆々踊候由也、尤、見物ニ参り候者も、皆々踊気ニ相成、見物しなから踊々見候由也、踊子拵やうハ、腰ニ者大成鈴を付、鳴子弐色くゝり附、数ハ各々思ひ〳〵ニて多少有レ之候、誠ニ市中ハ、仕事致候事出来不レ申候由、風呂敷持徘徊致者も、踊なから歩行居候、誠ニ衣類者、金持之輩或ハ芸者抔ハ、壱人前ニ三拾両五拾両迠之拵致あわて居候、公儀よりも法度も、只奢りケ間敷事、畳之敷有レ之候儀ハ土足ニて上り候事ハ、止り有レ之候へ共、外ニ法度触書ハ無レ之候、何ケ無ニ騒キ立居候を踊と唱

へ候。然し、口論喧咜ハ遁《とん》と無レ之候、狂乱同様之賑迫也、古今珍ら敷事也
伝聞、御所司、奉行両町とも、御上覧も有レ之候、且又、両御所へも踊りニ参り候由も、聞及候、騒なから言
事者左之通、踊もあほ、踊らぬもあほ、同し事なら踊かましじやと申、其合ハ、チヤウ〳〵と申、手足を動
ス斗也、流行之初ハ、先月中比仏光寺門跡ニ開帳有レ之、外ニ今宮ニ砂持有レ之候、其節、少々ッ、踊り奇妙成風俗
を致居候処、此比十日斗前より市中一統ニ相成、市中不レ残狂乱同様也、又伝聞、大坂も同様之由承候へ共、実
正者不レ承候事、且又、鈴鳴子附候事ハ、賑合ィ繁栄之すゞなりト申たとへニて、小児ニ至迠附候由故、鈴ハ誠ニ高
直ニ相成、京中ニ無大坂所方へ買ひニ参候由也、貧家者ハ裸ニいれずミを画キ参り候者有、芸子抔も裸ニ緋縮緬之
越中褌《フントシ》を致候も有、筆紙ニ尽《ツク》しかたき故、聞見致候たけ珍ら敷故ヲ止置候

十日　乙亥　晴天
伝聞、京師踊余り賑合、今日より厳敷法度之由也、尤、此五日之間尾州公之姫君遊行ニ付停止今日限り故、
各々衣類等拵居候処、法度故呉服屋抔ハ大ニ仕入物之損請取衣類勿論之事、夫故、又々京師呉服屋大丸三ッ井
皆々言合、四五日之間之踊御免之義願出候由也

古久保家文書（天保十年　御触頭書）

四月朔日
此節、女小供之類、豊熟之年柄と唱、無二訳も一衣類を着市中所々夜中迠踊歩行、中ニは人家座敷迠土足ニ而立
入、理不尽如何之筋ニ候、右は全風聞迠ニは可レ有レ之候得共、町役人共心付、法外之義無レ之様申通

四月五日

此節、市所之男女小供之類、踊歩行候付、当朔日申通書御差出候所、未一般ニ相止候様ニも無レ之、御停止被ニ仰出一候間、弥相慎候儀ハ勿論之義ニ付、所役人共申合、厚制度いたし、厳敷差留候様申通

四月八日

右ニ付、当朔日申通書差出置候処、人家江立入夜中踊歩行さへ不レ致候へハ不レ苦様、心得違之もの有レ之、今以異体之衣裳を拵候もの有レ之、追々増長いたし不埒ニ候、此上心得違踊歩行候ハヽ、町奉行組廻り之もの見咎次第召捕、急度可ニ申付一旨、早々申通

〔付記〕　本稿作成にあたっては、芸能史研究会の編集委員の方々や、芳賀登氏にいろいろとお世話になった。また、今回の『天保踊之記』翻刻は、大洲市立図書館の特別な御厚意によるものであり、末尾ながらとくに記して謝意を表する次第である。なお、史料の随所に注記を加えた方がよいと思われるところも少なくなかったが、紙数の制限もありすべて割愛した。

最後に、天保踊についての若干の意義づけは、『芸能史研究』四三号の拙稿「おかげまいり・ええじゃないか考」(本書第三篇第一章)において述べたので、参照していただければ幸いである。

第三篇　政治・都市・市民

第一章　「おかげまいり・ええじゃないか」考

一　近世の民衆運動

「おかげでさするりとな抜けたとさ」「おかげでさするりとな抜けたとさ」と唱和しながら、大群衆が伊勢へ向ったおかげまいり、「えいじゃないか　えいじゃないか　えじゃないか」「えいじゃないか　えいじゃないか　えじゃないか」と、ただもう無心に乱舞したええじゃないかは、近世日本の代表的な民衆運動としてよく知られている。

しかしながら研究の面からみれば、とくにええじゃないかの歴史的位置づけについては、これまで諸学説がありながらも、いまだ学界の共有財産として大方の了解を得るところまで成果はあがっていない。(1) 歴史的位置づけどころか、おかげまいりやええじゃないかの大衆的熱鬧という現象についての理解さえ、充分になされていない。こうした研究の停滞的状況には、それなりの理由があったようである。

すなわち、おかげまいりやええじゃないかの民衆運動を、それ自体に則して理解しようとすることよりも、百姓一揆や打ちこわしなどの民衆運動（人民闘争）あるいは宗教運動などを物差しとして分析しようという、これまでの研究の視点・方法に問題があったと考えられる。それは、おかげまいりやええじゃないかにおける民衆の興奮や参宮・お札降りという形態に眼をうばわれすぎたこと、そしてまた百姓一揆や打ちこわしを近世民衆運動の頂点とする史観にとらわれた結果であろう。

近世封建社会の民衆運動は、きわめて多様であったことをまず理解しなければならない。支配者に対して力による対決をせまる百姓一揆だけが民衆運動であったわけではない。農業技術の改良や商品作物の栽培、学問や新知識の導入、娯楽や奢侈への開眼さえ一旦民衆の側に定着すると、支配者にとって大きな脅威となったのである。こうした民衆の諸々の営みを民衆運動として全体的に把握しなければならない。

そしてまた、こうした諸々のかたちをとってあらわれる近世民衆運動の基底には、経済的物質的生活の発達が前提としてあったことを見のがしてはならない。農業技術改良などへのとりくみは、「民の富」を前提としその拡大を直接的に追求するものであるが、百姓一揆や打ちこわしでさえ、経済生活の発達を前提としこれを防衛しようとするものであり、これらは、経済的発達に肯定的な志向性をもつ民衆運動である。いっぽう、芝居やおどりすなわち娯楽や奢侈への民衆の熱狂は、経済的発展に対する否定的な志向性をもつものであるように見えるが、この場合でも経済生活の発達が前提となっていることは勿論である。

おかげまいりやええじゃないかも、また経済的物質的生活の発達に直接的には否定的な志向性をもつ民衆運動に属すると見うけられるけれども、その基底にはやはり経済的物質的な発達が大きな前提としてあったのである。ここでは、こうした民衆運動の全体的な特質とともに、おかげまいりやええじゃないかの個有の特質をも解明してみたいと考える。

二　民衆の集団的熱鬧とその系譜

近世のもっとも大規模なおかげまいりは、宝永二年（一七〇五）・明和八年（一七七一）・文政十三年（一八三〇）の三回である。このほかに小規模なおかげまいりが、慶安三年（一六五〇）・享保三年（一七一八）・享保八年（一七二三）にあったことも伝えられている。これらのおかげまいりは、抜けまいりともよばれ、何の前ぶれもなしに突然に民衆が日常生活の規律から抜けだし、熱狂的な集団参宮の現象を呈したもので、とくに大規模であった宝永・明和・文政度のそれは、参宮人数は数百万、波及地域は関東から北九州まで、期間は数カ月におよんだと伝えられる。

いっぽう、民衆の熱狂的な乱舞という現象を呈したものとしては、慶応三年（一八六七）のええじゃないかがもっとも大規模であったが、このほか慶長十九年（一六一四）・元和二年（一六一六）・寛永元年（一六二四）の伊勢踊（風流踊）、文政十三年のおかげ踊、天保十年（一八三九）の豊年踊など[2]もこれに属するものであった。

こうした民衆の突発的なしかも熱狂的な集団参宮や乱舞については、これを観察し見聞した当時の人々も、不可解な不思議なる現象と見ていたようであるが、現代の歴史学においてもやはりなかなか説明のできない不思議な民衆の動きとしてしかとらえられていない。せいぜい社会病理学的にマス・ヒステリアであるとか、抑圧された民衆の暴発現象であると説かれている。たしかに、これらの現象を絶対年代のうえにおいて説明すること、たとえばなぜ宝永二年に大規模なおかげまいりがあり、なぜええじゃないかが慶応三年に起ったかを説くことは、容易なことではない。

しかしながら、民衆の集団的熱狂・乱舞といった現象は、なにも近世封建社会に特有なことではなく、古くから民衆とともに歴史のうえにその姿を見せているものなのである。たとえば為政者によってたびたび禁止の措置をうけた古代の民衆的な踏歌や、祇園御霊会や今宮のやすらい花、あるいは中世の風流踊などを思い出せば充分である。もちろん、これらの古代・中世の民衆の熱鬧と近世のそれとが全く同質だというわけではない。熱鬧のかたちもその歴史的な意味も大きく異なるのだが、ただ社会的な存在としての人間とりわけ民衆においては、現実の社会秩序からの解放の志向性が強く、しかも集団的熱狂という方法によってそれを実現させることが少なくなかったのだということを、これらの歴史的事実から理解しておかなければならない。

近世における民衆の集団的な熱狂という現象は、乱舞と参宮というかたちをとってあらわれた。乱舞は激動期の慶長・元和・寛永と天保・慶応に、参宮は比較的社会の安定した慶安・宝永・享保・明和・文政に大規模なものが起っている。まず乱舞について、その形態や意味を考えてみよう。

慶長十九年の九月から、伊勢において風流踊とよぶ踊りが起り、「風流の衣裳をかざり、市街村里を踏哥」するという状況を呈したが、十一月ごろには畿内近国にまで広がり、元和元年三月末には駿府に達し、ほどなく奥羽地方にも広がったという(『徳川実紀』元和元年三月二十五日条)。また、元和二年の春および寛永元年のはじめにも、「国々伊勢躍といふ事をなし、毎駅人夫を出し、皇大神宮を駅次して送り奉るとなへ、農桑を廃し人馬をやとひ、老若群をなし躍りありく事日々に甚し」かったとも伝えられている(同前、寛永元年二月条)。

これら近世初期の民衆乱舞については、詳細な記録がないので不明な点も多いが、突然に老若男女が群なして激しく踊り歩くことがはじまり、なかには衣裳をかざり仮装に趣向をこらすものもあり、所によっては花火まで持ちだすところもあるといったありさまで、相当な熱鬧がみられたようである。そして、この熱鬧は他地域にも次々と伝播し、かなりな期間持続している。激しい踊りや仮装などは、この民衆の熱鬧の本質を解明する鍵となるものであり、伝播性や持続性も熱鬧の重要な構成要素であるが、いましばらく幕末の民衆乱舞をも見ておこう。

文政十三年(一八三〇)の大規模なおかげまいりが一応の終熄をみせるこの年の末から翌天保二年にかけて、

大和・山城・河内・摂津でおかげおどりが流行した。大勢の老若男女が町や村をおどりまわり、また輪になってひたすらおどったのである。京都府城陽市寺田の水戸神社に奉納されている文政十三年の絵馬によれば、二重三重の輪が組まれ、太鼓を打つもの三味線をひくものあるいは手踊をおどるもの、そして柄杓を高くふりかざしておどるものなど、様々な光景がえがかれており、仮装と乱舞による興奮が彷彿としてくる。

このような民衆の熱鬧が、天保十年に京都市中で再現している。これは、当時「豊年踊り」とも「京師おどり」ともよばれたが、その模様が正親町三条家に仕えた大島直珍によってその日記に詳しく書きとめられている。『大島直珍日記』によると、三月中ごろの仏光寺の開帳・今宮社の砂持のころから、奇妙なおどりがはじまったようであるが、三月末からは「市中一統ニ相成、不残狂乱同様也」というほどで、うわさでは大坂にもひろがったとのことであった。男は女に女は男に仮装し、金のあるものは豪華なきらびやかな服装をこしらえ着て、金のないものもそれぞれに趣向をこらした装いをし、腰には鈴や鳴子をつけ、「踊もあほ踊らぬもあほ、同じ事なら踊がましや」とうたい、合いの手を「チヤウ〳〵」と入れて手足を動かす簡単な所作で、町中を群衆が踊り歩きまわったという。そして、乱舞の群衆は「遊所或ハ町家三井大丸杯大家所へ、畳之上歩行成ニて上り踊」ったりし、なかにはかれらに「酒握飯」などを出したりするところもあった。また踊りの群衆に出会った通行人は、武士や医者や寺院の者でもおどらなければ通してもらえないので、一緒になっておどるという具合であり、見物の者も群舞したし、所司代や京都町奉行もおどりを見物し、禁裏や仙洞御所にもおどりがくりこんだといううわさも流れたほどであった。

この天保十年の豊年踊は、その期間はあまりながくなく三月末から四月上旬までであり、他地域への波及という点でも京都市中一帯を中心としたくらいであったが、乱舞による民衆の熱鬧においては、慶応三年のええじゃないかと本質的にはかわらないものであった。豊年踊が伝播性・持続性において小規模であったことは、この乱舞にお札降りなどの現象がともなわなかったこととも深く関係していると考えられる。

慶応三年の八月から十二月まで、中部・近畿・四国地方を中心におこったええじゃないかは、伊勢神宮をはじめ諸神仏の降札があり、仮装と乱舞による大規模な大衆的熱鬧をもたらした。京都では十月の下旬から十一月末までの一カ月余が最高潮で、洛南東塩小路村の若山要助は「此節何国共なく、太神宮様其外大黒天天満宮住吉稲荷地蔵弘法毘沙門天何様ニ不限、町在共処不嫌空ヨリ降り玉ふ、昨日廿七日当役庄兵衛殿表杉垣江太神宮降り給ふ。右ニ追々備ヘ物上り、若中ヨリも神酒伊丹樽壱丁献し候、猶亦、一統大おどけと相成、色々様々ニ姿をやつし大騒きニ相成、誠ニ昔ヨリためしなく目出度事共也」とその日記に記している（『若山要助日記』慶応三年十月二十八日条）。

「慶応三卯初冬神仏降臨末代咄し」と題する一枚摺が出版されているが、これは十月二十日から十一月三日までの、京都におけるええじゃないかの「お札降り」を板行したものである。もっとも、この期間の「お札降り」すべてを収録したものではなく、「殊ニ珍ら敷を抜萃し」ておさめ、しかも二条以南五条以北の京都市中でも中心的な商工業地域に焦点を合わせたものである。これによると諸神仏の木像・石像・画像・土像・金銀像などをはじめ、大判・小判や銭や扇など実に種々雑多なものが、六〇カ所に降臨している。このような諸神仏・札の降臨がいかにおびただしい数にのぼったかは、油小路通四条上ルの染問屋野口家の居宅樹木への「天降り」が、十一月朔日から十二月十二日までの間で五九回におよんでいることから、充分に推察されるところでもある（『野口家文書』）。

ええじゃないかは、このように膨大な「お札降り」をともなったが、乱舞による熱鬧も天保十年の豊年踊にまさるともおとらない盛大なものであった。「おめこへ紙はれ、はげたら又はれ、なんでもえじやないか、おかげで目出度といふばかりにて大さわぎ、又は面におしろい抔を附、男が女になり女が男になり、又顔に墨をぬり、老母が娘になり、いろ〳〵と化物にて大踊、只よくも徳もわすれ、えじやないかとおどる而已なり」というありさまで（『慶応伊勢御影見聞諸國不思議之扣』）、太鼓をたたき三味線をひき、ええじゃないかええじゃないかとはやしながら乱舞し、施行の酒やごちそうを飲食して、ただおどりあるいたのであった。

いま、近世の民衆乱舞の姿をみてきたが、これらに特徴的なことは、まず突発的におこっていることで、かならずしも政治的あるいは経済的な時事問題との直接的な結びつきをもっているとはいえないことにある。つぎに、仮装や単調な拍子をともなった踊りであったことも重要な特徴である。この仮装と単調なおどりこそ、興奮を高め興奮の輪をひろげる重要な役割をになうものであった。また、こうした乱舞によってそこに大衆的な熱鬧がみられたこと、その熱鬧がしだいにひろがり伝播していったことなどもそうである。そして、こうした現象が、神事や仏事あるいは祭礼などにかかわる宗教的な擬装をともなっていたことも見のがせない点である。

仮装や乱舞による大衆的な熱鬧、宗教的なよそおいということでは、中世の風流踊がそうであり、このような近世の民衆乱舞もこの風流踊の系譜をひくものであるといえようし、マス・ヒステリアであるとか大衆的な混乱という社会現象としてみるよりは、風流踊として把握した方が、これらの民衆乱舞の意味を考えるうえでより適切なアプローチのしかたであるといえる(3)。

ところで、近世における大衆的熱鬧は、参宮というかたちをとってもあらわれた。おかげまいりがそれである。もっとも大規模であった宝永・明和・文政のおかげまいりでは、数百万人の民衆が熱狂的な集団参宮をしたと伝えられ、伊勢神宮への往復の道中は思い思いの装いにいろいろな拍子言葉やうかれた所作で、乱舞を街道筋にうつしたような熱鬧がみられた。なかには遠い道中に疲労のために倒れるもの、急病や事故のために死ぬもの、迷子になるもの、飢えのために半死半生の道中となるものも少なくなかったが、それでも老若男女の参宮の列は絶えることがなかったのである（『浮世の有さま』）。まさに、大衆的な熱鬧であった。領主や地方役人や主人に許可を得ず往来手形をもたない旅行は厳しく禁止されていたが、この禁を犯して参宮に向うことは多大の興奮をともなうものであり、また熱狂的な興奮が民衆を無断の参宮へと旅立たせたのである。おかげまいりはいうまでもなく伊勢への参宮であったが、このようなおかげまいりがどれほど参詣すなわち敬虔な信仰心にもとづくものであったかは疑問である。

おかげまいりはぬけまいりともよばれ、たしかに「まいり」という宗教的なよそおいをもつものではあったが、参宮はあくまでも大衆的熱鬧の契機であり手段であったことを見なくてはならない。数百万の民衆は、敬虔な伊勢信仰にささえられたやむにやまれぬ宗教心から、家庭をぬけ職場をぬけて伊勢路へ旅立ったのではない。人々は大衆的な熱鬧を求めて伊勢へ向ったのである。

参宮という現象自体が問題なのは、それがなにゆえ近世民衆の大衆的熱鬧の契機となりえたかという点においてである。伊勢神宮への民衆的な信仰が、御師の勢力的な活動に刺激されて、伊勢講などというかたちをとりながら、しだいに民衆の間に芽生えひろまりつつあったことは事実である。全国的な民衆信仰の最大公約数的対象として、伊勢神宮はおかげまいりを考えるうえで問題となるであろう。参宮という形態のみに眼をうばわれて、おかげまいりを宗教運動として把握しようとするならば、決しておかげまいりの本質を解明することはできない。(4)

人々は、お札が降ったといううわさやお札降りを契機として、日常的社会関係と日常的空間とから抜け出て、興奮と熱鬧の世界に身をうつしていった。豊年おどりやええじゃないかにおける乱舞が、大衆的熱鬧をかもしだす手段であり契機でもあったように、集団参宮はやはり大衆的熱鬧の手段であり契機であった。旅という要素が参宮においては不可欠な部分を構成していたが、家庭と職場に釘づけされた江戸時代の民衆にとっては、この旅という行為は解放と興奮の気分を禁じえない、実に魅惑的なものとして意識されていたのである。

三　日常的世界からの脱出

近世民衆のおかげまいりやええじゃないかは、参宮や乱舞というかたちをとって表象した大衆的熱鬧であった。それでは、その大衆的熱鬧とはいったい何であったのであろうか、そしてその歴史的意味はどういうものであったのか。ここでこの問題を解明していくことにしよう。

おかげまいりやええじゃないかにおける大衆的熱鬧とは、民衆の日常的生活からの全面的な脱却とその社会化のあらわれにほかならない。人々は、大衆的熱鬧のなかに精神と肉体とを投じることによって、日常性を拒否し現実の社会関係から脱出しえたのである。いいかえるならば、大衆的熱鬧のみが、民衆の日常的生活からの脱出を許容し包摂しえたのである。

それでは、大衆的熱鬧すなわち熱狂的集団的興奮のなかで、民衆が拒否した日常的世界とは何であろうか。一般に、社会的な発展にうらづけされた人間的欲求とそれを緊縛する現実の社会秩序との拮抗によって、社会の安定は保持されているのであるが、大衆的な熱鬧は前者をして後者を圧倒させてしまうのである。日常的な世界とは、こうした人間的欲求と社会秩序との拮抗関係をさすが、社会秩序というものはきわめて歴史的なものであるから、日常的な世界も具体的にみていくならば、歴史的な存在であることが判明する。

近世民衆の乱舞や参宮による日常性の拒否を、具体的に追ってみよう。民衆にとって、もっとも日常的なことといえば、いうまでもなく生産的労働への従事であった。この生産的諸活動の放棄ということが、乱舞や参宮の基盤をなしたのである。近世初期の伊勢躍でも、「農桑を廃し（中略）老若群をなし躍りありく事」が伝えられたが（『徳川実紀』）、天保十年の豊年踊でも「誠ニ市中ハ仕事致候事出来不申」状況であったという（『大島直珍日記』）。朝から晩までくる日もくる日もおどり歩くのであるから、かれらが労働に従事していないことはもとよりである。これらの乱舞が、労働の余暇におこなわれたものでないことを注意すべきである。しかも、乱舞の群衆が労働を放棄することによって、乱舞の列に加わらなかった者も、仕事をすることができなかったのである。働き手が乱舞に加わったために、また乱舞の群集への飲食物の施行のために、あるいはただ群衆の興奮にあっけにとられたために、家業を休まざるを得ない人々も少なくなかったのである。

こうした現象は、参宮においてより明確な形態をとってあらわれる。ぬけまいりという言葉で明らかなように、仕事から職場から抜けて民衆は旅に出たのである。女性が家庭から抜けて参宮することも、家事労働の放棄である。乱舞と同じように、参宮も労働の放棄ということが前提となっていた。参宮からとりのこされた人々も、働き手を失なって家業を休まなければならなかったし、参宮の道筋にあたる町や村では米や銭、わらじや笠などの施行にあけくれたのである。このように、乱舞や参宮の群衆が労働を放棄しただけでなく、その周囲の人々にも労働の放棄を余儀なくさせたことは注目すべきであろう。

乱舞や参宮、ことに乱舞において顕著であった仮装という現象も、封建社会においては反日常的なものであった。近世封建社会の領主たちは、農民や町人に対してたびたび衣類の制限令を出し、庄屋は妻子とともに絹・紬・布・もめん、脇百姓は布・もめんの衣類というように、庄屋名主と平百姓との衣服を差別したり、また衣服をむらさきや紅梅に染めてはならないと染色にまで制限を加えたりした。さらに、髪のかたちや髪油の種類などにまで干渉し、風俗上の諸種の規制や民衆の生活全般にわたるこまかい規定を庶民におしつけていた。

したがって、民衆が「風流の衣裳をかざり」、思い思いに趣向をこらした仮装をすることは、そうした社会的な規範にあえて逆らうことであり、日常的な規制と道徳から自己を解き放すことであった。乱舞や参宮に普段着のまま参加したものも決して少なくなかったが、多くは派手な色あいの衣裳をまとい、人目にめだつ格好をしていた。天保十年の京都における豊年踊では、「男女老若ニ不限、衣類等結構成織物、或ハ羅紗類或ハ緋鹿子、言語道断之拵え」であったといい、「金持之輩或ハ芸者抔ハ、壱人前ニ三拾両五拾両迄之拵」えをしたものもいた。しかし、その反面では「貧家者ハ、裸ニいれずみを画キ参り候者」もいたのである。そして、一般には「踊人風体者、女ハ男ニ男ハ女ニ成、江戸腹当ニ緋鹿子之ばつち、同し足袋同し手拭、大体ハ皆半てんばつち」というのが、標準的ないでたちであった（『大島直珍日記』）。

このような仮装が、豊年踊だけに特徴的なことではなく、近世民衆の乱舞や参宮において一般的であったことは、当時の記録に明らかである。仮装は、日常生活の規範の枠内での仮装ではなかった。日常的な規制にかかわりなく、自由な身形を民衆は求めたのである。仮装のなかには、贅沢三昧の服装をしたものもあれば、一方では裸同然のものもあったが、そこでの服装は身分の差や貧富の差をあらわすためのものではなく、豪華な衣裳も褌一つも身形としては等質であった。身分や貧富の差をあらわし区別する日常生活の場での衣裳は、ここではその意味を失なっていた。さらに仮装は、衣類のもつ社会的秩序的な意味を否定するとともに、それぞれが趣向をこらすことによって、お互いにその興奮を高めあう手段ともなっていたのである。

労働の放棄や仮装が、日常的世界への訣別であることをみてきたが、土足のまま畳の上をおどり歩いたり、御馳走を食べてまわったりしたことも、日常性の拒否にほかならなかった。また「性的倒錯」といわれることも、抑圧された現実の性秩序への反発であった。

乱舞のなかで、踊りの一群が土足のまま座敷内まであがりこむという現象がたびたびみられた。史料的な制約にもよるであろうけれども、とくにこの現象は文政のおかげおどり・天保の豊年おどり・慶応のええじゃないかにおいて生起している。「市中所々夜中迄踊歩行、中ニは人家座敷迄土足ニ而立入、理不尽如何之筋ニ候」とか「異形之風体ニ而大勢連置、町々踊歩行坐敷内等迄、土足之儘深更迄踊騒き、理不尽之仕方」と禁令のなかに説かれているのがそれである（『古久保家文書』『今北家文書』）。

豪農豪商などの家に大勢で押しかけ、土足のまま座敷にあがっておどりさわぐということは、畳の上を土足で歩いてはいけないという生活習慣の定着、とりわけ金持ちの家の手入れの行届いたきれいな座敷へは、貧乏人は容易に通されもしないという現実が前提としてあり、こうした生活様式・道徳律に対するその破壊・否定の意味をもっていた。このような民衆自らがきずいてきた生活様式が、民衆自らを差別しはじめたとき、民衆はそれを拒否する衝動にかられたのである。乱舞を禁止する幕府の触のなかに、かならずといってよいほど土足のまま畳の上にあがることに関しての言及がみられるのは、民衆自らがその生活様式を混乱させるということが、いかに根本的な秩序破壊につながるものであったかをものがたっている。

乱舞や参宮の群衆は、座敷内や玄関先・庭先あるいは道端で、酒食や金銭・衣類その他の饗応をうけた、これらの施行は、旅支度もととのえず路銭も持たず、家庭や職場をぬけだしたぬけまいりの群衆にとっては必要不可欠のものであり、この施行なくしておかげまいりは成立しようのないものであった。また乱舞においても、酒食の饗応は欠くことのできないものであり、これがあってはじめて朝から晩まで幾日もの「踊歩行」が可能であったのである。

施行も、早くは参宮や乱舞のための最低必要限の金銭物品の施行であったと考えられるが、経済的物質的な発達につれて、しだいに豪華な施行へと変っていった。施行馬・施行籠・施行宿をはじめ酒やたばこや茶や昆布といった嗜好品の施行も増加し、そして食糧や酒などの品質も、だんだんと上質のぜいたくなものへと変っていったのである(『浮世の有さま』)。たとえば、慶応三年の京都のええじゃないかにおいては、御飯は赤強飯やすしの類、おかずはかつおの作身や煮物に諸種の魚料理、果物はみかん、酒は伊丹酒か鴻台といった具合の当時としては高級品をつらねた大御馳走であった(『野口家文書』)。

日常において一般の民衆が、こうした施行をうけることはなかった。まして、参宮や乱舞という遊興的なもののための施行はありえなかった。そしてこの施行には、大火や凶作などの折のような富者が貧者に対してめぐみをあたえるという性格はなかったのである。群衆の熱狂的な興奮が、豪農や豪商はては大名までそのあらしのなかに席捲し、かれらを施行へとかりたてていった。こうして、民衆は日常生活のなかでは決して許されることのない施行を、大衆的熱閙のうちに実現させていったのである。

施行には、本来貧窮民の暴発に対する予防的意味があり、参宮や乱舞の民衆への施行も、このような性格が全く払拭されたものであったわけではないが、民衆が民衆自身の熱狂的な興奮のために獲得した施行であったことは注目されてよい。土足のままでの座敷内へのあがりこみや、飲食物・金銭などの施行は、群衆とそれをとりまく周囲との間に、一体感とまではいかなくとも溝をつくらない、すなわち興奮対理性というような対立を消去する作用をも果していたといえよう。

民衆が白い御飯をたべたりぜいたくな飲食行為をすること、また不必要な用向きのために旅行をして米銭を費すことなどは、江戸時代にあっては厳しく禁じられたもってのほかのことであったが、施行はこうした反秩序的なおこないを、乱舞や参宮に参加した民衆だけでなく、周囲の人々そして時には支配者にまでおしひろげるという意味をもっていた。

性的な問題についても、ここで言及しておかなければならない。参宮や乱舞に関する記録には、性的事項についての記述が少なくない。「又のぼりの絵のみにもあらず、物のかたちをことさらにもつくり出て、杖のさきなどにさして口々に、大ぐちとていみじきことどもをいひはやしつ、(中略) わかきをのこはさらにもいはず、おきなおんな又物はぢしつべきわかきをんなまで、よろづをうちわすれて物くるほしく」いろいろ戯れながら群衆は参宮したといわれ(『おかげまうでの日記』)、また道筋では「若き女の国処も知れざるが、人々御蔭参に施行をなせどもわれは施す物なし、ゆへにこれを施行すとて、前陰を出して有りぬるゆへ、処役人これを制すれ共聞入る事なく、其処を動く事なく有し」といった光景もあり（『浮世の有さま』）、年頃の男女はもとより老若ともに自らの性をあけっぴろげに楽しんだのである。

性についてのあけっぴろげな態度は、乱舞でも同様であった。「おめこへ紙はれ、はげたら又はれ」の歌のように、道学者流にいえば卑猥な猥褻な歌がもてはやされ、仮装の一興として「芸子抔も裸ニ緋縮緬之越中褌」といった格好が平気でおこなわれてもいる。

ともかく、ここには性の暗さや陰鬱さはみられない。儒教的な倫理観や家族制度的な秩序にうばわれた性を、自らの手に民衆はとりもどそうとしているのである。社会的な秩序意識にとらわれた人々が、「あさまし」「おろかなり」「筆紙ニ尽しかたし」と絶句するほど、大衆的熱鬧のなかの性は、おおらかであり反秩序的であったといえる。

以上簡単ながら、大衆的熱鬧というもののなかみが、民衆の日常的世界からの脱出であり、その具体的な側面として労働の放棄や仮装・施行などをとりあげてみてきた。[5]熱鬧のなかのいくつかの具体的現象は、いずれも現実の社会的秩序や道徳の拒否ということに根ざしていたが、こうした民衆による拒否の力は何処から生れ何によってうらづけられていたのであろうか。

民衆が拒否したところの秩序や道徳といったものは、それが支配者によって強引に民衆におしつけられたものというよりは、おしつけられたものであるけれども、すでに民衆の日常的な生活の中に定着し根付きはじめていた秩序や道徳であったのである。民衆の日常的な生活のなかにとけこんできて、民衆自身を緊縛しはじめていた秩序や道徳であった。

このような秩序や道徳が民衆を緊縛しはじめるということは、民衆の日常的な生活のなかに経済的物質的な発達が現実的な力となって作用しはじめたということにほかならない。すなわち、民衆が自己のための労働をもつようになったとき、支配者の強制によって日常化している労働と自己のための労働が複雑に矛盾し衝突するようになる。日常的な生活のなかに矛盾がおこるのである。

日常化された秩序や道徳の拒否は、民衆が自己のための生活を生みだし自らの日常性を獲得しはじめたときに、そうした現実の力を前提として成立しえる。秩序と道徳のもとに位置づけられた日常と、経済的発達によってうらうちされた日常とが、民衆生活の内部で葛藤をはじめる。そして、その解決の一つが日常的世界からの脱出となってあらわれるのである。

四　民衆運動としての参宮と乱舞

参宮や乱舞における大衆的な熱鬧は、何らかの宗教的あるいは政治的要求をかかげた民衆運動ではなかった。民衆生活のなかの日常性に関する民衆自身のたたかいであった。したがって、それは民衆生活のもっとも根本的な秩序や道徳などの、生活様式・生活意識への対決という性格をもっていた。しかも、民衆はいまだこうした生活の深奥での矛盾に対して、民衆自身の方向をもつところまでは自由ではなかったので、集団的な熱狂的興奮のなかにその矛盾を消去するという方向をえらんだのである。その結果、近世封建社会のもっとも根源的な秩序や道徳が、大衆的熱鬧のなかで拒否され破壊されていった。

直接的には封建的支配者に対する何らかの抵抗を示したわけではなかったが、これらの大衆的熱鬧は支配者にとって深刻な恐怖をよびおこしていた。すでに早く、慶長八年（一六〇三）将軍徳川家康が政治的な深慮遠謀のもとに準備して、翌九年八月ひらかれた豊国大明神臨時祭礼では、京の町衆たちによる風流の乱舞が家康の予期以上の高まりをみせた。このため以後豊臣秀吉の年忌ごとに開催されるはずであった臨時祭礼が、幕府の介入によってなしくずし的に廃止へと追いこまれていくといった先例があったのである。もちろん、この臨時祭礼は支配者によって計画され日程が定められておこなわれるものであり、われわれが問題としている乱舞と等質に考えることはできないが、ただこうしたものであっても大衆的な熱鬧の高まりというものが、為政者にとって脅威的な存在となりえたことは注目されてよい。

近世初期の数次の伊勢躍も、支配者にとって不吉の前兆として考えられていた。「慶長十九年京より此風おこりしに、程なく大坂の兵乱はじまり、元和二年の春より又諸国此事行はれて、その夏神祖昇天の御事あり、かれといひこれといひ、かた〴〵不吉の徴なり」と、具体的な凶事と結びつけていたのである（『徳川実紀』寛永元年二月の条）。支配者の側も、このような大衆的熱鬧のもつ民衆運動としての根深さを、漠然とながらも肌で感じとっていたのであろう。

参宮や乱舞のもつ特質は、突発的にそれがおこり、しかもいつ終熄するかが全く不明なことにある。年中行事化した社寺の祭礼や町々や村のまつりであれば、そこに何ほどかの大衆的熱鬧がみられようと、一応の初めと終りがあり考慮の内におくことができるけれども、参宮や乱舞の大衆的熱鬧は埒外にある。それが一旦終熄したとしても、またいつはじまるか全く見当がつかない。さらに、その熱鬧のなかでは社会的な秩序や道徳は拒否され、封建的支配者の威令は貫徹しないし、その熱鬧の規模がどこまで拡大されるかもはかりしれない。これほど支配者にとって脅威的な民衆運動は、ほかに見あたらないであろう。

ただ、為政者は熱鬧の規模が拡大することにいくらかでもブレーキをかけようとするのみである。施行にあたったり、役人を派遣して参宮の群衆の整理や案内にあたらせたり、「町役人共心付、法外之儀無之様」に指令したりする程度がせいぜいであった。

このように、支配原理の貫徹しない大衆的熱鬧の内部では、日常性の拒否が進行していた。それはもっとも根源的な部分での秩序破壊であったから、熱鬧が持続しあるいはたびたび再発して、日常性の拒否が日常化することは、体制側にとっては社会が根底からゆらいでくることであり、もっとも重大な問題であったのである。

もっとも大規模な大衆的熱鬧は、宝永二年・明和八年・文政十三年におこったが、これに対応して幕政の三大改革がおこなわれている。宝永のおかげまいりから十二年後に享保の改革が、明和のおかげまいりから十六年後に寛政の改革が、文政十三年のおかげまいり・おかげおどりから十一年後に天保の改革がそれぞれ着手されているのである。大規模な大衆的熱鬧によって、根底からゆさぶりをかけられた社会のたてなおしは、事後対策的な応急処置ではつくろいようがなく、大規模な政治的経済的改革を余儀なくさせていたといえるだろう。

近世における民衆の集団的熱狂的な参宮と乱舞、その大衆的な熱鬧の性格を解明することに紙数を費したため、個々の熱鬧の歴史的な位置づけや、細部にわたる諸問題については叙述できなかった。これらは、後日の機会にゆずりたい。

注

(1) 最近のまとまった研究としては、藤谷俊雄『「おかげまいり」と「ええじゃないか」』(岩波新書、一九六六)がある。ここでは、おかげまいりについては史料と年代をおってこの史実の紹介がなされ、ええじゃないかについては士屋喬雄氏・井上頼寿氏・ノーマン氏・羽仁五郎氏・遠山茂樹氏らの研究の紹介と学説の整理がなされている。しかし、その学説整理のなかに、以後の研究の足場となるべきものは何ら提示されていないようであるし、藤谷氏自身も特別の見識を示すことに成功してはいないようである。ただ、この『「おかげまいり」と「ええじゃないか」』は、史料や史実や学説の紹介といったことを通して、一応網羅的にのべられているので、一読をすすめたい。

ここで注意しておかなければならないのは、これまでのおかげまいりとええじゃないかを区別する考え方である。おかげまいりを伊勢神宮への巡礼運動としてとらえ、ええじゃないかはこのおかげまいりの伝統を利用して起された政治的混乱であるという考え方さえ、おかげまいりとええじゃないかは本質的に異なるものだという認識に立っている。これに対して、本稿は両者は本質においておなじであり、この意味で両者を区別せず論じている。

(2) この豊年踊については、原田伴彦「世相の明暗」(『京都の歴史』第六巻、學藝書林、一九七三)での言及がはじめてであり、あまり知られていない。これについての詳細な記録が、京都市史編さん所蒐集の大島直良家文書中の『大島直珍日記』にある。祇園社への参詣というかたちをとった民衆乱舞であり、のちのええじゃないかの乱舞を理解するうえでも見のがせない史実である。後日あらためて、史料紹介の機会を得たいと考えている。

（3）近世民衆の乱舞を風流踊としてとらえるといっても、仮装と単調なおどりという形態上の問題としてである。乱舞を近世の風流踊とよんだ場合、中世の風流踊との間に本質的なつながりがあるかどうかを判定する資格を筆者は持たない。ただ、この民衆乱舞には中世風流踊の要素が多分に見受けられること、また近世の社寺の祭礼・町や村のまつりから、多くのものがこの乱舞のなかにとり入れられていることは、注目しておく必要があると考える。

（4）藤谷俊雄前掲書（注1）では、おかげまいりやええじゃないかを説く前に、伊勢信仰の歴史がのべられている。「こうした（おかげまいりやええじゃないかに対する……筆者註）疑問を、歴史事実に即して解明してみようというのが本書の目的である。そのためには、われわれはまず伊勢信仰の歴史を知らなければならない。それは「おかげまいり」の巡礼運動が、伊勢信仰の影響のもとに起ってきたからである。そこで本書ははじめに伊勢信仰の歴史について概説することにした」とまえがきで記されたとおり、伊勢信仰の歴史に多くの紙数が費されているのである。おかげまいりを宗教運動とする立場からすれば当然かもしれないが、しかしいくら読みすすんでいっても、おかげまいりが宗教運動であったということは明らかにされていないし、従っておかげまいりそのものの本質も総合的には解明されていない。そしてまた、ええじゃないかについては、伊勢信仰といかに無縁かが説かれているにすぎないのである。

（5）このように労働の放棄や施行それに性秩序の否定などが一般的であったが、一面ではこれらの大衆的熱鬧の行動に乗じて、金もうけをする者があらわれたり、盗賊や性魔が横行したりした。

参宮にとっての必需品であるわらじが高騰したし、柄杓の値もはねあがっている。また、天保十年の豊年踊では腰に大小の鈴をつけることが流行したので、鈴が不足して京都から大坂まで買求めに行っている。だいたいが、参宮や乱舞の風俗流行による品不足に起因した物価高騰であったが、なかには悪徳商人による物価操作もあったと考えられる。数百万の群衆が動くのであるから、その経済的な影響は大きなものであり、看過できない問題である。だからといって、おかげまいりをこれら商人による作為的な大衆行動とみることはできないし、同様にええじゃないかの熱鬧を政治的に利用しようとする者がいたからといって、ええじゃないかを政治家による作為的なものと規定するのは誤りである。民衆運動には、それが非組織的であり非秩序的であればあるほど、これを利用し煽動しようとする者が、運動のあらゆる場面であらわれるのは当然である。しかし煽動したり利用しようというものがいくらいても、これらの人々のためには民衆運動がはじまらないのも、また当然である。

第二章　幕末における国民意識と民衆

一　国民意識をめぐって

近世の幕藩体制社会が、厳密な意味で近世的国家であったかは疑わしい。鎖国という政策そのものが、国家としての資質を失わせるようなかたちで進行し、幕藩体制は国家としての努力を放棄することによって、単なる統治組織としての政治機構をつくりあげていたのではなかったか。たとえば、海防という全日本的かつ対外的できごとを考えないということを前提にして成立していたのが幕藩制ではなかったか。

日本が世界史的な流れのなかで、近代的な国民国家を形成しなければならなくなったとき、最大の問題は国民的統合と国家的独立をうちたてるべき母体がなかったということである。外圧によって四分五裂する政治勢力があったのみである。

近代的国民国家の形成において、国民意識は不可欠の要素である。国民的な一体意識を醸成するような政治的契機は、幕藩制のなかには存在しなかった。むしろ、国民意識を形成する要因は、幕藩制の解体やそれとの対決のなかから生まれでてくる性格をもっていた。

丸山真男氏は「国民主義の「前期的」形成」(1)のなかで、「国民」と「国民主義」について、次のように述べている。「国民とは国民たらうとするものである、といはれる。単に一つの国家的共同体に所属し、共通の政治的制度を上に戴いているといふ客観的事実は未だ以て近代的意味に於ける「国民」を成立せしめるには足らない。そこにあるのはたかだか人民乃至は国家所属員であって「国民」(nation) ではない。それが「国民」となるためには、さうした共属性が彼等自らによって積極的に意欲され、或は少くも望ましきものとして意識されてゐなければならぬ。換言すれば、一定の集団の成員が他の国民と区別されたる特定の国民として相互の共通の特性を意識し、多少ともその一体性を守り立てて行かうとする意欲を持つ限りに於て、はじめてそこに「国民」の存在を語ることが出来るのである」と、そして「かくして国民意識は苟もそれが自覚的なる限り、早晩政治的一体意識にまで凝集するに至る。近代的国民国家を擔ふものはまさにこの意味に於ける国民意識にほかならない」とも述べている。このような国民意識を背景として成長するところの国民的統一と国家的独立の主張とをひろく国民主義とよぶものだとも記し、国民意識を基盤とする国民主義こそが、近代国家存立の精神的基盤であるとしている。

丸山氏は、日本における国民主義は明治維新によって出発点に立ったが、その「前期的」形成は江戸時代にみられたとし、その具体的な展開を、十八世紀末の海防論から富国強兵論、そして尊王攘夷論へという歴史的な流れのなかにみようとした(2)。すなわち、海防論における「挙国的関心」、富国強兵論における「中央集権的絶対主義的色彩を帯びた国家体制の構想」とに注目し、それの政治的な実現としての討幕論へと移行する尊王攘夷論というかたちで整理している。

たしかに、政治思想の流れとしては、このような理解の仕方も可能かもしれないが、近代的な国民意識の形成は、特定のすぐれた知識人としての思想家の頭のなかにおいて進行しただけではなく、民衆的な世界においてもあったのではないか、むしろ民衆的視座のなかにこそ、近代を準備する国民意識が形成されていたのではないかと思う。

幕末には、さまざまな情報がそれまでとは比較にならない規模で民衆をまきこみながら増加した。民衆と情報が密接なかかわり方をもつことによって、その量的な急増があったとみてよい。その民衆と情報とのかかわり方のなかに、国民意識の出発点もあったのではないだろうか。

本稿では、小寺玉晁(3)らによって収集された幕末期の諸情報を分析する手法をとりながら、洪水のようにあふれる情報のなかにあらわれる政治的存在としての民衆について、その様態をまず究明する。ついで、それらの情報を提供する提供主体の考察から、民衆的視座と国民意識とのかかわりについて論及する。そして、民衆的な国民意識の構造を考察することによって、それが単なる排外主義とは無縁なものであり、国民的な統一を前提とした国家的独立をめざす、愛国愛民的な国民意識であったことを論証する。

二　政治的存在としての民衆

幕末維新の動乱期に、民衆は政治的存在となった。政治とはおよそ無縁の存在として位置づけられ、政治的関心をいだくことさえ禁止されてきた江戸時代の民衆の歴史を考えるとき、注目すべき事態といえるだろう。民衆はなぜ幕末期に政治的存在となったのか。またどのようなかたちで政治的存在へと転身したのか、そしてどのような意味における政治的存在であったのか、若干の整理を試みてみよう。

政治のあり方がかわったのは、やはり嘉永六年（一八五三）のペリー来航以後であろう。嘉永六年をあらわす「癸丑」という干支を用いた「癸丑以来」という言葉が、世の中の大きなかわり目という意味で、幕末維新の識者たちの間では好んで用いられている。それはペリー来航が日本人の政治観にとって、強烈なショックであったこととと深く関係している。

アメリカ大統領フィルモアの国書をたずさえてペリーが日本に来航したとき、ペリーは国書を日本の誰に渡すべきかわからなかったし、応接にあたった日本の役人もアメリカ大統領の国書というものを、誰がうけとるべきであるのかわからなかったが、その事実こそ大問題であった(4)。国家として対外的に日本を代表するものがいないということは、日本が国家としてなりたっていないことを意味する。

これまでの日本における政治が、国民的統一や国家的独立とは無関係であったことが明らかになったとき、先覚者たちは危機感をいだき、政治観が変質した。従来の国民をいかに統治するかのみを課題とする政治から、新しい統一国家日本をいかに建設していくかを課題とする政治への変質を余儀なくさせたのである。新しい政治をめぐる議論と実力闘争が幕末史では展開することとなる。ここに民衆が政治的存在として浮上する要因があった。

政治的存在としての民衆のあり方には、いくつかのパターンが考えられる。まずその第一は、為政者の側が政治動向の決定要因として民衆を意識するというかたちである。もちろんこれには政治的環境によって、さらにいくつかのパターンを考えることができる。すなわち一定の政治状況のなかで、自らの政治姿勢や政治的決断を民衆に対して宣告ないし布告するかたちから、民衆に了解や理解を求めるかたち、民衆の支持を得ようとするかたち、民衆からの支援や応援を得ようとするかたちなどが考えられる。政治的環境がやや安定しているなら宣告・布告型、政治状況が不安定であればあるほど、民衆の支援を期待するというかたちでの民衆の位置づけが強くなることはいうまでもない。戊辰戦争期における新政府側の布令には、じつによくそれがあらわれている(5)。

つぎに、政治の季節には民衆の政治的意識とはかかわりなくとも、民衆の日常的動向が政治的に問われるというかたちが存在する。たとえば文久三年(一八六三)七月二十四日に京都三条大橋畔に死体をさらされた貿易商八幡屋宇兵衛の事例もそれである。『東西紀聞』に収められた死体近くの捨札によると、「近年幕府私ニ交易相許以来、一己之利潤を貪、為銅鉄蠟絹糸油塩等を初、其外右様之諸品買〆横浜長崎江積下し、夷賊共江相渡候付、物価益騰貴し万民困苦ニ不堪」(6)といった理由で生命まで奪われたのである。文久三年九月付の『採襍録』所収の「江戸姦商共罪名肆之事」もほぼ同様である。すなわち「交易渡世之奸商大黒屋六兵衛伊勢屋平作中条瀬兵衛本町伝馬町堀留伊勢丁通其外之者とも、国益有用之品外夷へ渡し物価高直に相成、億兆之人民之難義を不厭一己之利潤に迷ひ、居家結構或は家族を引具し物見遊山芝居見物善美を盡し奢増長いたし候段、不届至極ニ付不日に家族に至迄可加天誅也」(7)と、商人としての私的な日常的な営みが政治的な意味を客観的にもつとされている。

このように日常的な生き方が政治的に問われるということになれば、民衆は政治的な動向に無関心ではいられない。幕末にいたって、聞書、見聞書、秘録、雑記などと称される政治や世相に関する記録が、民間において急速に出現してくるのは(8)、このことを反映している。その内容は、外国船の渡来に関するものから政変や天誅・暗殺、政治的な風刺のきいた俗謡など雑多であるが、民衆が深い関心をよせていたことはたしかである。京都市街の南端に接する東塩小路村の要助は、洛中のさらし者のうわさを聞くと、出かけていって捨札の文面を写し、自分の日記に丹念に書きとどめている(9)。また、小寺玉晁の蒐集した『丁卯雑拾録』のなかに「右大秘見聞実録、白雲堂古渡ニ住居之蔵書たりし。此双紙ハ同人京師ニ而全部六冊価五両金ニ而求めし旨語りき。誰人の綴りしと云事を知らす。今爰ニ顕ハす条ハ天誅張紙の巻序文並凡例目録丈ケを写、紙数六十一丁竹紙を以綴りぬ。跡の五冊ハ如何と尋問るニ、京師ニ而類焼の砌ともニ焼亡せしと云、さんねん〳〵」(10)という記述があり、こうした記録が売買されたりすることがあったことを知ることができる。この場合、かならずしも、切迫した緊張関係をともなう情報との接触というよりも、政治的情報を楽しむ庶民像というか、興味の対象としての政治への関心をうかがうことができる。

民衆の政治への関心がさらに進むと、主体的な政治運動への参加という事態もでてくる。たとえば京都嵯峨の材木商でありながら、長州藩との密接な関係をもって、ついには家財をなげうって政治活動に奔走した福田理兵衛、同じく京都西郊川島村の庄屋役を勤めながら、学問好きから梅田雲浜や長州藩の志士たちとの結びつきを強めて尊王攘夷運動に飛びこみ、たびたび幕府方の探索をうけて逃亡生活を余儀なくされた山口薫二郎がいる。[11] また、民衆のために民衆が主体的に組織した民衆的な農兵隊の事例もある。

ともかく、かたちはさまざまであるけれども、政治を考えるときに何らかのかたちで民衆がからんでいることに注目したい。このことは、ちょぼくれや戯文などのかたちをとって政治が語られるという世相にもよくあらわれている。たとえば、『採襍録』に収められた「都下流布戯文之事」も一例である。[12]

ゆかたの相談　　常衣　攘夷音近し

娘　なあおかあさんゆかたがほしいから何にしたらよかろかなあ

母　薩摩上布よ

娘　上布は一昨年高ふ出して買て見たら此比大分垢付たから中川へ持て居て洗ふたら色もさめるし地合も弱そふで一向常衣には中々ならぬよ

母　そんならかゞ絹でなんぞ染たらどうであらふな

娘　さあ光琳菊と二葉葵とがいゝ模様に迷ふた思案して見るとあちらへひつ付心わるそふで是も常衣になりそふにはない

母　(此處脱あるへし猶尋ぬへし)

娘　強そふで常衣によささそふなけれど何分丈がない

母　それなら久留米じまはどうじやなあ

娘　ありや色もよし随分強そふでよけれど幅がせまいから手がのばされぬで常衣にはしにくい

母 そんなら色もよふてがらもようて絹糸の光もありて地性も強ふて常衣にもなりて世間の人気にも合のは長州より外にないわいなあ

娘 それなら夫にきめて早く登して常衣にしてもらひたい

衣類としての常衣と攘夷とをかけ言葉にして政局に言及したものであるが、母と娘という女性同士の仕かけになっているところは秀逸である。こうした民衆の評判の形式をかりた政治風刺の手法がさらに転回すると、素朴な民衆の言辞や行動に特別な政治的意味を見いだそうとする動きもでてくる。

流言童謡、オメコニカミハレヤブレタラマタハレ

説言、是討幕之辞ナリ、如何トナレバオメコハ新大樹ナリ、オハ大ナリ、メハ樹ナリ、コハ公ナリ、尊称ナリ、大樹公昨年大樹喜公承嗣是芽ナリト可謂、新大樹公、カミハ神ナリ、ハレハ張ナリ振ナリ奮ナリ、正張神威ニテ可振ナリ、ヤフレハ敗ナリ負ナリと、是正討新大樹敗者復討必可奉勢之辞ナリ、天下億兆ノ人望ニ背ク故ニ振張神威ニテ討シ、則復振張与討ナリ、必有勝利之謂ナリ、又ヘノコニカミキセヤブレタラマタキセ、是攘夷之辞ナリ、如何トナレハヘノコハ夷狄ナリ、ヘヱ横通同音ナリ、ヱノコハ夷賊ナリ、ノハ助辞ナリ、コハ子ナリ、是夷子ナリ、正振張神威之討是ノ謂ナリ、キセハ被ナリ、実必不可疑之是攘夷ノ時ナリ

これは、小寺玉晁の蒐集になる『丁卯雑拾録』に収められたものであるが、[13]ええじゃないかの狂乱のなかでの民衆の素朴な性的な言辞を、尊王攘夷や討幕の意味にあてようとしたものである。単なる言葉あそびとも見えるが、それ故に政治的な存在としての民衆を象徴しているとも見ることができよう。

三　情報提供者とその視座

政治的な存在としての民衆をもっとも強く意識し、これを活用しようとしたのは、いわゆる幕末の志士であろ

う。かれらの諸活動のなかで、とりわけ顕著にそれがあらわれているのは、市中に掲示された張札や捨札の類である。(14) 張札や捨札は、どのようなときに、どのような場所に掲示され、誰から誰へというかたちをとるかを、実例によりながら検討してみよう。

さきに紹介した文久三年七月二十四日付の貿易商八幡屋宇兵衛殺害の捨札は、往来のにぎやかな高札場近くの三条大橋畔に立てられていた。文面には、三条通東洞院西入丁子屋吟三郎、室町通姉小路下ル布屋彦太郎、同居同人父市次郎、仏光寺高倉西入八幡屋宇兵衛、葭屋町一条下ル大坂屋庄兵衛らは、外国貿易にかかわって利潤を貪り、万民の苦しみを省みない悪徳商人であり、「天下億輩代加誅戮令梟首者也」と殺害の理由をのべ、なお、八幡屋宇兵衛以外の逃亡した丁子屋吟三郎、布屋彦太郎、同父市次郎、大坂屋庄兵衛らには「追而可加誅戮もの」であること、またこれら悪徳商人から金銀を借用していたものはいっさい返済におよばない、もし返済について奉行所の役人たちが面倒なことを申したらその役人の名前を記して、三条橋、四条橋に張紙して知らせよ、そうしたら早速その役人どもを成敗してやる旨書かれていた。(15)

これは、明らかな警告とみせしめの暗殺・梟首・捨札であるとともに、民衆への政治的主義主張のアピールであり、借金の帳消し宣伝からは、民衆側からの支持についての期待と願望もうかがえるようである。ところがこの一件には後日談がつづく。

八幡屋宇兵衛の梟首があってから二、三日を経過した七月二十六、七日ごろ、三条橋と四条橋に張紙が出た。それは逃亡して暗殺を警告されていた布屋彦太郎の手代たちが張り出したというかたちをとったもので、主人の彦太郎はすっかり改心して「御国恩」に報いたいということであるから赦免していただきたいという、暗殺者グループへの嘆願書であった。(16) この願書に対しては、早速室町通姉小路の辻にある木戸につるした木札というかたちで回答があった。室町通姉小路下ル町は、布屋彦太郎の住所である。この木札の「申渡」と題された文面は、

「右之者歎願之趣彦太郎義弥以改心いたし御国恩報し候義ニ者候得共是程之大罪を発し候者之義容易ニ□間敷筋ニ候得共相考追而可及沙汰者也」となっていた。(17)これらの張紙や木札が、当事者たちの手になるものであるかどうかは判断できない。しかし、単なるあそびとは異なった緊張感がこれらを写しとる民衆の側にはあったに違いない。

張紙や捨札は、政治的に意図が強ければ強いほど、多くの人に読まれることが必要である。なるべく往来のにぎやかなところ、人々の多く集まるところが、それらの掲示の場所として選ばれることになる。しかし、運動主体の公表がはばかられる政治情勢のもとでは、隠密裡にその掲示行動を行なう必要がある。なかんずく暗殺や梟首にともなう捨札の場合、死体や首級の持ち運びはなお困難であるから、繁華な地への掲出をねらったとしても、容易ではない。捨札の場合、死体のすぐ近くであることが条件となるから、暗殺地点付近が圧倒的に多いといえよう。

張紙の場合は捨札ほど困難な条件はないので、なるべく効果的な場所が選定されることになる。『丁卯雑拾録』所収の「大秘見聞実録天誅張紙之巻」の「張紙目録」には次のように記されている。(18)

一安政五午年六月江戸浅草なミ木町江張紙之事
一文久二戌年四月万屋甚兵衛方江浪人無心之事
一同月千種殿張紙之事
一同年十二月京寺町善長寺江建札之事
一文久三癸亥年正月寺町了生院伊達遠江守との旅宿江張紙之事
一同年三月頃か大津宿江張紙之事
一同年四月三条大橋江恐多キ張紙之事

一同年五月江戸新両替町江張紙之事
一同年七月京祇園御旅所江張紙之事
一同年八月大津宿問屋場江浪士より差出候書付之事
一右同日三条大橋江張紙之事
一同月大坂難波橋江張紙之事
一同月三条大橋西詰瑞泉寺江張紙之事
一同月禁中江張紙之事
一同月祇園西門江張紙之事

以上わずか一五件の張紙しかこの「目録」はあげていないが、京都では三条大橋や祇園社が多い。京都祇園に掲示された張紙の二、三例をみてみると、文久三年八月二十一日に祇園社西之表門に掲出されたものは、[19]京都守護職である松平肥後守に対して天誅を加えるべきの大罪人であるとしたものであった。同年九月十六日朝祇園社南門西手筋壁に張り出されたものは[20]「文字之太さ一字二寸余に認め手跡見事にして二間半程」の大きなものであったといい、大和国での反乱をめぐって日本人同志が争うことの非を唱え、日本人意識の大切さを説いたものであるが、内容についてはのちにあらためて言及する。同じく文久三年で、八月十八日の政変後であるが月日不明の中川宮を糾弾する張紙も祇園社境内に掲示されたという。[21]八月十八日の政変は公武合体派の会津や薩摩が手をにぎって、中川宮らとはかって朝議を一変させて尊攘派である長州藩の影響力を京都から払拭した政治的陰謀であるが、その中川宮を糾弾する張紙が祇園社に掲示されたところ、折りしも祇園社に詰めていた薩摩藩士によってすぐにはがされ、写し取る側からすれば、充分な時間がなかったという。[22]

これらの張紙にはいずれも発信人の氏名とか団体名はなく、もちろん宛所もない。発信者や宛名がなくても意志は充分通じたのであろうが、張紙のなかには発信者の書かれているものも少くない。もちろん、仮名や勝手な標榜であるが、何らかの意味がこめられていると思われるので、若干紹介してみる。

張紙ではないが安政五年（一八五八）七月の落し文写という幕府の開港策や上納金政策批判の書(23)は、発信者が「京都町人一同より」で宛所が「御所様御一門様・三中正久徳各様」となっている。この落し文は、相つぐ上納金に強い不満をもっているということとともに、異国船対策について「大名衆之御世話ニ不相成候共京都町人其外五畿内之雑人共被仰付候得者」と、民衆による防衛を主張している点において、他の張り紙に多くみられる志士的立場と若干異なっている。

文久三年十一月二日付の江戸における「唐物売買」の禁止を宣告した張紙(24)は、発信者が「報国雄士」で、宛所は付言から「唐物店主人共」であることがわかる。文久四年二月一日の朝「四条大橋東側南側籠前ニ有之建札之上江杉九寸巾計板を釘ニ而打書認有之候文章(25)」は、新徴組の横暴や非道ぶりを取締りかつこれら奸吏に荷担するものは厳科に行なうと宣告しており、発信者は「五畿七道貳萬八人盟士」と記している。同月十三日に京都「柳馬場四条上ル寺町松原上ル浄国寺高□ニ張」られていた島津三郎久光の罪状書(26)は、発信者が「有志者」であった。

文久四年（一八六四）二月二十日に元治改元があったがその二日後の元治元年二月二十二日夜の三条橋際の張訴(27)は、尊王攘夷論の立場から開港政策や八月十八日の政変および討長計画等について十カ条にわたって論及したもので、天下人民に訴えるべく掲示を決断したとのべているが、発信者は単に「有志中」となっている。同年三月十二日朝「寺町二条下ル中程之家之軒」にあった張紙(28)は、将軍家茂の上洛によっても何ら英断なく世上はますます混乱し、中川宮や島津久光らの陰謀が進められているようだという情報を「天下之御役人」に知らせるために記したとあり、発信者は「皇国脱民」となっている。同年六月八日朝の五条橋の張紙(29)は、攘夷派として一橋中納言慶喜の奸計を許さず、近いうちに一橋はじめ幕賊どもに天誅を加えるであろうと宣言しており、発信者は

「誠義雄士」であった。慶応三年（一八六七）八月十二日朝の三条通寺町角の張紙[30]は、「有志武士」が出したものである。内容は私欲のために物価をつりあげた奸商に対して、張紙によって警告を出しておいたら近ごろ米価が少しずつ下がってきたが、さらに他の物価も下げるようつとめるべきであり、もし買〆等の理不尽な商いをするものがあったら錦天神の門前へ遠慮なく申し出よ、そうすれば探索の上天誅を加えるであろうというものであり、なおこの書付は三日間張っておくようにと付言してあった。

「雄士」や「有志」などの表現が多いのは、当時の流行であったかもしれないが、単なる張紙ではなく梟首の捨札の場合には「義士」といった表現がたびたびみられる。

元治元年五月六日、大坂の「難波御堂前石燈籠火袋之中ニ坊主之首」があったが、これは捨札[31]によると大和国丹波市の路上で天誅にあった岡田式部の首であり、捨札の発信者は「正義士」となっていた。同年五月二十一日、京都四条御旅所妙見宮傍の捨札[32]は大坂天神橋上で天誅にあった松平大隅守内組与力「内山彦四郎」に関するもので、発信名は「天下義勇士」であった。同年七月十一日京都三条橋にあった捨札は[33]、三条木屋町で天誅された佐久間象山についてのものであり、発信名は「皇国忠義士」と記されていた。

「有志」や「義士」と自称することが流行ではあったとしても、何らかの意味がこめられていたはずである。「有志」の定義に関して、『甲子雑録』に収められた「文久三年八月七日江戸日本橋中擬宝珠ニ結付有之を番人今七日朝六ツ時見出為知候間御届相成」った「諷諫状」の本文中に言及した部分がある。

一、或ハ攘夷之説を主張し国家之事を議し候有志与称する者を召捕、刑戮に処し而夫ニ而攘夷不致共太平ニ可治抔与申者有之、可笑之甚敷事ニ候、夫有志と申族ハ己か自家を不顧只管国家之為に尽力いたし候者共ニ而、誠ニ神妙之正気と可申難有人々也[34]

有志とは、「自家を不顧、只管国家之為に尽力いたし候者共」と規定しているわけであるが、天下国家のゆくすえを憂え、思う気待が大切なのであろう。同じ「諷諫状」のなかに「廟堂議論之次第、我々天眼通を得しにもあらされども、誠以御国を思ふ眼力ニハ逐一相知れ申候[35]」という一節があり、また「天下之御政務ハ公通とありて、億萬人へ知られても恥からぬ御所置社願わしけれ[36]」とも述べられている。天下国家の政治は公明正大でなければならないし、たとえ隠そうとしても国家の視点に立つ者は、天眼通のように問題を看破できるものであるという。

それでは、どのような「御国」意識に立てば、天眼通を得られたのであろうか。国民としての自覚はどのようなかたちをとってあらわれたのであろうか。国民意識の構造をみてみることにしよう。

四　国民意識の自覚と構造

一般民衆の間に日本という国家意識や国民という自覚が、どのようにして生まれでてくるのかというメカニズムは明らかでないが、民衆が政治的存在となることと無関係ではないであろう。政治的存在としての民衆をもっとも強く意識する観念のうちに、「御国」意識・日本意識があらわれていることがその一証左である。

そして、その「日本」意識の直接的な契機が、外国勢力の日本への進出すなわち外圧であるということに関しては大方の見解が一致しているところである。とりあえず、外圧がなぜ日本の政治的危機という認識と結びついているのかというところから分析してみよう。

ペリー来航後の外国との接触が、いずれも貿易交渉史としての方向をもつことは、ヨーロッパ資本主義列強のアジア進出という世界史的情況から当然である。したがって、経済的に立ち遅れている日本が開港・貿易によって大きな影響をうけることもうなづける。さきにみた奸商暗殺の捨札の文面は、いずれも外国貿易によって日本の「万民」が苦しまざるを得ず、一部の商人のみが私利を貪るとあった。貿易による日本国内の経済的混乱と損失が、攘夷という排外思想の誕生と展開の根底にあったことは容易に想像できる。

経済的要因以外にも、外国を忌避する要因はあった。典型的には「天子ハ皇統連綿として四海之君ニ被為渡、天照皇大神之御子孫なる事、今更申上迄も無之、是神州之萬国ニ冠たる所(37)」というような国学的な神国意識がそうである。このような神国意識には、日本は純粋でもっともすぐれた国であるという価値観があり、外国人が混住することによって、日本の風俗や気風が外国風になることへの、強い抵抗意識がある。慶応三年六月の書簡という書き物(38)の一部に、江戸・横浜の「夷国化」ぶりが伝えられているので紹介しておこう。

一、此表（江戸―筆者注）先隠ニ御座候へ共、昨年比申上置候夷人風ニ押移リ之儀、当正月より日々相増、殊ニ坊主御廃しニ相成。久々長髪直キ被髪と相成、又は当春崩御ニ付長髪引続惣髪之者多、傘も晴雨共夷人之傘沓を履歩行仕候、俗ニ日本唐人と称へ申候、右躰之者市中七分通行仕候、尤皆侍人ニ而農商等ニは無之、併彼傘ハ商人ニも相見へ申候、△――ロウ引の切也、同し筒袖ニもレキシヨと申は僧衣の如くひだ御座候、刀も帯し候へ共皆革ニ而も肩より腰へけさニそり申候、日本ニは管仲無之候やと奉存候、比日親族共病気ニ而内々金沢辺江相趣候処、横浜不相替繁昌、日々夷人共大勢ニ而金沢辺騎して遊覧仕候、既ニ金沢瀬戸と申景色宜敷地ニ酒楼を建、夷人之遊所ニ致し扇屋と呼、日本人ハ登り不申候、日本語を覚へ酒楼之妓婦等ニ対しアナタアナタと申候、別れニサヨナラと申候、馬は何れも長大に御座候、先ハ横浜辺夷国ニ相成申候、此辺魚類を初として野菜物其外米穀ニ至る迄江戸より高価、併下輩之者渡世も宜敷哉余り難渋の躰も相見不申候、往来茶亭抔の様子も昔より繁昌ニ而暮し能抔と申候、随而奢侈ニ相成衣類を初履物等ニ至迄法外ニ喬奢ニ相成、其日稼之漁家の婦人共髪結ニ髪結セ申候様子、世の中之変化ニはあきれ申候、人気ハ益悪敷金沢辺塩浜年々広く相成、気色大ニ損申候(39)

経済的な混乱や風俗等の欧化に対する反発が排外的な思想や行動に結びつきやすいことはいうまでもないが、

排外的な思念はそのまま国民主義的な意識へと直結するものでもない。また、誤まった価値判断からも、健全な国民意識は生まれないであろう。

誤まった神国意識や世界交易観について、『甲子雑録』所収の「藤渠漫筆」[40]には、するどい批判が述べられている。まず神国意識について、「日本を神国と称して神風を頼むなとハ誤也、日本ニ神あれハ異国ニも神あり、神とハ日本を開闢し給へる御先祖を神と崇め祭る也、銘々の先祖も神也、近頃仏法渡りてより仏と心得るハ大なる誤也、昔ハ神今ハ仏といふ理ハなき筈也、日本計神国と称するハウヌボレなるへし、併し日本ハ美風の有国故唐人も君主国と称し、又和蘭の人も鎖国論ニ義ニよりて切腹する事を甚た賞美せり」[41]と、かなり客観的な見解をもっている。また風俗の欧化批判に関しても、「近来異国人来るニ付動モすれハ衣服なと異国の風ニ移るゆへ、筒ポ繻袢も異国の風ニならさる様ニ心得製すへしと仰出されたり、至極御尤の事也、併なから日本ニ仏法渡りてより僧か衣を著て家も道具も皆天竺風ニ造り、彼の大礼の葬式まて天竺の楽銅鑼メウハツを鼓て弔ふなり、これ第一夷狄を学ふ悪風俗なれとも久々仕来りたる故ニ、諸人心付さる也」[42]と、外国の風俗であっても、日本の風俗として同化してしまって、気づかないものもすでに存在しているのだという歴史的認識を示している。

また、貿易にともなう物価問題について、「異ハ来り交易初りてより米高直ニなり、諸人難渋いたす様ニ心得る人多き故ニ、兎角異人を悪ミ打払の説を喜ふもの多し」[43]と、外国との交易と攘夷との関係が密であることを指摘しながら、「近来交易初めてより薬品第一下直となり甚喜ふへし」[44]とか「絹物高直ニ成たれとも是も蚕を多くかへハ追付安価なるへし」[45]と、外国交易には利点もあり、また国内の努力次第で解決する問題もあるのであり、外国交易を頭から否定する議論には反論している。

そして、何よりも世界情勢を見なければならないとして、次のようにのべている。

日本ハ世界の絵図ニて視れハ、栂指《オヤユビ》程もなき小国にて、彼のヨウロッパ州の大国ニ対し、打払なと畳の上ニて八何とでも論すへけれとも、先打払が出来るか出来ぬか能々考へたる上ニて論すへき也、清の大国さへ林則除と云へる英傑有て一旦阿片烟焼き異人を追退けたる所、英吉利大ニ怒り数十艘の軍艦を以て襲来り、流石の大国も敗北くし、天子も都を落られ金を数十万出して和睦を乞たり、よき手本とすへし、又唐ハ弱し日本ハ武の国なと、ウヌボレを云人あれとも、唐も全弱きニもあらす、又馬鹿計ニてもなし、（中略）元来世界中交易を初めて万国付合をセぬ処ハなき様ニなりたる也、然ニ日本計付合をセぬ故ニ、外国より付合セ度思ふ所へ、亜米利加のペルリ一番大功を立んと欲して、軍艦を以て来り強いて書翰を呈し和親交易を願ひたり、（中略）日本許小国ニて付合なきゆへ、付合ハセずてハおかぬなるへし、仮令付合を為したりとも礼儀を厚くし、且彼国ニ侮られぬ様ニ仁政を施し、人心一致して台場を製し土城を築き、鉄砲大火及ひ軍艦を多く製造し、坊主乞食等の遊民を減し、富国強兵の工夫をなし、琉球朝鮮蝦夷韃靼迄も属国ニなし、段々国を広くし外国と付合する時ハ、外国も畏るゝに足らす[46]

この「藤渠漫筆」の筆者は、かなりな知識人であろう。排外的な攘夷思想ではなく、世界情勢のたしかな把握から、外国と競合していける国づくりが大切であることを批瀝している。知識人としての到達点を示す論調であるが、「人心一致して」富国強兵をめざすべきであるという点に注目したい。国民的統一が富国強兵の前提であることを看破しているのである。

これは、国論の不統一、国内戦争さえ惹起している日本の現実を直視した議論である。国内における為政者間の政権争いについては、『甲子雑録』所収の「諷諫状」も「或は外夷之力を借り薩長を征んなと議する者有之、是実ニ禽獣にたも劣し了簡と可申、先得と勘考して見られよ、薩摩も長門もアメリカイキリスても有之間鋪、矢張日本之地也、（中略）外夷ニ討する抔とハ、自分其身の肉を喰ふよりも甚し[47]」と、国内における日本人同志の戦争を批判し、まして外国の力に頼って国内の争いに結着をつけることを厳しく拒否している。そして、日本人同志の争いによって「天下万民ニ被見放候ては、如何様ニ茂救方有之間敷[48]」と、民衆に見はなされるようになったら、救いようがないのだと嘆いている。

「天下万民ニ被見放」ということは、天下万民のことを考えない結果である。国民のこと、国土のことを考えない国家観が、民衆から見はなされるのである。国民や国土を分断するような考えこそ、非民衆的なのだといえよう。たとえば、さきにみた文久三年九月の祇園社南門の張り札にも「此度大和の国の義兵を討んか為発向、実に日本に生て日本の人に非す[49]」と日本人同志の争いを拒否する姿勢がみえ、「日本之人心一致之上は、萬里之風波を凌き夷国に渡日本之武威をかゝやかし[50]」と、強烈な日本意識の背景に国民的統一が必須であることが断じられている。同じ日本の土地、同じ日本人という意識が、民衆的な国民意識の前提であることを示しているのである。

同じ日本の土地、同じ日本人という考え方を前提とすれば、何藩とか何領といった地域的区別や身分的差別を第一義的とする考え方は成立しない。すなわち、どこどこの海岸は何藩の海防地域であるとか、国土の防衛は武士の仕事であるといった考え方は成立しないのである。そして、また実際にそうした国民意識にめざめた思想が登場していた。

紀伊国有田郡広村出身の豪商浜口梧陵[51]は、村民を集めて嘉永四年（一八五一）八月に海防のため広村崇義団という農兵隊を組織したが、その趣意書には日本の土地を少しでも夷人に責めとられては日本の大恥であり、村民を守り村を守るために農民の自主的な防衛隊をつくるのだと記されていた。そして、文久三年大和天誅組の乱の鎮圧のための紀州藩からの出兵依頼に対しては、「若此辺へ被仰付候共、海岸手当夷人へ立向候事は兼て被仰付も有之、年来心得居候故、身命捨日本男子の役は勤可申覚悟に候得共、山手へ立向日本同志の取合は蒙御免候様申立の心得に御座候[52]」と、日本人同志の争いになるという理由で、きっぱり断るつもりだとのべている。

嘉永四年六月小浜藩領内に布告されたという海防心得書および手配書は、藩側から出されたものとはいえ、まさに民衆的な国民意識に裏打ちされたものであった。(53)

(前略)今日に至り異国人に乱妨致され候様之事、万一有之候ては、日本国中の大なる恥にて開闢以来之人に対し候ても、末世之人に対しても、申訳無之事に候、夫故乍恐上御一人様より下末々迄心を合せ力を合せ、此御国(日本)を守り、昔より無之恥を取不申様ニ骨折候事、第一之心得に候、去に依、他国之御他領のと申差別なく、日本国中一家内同様の心得にて、万々一異国船参り不作法を致候時は、上下男女の差別なく、命を捨て此御国を守り候心得第一之務にて候、(54)(後略)

ここにいう異国人の乱妨とは何か、それは「上陸刈田乱妨」であり「老人子供を船に」取られることであるという。このような乱妨に対する防衛は、武士にまかせられるものではなく、上下男女の差別なく、国民が総出であたるべきだという考えである。

軍事は武士の専売特許といった身分制的な考え方が否定されているわけであるが、前に紹介しておいた安政五年七月の「京都町人一同より」という発信名をもつ「落し文写」にも、幕府当局者の腐敗ぶりをのべたあとで「此上ハ京都町人共一町限り一軒ニ二人ツ、罷出候ヘハ、凡人数ハ廿万人軍用に相叶可申ニ付、異国船凡四百艘有之候共、一艘ニ五百人余り有之候処わつか貳万人計御座候、此上ハ大名衆之御世話ニ不相成候共、京都町人其外五畿内之雑人共被仰付候得は、異国之者幾萬人参り候共安々打払可申候(55)」と、大名・武士に依存しない町人たちによる外国防衛もあるのだと説いてみせている。

出羽国の篤農で水田開発に尽力していた渡部斧松(一七九三〜一八五六)を中心に、外圧の危機を契機として結成された渡部村農兵隊も、安政三年三月の隊規で、日本は全体で一つの国であることを確認したうえで、「外国の防ぎには百姓にて可致候事(56)」と明確な国土防衛意識を、民衆の次元で自覚していることを示している。

これらの事例は、これまで軍事は武士階級の独占的管掌としてきたことによって成り立っていた身分制というものを、客観的には全く無視し拒否している論理と解釈することができよう。しかし、そのような大層な身分制論議とはかけはなれたところに立脚した、国民的課題としての海防という認識がここにはある。海防は、誰のためでもなく、自分たちのためのものであるという認識がある。しかも、狭隘な郷土意識でもなく、国家的規模にまで視野が拡大されているところに、国民意識としての資格が充分に存する。刈田乱妨や田畑を乱妨されることを防ぐために、そして「村内足弱に至る迄一人たりとも」また「老人子供」にいたるまで、外国のために傷つくことがあってはならないから、「一寸の土地も外国に取られ」ないように、国民としての強い自覚を民衆はもって海防を主張するにいたったのである。

しかし、自らの手で田畑を耕作して一家をやしない、老若助けあって町や村の生活をおくってきた実績があるとはいえ、何故にそれが外圧の脅威に対して、いっきょに一国的規模での国民意識を噴出させることになるのかについての論理的過程は、ほとんど明らかでない。政治的共属性や文化的一体性といった事実もそれほど明瞭でない幕末日本の民衆が、いかにして国民意識形成の素地を蓄積してきていたのか、今後の大きな研究テーマである。

ただ本稿では、幕末における民衆の政治的存在と、そこにおける民衆的視座の誕生とが、民衆的な国民意識の成立に深くかかわっているという点に論及したにすぎない。そして、民衆的な国民意識には、あるべき国家の制度や政治組織についての認識はほとんど欠如しているものの、国を支え推進するエネルギーとしての豊かさは予見できるようである。

注

(1) 丸山真男『日本政治思想史研究』（東京大学出版会、一九五二）三三一～三三二頁。

(2) 同右三三八～三六二頁。

(3) 小寺玉晁は名古屋の人で幕末の情報蒐集家として知られる。本稿では、玉晁のまとめた『東西評林』『甲子雑録』『丁卯雑拾録』などのほか、史談会採集の『採襍録』などを用いた。

(4) 「米使ペルリ初テ渡来浦賀栗浜ニ於テ国書進呈一件」（『続通信全覧類輯之部五修好門』雄松堂出版、一九八五）参照。ペリーの持参した大統領の書翰および米国政府の添書は、日本帝（大君主殿下、大皇帝殿下とも書く）またはその命をうけて「外国之事を御取計被成候ミニストル（執政・御老中を指候唱ニ候）の外ニハ難相渡」種類のものであることをペリーは日本側に申し入れたが、具体的に日本の誰をもって、日本帝および外国宰相にあてるべきであるかは、双方ともに判断できていない。

(5) 慶応四年一月鳥羽伏見の戦いにつづく討幕戦争がはじまると、新政府側は、「やむ事を得させられす御追討被仰出候」とか「速ニ賊徒誅戮、万民塗炭の苦みをすくわせられ度叡慮ニ候」と自己の立場を強調しつつ、民衆への支持を求める布令をあいついで出している（鎌田道隆「京都と『御一新』」、林屋辰三郎編『文明開化の研究』、岩波書店、一九七九、所収参照）。

(6) 日本史籍協会叢書一四二『東西紀聞』（東京大学出版会、一九一七）六九二頁。この捨札文面を写したものは多く、『文久秘録』（京都市歴史資料館撮影マイクロフィルム）にも見えている。

(7) 日本史籍協会叢書一〇四『採襍録二』（東京大学出版会、一九三一）一六六頁。

(8) 鎌田道隆「討幕と京都町人」（京都市編『京都の歴史』第七巻、學藝書林、一九七四所収）参照。

(9) 『若山要助日記』（京都市歴史資料館撮影マイクロフィルム）。

(10) 日本史籍協会叢書一四〇『丁卯雑拾録一』（東京大学出版会、一九二二）一二頁。

(11) 鎌田道隆「討幕と京都町人」（京都市編『京郁の歴史』第七巻、前掲注8参照）。福田理兵衛（一八一五～一八七二）は長州藩用達となって、文久三年には長州藩の天龍寺借入れを仲介し、息子の信太郎とともに物資の調達や情報の収集に奔走した。山口薫二郎（一八一五～一八七三）も長門物産販売および山城丹波物産購入の役にたずさわり、福田理兵衛とも知り合い、尊攘運動に没頭した。

(12)日本史籍協会叢書一〇四『採襍録二』(前掲注7)二六二〜二六三頁。
(13)日本史籍協会叢書一四一『丁卯雑拾録二』(東京大学出版会、一九二二)二一〜二三頁。
(14)ここでは、便宜上一般的に主義主張を開陳した掲示物を厳密な意味での紙や板等の種類にこだわらず張紙とし、同じく材質や形式に関係なく、内容として被暗殺者名やその罪状等を記したものを捨札とする。
(15)日本史籍協会叢書一四二『東西紀聞』(前掲注6)六九二〜六九三頁。
(16)同右六九三頁。
(17)同右六九四頁。
(18)日本史籍協会叢書一四〇『丁卯雑拾録一』(前掲注10)一一〜一二頁。
(19)日本史籍協会叢書一〇四『採襍録二』(前掲注7)八〇頁。

八月廿一日祇園社西之表門に張出

松平肥後守

此者固陋頑愚不知遵奉推戴之大義矣、欲恣凶暴然力徴不能遂素志、近者頼逆賊薩人之大力藩奉要朝廷逞暴威不知其実、為薩人所售愚亦甚矣、神人共に怒必可加天誅、以匡天下之大刑者也。

(20)日本史籍協会叢書一〇四『採襍録二』(前掲注7)九四〜九七頁。
(21)同右一五六〜一五八頁。
(22)同右。「京人伝写之奥書に云、右は去日祇園社へ張出候、此節薩人右社に詰居候間、直様引払候由、書様・文体難分所有之写之儘書取申候也」という付書がある。
(23)日本史籍協会叢書一四五『東西評林二』(東京大学出版会、一九一六)二四〜二七頁。表題は「乍恐奉願上口上覚」というもっとも一般的な願書形式となっている。
(24)日本史籍協会叢書一〇四『採襍録二』(前掲注7)一八四頁。

我等共顧天下之形勢、為神州欲救萬民窮故追々交易募歎息不忍見候、已来唐物売買之者於有之者悉正之、其奸賊急度可為打首者也。但今夜より五日之内差免し、右五日過候て用ひさるに於ては、銘々可致覚悟もの也

文久三年十一月二日　　報国雄士

唐物店主人共へ示置者也、三日之間急度張置もの也

(25) 日本史籍協会叢書五二『甲子雑録一』（東京大学出版会、一九一六）二八一～二八二頁。
(26) 同右二三二～二三三頁。
(27) 同右一一七～一二一頁。
(28) 同右二八八～二八九頁。
(29) 同右五五四頁。
(30) 日本史籍協会叢書一四〇『丁卯雑拾録一』（前掲注10）二一七頁～二一八頁。
(31) 日本史籍協会叢書五二『甲子雑録一』（前掲注25）には四四五～四四六頁と四七七～四八八頁に重出し、同叢書一〇四『採襍録二』（前掲注7）二八二～二八三頁にも同記事が収められている。
(32) 日本史籍協会叢書五二『甲子雑録一』（前掲注25）四七八～四七九頁。
(33) 同右六四四～六四五頁。
(34) 日本史籍協会叢書五四『甲子雑録三』（東京大学出版会、一九一六）一二七頁。
(35) 同右一二五頁。
(36) 同右一二五頁。
(37) 同右一二〇頁。
(38) 日本史籍協会叢書一四〇『丁卯雑拾録一』（東京大学出版会、一九二二）一三一～一四一頁。
(39) 同右一三一～一三二頁。
(40) 日本史籍協会叢書五二『甲子雑録一』（前掲注25）一三二～一七一頁。
(41) 同右一四〇～一四一頁。
(42) 同右一四六頁。
(43) 同右一四四頁。
(44) 同右一四一頁。
(45) 同右一四一頁。
(46) 同右一四四～一四六頁。
(47) 日本史籍協会叢書五四『甲子雑録三』（前掲注34）一二三頁。

(48) 同右一二四頁。
(49) 日本史籍協会叢書一〇四『採襍録二』（前掲注7）九四頁。
(50) 同右九五頁。
(51) 鎌田道隆「村落指導者層の歴史的意義」（『日本史研究』一〇三号、一九六九）参照。
(52) 『浜口梧陵伝』（『浜口梧陵伝』刊行会、一九二〇）一七九頁。
(53) 鎌田道隆「村落指導者層の歴史的意義」（前掲注51）参照。
(54) 盧田伊人「小浜藩の海防計画と其設備」（『歴史地理』六三―五号、一九三四）引用史料。
(55) 日本史籍協会叢書一四五『東西評林二』（東京大学出版会、一九一六）二六頁。
(56) 井上清『日本現代史Ⅰ明治維新』（東京大学出版会、一九五一）一四頁引用史料。

第三章　幕末京都の政治都市化

一　幕藩体制の政治システムと京都

江戸時代、京都はもっとも政治から遠い存在であったという通俗的認識がある。それは、江戸が政治都市、大坂が経済都市、京都は文化都市であったという三都観にもよるが、「天子諸芸能之事、第一御学問也」（「禁中幷公家諸法度」）や「公家衆家々之学問、昼夜無㆓油断㆒様可㆑被㆓仰付㆒事」（「公家諸法度」）という法的規制によって、京都朝廷が政治の世界から隔離されたという認識などにもとづくものであろう。

だが、江戸時代の初期と末期、京都はまぎれもなく、日本社会の政治的中心であり、幕藩体制の基礎と崩壊は、京都を舞台とする政治によって決定されたといってもよい。もちろん、同じ政治の舞台とはいえ、江戸初期と末期とでは、京都のになった役割も異なるし、京都の構造そのものが変化している。

徳川政権は、江戸に幕府をひらくという安易なかたちで政権を樹立したために、京都朝廷をどう扱うか、大坂の豊臣勢力をいかに処理するか、西日本の諸大名にどう対応するか、さらに西日本の先進的な経済や文化と東日本のそれとの差異の問題をどのようにして克服すべきかという大変大きな問題をかかえこんでしまった。東日本＝幕府＝江戸に対置するかたちで、西日本＝非幕府＝京都の情況が、十七世紀初頭には存在した。その意味で、京都は江戸初期における政治的中心と位置づけられ、事実、寛文の改革を経て江戸時代前半期にはなお京都は幕政における西日本政治の中心でありつづけた。(1)

東日本と西日本の差異は、寛文の改革以降しだいに解消し、江戸中期には江戸幕府による一元的政治支配のシステムが定立された。しかし、幕末にいたって一元的な幕府政治の原理が動揺し、江戸における政治よりも、京都における政治の方がより重大な意味をもつという事態が出現する。それは、政治の舞台が単に江戸か京都かという場所の問題ではなく、また江戸と京都の二元政治という意味でもなく、政治構造の変質を表明するできごとであった。

江戸幕府の政治は、日本の国内をいかに平穏に統治してゆくかということが第一の課題であり、そのためには国家としてのありようにかなりのひずみをもたらす鎖国政策をも、あえて断行した。幕末における政治構造の変化は、外圧を契機として、日本を国家としていかに新しく形成していくかが政治課題となったことにより、京都を政治都市として復活させた。

本稿では、ペリー来航以降の外圧が、京都朝廷の存在と深いかかわりをもった経緯を明らかにすること、非政治都市とされた京都に「京都守護」という名目でいち早く兵員を投入して率兵入京の道を幕府自身がひらいていったこと、諸大名の率兵上京で京都の構造と景観が大きく変化していったこと、幕末の京都が政治都市として転生したことなどについて整理しておきたい。

二　異国船の渡来と京都の位置

江戸幕府は、ペリー来航に代表される異国船の登場に大動揺しながら、その動揺をおしかくすかのように、民衆に対しては平静を要求した。たとえば、嘉永六年（一八五三）六月、浦賀への異国船渡来一件に関して、京都では次のような町触が出されている。(2)

此度浦賀表江異国船渡来に付、不二取留一儀等申触し候族も相聞、不埒之至ニ候、右ニ付彼是不二取留一儀噂致間敷候、此上相用二浮説等一申触候もの有レ之趣相聞候ハヽ、急度可レ及二吟味一候間、其旨相心得候様、洛中洛外へ可二申通一事

ここには、有無をいわせず民衆の浮説、雑説を禁止しようとする江戸幕府の政治姿勢が、端的にあらわれている。これは、幕府政治にかかわりをもつ問題に関して、庶民が何らかの発言やうわさをすることなどは、百害あって一利なし、幕政にとって大迷惑であるという考え方で、幕府が一貫して堅持してきたものである。しかも、単にこうした民衆の浮説を禁止すると宣告するだけでなく、浮説を触れあるくものに対しては罰を加えるという方針をとっている。(3)

しかし、雑説や浮説とよばれるものが、文字どおり根拠のないことであれば、政治的強権によっておさえこみ、統御することも可能であろうが、異国船の渡来という事実に関しては、うわさを禁じるだけでは民衆の不安を解消することができない。嘉永六年十二月二十六日付で、『続徳川実紀』は異国船の渡来を告知する次のような町触を記している。(4)

一、当六月中、浦賀表江異国船渡来、無レ程致二退帆一候、右ハ願筋有レ之渡来致候儀ニ付、猥ニ騒動可レ及筋ニハ無レ之候得共、非常為二御備一御台場も出来、国持大名御固等、厳重御要害被二仰付一候間、此上異国船渡来致候共、以来ハ火消役始、武家・町家共、早半鐘相鳴候儀無レ之事ニ候間、騒立候儀、決而無レ之様可レ致候

ここでは、ペリーが軍事力を背景にして日本への開国をせまっていることは伏せられ、「願筋」があってやっ

てきたのだから心配無用だと説明され、しかもすでに退去したのだということが強調されている。また、騒ぎ立てるほどのことではないのだが、非常の対策として、異国船に対しての「御台場」を建設し、国持大名らによる防衛体制もととのえられたのだから、ほんとうに心配はいらないのだということをも示そうとしている。したがって異国船再来の際も、早半鐘をつくというような騒ぎをしてはならないと、民衆の過剰反応をきびしく禁止している。

こうした幕府側の姿勢は、民衆の動揺を鎮静化させることに本意があったことをうかがわせる。ただ単に雑説・浮説を禁止するというだけでなく、真実ではなくとも事態についての一応の説明と、人心の不安を除去するための幕府側の対策について町触のなかで言及したということは、異国船渡来という事実のもつ重大さに、幕府自らがいちばんよく気づいていたからだともいえよう。

こうして平穏をよそおい、平静をよびかけつつも、幕府内部では、異国船問題は、いよいよ重大視され、秘密裡にさまざまな対策が講じられつつあった。さきの町触を記した翌日にあたる嘉永六年十二月二十七日付で、同じ『続徳川実紀』が「此日町触取締掛より申達、左之通」として、要約すると次のような通達を記している。(5)すなわち、異国船渡来に際し、万一羽田辺の沖合において防御体制に大問題が生じた場合、品川一八カ寺門前から芝金杉最寄までの海岸付近の町々では、住民を立ちのかせるという命令が出る。そのとき、住民のなかでゆかりのある者の方へ立退く人々については立退き先を事前に聞いておくこと。行き先のない者についてはとりあえず馬喰町・小伝馬町の旅人宿に一時的に収容すること。一町に数名ずつの壮年者を各町に残して町内の守りにあたらせること。非常時の食べ物は町会所から握り飯を配るので、心配はいらないということなど。こうした事柄について海岸附近町々の名主は、「極秘相心得罷在候而、万々一之時節ニ向、小前之者共江行届」かせるように、「猥ニ混雑恐怖不レ致様可ニ相心得一」であるとしている。

そして、こうした異国船問題についての幕府の対応は、その後もほとんど進歩をみせず、同じようなかたちでくりかえされていく。嘉永七年九月、異国船が大坂湾にまで乗り入れてきたときの状況を、京都に触れだされた町触から追ってみよう。

嘉永七年九月十五日に、紀伊国日高郡南塩屋浦沖合に姿をみせた一艘の異国船が、数日後には泉州沖から播州沖に出没し、ついで大坂湾の天保山沖にまで乗り入れ、小舟二艘をおろして安治川河口をはじめ河筋への乗入れを試みるという事件が発生、紀州、播州、泉州の海岸辺の領主や大坂近辺の幕府役人から、幕府関係機関への注進があいついだ。(6)

この事件に関して、九月十九日、同二十二日、同二十三日には二回というように、京都ではたてつづけに町触が出されている。十九日の町触はつぎのとおりである。(7)

泉州辺之海岸江異国船渡来之趣ニ候得共、夫々御手当も有レ之事ニ而、先穏之趣ニも相聞、殊ニ京地ハ程合も有レ之候得者、町々在々共決而騒敷儀無レ之様、安心渡世可レ致候。尤火之元等者、別而入レ念可レ申候。此段山城国中江早々可二相触一もの也

京都・山城では、三つの理由をあげて心配無用であるとしている。その一は異国船に対する「御手当」がしてあること、その二は渡来した異国船の行動が穏便であること、その三は京都が海辺からかなり距離があることとされている。

じつは、大坂では前日すなわち十八日夜に市中への町触があった。(8) それは、異国船が来ているが、当地の海岸は遠浅で異国船の陸への乗り寄せはできない。従って艀などの小舟による乗入れが考えられるが、これには手配りがしてあるので心配は無用である。「夷船」が見えたとか、沖合いに滞船しているとかで驚き騒ぐことのないように、また浮説など流したりしないように、という内容であった。

大坂ではすでに異国船がロシア船であることは知られており、そうした情報は京都の所司代や禁裏附などの諸役人へは逐一報告されていた(9)。そして、大坂近辺では幕府首脳部の動転とは対照的に、町や村から異国船見物の船をこぎだすものもあり、実見とそのうわさでもちきりだったようである(10)。

京都における九月二十二日付の町触は、異国船はいよいよ穏かであるので、安心して渡世し、火の用心にも念を入れよ。そして異国船渡来の浮説によって米やその他の諸品を買占めたり、値段を引きあげたりしてはならないというものであった(11)。九月二十三日付の二通目の町触も、異国船の状況は大変に平穏であることを強調しつつ、市中においていろいろなよからぬ風説をとりまぜてはよろしくないので、決して浮説を取沙汰してはならないし、とくに御所方等への出入の者はこの点をいましめなければならないとし、また市中取締りのための奉行方の役人が見廻りを行なう旨を令している(12)。

ところで、ロシア使節プチャーチンが大坂湾に入港してくるには、それなりの歴史があったことに注目したい。プチャーチンは嘉永六年七月十八日軍艦四隻を率いて長崎に来航し、国境の画定と和親交易の両条を日本に対して提案した。そして同年十二月五日、長崎に再来した。プチャーチンの長崎来航による日本への申し入れに対して、幕閣では評定所一座の評議をへて、ロシア国宰相への返書を作成し、長崎への再来の折に応接係からプチャーチンへ手渡している。

この返書のなかで、日本側は幕政上きわめて重大なる部分に言及している。それは、ロシア側からの要請が領土の画定と通商という大変に重要な問題であるのに、将軍は就任したばかりの幼君であり、新政策の決定・裁断はむずかしい。そこで「懸る大切のケ条は、是非京都江奏聞に及び、海内の大名衆江被二仰渡一、尚又臣民へも御知らせ、一同打揃評議之上、誰壱人異存申もの無レ之上にて評議決定いたし候」とのべている(13)。

外交上の重大事項について、京都朝廷への奏聞が必要であるとの認識は、たとえロシア側への難事との印象づけに趣旨があったとはいえ、外交問題での決定に京都朝廷が重要な役割をもつものであるという理解を与えることを意味する。外国使節が、京都を重視する契機を幕府がつくったわけである。

幕府は、結局嘉永七年一月になって、ロシア側の申し入れに拒否の解答をあたえたが、ロシア側の要求はさらに具体的なものとなっており、同年正月二日ロシア使節が示した「日露修好条約草案」では、日本における開港場として、第一に大坂、第二に函館をあげていた。(14)

ロシアと英・仏との開戦のなかで、日米和親条約による開港場のひとつ函館に入港していたプチャーチンは、嘉永七年八月晦日函館奉行に書翰を送って、「日本政府の貴官と治定の談判を遂んか為、此地より直様大坂に赴くべし。今次赴く可き港を記せるハ、我彼地ニ至る前、貴官彼地に赴き、其港に通詞相応の員数を遣さるべし。日本政府の望、江戸に於て治定の談判ありたしとならば、其旨大坂ニ告示あらん事を願ふ。然らば速に江戸表江来るへし」(15)と、当面の外交交渉地を大坂だと指定した。そして、その予言どおり、九月十八日大坂港へとのり入れてきたのであった。

このプチャーチンの大坂入港に関して、決して正確な情報とはいえないが、じつに興味ある記述がゴンチャローフの『日本渡航記』にあるので引用しておこう。

提督は、十一月の末に突如として大胆な第一歩を踏み出す決意を固めた。日本の中心部へ直航して、そのもっとも敏感な神経にふれようというのだ。つまり日本全国の主であり、天の御子であるミカドの住む京都《ミアコ》に近い大坂 Oosaki の町へ行くことにしたのである。かつてヨーロッパでは、ミカドのことを不当にも「霊の皇帝」と呼んでいた。大坂ならば根拠のない場所ではないと提督は考えた。日本人たちは、この閉ざされた聖域に、不意に異国人が現われたことに恐れおののき、早々にこちらの提案条件に応じるであろうと予測したのである。(16)

京都のことを、「敏感な神経」とか「閉ざされた聖域」と位置づけているのは、みごとな認識だといわざるを得ない。京都の天皇を「霊の皇帝」から「敏感な神経」または「閉ざされた聖域」として、政治の場に引きずり出してきたのは幕府自身であり、また日本の政治構造にほかならなかったのである。

異国船の渡来事件は、奥深いところで京都と直結していた。幕末日本の政治構造が、外圧とふれあうことで、京都を政治の舞台へと押しあげていくのである。

三　京都守護と率兵入京

ロシアの使節プチャーチンが提起した国境の画定と通商の二大問題に対して、江戸幕府が「京都江奏聞に及ぶ必要があるという判断を示したことについては、前節でのべた。ただしこの点については、評定所一座の議論においても微妙であったらしく、「魯西亜国江被二差遣一候御返翰之儀ニ付評議仕候趣申上候書付　評定所一座」でも、京都へ奏聞するということは、ともかく手数がかかり時間がかかるということを相手側に認識させるという意味だけであるし、ロシアへの返書から削除してもよいのかもしれないとのべている(17)。ここには、京都朝廷をもちだすことが、外国と京都朝廷との直接交渉の契機になるかもしれないという危惧の認識があったことをうかがわせるものがある。

この危惧を、幕府はどうしてもぬぐいさることができなかった。嘉永七年（一八五四）四月九日、幕府は彦根藩主に対して、江戸湾防備役の免除と京都守護役就任を命じた。

一　　井伊掃部頭

近来異国船度々近海江渡来ニ付、追々内海御警向御改革有レ之候処、江戸近海而已ニも無レ之、京都表御警衛之儀も弥大切被二思召一候、然ル処其方家之儀者、前々より京都不慮之御守護者相心得居候儀ニ付、猶此上御守

護筋之儀、一際手厚く可二相心得一候、依之羽田大森差定候御警衛者御免被レ成候、御先手之儀者勿論、御非常出張之儀者其節之時宜次第被二仰付一候儀も可レ有レ之候[18]

三月三日に日米和親条約の調印があり、江戸湾をはじめ日本沿海の海防が本格化しようという時期に、当代随一の実力をもつという彦根藩を、その海防からはずして京都守護に任じたのである。「京都表御警衛」とか「御守護筋」という表現が、外国の脅威や武力から京都朝廷を守ることを意味するものであろうし、それがたてまえであり大義名分であろうことは容易に推測される。しかし、もともとのたてまえからいえば、幕府は京都より江戸を、天皇よりも将軍を第一に守護しなければならない筈だし、それならば、不充分な江戸湾防備をさらに弱体化させると予想される彦根藩の海防免除を令することは矛盾する。

彦根藩を京都守護に抜擢せざるをえないという幕閣の判断の背景には、天皇の守護を名分としつつ、京都朝廷と外国使節との直接交渉だけは、何としてでも実力で阻止しておく必要があったことを示していよう。京都朝廷と外国勢力との遮断によって、何はともあれ外交交渉の窓口を幕府が独占的に握っておくことこそが、内政上の第一課題として幕府側は認識していたと考えられる。

おりしも、彦根藩の京都守護任命から三日前の四月六日、守護すべき禁裏御所は京都大火の発生で焼失していた[19]。京都大火の報をうけた四月十日以降、幕府は惣出仕令を出して江戸城での協議をかさね、見舞の使者の派遣や禁裏御所方作事惣奉行の任命など、通常の対策をすすめている[20]。

京都守護を命じられた彦根藩は、河原町三条下ル山崎町に、あらためて京屋敷を整備して、京都守護の本営としている[21]。『京地御警衛』によると[22]、河原町通の東側で、東は高瀬川に面し、表門は南側山崎町に開いており、裏門が北向で大黒町に面している。総坪数一〇六〇坪で、このうち屋敷地が七二〇坪、浜地と道路分が三三〇余坪であった。浜地は東の高瀬川と屋敷の南北の船入りの三面に設けられていた。高瀬川が伏見を経て淀川で大坂に連絡された運河であることを考えると、彦根屋敷が高瀬川を強く意識したものであったということができよう。

ともかく、彦根藩を外国に備えて京都守護として送りこんだことは、外国に対してもまた国内諸侯に対しても、京都が政治的に重要な位置を占めるであろうことを、公的に宣言したようなものであった。

そして幕府の危惧が現実化したかと思わせたプチャーチンの大坂来航で、文字どおり「京都守護」のため、彦根藩や京都大名火消の諸藩が、伏見街道や山崎街道を固めて、大坂から淀川経由による京都進入の阻止体制をしいた。このときの模様は、京都南郊東塩小路村の一農民の日記に生々しい。[23]

一、去ル十八日摂州海岸へ異国船四艘計り渡来候処、内壱そうハ大坂川口おきへ壱艘参り、右ニ付摂河大和山城ハ訳而大騒いたし、御大名様方ハ夫々御手当ニ相成、京地東福寺境内ハ郡山様御かため被レ成、凡千人程も御詰被レ成由ニ御座候、右ニ付刻付之御触一ニ日両度も参り、併まつ穏之御触ニ而安心ハいたし候へ共、何分所々ニ而其噺計ニ而、扨々困り入候事ニ御座候、尤、異国ハおろしや船之印を上ケ居候様スニ御聞へ申候、猶又亀山様ハ山崎迄御出馬ニ而御かため之趣ニ御座候

大和郡山藩柳沢氏は、一〇〇〇人もの兵隊をくり出して伏見街道の東福寺辺を守備したという。一〇〇〇人というのがどのくらい正確な数字であるかはわからないが、京都守護の名目のもとに相当多数の武士団が入京したことはまちがいない。彦根藩も、さきに見た藩邸では収容しきれないほどの武装藩士を在京させていたことであろう。

このプチャーチンの大坂来航が契機となったのであろうか。幕府は、嘉永七年十一月十八日、あらためて京都守護体制を強化する命令を発した。小浜藩主酒井忠義と郡山藩主柳沢保徳に対して、「近来異国船度々渡来ニ付、京都表御警衛向之儀、弥大切被二思召一候、依レ之其方儀京都御警衛被二仰付一」と、両者相談し、また井伊掃部頭すなわち彦根藩主ともよく相談するよう命じたのである。[24]さらに同日、幕府は新たに京都七口警衛役を、膳所

藩主本多康融を筆頭として四大名に命じている。本多康融宛の文言は次のとおりである。(25)

異国船渡来ニ付、京都七口之御固被㆓仰付㆒候、青山下野守、稲葉長門守、永井遠江守も被㆓仰付㆒候間、申合可㆑被㆓相勤㆒候、時宜ニ寄候而ハ、相互ニ援兵をも差出、御警衛向厚可㆑被㆓心掛㆒候。委細之儀ハ所司代江可㆑被㆓承合㆒候。尤、火消之儀も只今迄之通可㆑被㆓心得㆒候。

京都七口の固めとは、京都への出入口の守備ということであろうが、「時宜ニ寄候而ハ、相互ニ援兵をも差出」しとして、政治的なというよりは軍事的な防衛を主務としたものであった。いずれも京都近隣の諸大名に限ってはいるが、これまでの大名火消役に加えて、非常時には軍隊を京都に入れる態勢をとるように命じている点で注目される。

京都には所司代をはじめ二条城番、蔵奉行、鉄砲奉行などの役職があったが、所司代は政治的権限は大きいものの、配下の与力・同心以外はとくに軍事力をもたず、二条城番以下の番衆も二条城の守備が任務であって、京都防衛といった軍事力はあらかじめ用意されてはいなかった。むしろ、京都朝廷との関係から、軍事力の京都配備は極力避けられ、参勤交代の西国諸大名の通行さえ、京都を避けるのが慣例となっていた。

そうした非軍事的都市であった京都に、外夷に備えるためとはいえ、大名の率兵入京を認めたのが幕府であった。京都守護の名目さえあれば、兵隊を率いて京都に入ることも許されるということを、諸大名に布告したのも同然であった。

しかも、京都守護の任命または依頼は、江戸の幕府から一元的に発せられるものとは決まっておらず、京都朝廷の側からの依頼や任命がなくても、一大名として自発的に京都守護を宣言し入京することもありえた。事実、江戸幕府による京都への軍事力投入態勢がひきがねとなって、諸大名による京都入説そして率兵上京へと門戸が開かれた。

彦根藩兵の入京以来、どれくらいの武士がどのようなかたちで入京してきたか。その全貌をあきらかにすることはむずかしい。

四　内政の舞台——京都の構造と景観——

安政の初年、江戸幕府はアメリカやイギリス、ロシアなどの外交要求に対して、日本側の防衛体制が未熟であることを理由に、外国におしきられるかたちであいついで和親条約を結び、その結果を京都朝廷に報告した。外交の窓口を幕府が掌握しており、外国と京都朝廷との直接交渉は遮断され、京都は政治的に注目される位置にあったが、いまだ京の町は平穏であった。

しかし、安政三年（一八五六）七月アメリカ総領事ハリスが下田に着任し、通商条約の締結をもとめて激しく迫るようになると、京都の町はにわかに騒がしくなった。通商条約の可否をめぐって国論が分裂し、その分裂をおさえるべく、京都朝廷の勅許を幕府が求めたからである。

嘉永七寅年の頃、異国より日本へ交易の事を願ひ出る、是、日本の大難事にて中々請ひき給ふへき事ニあらす、上々様にも深御心を痛めさせ給へとも、終ニうけ引給ふよりして、此国の諸侯の中にも、同意ならさるかたもありて、世の中何となく騒々しく、上々様ニもふかく御心を悩ませ給ひて、京都の守護の為諸侯登京せられ、新たに屋敷をまうけ、或は寺院をかりて仮の陣所とし給ひ、多人数在京し給ふ事なれハ、京町中侍の往来多く、皆荒々敷見ゆるなれは、町人共ハ恐れ縮見て、夜の通行淋しくなる、商人店も夜分ハ休ミ、戸としかため守り居る(26)

これは、幕末京都の動乱を描いた図巻のなかの文章であるが、京都が政治の舞台となり、京都の町が変貌していく過程が、するどく洞察されている。安政年間の後半は、通商条約の勅許問題と十三代将軍家定の後の将軍継嗣をめぐる問題とが日本の将来を占う重大事件と認識され、揺れた。政治的な発言力の強化をもとめて、京都朝廷に近づこうとする有力諸藩が、有能な藩士を京都へ送りこんで、公卿や門跡などへの入説に奔走した。そして、そうした京都における政治的活動の拠点として、京屋敷の建築や有力寺院の本陣化が画策されたのである。

入京武士の総数などは把握しがたいが、入京武士の数よりも、政治史としては入京武士による政治的活動の質が問題であろう。京都におけるいわゆる志士たちによる政治活動が、幕府にとって無視できないまでに大きなものになっていたことは、深川星巌や梅田雲濱が幕府から反幕運動の旗手として追跡されていた一事からもうかがわれる。(27)

だが、京都を政治の舞台へと押しあげていったのは、やはり諸大名の入京ということであろう。(28)入京大名数を知るひとつの手がかりとして、「文久二五月ヨリ御上京御大名衆御旅館付」をみてみよう。これによると、一橋家をはじめとして肥前唐津藩の小笠原家まで四〇の大名が入京し、そのほか守護職、所司代など在京役の大名があげられている。この摺物に記載された諸大名は、地役人名などから文久三年（一八六三）六月を下限とすると考えられるので、文久二年五月から約一年の間に上京したものであろうと考えられる。しかし、この間には文久三年三月の将軍家茂の上洛があり、これに関係して上京した大名のうち桑名の松平家、小倉の小笠原家、淀の稲葉家など若干の大名の名がさきの記録にはもれているなどの事例をあげることができる。

もちろん、京都にはこれらの諸大名とその従者たちを収容する施設は完備されていない。上京大名の多くは、京都の寺院を仮の旅館としたのであり、どの大名がどこの寺院を本陣・旅館とするかは、政治的にも意味のあることで世間の関心事ともなった。だからこそ、諸大名の旅館付といった摺り物が発行されたのである。

「文久二五月ヨリ御上京御大名衆御旅館付」や「文久泰平末世之噺御諸侯本陣付」などの木版一枚摺によると、文久年間の大名の入寺状況の一端は、つぎのようであった。東本願寺—一橋・越前福井、本圀寺—水戸、建仁寺—加賀金沢、知恩院

―薩摩鹿児島、天竜寺―長門萩、大徳寺―長門府中・周防徳山・筑前福岡、南禅寺―肥後熊本・阿波徳島、仏光寺―安芸広島、仁和寺―出羽秋田、清水寺―出羽米沢、本覚寺―伊予松山、双林寺―対馬府中、松梅院―因幡鳥取、真如堂―肥前佐賀、永観堂―美作津山、六角堂―丹波篠山、高台寺―石見津和野、妙心寺―備中新田、大雲院―日向佐土原、養福寺―長門清水、因幡堂―越後高田、十念寺―伊予大洲、浄教寺―伊予宇和島

ここにあげた諸大名がすべて京屋敷を所持していなかったわけではない。むしろ、列記した有力大名たちは京屋敷を所持し、その増築や拡大をはかりつつあったものも少くない。しかし、従来の京屋敷が、在京本陣として充分でなかったことは、もちろんである。北野松梅院を旅館とした因幡鳥取藩の場合を『因幡藩京都日記』からみておこう。(29) 藩主池田慶徳は、文久二年十月八日江戸参府へ向けて鳥取を出発したが、この情報を得た京都朝廷では、早速因幡藩京屋敷から慶徳の家臣をよびだして、京都に立ち寄るようにという朝命を伝えさせた。慶徳は、十月十四日夕刻伏見の因幡藩邸に到着したが、翌日は江戸へは向わず、供揃えをして伏見から京都に入り、油小路下立売下ルにあった因幡藩の京屋敷にいったん入った。そして更衣ののち所司代をはじめ大原・二条・近衛・坊城などの公家へ挨拶にまわり、同日夜ふけに北野松梅院に入っている。慶徳は松梅院に滞在しながら在京の届出を所司代や町奉行宛におこない、十月二十日の参内を待った。そして二十日の参内で、攘夷実行に関する幕府への周旋と京都警衛のための家臣の京都配備を約束させられ、翌二十一日江戸に向けて出発している（以上『因幡藩京都日記』）。ちなみに、因幡鳥取藩では、油小路下立売下ルの本邸が手狭であるということから、油小路中立売下ル西側の方一丁の町地をあらためて買得し、文久三年から藩主の御寝所をも備えた新邸の建築を同所において開始している。(30)

洛中洛外の寺院が上京大名の宿所となったことの理由としては、洛中の諸大名京屋敷が狭隘で、そのうえ藩主の宿所や政庁としての構造を充分にとりえていなかったのに加えて、寺院の方が広々としていて、本陣としての

使いがってもややよかったということかもしれない。また、もうすこしうがった見方をするならば、藩邸とはもともと治外法権的な独立した私的空間の性格が強く、公的な意味あいの濃い在洛大名の居所としては、準公的な寺院の方がふさわしかったともいえよう。さらに、洛中洛外の有力寺院は、京都朝廷とのつながりが深く、朝廷への接近には寺院の本陣化は、有効なてだてだったかもしれない。

ともあれ、寺院の本陣化という現象は、文久二年から急速に進んだ。これは、都市景観という面からは変らないものの、都市構造としては大きな変化だととらえざるを得ない。これまで政治の世界から遠ざけられ遮断されてきた寺院が、天皇の政治的復権とともに、先鋭な政治の場に引き出されてきたわけである。また、神社も政策や戦略の祈願、たとえば攘夷祈願などによって、政治的に利用され、政治の場へとくみこまれつつあった。

寺院の本陣化とともに、文久三年以降諸大名による京屋敷の新築や拡大などがすすめられ、京都は都市景観のうえでも急速に変容していった。

江戸時代の中・後期、諸大名の京屋敷は、年代により若干の変動はあるものの、七〇前後設けられていた。[31]しかし、いずれも大名自身が上洛して入邸することなどはありえなかったので、留守居が京都の文化や経済界と関係を維持する程度の、小規模で簡素なものであったといってよい。幕末に入っても、そうした京屋敷を設置する大名数に大きな変化はみられないが、あきらかに京屋敷の変質をうかがわせるいくつかの徴候はあらわれる。

一つは、京屋敷の規模の拡大である。これは嘉永七年（一八五四）に京都守護を命じられて入京した彦根藩邸の場合が典型であろう。彦根藩は河原町三条下ルの高瀬川畔に、文化年間にはすでに丸亀藩から譲り受けたものか藩邸を所持していた。そして、京都守護への着任とともに周辺の町地・浜地を買得して、本格的な拡充をはたしている。

二つめに複数の京屋敷を建設する大名があらわれたことである。元治元年（一八六四）刊の「大成京細見絵図」によれば、彦根、福岡、松江、岡山、佐賀、熊本、大和郡山、和歌山、徳島、広島、福井などの諸大名が二つの藩邸を建設しており、薩摩や鳥取は三カ所に藩邸をもっている。鳥取藩についてはさきにも触れたが、油小路下立売下ルの本邸に加えて、油小路中立売下ルに文久三年方一町に及ぶ広大な中立売新屋敷を建設し、さらに元治元年には北野大将軍の西、お土居の外側にも調練所付設らしい広大な新屋敷を設けている。

三つめの特徴は、藩邸のいずれかに藩主や重臣の居所を設けるとともに、藩士軍卒の宿泊および調練所などを整えていることである。これも因幡鳥取藩の事例で紹介しておくと、新設の中立売屋敷の中心部には、「御寝所」「御家老中御勤部屋」「御中老」「御使者間」などが設けられ、その周辺部には長屋風の多数の棟が林立し、その内部は兵卒用と思われる小部屋が一階に、二階には大広間がつくられている。(32) 北野の新屋敷については詳しい史料を得ていないが、面積が二万坪をはるかにこえるとみられるので、(33) 練兵場を中心とするものであったと考えられる。

五　政治都市としての発動

寺院が本陣として利用され、京屋敷が改築・拡充されても、ぞくぞくと入京する武士層を、これらの施設のみで収容できなかった。洛中洛外の庶民の生活空間のなかに、混在するかたちの武士の投宿が一般におこなわれた。三条大橋界隈の旅館街は、いちはやく特定の藩にゆかりの指定旅館となったことはいうまでもない。池田屋旅館が、長州藩系の攘夷派の旅館として新選組の襲撃にあったことは、あまりにも有名である。

文久三年（一八六三）の後半から約一カ年にわたる期間に、入京して市中に投宿した諸藩士についての記録が『京都諸家来名前』(34) としてのこされている。これは、幕府の指示をうけて藩士の入京状況を届け出たものについての記録であるから、隠密な政治活動に専念した志士たちの場合は、まったく数字にはあらわれない、ともかく、市中投宿の事例をみてみよう。

『京都諸家来名前』によると、たとえば、西洞院四条上ルに京屋敷をもつ筑後久留米藩の場合市中七カ所に合計一八五名、丸太町烏丸西入に京屋敷のある讃岐丸亀藩の場合は二一カ所に三九一名が分宿するというように、数十名から数百名の規模での市中投宿がみられる。投宿先については、何々町に何名というかたちで記載されるが、町名のみが書きあげられている事例とともに、何町の何屋誰の借家に何名とか、何々町の町会所、何々寺の塔頭とか具体的に判明する事例もある。文字どおり庶民の住む町のなかに、分散して宿営しているのである。

寺院や諸藩の藩邸はもとより、市中にも上京武士があふれていた様子がうかがわれる。しかも重要なことは、この市中にあふれるがごときの武士たちが、単に日常的なあるいは観光的な生活を送っているのではなく、政治的な存在として滞京しているということであった。たとえば、さきに例をあげた久留米藩の場合、高倉下坂筋の仏願寺に四七名の藩士が投宿していることになっているのだが、文久三年に五条通以南、烏丸通以東、鴨川以西の市中警衛を命じられていた久留米藩の警衛の屯所が置かれたのが、この仏願寺だった[35]。『文久三亥年都市中方角御諸藩預場所幷御屯之図』では、将軍家茂の上洛に際しての京都の市中警衛分担区割が記されている。これによると、洛中および鴨東の市街地が二四区に分割され、有力大名二四家にそれぞれ分担させられている。

京都が地域的に分割されて諸大名に警衛されることも、京都守護といえなくもない。事実、文久二年の閏八月には京都守護の総元締として松平容保が京都守護職に任命され、同年十二月には上京し着任している。しかし、文久年間の京都守護は、嘉永七年（一八五四）に井伊直弼が任じられたものとは、同質とはいえない。安政初年までの京都守護は、京都朝廷と外国使節との接触を遮断するのが役目であった。

ところが、安政の大獄に先立つ安政五年（一八五八）六月二十一日付の松平讃岐守頼胤・松平越中守猷・藤堂和泉守高猷・松平出羽守定安ら四大名を「京都表御警衛」に追加任命した[36]ところから、目的が変質しはじめたと考えられる。京都警衛・京都守護とは、国内の反幕府勢力を京都で捕縛し京都から追放すること、すなわち幕府側に有利な状態に京都の治安を維持することとなったのではないだろうか。すくなくとも、会津藩主松平容保の京都守護への起用は、京都の治安維持が目的であったことは疑いないであろう。

アメリカやロシアの使節などの来航で、京都は内外から注目される都市となり、通商条約の締結と将軍継嗣の両問題で、にわかに国内政治の一舞台として急浮上した。そして、政治の舞台となることが予見されると、これまで非政治的都市であっただけに、いかに早く京都のなかに政治的基盤を形成するかという競い合いが、国論分裂のなかですすんだ。その結果、京都は構造的にも景観的にも、武士の街、政治都市へとかわった。京都での発言が政治的に重要な意味をもち、幕初以来途絶えていた将軍の上洛さえ、必然と考えられるにいたった。

政治に関心をもち、あるいは政治に責任をもつ人々が、京都にこなければならない、京都で発言しなければならないとして行動をおこしたとき、京都は政治都市として発動していたといえるだろう。

注

（1）寛文の改革までは所司代、寛文以後は京都町奉行を中心とする畿内近国の幕政機構があり、東日本の幕府支配に対して相対的に独自な幕府がおこなわれた。寛文以降その独自性は徐々にうすめられ、享保改革にいたって、江戸の幕府による統一的幕政が実現したといえよう。京都市編『京都の歴史』第五巻（學藝書林、一九七二）および第六巻（同上、一九七三）参照。

（2）『衣棚町文書』（京都町触研究会編『京都町触集成』第十二巻、岩波書店、一九八七、一二九頁）。

（3）たとえば享保七年九月、京都市中で翌年の春に将軍の上洛があるといううわさが広まっていることに関して「虚説を申触間敷」こと、「若違背之輩有ㇾ之候ハ、可ㇾ及㆓僉儀㆒」ことが、京都町奉行所から触れられている。拙著『京　花の田舎』（柳原書店、一九七七）二七頁参照。

(4)『新訂増補国史大系　続徳川実紀』第三篇、一〇六頁。
(5)同右一〇七頁。
(6)「摂州近海江乗入候夷国船之様子申上候書付」「堺廻り村々より注進状」など（東京大学史料編纂所編『大日本古文書　幕末外国関係文書之七』、東京大学出版会、一九七二、五七二～五八四頁）。
(7)『衣棚町文書』（『京都町触集成』第十二巻、前掲注2、一七二頁）。九月二十二日付の町触の一つは、異国船の浮説を流し「米穀者勿論諸品共買貯、又者人気を量り俄に直段引上ケ申間敷」ことが触れられており、もう一つの町触では浮説禁止に関してとくに「御所方等江立入候者共別而右様之儀無レ之様」にと、御所向への浮説申し触れがきびしく令されている。
(8)「九月十八日夜、大坂市中江御達触」（『大日本古文書　幕末外国関係文書巻之七』、前掲注6、五七五～五七六頁）。
(9)「外交紀事本末底本所引沿海紀聞」（『大日本古文書　幕末外国関係文書巻之七』、前掲注6、五八六～五八七頁）。
(10)『大阪市史』四下（大阪市参事会、一九一三）二一〇八～二一一〇頁参照。
(11)『衣棚町文書』（『京都町触集成』第十二巻、前掲注2、一七二頁）。
(12)同右。
(13)「俄羅斯御返翰案和解」（『大日本古文書　幕末外国関係文書巻之七』、前掲注6、五五～五九頁）。ただし、この和解は九月となっており、九月の草案和解と考えられているものである。この草案が評定所の評議を経て十月十五日の日付に訂正され、十二月十八日に応接係から使節へ渡されたといわれている。
(14)正月二日付条約草案の箕作阮甫・武田斐三郎による「俄羅斯和約章程和解」では、第三として「日本政府にて魯西亜軍船商船之為、二港御開可レ有レ之、此二港、一は日本大坂、今一ハ蝦夷函館ニ有レ之度候」と記されている（『大日本古文書　幕末外国関係文書巻之四』、東京大学出版会、一九七二、二六頁）。
(15)「函館入津のロシア船より函館奉行江差出す書翰和解」（『大日本古文書　幕末外国関係文書巻之七』、前掲注6、四六二～四六三頁）。
(16)新異国叢書一一『ゴンチャローフ日本渡航記』（雄松堂出版、一九七八）六一六頁。
(17)「魯西亜国江被ニ差遣一候御返翰之儀ニ付評議仕候趣申上候書付　評定所一座」（『大日本古文書　幕末外国関係文

書巻之三』、前掲注6、六二～六六頁)。

(18) 『新訂増補国史大系　続徳川実紀』第三篇、一五七頁。

(19) 京都市編『史料　京都の歴史』第四巻(平凡社、一九八一)五五〇頁参照。

(20) 『新訂増補国史大系　続徳川実紀』第三篇、一五七～一五九頁。

(21) 河原町三条下ルには江戸中期には讃岐丸亀藩の京屋敷がおかれていたようであるが、『文化増補京羽二重』や「天保二年刊京町絵図細見大成」では同地は彦根藩屋敷となっている。『京地御警衛』では「買得屋敷」と記され、同地は彦根藩屋敷となっていたようであるから、京都守護に任命されたため、嘉永七年から整備しなおしたものと考えられる。なお『京地御警衛』によれば、彦根藩は京都守護の陣屋地として、京都市中に一万二千坪程を拝領したいと幕府に申請し、できれば京都御所にも近い三本木辺かまたは、河原町三条の買得屋敷地を中心とする地域を拝領地としていただきたいとしている。

(22) 国立公文書館内閣文庫蔵『京地御警衛』。なお上記史料からの彦根藩京屋敷の図が、京都市編『京都の歴史』第七巻(學藝書林、一九七四)二六五頁にあるので参照されたい。

(23) 『若山要助日記』(正行院蔵『東塩小路村文書』)。

(24) 『新訂増補国史大系　続徳川実紀』第三篇、一二三頁。

(25) 同右。

(26) 小出哲太朗氏所蔵『幕末京都図巻』。

(27) 原田伴彦「幕政の破綻」(京都市編『京都の歴史』第七巻、前掲注22)参照。

(28) 諸大名の入京にともなう寺院の本陣化、大名屋敷の新築・拡大、武士の市中投宿などについては、鎌田道隆「討幕と京都町人」(京都市編『京都の歴史』第七巻、前掲注22)に詳しい。

(29) 『因幡藩京都日記』は鳥取県立博物館所蔵である。

(30) 「中立売新屋敷絵図」(鳥取県立博物館蔵)。京都市編『京都の歴史』第七巻(前掲注22)二七一頁参照。

(31) 絵図や地誌などに記録された大名屋敷の数だけをみると、寛永十四年の「洛中絵図」六八、貞享二年刊『京羽二重』八三、元治元年刊『京羽津根』七三、慶応四年刊「京町御絵図細見大成」七四というぐあいである。

(32) 「中立売新屋敷絵図」(鳥取県立博物館蔵)。

(33)「政治都市＝京都の復活」（京都市編『京都の歴史』第七巻、前掲注22、別添地図）によれば北野の「因幡京都屋敷」は東西四〇〇メートル弱、南北二五〇メートル強ある。

(34)『京都諸家来名前』（国立公文書館内閣文庫蔵）。

(35)「文久三亥年、都市中方角御諸藩預場所幷御屯之図」という木版一枚摺絵図による。

(36)『新訂増補国史大系　続徳川実紀』第三篇、五〇四〜五〇五頁。

第四章　京都と「御一新」

はじめに

明治初年の京都では、首都復権による繁栄と東京遷都にともなう地方都市への衰退とが、背中あわせに存在した。そして首都の地位喪失を契機として、猛烈な京都復興事業がすすめられ、日本のなかではもっとも早く西洋的な近代化が導入され、文明開化が産業の分野で進行していった。幕末・維新の動乱が、京都を中心にして展開し、新政府が京都で誕生したことによって、京都は文字どおり「御一新」の舞台となった。「御一新」の舞台となることによって、京都はどのような喜びと悲しみを学んだのであろうか。そもそも「御一新」とは何だったのであろうか。

そして、東京遷都以降の京都府政の急激な変貌ぶりは何に由来しているのか。「御一新」の京都府と、文明開化を異例な早さで吸収していった京都府とは、断絶しているのであろうか、それともどこかでつながっているのであろうか。明治初年の京都について、歴史学はまだ充分な解明の手を下してはいない。

文明開化をどのように規定するかは、きわめて難しい作業であり、本論文集（林屋辰三郎編『文明開化の研究』、岩波書店、一九六九）全体がこれに応えようと努めてはいるはずである。京都における勧業政策が、その基調に西洋学術を織りこんだことで、文明開化を標傍されるのであるが、それは単なる欧化主義とは全く異質のものであった。文明開化を欧化主義と見るならば、京都とは縁の遠いものとなる。京都には、いわゆる鹿鳴館的な文明開化は定着しなかったが、それは開化と勧業を同義にとらえようとした京都的な文明開化の質の問題とも、何らかの関係があるのかもしれない。

さらに、文明開化とは、日本の伝統的な政治理念であり「御一新」の精神とも解された仁政的思考とも[1]、どこかでつながる可能性をもっていたのではないか。文明開化の思想が、日本の伝統的な思惟様式に、ある方面での脱皮を行なわせ、新しい文明を日本に生ませたとしても不思議ではない。

本稿では、とくに京都の為政者たちの意識に焦点をあてて、「御一新」と「開化」の問題を分析し、明治初年の京都府の歴史的意味を考えるとともに、文明開化というものについてもあらためて考察してみたいと考えている。

一　「御一新」とは何か

(1)鳥羽・伏見戦争前後

此節、世上大ニ騒ケ敷、長州殿上京ニ付、御上ハ大混雑之趣ニ相見へ、公方様始、会津殿、桑名殿、松山殿、昨夜大坂へ御下り被レ成候事。此四、五日前より、京中諸道具持出し、誠ニ此已前騒動之砌ニ同し騒き之事[2]

これは、洛南東塩小路村の庄屋若山要助の、慶応三年（一八六七）十二月十三日の日記の一節である。ええじゃないかの余韻もいまだ生々しい十二月九日、京都で王政復古の大号令が発せられ、京都御所の新政府と二条城の旧幕府軍との間に、緊迫した空気がはりつめた。そして、文久三年（一八六三）の八・一八クーデター以来京都を追われていた長州藩が、許されて堂々と入京し、それと入れかわるように、暴発寸前の旧幕府軍が大坂へと下っていった。その間、京の人々は、三年半前の元治元年（一八六四）の蛤御門の変とそれにつづく「どんどん焼け」を思い出し、家財を持ち出したり妻子を避難させるなど、市街戦の勃発を想定して大騒ぎとなっていた。

庶民はするどく戦争への脅威を肌で感じとっていたが、この王政復古直後の段階では、新政府は旧幕府軍との力の対決を決めてはおらず、庶民の不安を抑え、民政をともかくも安定させることが、第一の課題だと考えていたようである。

今度、御一新大変革ニ付ては、非常の御手当之為、禁門警固之義列藩へ被㆓仰付㆒兵士戎服之儘ニ而被㆑為㆑入候得共、素より干戈を被㆑為㆑動候御趣意ニ而者毛頭無㆑之候間、兼て御洞察之通、弥以平穏之次第ニ付、即今日より、凡而解兵被㆓仰付㆒候間、各安堵致し、産業を営へく候、且町奉行所之事、追々御取調候而、新規御取立も有㆑之候得共、即今之処、笹山・青山左京大夫、膳所・本田主膳正、亀山・松平図書頭、右之者へ市中取締之義被㆓仰付㆒候間、訴訟以下毎事右三藩へ可㆓申達㆒事(3)

新政府の唯一の拠点都市である京都の民政を安定させるために、篠山・膳所・亀山という近隣の三藩に市中取締役を命じ、旧幕時代の町奉行所と同様の機能をもたせることとした。また治安維持のために、大洲、水口、平戸、園部、高取、津和野の六藩に、市中鎮撫見廻りをおこなわせ、さらに、加賀、土佐、薩摩、岡の有力大名にも、洛中洛外の巡邏を分担させて、治安対策に力を入れている。

ともかく、十二月九日、無血クーデターによって王政復古の宣言に成功し、それによって旧幕府がショックをうけ京都から退却したこと、そしてまがりなりにも朝権が回復され、新政が京都で実現されるようになったということで、新政府はこれを自ら「御一新」と称した。自らを「御一新」の政府と規定することで、その民政にもこれまでとは異なった側面を反映させせなければならない。そこで、新政府は「御一新」の精神を高らかにうたいあげるのである。

徳川内府願之通被二聞食一、於二朝廷一万機御一新被レ遊候付而者、天下之民をして各其家業ニ安せしめ、倶ニ憂楽を同せん事を第一とし、是迄之御制度、民の疾苦ならさる儀者、其儘被二差置一候間、此段奉二拝承一、銘々其職業を相励可レ申候、是迄人心動揺之砌、世上之流言も不レ少候間、以後者、心配之事共承込候ハヽ、無二差控一支配役所へ可二伺出一候、且、悪党共市中徘徊障碍も在レ之候処、右防之御手当も諸大名へ御指揮有レ之候間、旁以安堵可レ致候事(4)

これは、十二月十九日付で京都市中取締役所から触れられたものであるが、王政復古宣言から翌年正月の鳥羽・伏見戦争勃発までの二〇日余りは、このような「御一新」の精神鼓吹と、仮行政機構の組み立てに関する御触が、相ついで京都市中へ伝達された。ここで注目したいのは、「御一新」の精神鼓吹のしかたと、その中味である。

二六〇余年にわたって、京都の行政をになってきた所司代や京都町奉行が、王政復古の四日後には市中取締役所におきかえられたわけで、京都市民がその民政に多大の不安をいだいたこと、また参与役所や市中取締役所そのものも突然の事態でとまどいが大きかったことは、容易に想像される。そこで、王政復古は無血クーデターであり、新政府は戦争をしようという意志をもたないこと、従って庶民は何ら心配することはないのであって、これまでどおり、平穏に仕事に従事するようにせよと、新政府は宣伝にこれつとめたのであった。

鳥羽・伏見開戦までの時点では、抽象的な表現であるが、「是迄之御制度、民之疾苦ならさる儀者、其儘被二差置一候」というように、幕府時代の良法はこれをうけつぐのだとして、幕府こそ悪の根元だというような図式をまだうち出してはいない。したがって、「御一新大変革」とか「万機御一新」というようないい方はしても、どこが御一新されるのか、幕府と朝廷の新政府とではどう違うのかということが明確でない。「御一新」の中味としては、武家政権から朝廷の政府へと支配者の側が交替したという意味しか見出せないのである。極端にいえば、朝権の復活が「御一新大変革」なのだということであろう。

ただ、「天下の民をして各其家業ニ安せしめ、倶ニ憂楽を同せん」という仁政的なスローガンをかかげてはいる。これは、江戸時代の中期以降の為政者においては、おおかれ少なかれ標榜せざるを得なかったものであり、とくに旧幕府にとってかわった新政府においては、仁政的なポーズはいくら強調してもしすぎるといったことはないわけで、しごく当然のスローガンであったといってよいであろう。

しかし、こうした新政府のあり方が、現実に鳥羽・伏見の戦いから討幕戦争への突入を契機にして、大きく変化してくる。単に、民衆に向って我々は新しい政府なのだと宣伝するばかりではすまない事態を迎えるのである。

明けて慶応四年の正月三日、旧幕府軍と新政府軍の間に、鳥羽・伏見を主戦場として戦闘が開始された。その直後の正月四日付で、「即今不二容易一形勢ニ付、於二御当地一異変之程も難レ斗候間、老幼産婦病人等、最寄知音之方へ立退候用意致置可レ申候、尤、壮年無病之者共ハ、落付家業相営、猥ニ動揺致間敷旨、被二仰出一事」(5)と京都市中へ取締役所から触が出され、京都の治安に新政府は自信をもてないのだと伝えた。情勢は、にわかに緊迫したのである。新政府の軍事的・経済的不安定性が、鳥羽・伏見開戦によって、自他ともに再認識されることになったわけである。

そして、戦場となった伏見においては、一応戦闘も終結をみた一月七日、「今般兵乱市在人家多く焼失、甚難渋之趣被二聞食一、依レ之御所御救米被二下置一候間、篤と相心得、老弱共離散之者ハ、早速立戻り候様可レ致候事」(6)と、罹災者の救助が触れられ、翌々日の一月九日には、「此度、兵難ニあひ相果候もの、又ハ鉄砲ニあたりけがいたし候もの共有レ之候ハヽ、名所相認可二申出一旨被二仰付一候間、其村々不レ洩様子調、有無共今日中ニ丹波橋東詰町方仮会所へ可二申出一候」(7)と、その罹災者名簿の作成が令されているのである。

戦争に突入するなかで、老幼婦女子を退避させたり、兵難者の救済といったことが、民政の重要な課題となってきている。もちろん、新政府が責任をもって退避行動を行なわせるのでもなく、救済事業といっても兵難に対する保障ではない。けれども、そうした窮民救済によって民心を把握することができるかもしれない、否どうしても民心を新政府の側につなぎとめなければならないという意志が、そこにはっきりとあらわれているようである。

鳥羽・伏見の戦争から引きつづく討幕戦争は、民衆に対して新政府側に立つのかそれとも旧幕府側を支持するのかという二者択一をせまった。新政府の存立にとって民衆の動向が重要なカギになることを、討幕戦争は明らかにしたようである。少々長くなるが、一月八日の民衆へ語りかけ訴えた開戦の辞とでもいうべき触をかかげてみよう。

徳川慶喜、天下之形勢やむ事を得さるを察し、大政返上将軍職辞退奉レ願候ニ付、其旨被二聞食一候処、たゝ大政返上と申のミにて、土地人民返上之実功も無レ之候ニ付、尾越二藩を以御沙汰之次第も有レ之候処、其節慶喜ニおいてハ奉二畏入一候得共、麾下并会桑之者共、承服不レ仕、万一如何様之事出来候哉も難レ斗候ニ付、取押之儀精々尽力仕居候旨言上ニ及候間、朝廷ニハ慶喜まことに共順罷在候儀と被二思召一是迄之罪ハ不レ被レ為レ問、列藩之上座ニも可レ被二仰付一候哉之処、あにはからんや鎮撫之為にて大坂城中へ引取候ハもとより偽の謀ニ而、去ル三日麾下之者を引つれ、剰へ前々帰国被二仰付一候会桑等を先鋒として、闕下を犯し奉る勢、現在彼より兵端を開き候上ハ、慶喜之謀叛明白ニ相分リ候、尤、始終朝廷をあさむき奉り候段、大逆無道其の罪のかれかたく、最早朝廷ニおいて御宥免被レ遊候道も絶果、やむ事を得させられす、御追討被二仰出一候、一度兵端相開け候上ハ、速ニ賊徒誅戮、万民塗炭の苦みをすくわせられ度叡慮ニ候間、今般仁和寺宮征討将軍ニ被二仰付一候、付而者、是迄前後の心得もなく打過、或ハ二心をいたき、或者賊徒ニ従居候者たり共、実ニ悔悟いたし、朝廷之御用ニ相立度存込候者ハ、寛大之思召ニ而、御取用可レ被レ為レ在候、且、是迄徳川支配いたし候地所を天領と称し居候者、言語道断之儀ニ候。此度、往古之如く、総而天朝之御料ニ復し、真の天領ニ相成候間、左様相心得へく候、尤、此時ニいたり大義を弁へす、賊徒と謀を通し、或ハ残党をかくし置候者、朝敵同様厳刑ニ可レ被レ処候間、心得違無レ之様可レ致事、右之通被二仰出一候間、洛中洛外不レ洩様可二相触一もの也(8)

鳥羽・伏見の戦争を経て、新政府の姿勢は無血クーデターのぬるま湯から抜け出し、一変して新しい政権の立場を鮮明にした。幕府の方が信義を破ってこの戦争を引きおこしたと主張し、新政府はやむにやまれず迎撃したと宣伝している。幕府こそ悪であり、万民を苦しませる元凶だという図式を、ここに至って標榜したのである。幕府は旧であり、悪である。したがって、徳川氏の支配地を悉く没収して、真の天朝の御料すなわち天領とするなどの新土地制度を宣言したりして、旧幕との訣別を民衆の前に明示したのである。新政府は、自己の立場を明確にするとともに、民衆に対しても立場の明確化を要求している。旧幕＝悪によしみを通じる者は、朝敵同様に見なして処罰するというのがそれである。

旧幕府を悪とするからには、新政府が善であることが必要となる。天皇は仁君で、徳川慶喜は大逆無道の徒であるわけだから、仁君の治世は徳川の世とは異なり、仁政の実現される世の中にならなければならない。「御一新」の内実が、ここで仁政・善政という具体的な民政のレベルにおいて問題となってくる。

慶応四年正月に、京都市中に触れられた取締役所からの町触には、こうした新政府の仁政的姿勢をうけたものが多い。たとえば、「徳川執政中、役所金之旨ニ而、市在百姓町人共借シ下ケニ相成有レ之候金銀ハ、今度各可レ致二返納一旨被二仰出一候、右ハ御用途並窮民御扶助御手当ニ相成候間、来ル二月中金穀出納所へ持参可レ有レ之候事、但し、当節難渋ニ而上納難レ致候向も有レ之候ハヽ、無二遠慮一巨細以二書取一出願可レ致候、且、利銀之儀者一切不レ及二上納一候事」[9]というのもその一つである。旧幕府からの拝借金を新政府に返還せよというのは、本来なら「御一新」の趣旨に合致しないことであるが、そこのところを、窮民扶助の手当にするためであるとか、利息は一切いらないというような一見善政的な論理でもってすりかえている。ここに新政府の民政が、仁政を強調し仁政的姿勢をかまえなければならなかった構造をよみとることができよう。

ついでに、新政府への献金問題に関しても、二つほど町触からみておくことにしよう。「此比、市中へ奉恩献金可レ致之旨申諭候哉之風聞有レ之候得共、従二朝廷一右様之義被二仰出一候訳決而無レ之候間、心得違之もの無レ之様可レ致もの也、右之通被二仰出一候間、洛中洛外不レ洩様可二相触一もの也」[10]と、はじめのうちは新政府への献金を無用のことのように触れているのであるが、その翌日にあたる十四日には、もう次のような触を出しているのである。

今般大政御一新被二仰出一候ニ付、市中之もの共、時節柄を相弁、献金仕候段神妙之至ニ被二思食一候、元来、献金之儀者国恩報謝之ため、至誠を以献金仕候ものハ御許容被レ遊候得共、無理ニ御取上ケ被二仰付一候杯と申事者、決而無レ之候、然ル処、町役之者共公役同様ニ相心得、軒別ニ申触、是非共献金為レ致候族も有レ之哉ニ相聞、以之外之事ニ候。右様の儀有レ之候而者、万民塗炭之苦を被レ為レ救度御趣意ニも相違致候儀ニ候間、銘々其所意ニ相任セ、心得違無レ之様可レ致候事[11]

先の触では、献金は朝廷の意志ではないとしながら、後者では微妙なニュアンスをもって変化し、すすんで献金したものは「神妙之至ニ被思食」と、褒詞をいただく対象とされている。[12]そして、献金はまわりのものが決して強制してはならないことを強調することによって、自主的な献金の意志を引き出そうとする論理を、みごとにくみこんでいる。ここにも、仁政的姿勢を堅持することで、新政府への民衆の支持を育てようという方向があきらかにみえているのである。

⑵王政の主意

王政復古から慶応四年閏四月の京都府成立まで、京都の民政は京都市中取締役所そして京都裁判所によっておこなわれた[13]。ところで、市中取締役所も裁判所も江戸時代の京都町奉行所とその機能はほとんどかわることなく、中央政府の意向をそのまま民衆に伝達する機関にすぎなかった。したがって、市中取締役所や裁判所からの町触は、そのまま新政府の政令であり、そこには新政府の民治方針がそのまま伝えられていたとみてよい。

前節において、多くの町触を引用しておいたから、すでにあきらかであるが、新政府は自ら「御一新」の政府であることを、ことあるたびに強調し宣伝している。御一新大変革、万機御一新、大政御一新、朝政御一新等々、それぞれ少しずつの意味の違いといったこともあるのかもしれないが、いずれも新政府が好んで使用した言葉である。

王政復古の直後、新政府はこの「御一新」という言葉に、武家の政治から朝廷の政治へという為政者の交替、政治のしくみの交替といった意味をこめていたようである。その段階では、民衆に対して社会秩序の維持、治安の回復を第一において接していた。ところが、鳥羽・伏見の戦争を経過し全面的な討幕戦争へ突入するなかで、旧幕府への新政府の訣別を明確にする必要にせまられ、「御一新」の内実が幕府から朝廷へという政治形態の転換だけではすまされなくなったこと、そして現実に民衆の向背がその討幕戦争に大きな意味をもつことが明らかとなったことなどによって、民衆への接しかたに大きな変化があらわれた。

実際、新政府はほとんど独自の財源もなく軍隊もなく、諸藩の寄り合い世帯で討幕戦争を迎えなければならなかった。だから、前述の献金問題にしても、新政府の財源および討幕戦争における官軍の軍用金として献金はおこなわれていたのであり、民衆の向背が新政府にとってその死命を制するほどの比重を占めていたのである。「御一新」とは、民衆の支持を得、支援を得るために、民衆に希望や期待を与えるものでなければならない。

旧幕府とは異質の政体であるという新政府のあかしを、民衆の前に提示することが必要である。そうしたことから、「御一新」ということが、民衆の生活と深くかかわりのあることなのだというかたちで、民衆へ向って説かれるようになる。

まず第一に、旧弊を一洗すること、朝敵を明確に区分すること、すなわち旧幕府との対決がうち出されたことはいうまでもない。ついで、貧民・窮民の救済、とりわけ戦争罹災者への食糧の施行といったことが急務として、実行に移された。いろいろな災害の罹災者に対して、官民ともにこれを救済し施行することは、旧幕時代の慣習ともなっていたのだが、とくに民心を新政府の側につなぎとめる政治的意図のもとに、鳥羽・伏見戦の罹災者を対象としてこれが行なわれたことに注目したい。

しかもこうした貧民救済の精神を、「御一新」の政府の第一任務だというように置きかえ宣伝したことは、とくに重要である。「天下之民をして各其家業ニ安せしめ、倶ニ憂楽を同セん事を第一とし」とは、前にも引用したとおりであるが、このようなうたい文句は、町触の随所にみうけられるところである。

「万民塗炭の苦みをすくわせられ度叡慮」とか、「万民塗炭之苦を被レ為レ救度御趣意」というかたちで、これこそが王政の主意すなわち「御一新」の中味であるという論法が、ことごとに下達された。このことは、同時に万民の苦しみをもたらした元兇は旧幕府であり、旧幕府を倒すことが、万民の苦しみをとりのぞく第一の関門だという論理も含まれている。そして、それは、何よりも天皇自らが万民の救済ということに心を悩ましており、政府はその天皇の意を実現するために「万民撫育」の政府であることに努力しており、旧幕の官僚的な支配とは異って、「仁慈」ということを柱として血のかよった民政を行なおうとする新しい「政体」であるという、政体の本質ともかかわる構造となっていたことが注目される。

すなわち、王政の主意が愛民にあり、「御一新」の政府は愛民の政府であるという説き方は、民衆に向って行なわれたものであるが、同時に「御一新大変革」のにない手であり、新政府の役人ともなっていた人々にも大きな影響を与えた。新政府が公家等の朝廷関係者のみによって構成されていたのでないことは周知のとおりである。幕府中心の統一国家建設には反対したものの、いろいろな考え方をもついろいろな階層の人々が寄り集って新政府を構成していた。単なる天皇の政府であることに満足するような人々ばかりではなかった。「御一新」の意味が、天皇の政府であるということにのみ力点があるのではなく、愛民の政府であるといいかえられたことによって、討幕のにない手たちは、自己の存在意義をはじめて見出したに違いない。

(3)京都府の「御一新」

新政府が、自らを「御一新」の政府と規定し、その王政の主意は庶民の撫育にあると標榜したことは、民衆に一定の希望を抱かせるとともに、新政府のにない手となっていた有司たちにも、大きな影響をあたえた。とくに、新政府のお膝元でもあり、地方政治のモデルになるべきだと見なされていた京都府においては、新しい民政とは何かといった基本的なことが皆目わからなかった時期だけに、有司への影響は甚大であった。

京都府の官員は、「御一新」をどのように理解しうけとめていたか、またそうした官員への王政の主意の浸透が、具体的にはどのようなかたちで京都府政のうえにあらわれているかについて、ここではみておくことにしよう。

まず、慶応四年六月二日付の京都府布令から、その辺の事情をのぞいてみると、「先般朝政御一新ニ付而者、旧弊御一洗、天下億兆各生業を得、安堵いたし候様御処置被レ為レ在之処、当正月兵革草卒ニ起リ、引続キ関東北越兇徒蜂起、万民之困苦容易ならず、随て御仁慈之御旨趣、未ダ天下ニ貫徹せず。是皆凶徒之妨害する故といへとも、速ニ御旨趣を奉行する事を得さるハ、抑亦、有司の罪なり(14)」と、いまだ王政の善が貫徹していないことを自己批判風に述べている。

京都府の民政担当者たちは、旧弊を一洗し「各生業を得、安堵いたし候様御処置」を行なうことが、「御一新」を実践し、天皇の「御仁慈之御旨趣」にこたえることだと考えていた。しかし、それは実際には討幕戦争の継続によって実現してはいない。たしかに旧幕軍の抵抗が新政の大きな妨害とはなっているけれども、それを理由に官員が手をこまねいていることは許されないのだと、自戒の意味をこめながら考察しているのである。

それでは、どうすればよいのか、先の布令は次のように続けられている。「自今以後、当府有司之者、府下之衆庶と公議を尽し、旧弊を除き、永世不朽之良法を建、万民をして各其生業を得せしめ、宸襟を奉レ安度候条、衆庶能此旨を体し、一致之御奉公を遂へきもの也、附、各町議事者三人宛相定置、其町内之もの御為筋心付候節ハ、議事者へ伏臓《ママ》なく申出、議事者より当府へ申出へき事」。これは、議事者設置を令したものであるが、「御仁慈之御旨趣」を貫徹して、庶民の撫育を実現するための良法を、府の官員が府下の衆庶と一緒に考えていこうとする方向をうち出している。

議事者とは、民意を府政に反映させる名目で各町毎に設けられた委員で、町組相互の横の協議機関的な意味をもった。京都では慶応四年六月から翌明治二年（一八六九）七月まで存続した。議事者の設置は、京都府が「御一新」を京都府政のなかで実現しようという強い意欲をもっていたこと、そしてまず民意のくみあげがその前提であると考えていたことを、何よりもよくものがたっている。

「御一新」政府の基本方針となった「五カ条の誓文」における「広ク会議ヲ興シ、万機公論ニ決スベシ」の「公論」が、決して民意の反映ということを意味するものでないということはよく知られているが、京都府においては「公論」は前述のように民意の反映として理解されているのである。

そのことは、議事者の設置においてみられるだけではなく、町組・五人組仕法の改正や小学校の建営といった、明治元年から翌二年における京都府政のなかに一貫している。

京都府は、慶応四年八月と明治二年一月の二回にわたり、京都市中の町組改正に着手したが、これは行政単位としての町組の均一化をねらったもので、行政機構の整備がこれによって進められ、民政の基礎が固められたのである。つぎにかかげる府の布令は、第一次町組改正に先立つ慶応四年七月のものである。

今般町組五人組仕法御改正之儀ニ付、先達而広く評議ニ掛られ、諸組一統より伏臓《(ママ)》なく申出候趣、孰も一通り聞食届られ候、何事に依ず旧習に馴れ、従来之仕法更革なきを好むハ人情之常ニ而、町組之儀も組に寄り、是迄之通ニ建置れ候様願出候も尤之事ニ候、然処、当今御新政之砌り、町地方とも諸御取締り向成立方等精々御手を着けられ、庶民各職を得、一和懇親、永世安堵に渡世いたし候様との御旨趣をもつて、此度町組をも御改正仰付られ候事に候、(中略)今や御一新の世と相成、諸政御復古之旨を以て、従前制度之内善き事ハ御取用ひ、善からさる事ハ御改正相成、専ら人民扶助に御手を着られ、第一に町組余分之不同無レ之様に御組替相成、町役諸貫き物等追々御吟味之上、仕法改正之品も可レ有レ之候条、市中一統においても、厚く御主意筋を奉戴し、旧習に泥之常情を去り、今日を往古組合之始と相心得、従来之出入等ハ互ニ打捨、古町新町枝町離町之差別なく、別紙御仕法之通町々申合せ、速ニ組合せ、永々親疎なく相交り、各職業を出精すべきもの也(15)

旧来の町組は大小あって町数が一定せず、しかもその内部に親町と枝町、古町と新町といった格式や京都特有な町と町の間の支配・被支配の関係などがあった。これを改編するにあたり、町組の意見を反映させようとしたが、伝統的な町組のあり方を固執する声は少なくなかった。結局は、京都府の指導性が発揮されて、新しい町組への改編が着手されるのだが、その過程では民衆への説得に京都府官員や進取的な市民の努力が要求された。第一次改正から第二次改正へのあゆみに、そうした京都府の民治姿勢があらわれている。

また、「議事公論に決し、衆庶其処を得、各志を遂けしむる事、王政の主意たり、其旨に背き、諸人を妨るものあらは、町役或は在官有司之面たりとも、無レ憚可二訴出一事、附、議事に下す事件、私曲を構へす忌諱を不レ憚、公正に可二申出一事、附、何事によらす世上之為と相成事心付は、何時にても可二申出一事」という明治二年三月の『市中制法』にも、京都府政の一貫した民意反映の姿勢は表明されている。それはまた、小学校建設の場合でも全く同じことである。「今般市中におひて、小学校御開拓ニ付、仕法規則町中衆評之上、気付候次第、毎町々議事者共より、書付ニいたし中年寄へ取集、来十月五日ニ無二相違一大年寄詰所へ可二持参一事」[16]。

民意の反映とともに、京都府が力を入れたのは窮民の救済である。社会的にめぐまれない人々の救済ということは、むしろ民意の反映といったことよりは、直接的に「御一新」の精神とかかわることとして認識されやすかったという面はある。明治元年から同十年ごろまでに、京都府は貧窮者や病人などの救済事業にいろいろなかたちで積極的にとりくんでいる。

流民集所、小前引立所、窮民授産所、療病院、医学校、駆黴院、化芥所、童仙房開拓、婦女職工引立会社、癲狂院などの諸施設を相ついで建設し、中央政府の救恤政策をはるかにしのぐような開明的慈恵政策を京都府は実施しているのである。中央政府が、災害の罹災者救済には手を着けながら、一般的な困窮者の救済にはほとんど意を用いなかったことを考えると、ここに京都府政の一つの特質を読みとることができるようである。

京都府は、明治元年十一月、流民集所を設けて乞食・流民を収容し、同年小前引立所を設けて貧民・無産者等の救恤・撫育にのり出した。「小前ノ者渡世方ノ義ハ、貸金ヲ以職業引立之仕法相立、往々成立之目途も可レ有レ之といへども、鰥寡孤独廢疾などのものは、無告之窮民にては、産業営むべき手立も不レ叶、無二余儀一難渋に差迫り、不便之至也、王政の御主意専ら下々の難渋を被レ為レ救たくとの御事に候得者、右体之難渋もの者、庄屋年寄共引請の村々無レ洩相志らべ、当府へ可二申出一救ひ方々の詮議いたし遣わすべし。村々の不調らべよりして、自然相洩るる者猶有レ之者、終に御仁政の欠に相成る事に付、此旨無レ疎可ニ相心得一事、右之通、山城諸郡庄屋年寄へ相達る者也」[17]というこの布令は、明治元年十一月十日付のものである。

この救恤事業着手に先立ち、京都府は政府に対して「帰順」と「窮民」の区別について意見を具申している。すなわち、「元来徳川氏御処置以前ニ候得ハ帰順ニ可レ有レ之候得共、御処置以後ニ候得ハ、畢竟元主人ヨリ扶助致兼候ニ付、自然暇ヲ受、兼テ御布令之御趣意ヲシタヒ上京致候儀ニテ、帰順ト申筋ハ無レ之、所謂天下之窮民ニ可レ有レ之」[18]と、討幕戦争以後主君を離れ職を失った者は、全国の政府である「御一新」の政府が責任をもって救恤しなければならない「窮民」なのだと京都府は指摘している。

京都には、そうした「窮民」が「御一新」の趣旨を慕って数多く流入してきていた。従って、京都府は、「然ル処、一旦御仁恤之御布令ヲ以テ広ク御招ニ相成候上ハ、今ニ至リ御取捨ニ相成候テハ、天下ニ対シ信ヲ被レ為レ失候筋ニ相当リ、頻ル(ママ)人心之向背ニ関係致候ニ付[19]（後略）」、政府も窮民救済に責任をもってあたるべきだと意見を具申するとともに、京都府としてもそれに尽力していくこととしたのである。

こうした政府と京都府との間における「窮民」についての相違は、「御一新」というものについての両者の理解に問題があったことを示している。政府は、決して京都府のように、「御一新」の布令をほぼ額面どおりに考えてはいなかった。京都府が民衆の撫育を「御一新」における王政の主意だととらえたのに対し、政府は政体の転換こそが御一新であり、幕府にとってかわる強固な国家権力の確立こそ急務だと考えていた。

二　京都府官員の「開化」意識

(1)京都府政への批判

京都府は、公家の長谷信篤を知府事として、慶応四年（一八六八）閏四月に成立したが、府政の実権はしだいに配下の槇村正直[20]がにぎり、山本覚馬や明石博高[21]らがこれを助けた。槇村を中心とした京都の民政は、彼ら担当者の政治的手腕と情熱にささえられて、「御一新」の実現というかたちで一応の成果をおさめつつあった。しかし、そうした京都府の民治方針に対しては、内外から批判が寄せられ、実質的に東京へ移ってしまった政府との間にも、いろいろな面で確執が生じるようになっていた。

この間の事情を、当事者の槇村正直は「近頃聞ク、御当府の風評、東京ニテハ甚不レ宜、正直ノ如キハ、悪説尤甚シト、正直菲才微身敢テ厭フ処ニ無レ之ト雖ドモ、閣下ヲ始メ満府ノ官員、開府以来職務勉強ノ段ハ、衆人皆知ル所、然而、今日御府下安静人心彬々開化ニ趣ントス、日夜思惟スレドモ、東京ノ悪評何ノ故ナルヤヲ不レ知、若、正直一身多口ナルヲ以テ、一府ノ枉と相成テハ、実ニ不レ堪二感概一[22]」とのべている。これは東京における京都府批判への弁明のため、槇村自身が東京へ行きたいので許可してほしいという、長谷知事宛の明治三年（一八七〇）六月の槇村の願書の一節である。「東京」が東京府のことではなく政府のことであることは、もちろんである。

槇村は、なぜ京都府が政府から批判されるのか理由がわからないとここでは述べているが、批判の対象が槇村を中心とした民政に対するものであることは、彼も充分認識していた。実際、そうした京都府民政に対する批判の声は、京都府官員の中において早くからあがっていた。

「徒党ケ間敷儀ハ、古来ノ御制禁其罪之重大ナル、素リ不レ待レ論、然ル処、方今御仁政小民ヲ先ンゼラレ候ニ付テハ、愚昧或ハ□之小民共泥レ之乗レ之、且ハ近来ノ凶作難渋ヨリ、動スレバ村役頭百姓共ヲ相手取リ、集会強請ニ及候向、往々有レ之。右ハ村役頭百姓共、兼テ教誨慈愛ノ不行届ヨリ起ル処モ可レ有レ之候ヘトモ、小民共ノ上ヲ不レ憚ノ甚キ、最モ苦々敷ト奉レ存候[23]」と、明治三年二月に稲富小属は建白書をよせて、内部から「小民」優先の政策を批判していた。また、権典事竹中袁も「下民恵恤ノ意ヲ知ス、新政ヲ悪、旧法ヲ慕フ故ニ、商社ノ便ヲ興スト雖モ、名先タツテ実随ハス。徒ニ上ニ求ル事ヲ知テ、己ニ責ル事ヲ知ス、終ニ事ヲ飾り情ヲ詐リ、愁訴百端、動モスレハ官威ヲ冒瀆スルニ至ル、豈、基本ノ挙レリト云フヲ得ンヤ」(24)と、同年十一月意見書を寄せて、施政方針に疑問を投げかけている。

いずれも、京都府が「御一新」を仁政の実現と解釈し、困窮者・貧民等の救済を第一としてきた結果、これらの「小民」たちが自らは何ら努力せず、京都府に対しいろいろ勝手な要求ばかりを言うようになってきているという現状認識のうえに、「下民恵恤」といった府政の基本姿勢を批判するにいたっている。

府官員のなかに府政の批判者があったこと、そしてその批判が仁政のあり方へむけられていたことは、槇村らの府政担当者にも大きな衝撃であり、府政の行きづまりを考えざるを得なかった。とくに、中央政府が中央集権性を強く前面に押し出し、国家政治には民衆との対決もやむをえないのだといった風潮が、為政者のなかに芽生えはじめていたことも、庶民撫育一本やりといった京都府政のあり方に、いろいろな面からブレーキとなってきていた。

槇村正直も、「謹テ考ルニ戊辰己巳ハ御一新ノ余威盛ニシテ、奸邪アリト雖、其志ヲ逞スル能ハス、当年以後ハ、漸治安ノ風ニ移り、人心若シクハ怠惰ノ萌スナカランカ、奸宄或ハ志ヲ逞フスルアランカ、所謂、守成ノ尤難キ時也」(25)と、府政の転換のときが到来していることを感じとっていた。明治元年から翌二年にかけては、何でもが「御一新」を強調しさえすればよかったが、「御一新」の効能も同三年になるとストレートには通用しないようになってきているのだ、と認識していた。

(2)「地方自治」の自覚

京都府政が行きづまった最大の要因は何か。それはいうまでもない、京都府が「御一新」の王政の主意を民政の中心にすえ、あたかも政府になりかわったごとく、『告諭大意』を出版して、新政府の方針は愛民にあると標榜し、庶民の撫育の実現に専心してきたことが問題であった。京都府が、一地方の行政府なのか、それとも中央政府の化身であるのか、きわめてあいまいな存在となっていたことに問題があった。京都の府民から京都府に提出される書類の宛名が、京都御政府と書かれるので、京都府はおおいに迷惑したようであるが(26)、京都御政府と書いても当然なような府政が明治初年にあったのである。

明治二年までの府政は、京都という地域に根ざしたものではなかった。京都府といういわば小政府が、京都地方の民政にあたっており、中央の政府とやや趣の異なる民政をくりひろげていたという図式である。このゆえに、政府と京都府の間で、いろいろな確執が生じていたし、とくに「小民」優先・民意反映を基本とする京都の民政が、民衆のやや「わがままな」権利の主張を助長させつつあったことが、中央政府の民治方針にとって障害となりつつあったところに、問題があったと考えられる。

ところが、こうした小政府的役割を演じてきた京都府政に、その性格変更を余儀なくさせるような事態がもちあがってきた。それは、明治二年三月の実質的な東京遷都という問題である。これまで、中央政府のお膝元としてその地位を保っていた京都が、東京遷都によって一地方都市へと転落したわけである。必然的に、京都府は小政府的性格から地方行政府としてのそれに変更を余儀なくされる。

一地方都市となった京都のすがたは、目に見えるかたちで人々の前に明らかとなった。槇村自身も、もう一度京都の置かれた位置を再確認するところから、府政を出発させねばならなくなった。「方今天下ノ三府、大阪ハ東西咽喉ノ大港、外国通商ノ開ルニ随ヒ、土地ノ繁栄ハ官府ノ力ヲ煩ハサス。東京ハ、地勢雄威海港ノ便ノミナラス、至尊御駐輦、其繁栄不レ待レ論(27)」であるが、「独リ京都ハ、湖海ノ利ナク街道ノ便ナク、地産ノ米穀少ク、都テ諸物ヲ部外ニ仰ク(28)」といった状況で、地理的にも全く恵まれてはいない。そのうえ、「一旦御東幸在セラレテヨリ、諸藩ノ士卒ハ各引払ヒ、往来ノ旅人ハ道ヲ行テ此地ニ入ル事ヲセス。蕭々古都之光景、商估モ其業ヲ営ム事ヲ得ス、工匠モ其術ヲ施ス処ナシ(29)」と、東京遷都によって、一挙に京都がさびれていったことを指摘している。

ところで槇村が三都をあらためて有機的にとらえて論を展開したことは注目すべきである。東京や大阪にくらべて、京都が地理的にきわめて不利な位置にあること、そして単に地理的に不便であるというだけでなく、これからの近代国家のあり方を考え合わせると、その地理的不便さが一層京都地方の発展にとって不利な構造となっていることを指摘している。

東京遷都が、京都衰微の最大の要因であることはいうまでもないが、槇村は中央政府の朝令暮改的な政治のあり方も、京都の府政に混乱をまねいた見すごすことのできない大きな要因であったことを述懐する。「御一新以来ノ御政令モ、亦屢変スル莫ランカ、(中略) 昨年来、府ノ殆ント傾覆セントス事幾回ソ、彼ノ官省ニハ左リセヨト云、此官府ニハ右セヨト云、民皆仰テ是ヲ知ル。其心果シテ何トカ思ハン(30)」と、政府の一定しない政策方針が、民政上に思わぬ齟齬を将来するものであり、京都府政のうえにも大きな障害であると指摘しているのである。

しかし、槇村は三都をそれぞれに比較し、あらためて京都というものを見なおしてみる思考に到達したとき、京都府政の問題が、外的な要素にだけあるのではないことを発見した。京都という都市の特質や歴史的な伝統を分析してみるに、

旧幕中制令正シカラサル事多シト雖ドモ、下民亦能ク其障碍ヲ成ス、タマタマ一令下ル、百人中一人己レニ利ナラサル有レハ、高貴ノ家来ニ依附シ、社寺ニ阿諛シ、殿上人也地下官人也百方周旋シテ、是ヲ拒ミ、是ヲ覆ス、名ツケテ突込ト云、当路ノ官員、其眼前ノ誹謗奇禍ニ懲リ、一日ノ安ヲ偸ンテ、終ニ力ヲ致ス者ナシ、所謂、制令半日法度三日ノ諺ノ起ル所以ニシテ、政教弥紊乱ス、其悪俗積習、今猶其流弊ナキニシモア

ラス[31]

というありさまであった。それ故にこそ、この悪弊を断ち、民衆を善導しようとして、町組を改正し、小学校建営をすすめ、官員は二倍も三倍もの努力を重ねてきたのだという。

その結果、

王政ノ御趣意、漸下徹シ、盗難アレハ保伍相助ケ、火災アレハ町組互に救ヒ、究(窮)民飢餓ニ迫ル者ハ組合親類先ツ救テ後ニ官ニ訴フ、部外他国ヨリ流浪シ来ル者ト雖トモ、病ニ困シミ飢ニ迫ル者ハ、薬餌ヲ与ヘ介抱ヲ加ヘ、漸朝廷人命ヲ重ンセラルルノ御趣旨ヲ奉ル事ヲ知ル[32]

というように、一応の成果はおさめてきたと槇村はこれまでの府政を評価している。

にもかかわらず、京都の衰微は決定的である。いまや、政府は国の方針を明らかにし、京都府は京都の民政について、具体的な方向をうち出さなければならないのだ。すでに「御一新」だけを強調する時代は終わり、具体的な民政で実績をあげなければならないと、槇村は考えた。「凡ソ、人ニハ胸算アリ、国ニハ廟算アリ、府庁モ亦定算ナカル可カラス[33]」と、府政における将来計画をえがくことに方向を変える。

「聴訴断獄」といった人民抑圧の施政は「抑末也[34]」と断じ、また「眼前ノ小恵ハ、民ニ怠惰ヲ教ル也[35]」とこれまでの府政をいくぶん自己批判し、そこから「今ヤ民ノ産ヲ制シテ、永世ノ繁殖ヲ謀リ、是ヲ富シ是ヲ教ヘ、必ス訟ナカラシムルヲ要セハ、亦富強ノ御基礎ヲ扶ケ奉ル[36]」に違いないのだと、府庁がその面で指導力を発揮しなければならないという答えを導き出している。

京都府政に対する内外からの批判、現実の京都の衰退ぶりを目のあたりに見て、槇村は小政府的な京都府政から、「地方」としての行政のあり方を見い出そうと努力するに至った。一般的な庶民撫育の理念から、京都の復興という目標に向って政治的な情熱をもやしていった。

(3) 槇村正直の京都開化策

槇村は、どのような策をもって京都の復興をすすめようと考えていたのであろうか。まず府官員の倍旧の努力、すぐれた指導力が必要であることは、大前提といってよかった。「突込」といった悪習の残る京都で、新しいことをすすめようとすれば、それなりの準備や覚悟といったものが必要であった。「此頃固狐疑ノ俗ヲ変シテ、文明開化ニ進マシメ、不便ノ土地寂寥衰微ニ陥ラントスルヲ維持シテ、充実繁昌ノ地ト為ントスル。在官ノ者、力ヲ尽ス事更ニ倍セサル可カラス」(37)というのが、槇村のすなおな感慨であった。

明治三年七月の段階で、槇村は新しくとりくもうとする施政項目を、大きく五つに分けてあげている。それは、都市部における物産開発、農村部における勧農、京都をめぐる交通運輸網の抜本的改革、職業教育、西洋知識の受容といったことどもであるが、ともかく順を追って、みてみることにしよう。

第一には「京都市中ヲ挙テ職業街トシ、追年諸器械ヲ布列シ、専ラ物産ヲ興隆ス可キ事」(38)。これは、京都の町を新しい近代的な産業都市につくりかえていこうという目論見である。京都には古くから、織物、漆器、陶磁器、銅鉄器、染色等の著名な伝統産業が根づいているが、水車やいろいろな器械を導入して、さらに精巧な製品を大量に生産して、遠く海外にまで輸出するようにしたい。そうした産業都市へ、京都を育てていくことである。

第二には、「尽ク無用ノ地ヲ開テ、地産ヲ盛ニス」(39)ることであるという。とくに宇治の茶は、「天下ノ名品」としてすでに評価を得ているが、府庁が中心となって品質の検査を行ない、証印を押して良品の増産をすることが必要である。また、府の方でいろいろ改良を重ねて試製した蚕糸・蚕卵紙も絶品であったから、この方面にも力を入れていくつもりである。桑と茶を中心にしながら、府下の農産物開発をすすめていくことにする。

水理ヲ通シ、道路ヲ開キ、運輸ヲ便ニシテ、以テ商法ヲ弘大ニス可シ(40)

これは第三の項目であるが、「土地ノ不便ハ京都ノ尤憂ル処ニシテ、運輸ノ不利ノミナラス、人ノ知見モ随テ開ケ難[41]」いという槇村の認識が、その前提である。そこで槇村は、つぎのような雄大な交通運輸網の策定を披瀝している。

第一ニ大坂ヨリ淀河ヲ伝ヒ五条橋下迄、近頃欧羅巴ニ新ニ発明スル鉄鋼蒸気船ヲ仕掛ケン事ヲ欲ス、又加茂川ノ水ヲ分テ、上二条ヨリ下淀河迄、堀川ニ川艇ヲ通スルノ議アリ、堀川ハ、水車器械ヲ設ルト、其得失如何、此仕掛ケ水理研窮旁大坂ニ滞在スル孛漏生人レイマン、蘭人ガラトマン等入京ノ事ハ、改テ可二願出一速ニ御許容ヲ希ノミ、且又、此度御沙汰ノ東海道鉄道ハ、大阪ヨリ横浜エノ蒸気船往来モアルコトナレハ、縦ノ鉄道後ニスルモ妨ケナシ、是ニ先ンシテ、越前敦賀或ハ若州小浜等ヨリ、横ニ京師エ鉄道ヲ開キ、北海ノ諸物ヲ直ニ輸送スルト、其利害得失何レニアル、若シ鉄道速ニ不レ成トキハ、馬車道ニテモ御開キノコト、冀望スル処也[42]

蒸気船と鉄道という二つの近代的な輸送機関をもって、京都から大阪または北陸への交通動脈を建設しようというのがその計画であるが、これは京都府のみの努力ではどうにもできないので、中央政府の協力を要請しているのである。京都が産業都市として発展するためには、どうしてもこの交通体系の整備が必要であるという判断が、このような抜本的な交通事情の大改革案を登場させたのである。

京都市中や府下だけの交通機構をいじってみるだけでは、どうしようもない。全国的な視野をもった政府の政策に、どのようにして京都府の問題をうまく組み込ませていくか、ということが重要である。京都という土地をじっと見つめ、京都の立場に立つところから、中央行政とのかかわり合い方を、槇村は真剣に模索しているようである。

第四には、「職業教授場ヲ開キ、游民ヲ駈テ職業ニ基カシムルコト[43]」をあげている。京都には、遊女、芸妓、男芸者といった「浮業游食ノ者」が多いのであるが、彼らは遊客があってはじめて生計を立てることができるのであり、京都が衰微し京都を訪れる者もめっきり減少してくると、早速生活に困窮する。だからといってこれらの遊民にすぐ職業を与えても成功しないし、職業教育をほどこしてしっかりとした職業人に育てることが大切である、というわけである。

最後の第五項目として、槇村は「広ク海外ノ形勢ヲ示シテ、人智ヲ発明スルコト」(44)をかかげている。その趣旨を聞くことにしよう。

海外ノ新聞紙、新訳書等ハ、各処ノ小学校ニ配分シテ是ヲ示シ、新発明ノ器械ヲ設ケ置ク者ハ、或ハ賞ヲ行ヒ、或ハ年ヲ限リテ相当其利ヲ得サシメン、又此節、物産引立会社中ヨリ、京地産物ノ引合、商法融通ノ為メニ、メリケン、ロンドン等ニ航シテ、実地ヲ見聞シ事実ヲ研究セント欲スル者六七輩、弥其事挙ラハ此等ハ官ヨリ少シハ其費ヲ助ケテ、以テ他ヲ勧誘ス可シ、且、東京ニテ出板スル新訳洋書ノ商法、并ニ民間ニ有益ノ書ハ、一部宛必ス京都府エ配分ノ儀、別紙ヲ以テ出願ス、諸事ノ挙行、都テ人智ノ開化発明ヲ要トス(45)

ここには、強い西洋技術の信頼、洋学への信奉といったものが流れている。京都府が「御一新」から「開化」へ、殖産興隆へと歩をすすめるにあたって、ヨーロッパ的な近代化をめざそうという方向がうち出されている。西洋文物の輸入はもちろん、外人教師の招聘、海外への留学生派遣、民間における西洋器械活用の奨励等々、積極的な新技術の導入が提言されている。

槇村の提示した五項目にわたる京都復興策には、一貫して京都府の上からの指導性というものが基調となって流れている。それは単に命令を下すだけで開化させようというものではなく、官民一体となった京都復興をめざす改革である。上からの文明開化にはちがいないが、槇村のねらいは府下の産業開発を府が手助けすること、手助けとなる教育センター的なものを、京都府が建営していくことにあったようである。

⑷京都府の勧業事業

槇村正直は、明治三年七月長谷知事・松田大参事の了解を得て東上し、「京都府施政大綱」を右大臣三条実美に上申した。そこには、すでに京都府が実施してきた明治二年までの府政七カ条と、これから京都府が取り組もうとする府政の目標五カ条が明示されていた。

これをもう一度整理してみると、明治二年までは王政の主意すなわち仁政実現という施政方針をうけて、救恤ということに専心してきた。しかし内外からの批判をうけ、また京都の置かれた位置を再確認したところから、勧業こそが府の課題であり、西洋文明を基調にして勧業政策を推進しようというところまで見とおせるようにかわってきた。

救恤が府治の目標となり得ないこと、救恤にはいろいろな問題があり、限界もあることを、京都府は自らの民政を通して学んだ。

天下ノ窮民、多クハ放蕩、無頼、怠惰、自棄、自ラ産ヲ破リ、流落ニ安スル者ナリ、有限ノ財ヲ以テ、無限ノ人ヲ救フ、容易ニ救ヘハ、却テ其怠惰ノ心ヲ増ス、京都府下、其類尤多シトス、是故ニ、救ヘハ必ス役ス、役シテ救ヒ、恵ンテ不レ費、人々自ラ徒食ス可ラサルコトヲ知ラシム、必竟、餓死ニ至ラスシテ、長ク天寿ヲ終ヘシムルヲ要トス(46)

これこそ、救恤から勧業へ、細民の撫育から京都全体の民産の奨励へと進んでいった、京都府政担当者のいつわらざる感懐であっただろう。救恤から勧業へという施政方針の切り替えは、「御一新」の精神である仁政の放棄ではなく、その精神を実現するための方策の転換であったと考えられる。もちろん、こうした転換の背景には、愛民というものをいかに近代的な行政のなかにとりくむかという、「地方自治的」な政治観の発展があった。

そして、伝統的な仁政の理念と近代的な地方行政という政治技術とを、開化、勧業というかたちで同調させる方向を見出すにいたったのである。明治四年から同六年にかけて、京都府は、養蚕場、製革場、製糸場、牧畜場、女紅場、栽培試験所、鉄具製工場、製靴場、製紙場、舎密局等々の近代的な勧業教育施設を相ついで設けるとともに、博覧会社を結成させたりして、西本願寺、知恩院、建仁寺、京都御所などにおいて博覧会を開催し、庶民への勧業普及に力を入れていった。

京都府が本格的な勧業事業に着手したのは、明治四年二月十日に河原町通二条下ル一之船入町の前山口藩邸を勧業場として開場してからである。勧業場を拠点とした勧業事業には、勧業基立金と産業基立金が活用されたが、勧業基立金とは勧業事業を政府直営から府県へ移管するという政府の方針に乗じて、明治二年四月、一五万両を京都府が政府から借り出したものであったし、また産業基立金は東京遷都にともなう京都市民の不満解消代として、政府から引き出した一〇万両である。

巨額の資金を獲得したうえでの京都府の勧業事業は、きわめて広範囲な業務にわたり、それぞれの分野で一定の成果をあげていったが、それには官員の努力だけではなく、府民の協力があったことをみなければならない。また、勧業事業そのものが文明開化なのだという考え方も、勧業政策を推進するうえで大きく役立ったようである。

舎密局窮理之儀ハ、万般ノ事業ニ関渉スル最大要科ニシテ、天地之間凡百之物品悉ク此科ニ由ラサルハ無レ之故ニ、稼穡、会計、炮術、医方、薬剤、金石、気水土、塩、鉱属之製煉ヨリ、百工技芸ニ至ル迄、之レヲ総レハ、造化之妙用ト称スル者、皆此科ニ出ルヲ悟ルニ至レリ、近世西洋諸国、此術愈精ク愈新ニシテ、日々奇巧精妙ノ機器ヲ発明シ、民生日用ノ物品ヲ製出シテ、汎ク之ヲ他ニ輸シ、其利ヲ得ルコト、人皆知ル所ナリ、方今文明日ニ闡ケ、上下済世開物ヲ主トスルノ秋、最モ務ヘキノ急タリ、是、当府ニテ早ク舎密局ヲ開キテ、授業教育スル所以ナリ(47)

これは、明治六年一月、舎密局開局をつげる知事長谷信篤の布令である。文明開化という時勢と勧業とを結びつける絆は、西洋的学術と技芸にうらうちされた勧業であるというところにあった。実用性と結びついた西洋の技術や学問の受容が、社会の進歩発展につらなるのだという認識が、勧業事業を通して京都府に浸透していったということができよう。

京都における文明開化は、西洋的な学問や精神こそが科学的であり進歩発展である、という認識のもとに上から推進された。したがって、その文明開化が産業の問題と関連しているときにはそれなりの価値をもったが、それがいったん風俗や習慣といったものと交錯したときには、全く空疎な文明開化となる要因をもっていた。

明治五年、京都府は盂蘭盆会の停止を一方的に布告した。「従来ノ流弊、七月十五日前後ヲ以テ盂蘭盆会ト称シ、精霊迎霊祭抔迚、未ダ熟セサル菓穀ヲ采テ仏ニ供シ、腐取シ易キ飲食ヲ作リテ人ニ施シ、或ハ送リ火ト号シテ無用ノ火ヲ流(48)」すなどはもってのほかだというのである。衛生上不潔であるし、全く「無ㇾ謂事共」を理由にして仏を祭ることは、非合理的であるというのである。同様の理由で盆踊も禁止され、七夕祭もほとんど姿を消されるにいたった。ともかく、伝統的な民間の行事や習俗が、近代的な合理的精神の名のもとに、明治五年には相ついで禁止され、制限を加えられていった。明治五年といえば、京都府の勧業事業がもっとも盛大にくりひろげられている時期であった。

ともかく、上からの文明開化は、風俗統制などの面で、一部奇妙な現象を出現させたりして民衆をとまどわせたが、総体としてはきわめて政治的に京都の産業育成というかたちで、実を結んでいったのであり、それこそが開化であり、真の仁政につながっているのだと、京都府政の担当者たちは自負していたといえるようである。

注

(1)　仁政の思想が、江戸中期以降新たな政治理念として登場してくることについては、鎌田道隆「近世日本の在野的農政思想」(『日本史研究』八九号、一九六七)を参照されたい。

(2) 若山家は東塩小路村の庄屋格の家で、東塩小路村文書のなかに、嘉永三年から明治二年までの『要助日記』が伝えられている。これは父子二代(襲名)にわたる若山家当主の日記であるが、庶民の側からとらえた幕末維新の様相がよく記されている。

(3~5) 「御一新大変革町触写」(野口家文書)。京都市中には、慶応三年十二月以降の触留が数多く残されているが、そのほとんどに「御一新」の文字が冠されている。たとえば、雑色の荻野家文書中の「御一新市在御布令留」もその一例である。

(6・7) 「触留」(大久保家文書)。大久保家は深草村の庄屋であった。

(8~11) 「御一新大変革町触写」(野口家文書)。

(12) 国立公文書館内閣文庫には、京都府が「御一新之際、御用途多端之折、(中略)世上騒擾人心動揺中方向も不定央、御国恩を弁へ」て、新政府へ献金献物徴達金を出した者を、明治四年に書きあげた『京都府記』三冊がある。これは、献金・徴達金等を出した者のうち、議定・参与等の印のある請取書を所持したものに対して、金額に応じた表彰をするために作成された台帳である。これによると、三井・嶋田・小野の一万両献金を筆頭に、最低二朱まで一〇七四件の件数が記録されており、町中とか借家中とかの団体でまとまった献金をしているものもあるから、献金者総数は一万を超えるのではないかと考えられる。献物のなかには、勝栗、酒樽、するめといった戦勝祈念的な意味をもつものも少なくはなく、これらの献金、献物の性格がよくあらわれている。

(13) 新政府は、京都支配のために、慶応三年十二月十三日京都市中取締役所を設け、慶応四年三月三日この市中取締役所を京都裁判所と改称、ついでまた閏四月二十九日京都府と改称した。京都市中取締役所の総管は田宮如雲、京都裁判所総督は万里小路博房、京都府知事には長谷信篤がそれぞれ任じられた。

(14) 秋山國三『公同沿革史』上巻(元京都市公同組合聯合会、一九四四)四五三頁。なお同書は補訂され『近世京都町組発達史』(法政大学出版局、一九八〇)と改題された。

(15) 同右四五四~四五五頁。

(16) 同右五一二頁。

(17) 府庁文書「布令書」(『京都府百年の資料四　社会編』、一九七二、三八九頁)。

(18・19)　府庁文書「制法」(『京都府百年の資料四　社会編』、前掲注17、三八七頁)。
(20)　槇村は旧長州藩士で、天保五年五月二十三日に生まれ、嘉永七年二月槇村家の養子となった。明治元年九月議政官史官試補となり、同月十日京都府出仕を命じられた。翌月九日には徴士になり続いて京都府出仕を仰せつけられた。一時、京都・大阪両府の兼勤を命じられたが、明治二年七月十七日には京都府権大参事に任ぜられ、以後同四年九月二十七日に大参事、同八年七月二十日に権知府事とすすみ、同十年一月二十二日、長谷信篤にかわって第二代の京都府知事に就任した。
(21)　山本覚馬は京都府顧問で、その豊富な洋学知識が京都府政のなかでおおいに活用され、また、のちに京都府会の初代議長としても活躍した。明石博高は、府の勧業課長としていろいろな企画立案に敏腕をふるった。
(22)　「槇村正直東上願書」(府庁文書)。
(23)　「稲富小属建白書」(府庁文書)。
(24)　「権典事竹中袁意見書」(府庁文書)。
(25)　「槇村正直東上願書」(府庁文書)。
(26)　京都府は、明治四年七月十九日付の布達で、管轄下の人民からの願書や伺書・届書といったものの宛名が、多く「京都御政府」となっているのは非常に困るから、以後は「京都府御庁」と書くようにと指示している。
(27～46)　「京都府施政大綱」(『京都府史料』、制度部職制類、国立公文書館内閣文庫蔵)。
(47)　「府知事長谷信篤布令」(『京都府史料』、政治部勧業類、国立公文書館内閣文庫蔵)。
(48)　「京都府達」(『京都府史料』、政治部民俗類、国立公文書館内閣文庫蔵)。
〔補注〕　本論で使用した史料のうち、『要助日記』および野口家文書、荻野家文書、大久保家文書は、京都市史編さん所収集史料(マイクロフィルム)である。

◎初出一覧◎

第一篇　近世統一権力と民衆

第一章　戦国期における市民的自治について——上下京・町組・町をめぐって——
（『奈良大学紀要』第十二号、一九八三年十二月）

第二章　京都改造——近世石高制の都市へ——（原題「京都改造——ひとつの豊臣政権論——」）
（『奈良史学』第十一号、一九九三年十二月）

第三章　初期幕政における京都と江戸（原題「初期幕政における二元政治論序説」）
（『奈良史学』第十号、一九九二年十二月）

第四章　慶長・元和期における政治と民衆——「かぶき」の世相を素材として——
（『奈良史学』第二号、一九八四年十二月）

第二篇　近世都市と市民生活

第一章　町の成立と町規則
（『京都町触の研究』、岩波書店、一九九六年六月）

第二章　京都における十人組・五人組の再検討
（『京都市歴史資料館紀要』第三号、一九八六年六月）

第三章　都市借家人問題の歴史的展開
（新稿、一九九九年五月）

第四章　近世都市における都市開発——宝永五年京都大火後の新地形成をめぐって——
（『奈良史学』第十四号、一九九六年十二月）

第五章　近世京都の観光都市化論　（『奈良史学』第十六号、一九九八年十二月）
付　論　民衆運動としての天保踊　（『藝能史研究』第五十四号、一九七六年七月）

第三篇　政治・都市・市民

第一章　「おかげまいり・ええじゃないか」考　（『藝能史研究』第四十三号、一九七三年十月）
第二章　幕末における国民意識と民衆　（『奈良大学紀要』第十六号、一九八七年十二月）
第三章　幕末京都の政治都市化　（『京都市歴史資料館紀要』第十号、一九九二年十一月）
第四章　京都と「御一新」　（『文明開化の研究』、岩波書店、一九七九年十一月）

あとがき

この論文集は、近世の京都について、折々に書き綴ってきたものを、あらためて大きく時代区分して集成したものである。したがって、各論文の配列の先後関係に整合性はなく、論述の仕方のうえでは、重複したりしている部分も少なくはない。しかし、既発表論文の集成ということを考慮して、この論文集では重複箇所の削除や書きかえなどはしなかった。ただし、論文集としての統一的な体裁をととのえるため、注記の記述法などは一部改めたし、もちろん初出論文の明らかな誤植などは訂正した。

各論文の掲載誌については初出一覧に示したとおりであるが、その出版年次にも明らかなように、本論文集のほとんどは一九八〇年代から九〇年代に書いたものである。これは私事になるが、一九八〇年（昭和五十五）まで京都市史編さん所に勤務し、同年以後奈良大学に奉職することになったので、奈良大学在職中の著作論文が主となっていることになる。奈良大学では、地元のことでもあるということから、近世の奈良についても関心を深めたし、近世大坂の都市問題にも興味をそそられてきたが、奈良や大坂についての研究に着手してみることで、近世都市京都への関心がさらに深くなってきたように思う。

第一篇の近世統一権力と民衆では、近世都市京都の成立期に焦点をあて、上京中・下京中という都市民による都市的自治の形成と、豊臣政権による上からの都市改造事業、徳川政権による京都支配の強化とかぶき者の動向とを、それぞれかさね合わせてみることで、京都の特性をうかがってみようとした。

第二篇の近世都市と市民生活では、近世都市の行政と市民的自治の問題を、その中軸となる町共同体の分析から構造的に明らかにしようと構成してみた。また近世中期における都市開発を通して都市生活の一面を垣間見、そして現代の京都にもつながる観光都市化と京都文化の特質を、近世中期の所産としてあとづけてみようとした。

第三篇の政治・都市・市民では、幕末期に都市の主人公としていきいきとした姿を見せはじめる民衆のエネルギーと意識を確認しながら、中央政治の舞台へと押しあげられ、政局に揺り動かされる京都の姿を追ってみた。

こうした本論文集のねらいがどこまで成功しているか否かは、読者諸学兄の判断に委ねなければならないし、それぞれの論述についてのご批判も承りたいと思う。さらに、近世の京都を考えるうえで、重要ないくつもの問題がここに掲出できなかったことも、お詫びしておきたい。残された課題については、今後なお一層の研究を進めたいと考えている。

奈良大学において、こうした近世都市の研究に従事する環境を与えられたこと、またながくそうした研究の相手となり応援してくれた学生たちにも感謝したい。さらに、この論文集の出版にあたって、奈良大学出版助成の初年度対象となり、多額の助成金を交付されたことも報告し、あわせて深く感謝の意を申しあげたい。

最後に、本書の出版を快く引きうけていただいた思文閣出版、そして具体的な出版についての相談から完成まで面倒をみていただいた林秀樹氏、さらに面倒な校正の仕事に熱心にたずさわっていただいた近藤衣世さんにも、心から御礼を申しあげる。

二〇〇〇年一月

鎌田道隆

人名索引

た行

な行

は行

ま行

事項索引

き

す

せ

そ

◆著者略歴◆

鎌田道隆（かまだ・みちたか）

1943年　鹿児島県屋久島に生れる．
1969年　立命館大学大学院文学研究科日本史学専攻修士課程修了．京都市史編さん所勤務．
1980年　奈良大学文学部助教授．
1988年　同教授，現在に至る．

【著書】『近世都市　京都』（角川書店）『京　花の田舎』（柳原書店）『渡辺崋山』（平凡社）『東海道分間延絵図』22・23巻（東京美術）『江戸時代で遊ぶ本　からくり玩具をつくろう』（共著，河出書房新社）ほか

思文閣史学叢書

近世《きんせい》京都《きょうと》の都市《とし》と民衆《みんしゅう》

二〇〇〇（平成十二）年三月二十日　発行

定価：本体七、八〇〇円（税別）

著　者　鎌田道隆

発行者　田中周二

発行所　株式会社　思文閣出版

〒六〇六-八二〇三
京都市左京区田中関田町二—七
電話（〇七五）七五一—一七八一(代)

印刷　同朋舎　　製本　大日本製本紙工

ISBN4-7842-1034-2　C3021